ALLBRIGHT
LAW OFFICES
锦天城

上海市锦天城律师事务所
华东政法大学经济法律研究院
合作编写

U0862061

FINANCE LAW REVIEW

金融法律评论

吴 弘 主编

2021
上半年卷
总第12卷

法律出版社 LAW PRESS·CHINA
北京

图书在版编目(CIP)数据

金融法律评论.2021.上半年卷:总第12卷/吴弘主编.--北京:法律出版社,2022
ISBN 978-7-5197-6329-9

Ⅰ.①金… Ⅱ.①吴… Ⅲ.①金融法-中国-文集
Ⅳ.①D922.280.4-53

中国版本图书馆CIP数据核字(2022)第009655号

金融法律评论·2021上半年卷(总第12卷)
JINRONG FALÜ PINGLUN·2021 SHANG BANNIAN JUAN
(ZONG DI-12 JUAN)

吴 弘 主编

责任编辑 赵明霞 田 浩
装帧设计 马 帅

出版发行 法律出版社
编辑统筹 法商出版分社
责任校对 晁明慧 郭艳萍
责任印制 胡晓雅
经 销 新华书店

开本 710毫米×1000毫米 1/16
印张 18.75 **字数** 394千
版本 2022年2月第1版
印次 2022年2月第1次印刷
印刷 唐山玺诚印务有限公司

地址:北京市丰台区莲花池西里7号(100073)
网址:www.lawpress.com.cn
投稿邮箱:info@lawpress.com.cn
举报盗版邮箱:jbwq@lawpress.com.cn

销售电话:010-83938349
客服电话:010-83938350
咨询电话:010-63939796

书号:ISBN 978-7-5197-6329-9
定价:76.00元

凡购买本社图书,如有印装错误,我社负责退换。电话:010-83938349

锦天城律师事务所简介

锦天城律师事务所成立于1999年，是一家提供一站式法律服务的大型综合性律师事务所，在核心业务领域（如资本市场、金融与信托、公司并购与重组、破产与清算、基础设施建设与房地产、国际贸易、跨境投资、反垄断反倾销、诉讼与仲裁、知识产权以及海事海商等）具备专业优势或行业领先优势。现有注册律师3000余名。

发轫于中国上海的锦天城，已在中国内地21个城市（北京、杭州、深圳、苏州、南京、成都、重庆、太原、青岛、厦门、天津、济南、合肥、郑州、福州、南昌、西安、广州、长春、武汉、乌鲁木齐）及中国香港、英国伦敦、美国西雅图开设分所，并与香港史蒂文生黄律师事务所联营，与国际律师事务所鸿鹄（Bird & Bird LLP）建立战略合作关系。

华东政法大学经济法律研究院简介

华东政法大学经济法律研究院是由华东政法大学独立设立，集理论研究、科研成果转化与人才培养、社会服务于一体的科研机构。研究院以经济法律研究为特色，旨在突破单一专业瓶颈，实现法学与经济学、管理学的融合，密切联系政、产、学、研，强调理论研究的应用性、实践性与前瞻性，是一流的学术研究与交流平台、高层次的经济法律人才培养基地以及经济立法、政府决策、企业咨询的专业性法律智库。经多年建设，研究院先后被认定为上海市法学会重点研究基地、上海市普通高校人文社会科学重点研究基地。

研究院自成立以来，先后组织、策划、出版了“经济法文库”“经济法文集”“商事法文库”以及《经济法前沿问题》《中国商法评论》《公司法律评论》《金融法律评论》等系列性学术著作或年度刊物，创办了“经济法律高峰论坛”“公司法律论坛”“国资法律论坛”“能源法治论坛”等系列性品牌论坛，在学界和实务界具有广泛的影响力。

本出版物为上海市高水平地方高校（学科）建设出版物

目　录 CONTENTS

科创板实践与注册制完善

金融市场法制年度报告

期货立法研究

期货法对证券衍生品归属调整的思考

唐　波　连兴旺*

一、问题的提出

近年来，金融活动的深化发展推动了金融工具的不断创新以及金融市场发展繁荣。但是，发达的金融市场必须以完善的监管规则为前提，否则将会造成市场交易秩序混乱，欺诈交易频发，金融消费者合法权益受损，甚至会引发严重的金融危机。我国《证券法》在2005年修订时，首次出现了证券衍生品相关规定，此后，2017年《期货交易管理条例》（以下简称《条例》）在修订时，将调整范围从原来的商品期货扩大到商品期货、金融期货和期权合约。如此一来，证券衍生品被以基础资产和产品特征为标准，同时纳入《证券法》和《条例》的调整范围。证券衍生品事实上受到两部法律的双重规范。而双重规范又会带来调整范围的交叉，造成证券衍生品的监管真空和监管漏洞，给执法和司法带来一定的困难。做好《证券法》以及期货法调整范围划分工作，对促进金融产品发展，协调金融市场监管具有不可估量的作用。我国2019年《证券法》修订时，删除了第2条调整范围中的表述以及第42条交易方式中的内容〔1〕。这在一定程度上缓和了《证券法》和期货法之间的调整范围之争。在期货法制订过程中，是否应当将证券衍生品纳入调整范围，以何种标准确定证券衍生品的归属调整，是本文着重讨论的问

* 唐波，华东政法大学经济法学院教授、博士生导师；连兴旺，华东政法大学经济法学院硕士研究生。

〔1〕 第2条删除“证券衍生品种发行、交易的管理办法，由国务院依照本法的原则规定。”第42条删除“证券交易以现货和国务院规定的其他方式进行交易。”

题所在。

学界对于证券衍生品归属调整的讨论大致可分为两个阶段：2019 年《证券法》修订之前以及修订之后。

在《证券法》修订之前的观点均为“大证券法说”，即认为证券衍生品应当归于《证券法》调整。首先，如有些学者认为，我国的证券衍生品种发展刚刚起步，品种较为单一，主要是以货币外汇、黄金等为基础资产形成的衍生品。证券衍生品的发展情况与我国作为世界第二大经济体的经济体量是不相匹配的。究其主要原因，一方面在于我国证券市场起步晚，发展时间短。另一方面在于证券衍生品立法的授权层次过高，阻碍了证券衍生品创新发展，影响了其作为国际金融市场的竞争力。为了改变此种现状，应该改变立法授权模式，将证券衍生品归于《证券法》调整。[1]其次，也有观点认为是市场监管制度的缺陷造成了我国证券衍生品市场发展缓慢的现状。由于《证券法》不能直接对证券衍生品进行调整和规范，一方面，造成了我国资本市场的结构性矛盾，证券衍生品具有套期保值、价格发现、管理风险、活跃交易等功能，证券衍生品的长期缺位，加剧了股票、债券、等资本市场基础证券品种的风险。[2]另一方面，由于可能会影响消费者的合法权益而影响其对证券衍生品市场的信心，不利于金融市场的繁荣发展。最后，也有观点提出，应当在考量《证券法》修订与期货法制定衔接工作的基础上对证券衍生品的归属调整做出安排。期货主要是以普通商品及证券作为其基础资产的，从本质属性来看，证券衍生品应当由《证券法》调整。且“对于以证券为基础资产的期货、期权而言，因其在本质上是基于基础证券而产生，与基础证券关系密切，对于其发行、交易等活动应由《证券法》对其进行原则性规定。因此，在对《证券法》进行修改时，可直接规定《证券法》对证券衍生品种的适用，并设立证券衍生品种的发行、上市、交易条款，建立起风险控制、信息披露、法律责任等配套措施”。[3]

就“大证券法说”中提到的“创新授权立法层次过高”以及“市场监管制度的缺失”的问题，通过期货法的出台亦可以解决。因此其并不能作为证券衍生品归于《证券法》调整的理由。此外，以基础资产作为确定部门法调整范围的标准也有不妥。若以基础资产作为界定调整范围的标准，那么以大豆、铜等为基础资产的期货交由《民法典》调整，期货立法并无存在之必要。事实上，之所以需要期货立法，正是由于其特殊的交易机制。以保证金机制和当日无负债结算机制为例，在现货以及远期合约交易的初期，出现了两种情况：一是扩大了交易量，延长了交易的时间；二是增大了远期合约违约的风险，因为远期合约成交到交收实货的期间往往还有几个月，在这段时间内商品价格往往发生波动，无论价格上升或者下降买卖双方的账面上总有一方盈利，另一方则亏损，亏损方就可能违约。最初，为防止违约，

〔1〕 参见华东政法大学课题组：《证券法的调整范围与立法体例研究》，载《证券法苑》第 10 卷，第 140 页。

〔2〕 禄正平：《证券法学》，商务印书馆 2019 年版，第 152 页。

〔3〕 参见华东政法大学课题组：《证券法的调整范围与立法体例研究》，载《证券法苑》第 10 卷，第 141 页。

大多采用行政手段，但效果欠佳。于是，1865 年起，期货交易开始采用“保证金条款”，这是期货交易史上一项重要的制度创新。这一制度沿用到我国当前的期货交易所，形成了保证金制度、当日无负债结算制度。[1]因而，证券衍生品归属调整的确认，也应当是通过交易机制而非基础资产来判定的。此外，上述观点也考虑到了证券衍生品交易机制问题，谈到了将证券衍生品纳入后的发行、上市、交易条款，建立起风险控制、信息披露、法律责任等配套措施的构建问题，事实上，期货立法及实践已经有一套较为成熟的证券衍生品交易机制，无须《证券法》重构。

2019 年《证券法》修订之后，也有学者关注到了证券衍生品的归属调整问题，其认为：《证券法》对其调整范围的修订，能够对期货立法产生相应的启示。金融立法的目的之一在于统一监管标准，明确法律适用。期货法在修订过程中可以考虑《证券法》“大一统”的修改思路，以实质重于形式为原则，由结构性监管向功能性监管转变，统一规定期货产品的归属调整标准，“不论其基础资产是证券还是其他产品，只要其采用期货交易方式，由交易所制定的标准化合约交易，均纳入期货立法的调整范围，由期货法统一规制。这样有助于满足市场参与者多层次风险管理的现实需求，[2]更好地发挥衍生品市场服务实体经济的功能”。但是该观点的不完善之处在于，证券衍生品在学理上一般被分为证券型衍生品和契约型衍生品两大类[3]，证券型衍生品与契约型衍生品在表现形式、发行要求、所代表的权利义务、交易机制等方面均存在很大区别，不可一概而论。

二、期货法与《证券法》调整范围交叉的缘由

（一）从商品期货向金融期货的跨越

立法模式争议的现实背景，是期货交易从商品期货向金融期货占主导地位的市场格局转型，以及金融监管模式在全球化背景下的重构。[4]证券市场与期货市场原本是毫不相关的。证券市场的基本功能在于资源配置以及投融资功能，其交易标的是以股票、债券为代表的证券。而期货市场的关注点则在于价格发现和风险管理，其一般专注于期权、期货等衍生品的流通交易。然而，这种泾渭分明的情况在 20 世纪 70 年代后发生了变化，市场上开始出现了传统证券嵌入期权期货后形成的结构性证券以及以证券为基础资产的期货产品，如股票期货、股指期权等。此种新金融产品的出现导致了证券市场和期货市场的交叉融合，从而也造

---

〔1〕 李一智主编：《期货与期权教程》，清华大学出版社 2017 年版，第 8 页。

〔2〕 程红星、王超：《从证券衍生品看证券法与期货法的调整范围》，载《期货法律评论》2020 年卷，第 68 页。

〔3〕 孔康妮：《论我国〈期货法〉的调整范围》，载《科技与法律》2015 年第 3 期。

〔4〕 楼建波、刘燕：《我国期货法的定位及其与〈证券法〉之关系——一种立法论的进路》，载《财经法学》2015 年第 2 期。

成了《证券法》和期货法调整范围的冲突与协调。其中又以证券衍生品的问题最为明显。

（二）证券期货分别立法模式的选择

从比较法来看，目前关于证券与期货立法主要有以下几种模式：第一，新加坡模式。新加坡对证券与金融期货采统一立法、统一监管模式。因而，其也不存在证券立法与期货立法调整范围划分的问题，其证券和期货产品由《证券与期货法》统一调整，由金融管理局统一负责法律的实施以及市场监管。第二，美国模式。该模式的特点在于对证券和期货实施分别立法、分别监管。其中证券流通由《1933 年证券法》《1934 年证券交易法》调整，期货交易则由《商品交易法》规制。

我国改革开放后形成的资本市场，经过这些年的发展，目前已经形成了以《证券法》为核心的证券法规体系和以《期货交易管理条例》为核心的期货法规体系。且在证券立法与期货立法方面，理论界已经形成了期货法应当独立于《证券法》的观点。首先，在商品期货比较发达的国家，一般都会有单独的期货法或商品期货法，如美国、日本等。其次，期货市场的战略意义在于争夺大宗商品的定价权，我国作为世界第二大经济体以及多种大宗商品的最大消费国和进口国，期货立法并不能满足市场的需要。因此，制定一部独立的《期货法》以维护期货交易秩序、促进期货市场发展显得尤为必要和紧迫。独立的期货立法，一方面，避免了在《证券法》中塞入过多的期货交易监管规则，从而破坏《证券法》自身逻辑与体例的严谨性；另一方面，一部独立的期货立法也能够包容商品交易的不同阶段，从而化解当前我国实践中大宗商品中远期电子盘交易的监管归属争议。〔1〕

期货法立法实践方面，早在 2013 年，全国人大常委会就成立了期货法起草组；2018 年，第十三届全国人大常委会更是将《期货法》列为“第二类项目：需要抓紧工作、条件成熟时提请审议的法律草案。”2021 年，第十三届全国人大常委会第二十八次会议对《中华人民共和国期货法（草案）》（以下简称《草案》）进行了审议，并在中国人大网公布和征求意见。由此可见，我国期货立法工作也在稳步推进。在《证券法》和期货法单独立法的大背景下，在证券衍生品制度供给问题上，在调整范围的划分上，二者难免会有交叉。

三、证券衍生品的界定

（一）证券衍生品的概念

对证券衍生品进行定义，首先要从衍生品出发。衍生品较早是出现在《衍生工具：惯例与准则》报告中，该报告于 1993 年由美国研究机构“华盛顿 30 人小组”发布，其中对证券衍生品的定义为：“衍生品是由基础资产衍生而来的一种金融合约或支付交换协议，其基础

---

〔1〕 楼建波：《美国处理期货法与证券法之间关系的实践及其启示》，载《法学论坛》2015 年第 4 期。

资产包括了利率、汇率、商品、证券及其他指数等。”美国财务会计准则委员会（FASB）颁布的一系列公告中将金融衍生品定义为，“价值衍生于一个或多个标的资产的业务或合约”。此外，巴塞尔协会于1994年发布的《衍生产品风险管理准则》中，对证券衍生品的规定如下：“证券衍生品是一种金融合约，其价值取决于一种或多种基础资产或指数。”[1]另一份文件《巴塞尔资本协议Ⅱ》规定：“金融衍生交易合约的价值取决于一种或多种基础资产的价值或相关指数，除了远期、期货、互换和期权等基本合约形式之外，具有以上任一种或多种特征的结构化金融工具也称为衍生工具。”在我国，《证券法》在2005年修订过程中提到了“证券衍生品”的表述，但并未对其概念做出明确界定。2011年1月5日，中国银行业监督管理委员会发布《银行业金融机构衍生产品交易业务管理暂行办法》，其中对衍生品的定义为：“本办法所称衍生产品是一种金融合约，其价值取决于一种或多种基础资产或指数，合约的基本种类包括远期、期货、掉期（互换）和期权。衍生产品还包括具有远期、期货、掉期（互换）和期权中一种或多种特征的混合金融工具。”国内相关教材中的定义为：“衍生产品是一种金融合约，其价值取决于一种或多种基础资产或指数，合约的基本种类包括远期、期货、期权、互换。衍生产品还包括具有远期、期货、期权、互换中一种或多种基础资产或指数的价值。”[2]

从上述表述可以看出，对衍生品所做的定义虽略有不同，但衍生品至少包含了以下几个特征：首先，衍生品是一种金融合约，是在现时对基础资产未来可能产生的结果进行交易，其交易在现时发生而结果要到未来某一约定的时刻才能产生。其次，其都是由基础资产衍生而来的，因而衍生品价值依赖于基础资产价值的变动，衍生品交易规则也会与基础资产存在天然的联系。由于其所依赖的基础性工具的性质、特征有很大差异，这就导致了每个衍生产品有不同的价值作用和政策目标。[3]从而可以对证券衍生品进行定义：“证券衍生品是以证券品种为基础产生的金融合约，其价值的变化取决于原生证券品种价值的变动。”

（二）证券衍生品的法律属性

证券衍生品与证券市场以及期货市场均存在密切联系，且由于基础资产的差异，不同类型的证券衍生品在性质、特征等方面也存在较大差异。由此可能会导致部分证券衍生品的交易机制偏向于期货而由期货法调整，另一部分的交易机制与证券更为接近而由《证券法》调整。因而，在界定证券衍生品的法律属性之前，首先需要明晰证券与期货的区别。

1. 证券与期货的区别。

从本质上来讲，证券与期货的差异主要体现在交易功能、交易目的、表现形式、交易程

---

〔1〕 Risk Management Guidelines for Derivatives，载 https：//www. bis. org/publ/bcbsc211. pdf，最后访问日期：2021 年 11 月 3 日。

〔2〕 唐波：《新编金融法学》，北京大学出版社 2013 年版，第 263 页。

〔3〕 董安生、施允丹：《论证券衍生品种交易的法律问题》，载《法治研究》2008 年第 10 期。

序、交易机制、市场结构等几个方面。

第一，交易功能。证券市场的基本功能在于筹融资和配置资源。作为直接融资工具，证券通过发行集中社会分散的闲置资金，形成可供长期使用的资本。[1]同时，在投融资的过程中，投资者作为融资对象，具有天然的趋利避害性，因而资金会在证券价格的引导下，自发流向具有发展潜力的企业和行业，从而实现产业结构调整，资源优化配置的目标。

期货市场的主要功能在于风险管理以及价格发现。期货交易者通常会先在现货市场交易一定数量的商品或金融衍生品，而后在期货市场进行一笔数量、时间大致相同，方向相反的交易，从而实现套期保值或价格波动风险的转移，锁定现货市场收益。由于现货市场及期货市场是由包括投资者及投机者在内的各类市场主体参与的，市场信息能够反映出商品或金融产品的供求关系以及相关的影响因素、变动趋势等。通过公平竞争、信息透明、公开集中竞价的方式形成期货价格。由于价格的形成过程具有连续性、公开性、竞争性，因而期货价格能够较为准确地反映出现货市场商品的供求关系以及价格变动趋势。

第二，交易目的。证券的交易目的与其经济功能是密切相关的，对投资者而言，其主要目的在于获取利息收入及资本所得，即所谓的投资性。美国证券法开始采列举的方法对证券进行定义，但无法穷尽市场上所有的证券品种。因而在 1946 年 SECv. W. J. Howey Co. 案中，美国最高法院确立了认定证券的四项标准：（1）资金的投入（an investment of money）；（2）投资于一项共同事业（in a common enterprise）；（3）仅通过他人的努力（solely from the efforts of others）；（4）期望获得赢利（led to expect profits），即所谓的“豪威测试”。该测试方法认为只有投资于普通企业且其预期利润完全来自发行方或第三方努力的合同属于投资合同。可以看出，美国法院对证券的认定中强调了证券交易是为了获取来自他人努力的利润这一目的。

期货交易的目的是风险管理、价格发现以及一定的投机活动。对于期货合约的定义，美国期货立法并未做出明确规定，但美国期监会及法院通常认为具有以下特征的合约应当是期货：（1）约定以交易发起时同意的价格在未来购买或者出售商品的合约；（2）除价格外其他条款都已标准化的合约；（3）主要目的是承担或者转移价格风险而不是转让基础资产的合约。其中，第三个方面是判断某一合同是否为期货的关键要素。[2]

第三，表现形式及所代表的法律关系。证券是证明持有人享有的所有权以及债券的书面凭证，具有金额性。如股票体现了对股权的所有权，债券体现了相应的债券。同时，证券具有流通性，证券持有人可以在市场上自由交易其证券从而实现自身权利。

期货是一种标准化可交易合约，是买卖双方签订的于未来某一确定的时间，按约定的价

〔1〕 陈峥嵘、朱蕾：《股票市场发展、资本要素积累与产业结构升级》，载《证券市场导报》2011 年第 12 期。
〔2〕 万国华、张崇胜：《信用违约互换监管的学理基础与制度变革》，载《金融理论与实践》2018 年第 7 期。

格购买或出售某一种基础资产，或于期满日前结算差价的协议。[1]期货合约实质上是一种双务合同，交易双方在享有权利的同时也要承担一定的义务。以期权为例，期权实质上是在金融市场上对权利和义务进行定价，期权买方付出权利金取得买入或卖出某一标的资产的权利，卖方收取权利金，则有义务在买方执行期权的权利时卖出或买入标的资产。虽然期货作为一种标准化合约同样具有流通性，但与证券的不同之处在于，期货持有者对合约的交易仅仅是权利义务的概括性转让，而不能只实现自身权利。

第四，交易程序。证券有发行环节，而期货没有发行环节。[2]是否存在发行环节是对证券与期货进行判断最明显的标志。证券交易本质上是现货交易，交易的前提是存在交易的对象。因而，只有经由发行人通过发行程序将证券“创造”出之后，投资者才可认购及买卖。正因为其交易必须经过发行程序，因而在市场上流通的证券数量总是以最初发行的总量为限的。此外，证券市场中的交易行为本质上是一种借贷行为，其交易模式仍然为现货全款交易，这也决定了证券交易量的有限性。

而期货则不存在发行环节，这也与其交易机制有关。期货市场采买空卖空的交易机制，交易者在交易时并不需要实际持有交易标的，仅需在到期前反向操作或到期后交割即可。交易者的期货权利属于原始取得而非继受取得。因而，如果在不考虑持仓限额以及风险准备金的前提下，理论上其交易量是不受限制的。

第五，市场结构。以市场功能为标准，证券市场一般被划分为发行市场和流通市场。发行市场主要为实现投融资功能，在为资本需求方提供融资渠道的同时，也为资本供应者提供投资场所。流通市场的主要功能在于为已经发行的证券提供转让平台。发行市场是流通市场的前提和基础，其规模决定了流通市场的规模，也会影响流通市场的交易价格。而流通市场又是发行市场设立的和发展的保证。二者相辅相成，互为补充。

期货市场不存在发行人，无须经过发行程序，因而其并不存在发行市场，也不具备筹融资功能。期货市场一般只有流通市场，期货合约经由交易所设计并安排上市后，在流通市场交易。

第六，交易机制。证券和期货同时存在流通市场，但是二者流通市场的交易机制并不相同。证券交易最重要的功能在于实现筹融资，因而在提高上市交易效率与保障上市交易安全的商法原则的平衡中，更偏向于证券流动性的提高，从而实现筹融资功能。其对交易机制的选择也是利益衡量的体现，无论是在投资者与交易所会员之间中央结算层面，其都采全额交易。

与之形成对比的是，期货的主要功能是风险规避，亦即由于期货交易的高风险性，其更偏向于商事交易安全的保护。为了更好地实现该目的，期货市场采用了保证金交易方式。同

---

〔1〕 冯博：《金融衍生品法教程》，中国财富出版社 2014 年版，第 6 页。
〔2〕 钟维：《跨市场操纵的行为模式与法律规制》，载《法学家》2018 年第 3 期。

时，为了有效控制保证金交易带来的风险，期货交易机制还实施了持仓限额制度、当日无负债结算制度等更为严格的风险控制制度。

2. 证券衍生品的分类。

2005 年 8 月 23 日，第十届全国人大常委会第十七次会议上，王以铭副主任做的《全国人大法律委员会关于〈中华人民共和国证券法（修订草案）〉修改情况的汇报》中指出："有的常委委员、部门和单位提出，证券衍生品种分为证券型（如认股权证等）和契约型（如股指期货、期权等）两大类，具体品种随着证券市场发展将会不断增加，在发行、交易及信息披露等方面有其特殊性。"[1] 这就为证券衍生品的分类奠定了基础。

契约型衍生品是价值依附于其他基础标的的金融工具，其基础标的包括股票、债券、商品、外汇、期货等。契约型衍生品主要包括各类期货、期权等品种，如商品期货、商品期货期权、股指期货、股指期权、国债期货、股票期权等。[2] 契约型衍生品主要有以下三个方面的特征：第一，契约型衍生品不是以证券的形式存在的，而是以交易所设计的标准化合约的形式存在。第二，契约型衍生品是一种风险管理工具，其并不具备投融资功能。第三，契约型衍生品无发行人，无须经过发行程序，其交易一般采期货交易机制，实行保证金、强制平仓、持仓限额、当日无负债结算等风险控制措施。

证券型衍生品是指股票等基础证券和一个权利合约相结合，并将其中的权利以证券的形式表现出来，形成的一种新的证券品种，包括认股权证、可转换债券、信用违约互换（CDS）等。[3] 以最具代表性的认证股权为例，认证股权是以股票为基础的衍生证券。认证股权是选择权的证券化，是股票与选择权合约的结合。其中认证股权的主体包括了权证的发行人和权证的持有人，其内容为认证股权持有人有权选择在约定时间，按照约定价格向发行人买入或卖出股票。

就其区别而言，则主要表现在以下几个方面：

第一，从表现形式来看。证券型衍生品的基础资产是证券，其实质上是一种权利凭证，且其表现形态仍然为有价证券，因而其也具有有价证券收益性、标准性、权利性等特征。契约型衍生品的本质则是一种标准化合约，具有双务性、未来性以及可对冲性的特点，与作为权利凭证的证券有明显区别。

第二，从发行要求来看，证券型衍生品实质仍为证券，一般存在发行环节，需要发行人设定发行价格，经历募集程序，在证券交易所发行上市，因而证券型衍生品也被称作发行类金融衍生品；契约型衍生品只是标准化合约，作为一种风险管理工具，契约型衍生品无须经

---

〔1〕《全国人大法律委员会关于〈中华人民共和国证券法（修订草案）〉修改情况的汇报》，载 http://www.npc.gov.cn/wxzl/gongbao/2005-10/27/content_5343115.htm，最后访问日期：2021 年 9 月 21 日。

〔2〕杨阳：《期货及衍生品与证券概念的界定》，载《清华金融评论》2015 年第 6 期。

〔3〕杨阳：《期货及衍生品与证券概念的界定》，载《清华金融评论》2015 年第 6 期。

过发行环节，仅需由相关交易场所设计好合约即可上市交易，因而其又被称为非发行类金融衍生品。以在期货交易所上市的股指期货为例，它是交易所制定的供交易者交易的标准合约，没有发行人，最初的卖方由交易者来担当。[1]

第三，从代表的权利、义务来看。证券型衍生品所代表的一般为某种单向的权利，此类衍生品的持有人只享有权利而不承担义务。契约型衍生品作为标准化合约，是一种双向合约，其所代表的一般为权利与义务的组合，而不单纯是某种权利，当事人既享受合约权利，也承担合约义务。

第四，从交易结算方式来看。证券型衍生品一般采用全额现货交易，契约型衍生品交易方式为期货交易，实行保证金、持仓限额、当日无负债等交易风控措施。[2]证券型衍生品的结算是有交易才有结算；而契约型衍生品采用当日无负债结算方式，持仓一旦建立之后，即使未进行交易，每日交易结束后也要根据当天的结算价格对交易双方的交易盈亏状况进行资金清算和划转。[3]

四、证券衍生品归属调整的理论逻辑

（一）《证券法》修订思路对期货法调整范围的启示

形式理性法典化下，法律漏洞是不可避免的，这是由社会生活发展的无穷性、多样性，以及人类智识的有限性决定的。在商事领域，法律漏洞尤为明显，现代社会市场经济的发展和技术的革新，首先体现在商事领域，随之而来是交易规则、交易技术、商事关系等的改变，如此，不同的商事法律规范之间就会存在间隙，从而形成新的法律漏洞。正因为商事特别法亦存在法律漏洞，对特别法和一般法适用原则须更进一步予以阐述。商事特别法上的“没有规定”应当区分为“应当做出规定而未做规定”和“无须做出规定”两种。前者是因为立法技术、立法者未能预见等原因，未能在立法当时对应当做出规定的事项予以规定，此属于商法上的隐藏漏洞；后者是因为一般法中已经有规定，而无须再予以规定，直接适用即可。商法上的隐藏漏洞，才是真正属于商法的漏洞。对这些漏洞的填补不能向普通立法逃逸，而是要站在立法者的角度，运用法学方法论的一般原理予以填补。[4]以证券衍生品的归属调整为例，在最新的《证券法》修订当中，删除了原第2条第3款之规定：“证券衍生品种发行、交易的管理办法，由国务院依照本法的原则规定。”形成了所谓“漏洞”，按照漏洞

---

〔1〕参见郭铎、周友苏主编：《国际化视野下的金融创新、金融监管与西部金融中心建设》，法律出版社2013年版，第61~74页。

〔2〕卢文道：《证券衍生品种法制构建与〈证券法〉修改》，载《证券市场导报》2005年第9期。

〔3〕施廷博、杜惟毅：《期货法与证券法对证券衍生品调整安排的若干思考》，载《金融法苑》2015年第90期。

〔4〕参见钱玉林：《商法漏洞的特别法属性及其填补规则》，载《中国社会科学》2018年第12期。

填补规则，首先要区分《证券法》未对证券衍生品做出规定属于“应当做出规定而未做规定”和“无须做出规定”哪种情形？

我国此轮《证券法》的修订之所以删去证券衍生品种相关规定，是出于几个方面因素的考量：第一，随着理论与实践中对证券型衍生品认识的逐步深化，立法者认为由于其在性质、交易机制方面与一般性证券非常接近，因而无须对证券型衍生品作单独规范，仅需扩展证券的定义和适用范围可以将其纳入其中。而契约型证券衍生品可纳入《期货交易管理条例》（以下简称《条例》）调整范围，以上证 50EIT 期权为例，其交易规则、结算模式、交易制度、风险控制制度等大多是在《条例》的基础上构建起来的。[1]

第二，2005 年《证券法》虽然规定了证券衍生品的相关内容，但国务院一直未制定配套法规规章。因而本条在实践中能够发挥的作用非常有限。有学者指出，我国《证券法》对于证券定义的扩展仍然在于为社会提供创新的融资手段，而非为种类繁多、自由创新的任何证券衍生品提供兜底性的监管，将股指期货、期权等与证券现货完全不同的证券衍生品纳入证券范围内，且没有配套的发行、信息披露等规定，没有实质意义，反倒增添困扰。[2]

第三，由于调整范围可能存在交叉，《证券法》的修订和期货法制定一直是联动进行，考虑到全国人大常委会给股票发行注册制的授权期限将于 2020 年 2 月 29 日到期，删除证券衍生品的相关规定，也有利于好分歧，推动证券法早日完成。[3]

《证券法》修订说明也证实：“现行证券法规定的证券的范围主要限于股票、公司债券，已难以适应证券市场发展的现实需要，也不利于打击非法证券活动。对此，多数意见主张扩大证券范围，建议将实践中已经出现的证券品种纳入证券范围，体现证券法作为资本市场基础性法律的地位。但是，扩大证券范围，如将集合性投资计划份额等纳入，涉及这类金融产品性质的认定，也涉及有关部门的职责分工等一系列复杂问题。本着稳妥处理、循序渐进的原则，经与有关部门反复商议，修订草案在对证券进行定义的基础上，适当扩大证券的范围，规定股票、债券、存托凭证以及国务院认定的其他证券适用证券法；资产支持证券等受益凭证、权证的发行与交易，政府债券、证券投资基金份额的上市交易适用本法，其他法律、行政法规另有规定的，适用其规定（第三条）。对于本法调整范围是否保留证券衍生品种，不少意见认为，实践中权证、股指期货、股票期权等证券衍生品种不断发展，将证券衍生品种排除在本法的调整范围之外，可能导致基础证券和衍生品种之间适用不同的法律，容易造成法律适用的混乱，不利于打击并遏制跨市场内幕交易、操纵市场等违法行为，应当保留现行证券法对证券衍生品种的规定，明确权证、期货、期权等证券衍生品种的法律适用。但考虑到股票期权等证券衍生品种也可纳入期货法的调整范围，为做好证券法修改与期货法

---

〔1〕 参见孔康妮：《论我国〈期货法〉的调整范围》，载《科技与法律》2015 年第 3 期。

〔2〕 吕成龙：《我国〈证券法〉需要什么样的证券定义》，载《政治与法律》2017 年第 2 期。

〔3〕 程红星：《从证券衍生品看证券法与期货法的调整范围》，载《期货法律评论》2020 年卷，第 68 页。

起草工作的衔接，修订草案删去了现行证券法有关证券衍生品种的规定，未将股指期货、股票期权等证券衍生品种纳入调整范围（第三条）。”

可以得出结论，《证券法》关于证券衍生品的内容未做规定，当属“应当做出规定而未做规定”属于商法上的隐藏漏洞。且立法者的本意即在于限缩证券立法，给期货法留有一定的空间。因此，对该漏洞的填补不能向《证券法》规定逃逸，而是要站在立法者的角度，运用法学方法论的一般原理予以填补。在期货法制定过程中，应当将证券衍生品纳入其调整范围。但证券衍生品又可分为证券型衍生品及契约型衍生品，关于二者具体的归属调整，笔者将在下文中进一步分析。

除此之外，2019 年《证券法》在修订过程中还删除了原第 42 条交易方式中“证券交易以现货和国务院规定的其他方式进行交易”的表述，即其在交易机制方面完全删除了契约型衍生品的相关内容，由于《证券法》在调整范围和调整机制部分均删除了证券衍生品的内容，因而，不可将证券衍生品归于《证券法》调整。同时，从《证券法》全国人大常委会的修订说明中可知，证券衍生品应当由期货法进行调整。

（二）期货立法与《证券法》对调整范围的确定

我国《证券法》第 2 条规定，在中华人民共和国境内，股票、公司债券、存托凭证和国务院依法认定的其他证券的发行和交易，适用本法。从逻辑解释的角度来看，证券法的调整范围中，“国务院依法认定的其他证券的发行和交易”在性质、交易方式等方面应当与股票、公司债券、存托凭证等次相同，从而保证《证券法》内部统一。《证券法》的内在统一性决定了证券概念、法律条文相互之间的逻辑关系，这也是法律确定性的保证。

从比较法视角来看，美国《证券法》中，对证券交易标的的认定标准主要是通过 SECv. W. J. Howey Co. 案中确定的“豪威测试”来实现的。即证券法的调整对象必须具有以下四项特征：（1）资金的投入（An Investment of Money）；（2）投资于一项共同事业（In a Common Enterprise）；（3）仅通过他人的努力（Sold from the Efforts of Others）；（4）期望获得赢利（Led to Expect Profits）。可以看出，证券型衍生品符合上述四项要求，属于《证券法》的调整对象，应当归于证券法调整。契约型衍生品至少在第二项要素“投资于共同事业”以及第三项要素“仅通过他人努力”上是不符合的。至于“期望获得盈利”要素，契约型衍生品交易的目的在于套期保值以及风险规避，即使是以套利或投机为目的的期货交易，其赢利来源与作为证券标的的“仅通过他人努力”要素是不同的。证券的收益既可以源于交易市场也可以源于合同中直接约定的“共同事业”（如股票红利形式），而契约型证券的赢利只能来源于交易市场。因而很难将其纳入《期货法》调整对象的范畴。

对于期货法的调整对象，我国期货立法并没有从正面界定。但《期货交易管理条例》和国务院规范性文件从否定方面对期货交易特征进行了界定。《期货交易管理条例》（已修订）第 89 条规定，“任何机构或者市场，未经国务院期货监督管理机构批准，采用集中交易方式进行标准化合约交易，同时采用以下交易机制或者具备以下交易机制特征之一的，为变相期货交易：（一）为参与集中交易的所有买方和卖方提供履约担保的；（二）实行当日无负债结算制度和保证金制度，同时保证金收取比例低于合约（或者合同）标的额 20% 的”。该规定涉及了期货交易的一些核心特征，如标准化合约、担保交易、集中竞价、当日无负债结算、保证金制度等，变相规定了期货交易的两种情形：一是采集中交易方式交易标准化合约，同时市场为参与集中交易的所有买方和卖方提供履约担保；二是采用集中交易方式进行标准化合约交易，且实行当中无负债结算制度和保证金制度，同时保证金收取比例低于合约（或者合同）标的额 20%。此外，国务院《关于清理整顿各类交易场所切实防范金融风险的决定》中也提到，除依法经国务院或国务院期货监管机构批准设立从事期货交易的交易场所外，任何单位一律不得以集中竞价、电子撮合、匿名交易、做市商等集中交易方式进行标准化合约交易。该规定也体现出了对期货交易认定标准——集中竞价交易标准化合约。国务院办公厅《关于清理整顿各类交易场所的实施意见》提出，大宗商品中远期交易，是指以大宗商品的标准化合约为交易对象，采用电子化集中交易方式。允许交易者以对冲平仓方式了结交易而不以实物交收为目的或不必交割实物的标准化合约交易。其他标准化合约，包括以有价证券、利率、汇率、指数、碳排放权、排污权等为标的的标准化合约。从相关禁止规定来看，期货交易机制的核心是集中的标准化合约交易，采用保证金交易及提供履约担保。在《证券法》不能为证券衍生品提供制度保障时，一方面在我国的期货立法的实践中是通过交易机制来确定其调整范围的。另一方面在证券衍生品之中，契约型衍生品的交易机制也完全符合期货立法。因而对契约型衍生品的调整应当由期货法进行。

（三）交易机制视角下的证券衍生品归属调整

1. 基础资产标准模糊会造成调整范围混乱。

以美国为例，美国证券、期货立法遵循了单独立法的模式，但是由于对个股期权、股指期货等金融衍生品界分不清，导致了管辖权之争。[1] 在美国《1933 年证券法》和《1934 年证券交易法》中，“证券”的含义在不断丰富，除债券、股票外，还包括了以证券为基础资产的期权。而《商品交易法》中的“商品”的涵盖范围则包括了几乎所有服务、权利及利益（电影票房、洋葱除外），两法调整范围的交叉重叠导致了美国商品期货交易委员会（CFTC）与美国证券交易委员会（SEC）长期以来的管辖权之争。直至 1981 年 CFTC 与 SEC 联合发布了一项关于一系列金融工具（特别是股指期货）监管权划分的基本协议（《夏德—约翰逊协议》），规定 SEC 具有对股票和股指期权的管辖权，CFTC 享有对宽基股指期货的管辖权，而单一股票期货和窄基股指期货的交易则被禁止。2000 年《商品期货现代化法》

〔1〕 罗培新：《美国金融监管的法律与政策困局之反思——兼及对我国金融监管之启示》，载《中国法学》2009 年第 3 期。

对 SEC 和 CFTC 关于股票期货领域的管辖权予以进一步明确，单一股票期货和窄基股指期货由 CFTC 和 SEC 共同监管，宽基股指期货则由 CFTC 专属管辖。尽管现有的监管协作备忘录对此进行了一定程度上的协调，但从泽伦纳案、阿马兰斯案的实践来看，这些争议可能并仍将持续下去。

2. 交易机制标准对新金融产品的调整。

之所以将交易机制作为证券衍生品归属调整之界定标准，除了交易机制标准符合我国目前期货立法对于调整范围界定的实践之外，以交易机制作为调整范围认定标准的另一理由在于合约市场的复杂程度日渐增加。在未来金融市场创新发展过程中，一方面，很多证券衍生品都将具有“混合性”的特征；另一方面，部分衍生品为逃避监管而“改头换面”有意进行所谓“创新”，这都将大大增加证券衍生品归属调整认定的难度。因此，哪些金融衍生品具有期货的要素，是否将其定性为期货交易需要具体问题具体分析，应当对证券衍生品进行综合全面审查，分析每种证券衍生品的本质特征，才能做出正确的判定。否则，无论怎样界定，证券衍生品的归属调整都不明确。可以确认不同类型证券衍生品的差异在于表现形式、发行要求、代表的权利义务等，但应当选取何种要素作为证券衍生品的归属认定？以衍生品市场最发达的美国为例，2010 年，美国出台了《多德—弗莱克法》以解决产品创新过程中《证券交易法》与《商品交易法》对证券衍生品调整的冲突。但《多德—弗莱克法》是通过程序性规定而非实体性规定来解决该问题，当证券衍生品属于 SEC 与 CFTC 共同管辖时，只有在 CFTC 依照《证券交易法》放弃管辖时，才由 SEC 依据《证券交易法》管辖。

CFTC 认为，判定一个期货合约是否存在并没有统一的定义，或一系列的特征要素，要把交易机制作为一个整体进行评价。在美国的斯托维尔案中，大部分交易无实物交割发生，CFTC 通过对冲交易为主要交易形式以及吸收公众参与交易等证据，断定此案中的合约属于期货合约，从而指控其非法从事场外期货交易。CFTC 确定了期货合约的要素：其一，商品的买卖以标准化合约形式存在，在未来可以进行相反方向的交割；其二，交易直接或间接地提供给社会公众；其三，交易通常由所有者的资产或保证金作为担保；其四，交易主要是为了预测或转移商品价值变动的风险，而不是转让实物商品的所有权。[1]可见，以交易机制为标准，可以快速准确地识别某一产品是否属于证券衍生品以及是否应当归于期货法调整，一方面有效缓和了金融立法之间在调整范围上的冲突，另一方面也能有效应对层出不穷的金融创新产品。

3. 证券衍生品归属调整的确定。

从交易机制来看，证券型衍生品交易一般采用全额交易方式，而契约型衍生品都采用保

---

〔1〕 王学勤：《合约市场界定与交易场所监管》，载《中国证券期货》2018 年第 3 期。

证金交易方式。证券型衍生品的结算是有交易才有结算，而契约型衍生品采用当日无负债结算方式，持仓一旦建立之后，即使未进行交易，每日交易结束后也要根据当天的结算价格对交易双方的交易盈亏状况进行资金清算和划转。在本次期货法制定过程中，依照交易机制标准，应当将契约型证券衍生品纳入其调整范围。而将证券型衍生品解释为《证券法》第 2 条“国务院依法认定的其他证券的发行和交易”。

期货法基本原则的选取

吴　弘*

法的基本原则，是体现法的根本价值和本质内容的法的基本出发点和指导思想。法的基本原则是属于战略性的、全局性的指导思想，是由基本经济制度和统治阶级根本利益决定的。基本原则反映法的整体性、系统性[1]，它贯穿于所有法律活动，体现在整个法律体系中。在立法活动中，基本原则是立法者在法的创制过程中应该遵循的基本准则，既是立法者据以进行立法活动的重要准绳，也是立法指导思想在立法实践中的重要体现和落实。将基本原则具体地落实到法的创制过程中，体现为科学性、适时性、民主化和合宪性。[2]在法的适用活动中，基本原则是执法、守法、司法主体的行为准则，是正确理解法律内容的确定标准，是协调法律关系平衡各方利益的衡量标杆，还是填补具体规范空白的基础依据。总之基本原则是将立法转化为人们自觉行动的纲领、指针，还是评估立法效果、执法程度的考量基准。

期货法的基本原则，为期货立法指明方向，有利于立法者将思想理论通过法的创制过程细化和反映为规范内容。基本原则，对期货执法起到指导性作用，有利于市场主体站在一定的高度来认识期货法的精神实质，从大局上把握期货法的主旨本意，在实践中主动贯彻落实。

---

* 吴弘，华东政法大学教授、博士生导师。

〔1〕 孙国华主编：《中华法学大辞典 法理学卷》，中国检察出版社 1997 年版，第 63 页。

〔2〕 刘作翔主编：《法理学》，社会科学文献出版社 2005 年版，第 295 页。

一、确定期货法基本原则的价值理念

期货市场是金融市场的重要组成部分，在确立期货法的基本原则时，既要体现金融立法的一般宗旨，又要充分体现期货市场的特点。处理好法的价值观的冲突和平衡，因此，正确选择价值理念是确定期货法基本原则的前提。

（一）公平与效率的协调

公平与效率都是法的价值，但也是一对永恒的矛盾。公平，就要加大规范，严厉执法，适当减缓发展速度，必须时还得牺牲效率，力求稳定；效率，则要加大发展速度与规模，营造发展的环境，必要时还需暂时地牺牲局部公平，力求以最少的代价获得最大的回报。公平与效率是冲突的，但也是可以协调的，对立统一，其有机结合有两方面：一方面表现为二者的兼顾与融合，宽严有度的规范与监管，本身对市场有调节作用；另一方面表现为阶段性有所侧重、并适时调整，尤其在我国期货市场正处在发育成长的初级阶段，需要法律与政府加大鼓励与扶持的力度。要处理好实践中公平与效率的冲突。如打击违规行为保护了投资者的权益，体现了公平，但客观上影响了市场的效率；对法律没有明文禁止的行为（如分仓、借码）予以宽容，又被认为对市场操纵开了方便之门，客观上损害了市场的公平。我们认为，不同发展阶段的期货市场，其追求的价值目标不同，决定了监管的原则有所差异。毕竟期货监管实现的效率目标是整体效率的改善，而不是单个利益主体运行效率的提升。〔1〕

协调公平与效率，就要处理好市场与政府的关系。市场在资源配置中起决定性作用，尊重市场规律，依据市场规则、市场价格、市场竞争实现效益最大化和效率最优化；同时更好发挥政府作用，实施科学监管、适度监管，创造公平竞争的市场环境，保护投资者合法权益，有效维护市场秩序。〔2〕

（二）发展与规范的平衡

发展，实际是促进市场进一步拓展、延伸；规范，则是指强化监管、加大限制。立法中侧重规范与监管，就需增大强制性规范的比重，强化行政管理的主导作用；而侧重促进发展，则需增大任意性规范的比重，注重政府指导与发挥当事人积极主动性的双重作用。期货法理当贯穿“规范与发展并重”，但现实却有较大困难，现行制度规范多于发展，实践中有时是规范代替发展。因此，一些制度中涉及“规范”内容往往量多且明确具体，易解易行，而涉及“发展”的内容，则量少且原则、含糊，甚至避而不谈。如《期货交易管理条例》

---

〔1〕 胡茂刚：《金融期货市场监管法律制度研究》，华东政法大学 2008 年博士学位论文。

〔2〕 参见《国务院关于进一步促进资本市场健康发展的若干意见》（国发〔2014〕17 号）。

（以下简称《期货条例》）总则的四项原则中，均以规范为中心，包括“合法”“公开、公平、公正和诚信”“场内交易”“集中统一监管”，其倾向性十分明显。这是有一定原因的：期货市场一度违法违规现象多发，使人产生形势严峻的感觉，提出严厉监管的要求；世界金融危机频发也强化了人们的风险意识，使人们对继续加快发展期货市场有所顾忌。但是千万不可因噎废食，期货市场在中国的高速发展及其重要作用世人有目共睹，我国企业发展、经济改革与现代化建设，对期货市场仍有巨大的需求，发展与完善仍应成为市场的主题。虽然人们可以要求期货市场规范发展、健康发展，但规范与发展都有自身的特征与规律，规范不能代替发展，更不该阻滞发展。

要处理好创新发展与防范风险的关系，积极鼓励和引导资本市场创新的同时，强化金融风险防范，始终把风险监测、预警和处置贯穿于市场创新发展全过程，守住不发生系统性风险的底线。

期货立法应当充分考虑期货市场中长期发展的需要，规范与发展并重，在强化风险防范的同时也鼓励市场的自主创新和对外开放，在加强监管的同时逐渐放松相关管制，为进一步发挥市场功能、服务国民经济建设创造良好的法制环境。在发展中规范，以成功的规范促进有效发展。在进行必要的规范时，也应留有足够的探索发展的空间。只要我们真正确立“发展与规范并重”的指导思想，坚持不懈地努力，就一定能找到规范与发展的最佳结合点。

（三）保障和促进的互动

法律都有保障和促进的双重功能，期货法尤为明显。期货法不仅有对期货市场的保障作用，而且还对期货证券市场有促进作用。保障，告诉人们在期货交易中如何做、怎么做，什么可以做、什么不可做，违法后承担什么责任，起到规范人们行为、维护市场秩序的作用。期货立法和执法就需不断强化打击欺诈，抑制不法行为，净化市场，保护投资者利益，从而保障市场的健康发展。保障要通过市场监管实现安全与稳定，这里追求的安全是市场与经济社会的整体安全，基本目标就是控制市场风险，保障市场安全。[1]具体到期货市场，安全与稳定是健康发展的主要标志，也是期货监管的重要目标。促进，首先是开拓、引导，正是通过法律的立、改、废，突破陈旧观念束缚、消除旧有体制的影响，实现制度创新，期货市场才萌芽、创设、发育、壮大起来，其法律地位才确定下来，其发展方向才明确起来；其次是巩固、推动作用，市场发展中的有益成果通过期货法加以肯定，上升为法律制度得以确认、定形；通过立法促进市场对新技术和先进管理方法的运用，也是期货法促进功能的体现。

无论保障还是促进，都要强化投资者保护。加强投资者教育，引导投资者培育理性投

〔1〕 吴弘、胡伟：《市场监管法论》，北京大学出版社2006年版，第6页。

资，增强风险意识和自我保护能力。保障投资者的知情权、参与权、求偿权和监督权，健全中小投资者权益保护制度。

二、我国现行期货法规中基本原则的检讨

（一）我国期货法律规范中基本原则的现状

一般认为，我国期货法律规范建设伴随期货市场发展，经历了几个阶段。在 1990 年至 1995 年的试点初期，充分参考国际惯例制定交易所的章程以及交易交割规则等自律规则，形成了交易所会员制、期货公司代理制，以及交易交割等基础制度，但期货基本法律制度迟迟未出台，市场出现了一定的无序状态。在 1996 年至 1999 年的治理整顿阶段，以治乱为本，国务院于 1998 年发布《关于进一步整顿和规范期货市场的通知》，强调风险控制，在此宗旨下产生了《期货交易管理暂行条例》（以下简称《暂行条例》）和四个办法，加强了监管，使市场秩序大有改观，但市场也有所萎缩。2007 年 2 月，国务院修订出台了《期货条例》等一批新的制度，也重新启动全国人大的期货立法程序，标志着期货市场进入规范发展时期，按市场规律加快期货法律制度建设，促进市场健康发展。我国现行期货制度《期货条例》规定了期货法的四项基本原则，即公开、公平、公正原则、诚实信用的原则、场内交易原则和集中统一监管原则。

《期货条例》明确其宗旨是“规范期货交易行为，加强对期货交易的监督管理，维护期货市场秩序，防范风险，保护期货交易各方的合法权益和社会公共利益，促进期货市场积极稳妥发展”，提出了“从事期货交易活动，应当遵循公开、公平、公正和诚实信用的原则。禁止欺诈、内幕交易和操纵期货交易价格等违法行为”；“期货交易应当在依照本条例规定设立的期货交易所、国务院批准的或者国务院期货监督管理机构批准的其他期货交易场所进行。禁止在前款规定的期货交易场所之外进行期货交易”；以及“国务院期货监督管理机构对期货市场实行集中统一的监督管理”等原则。并根据宗旨与原则在内容上三个方面做了较突出的修订：一是对风险控制制度和监管措施，根据多年来积累的实践经验予以改进和强化；二是放宽对市场主体的过多限制，使期货公司不仅能从事境内期货经纪业务，也能从事境外期货经纪业务等；三是突破仅限于商品期货的框框，为推出金融期货、期权交易做准备。[1]（见表 1）

---

〔1〕 参见《国务院相关部门就期货交易管理条例答记者问》，载 http：//www.sina.com.cn，最后访问日期：2011 年 6 月 9 日。

表 1　现行期货法律规范、证券法律规范、期货司法解释中基本原则的对比

	期货交易管理条例	期货公司监督管理办法	证券期货市场诚信监督管理办法	证券法	证券公司监督管理条例	关于全面推进证券期货纠纷多元化解决机制建设的意见	关于审理期货纠纷案件若干问题的规定	关于审理期货纠纷案件座谈会纪要
公开、公平、公正原则	√			√				
诚实信用原则	√	√	√	√	√			
场内（合法场所）交易原则	√							
集中统一监管原则	√			√				
守法原则		√	√	√	√			
保护当事人（客户）利益原则		√			√		√	
平等、自愿、有偿原则				√				
分业经营分业管理				√				
鼓励创新原则					√			
依法公正（正确适法）原则						√		√
灵活便民原则						√		
注重预防原则						√		
尊重合法约定原则							√	√
过错责任原则							√	√

（二）我国现有期货法规中基本原则的评价

我国现有期货法规中的基本原则，既是我国改革开放和市场经济不断深化的反映，也是我国期货法治建设持续发展的体现，主要有以下特点。

一是比较突出期货法的监管法属性。如集中统一监管原则，强调我国实行集中统一的期货市场监管体制，同时也要求强化监管协作，各相关部门实现监管信息共享和协调配合。其他如三公原则、守法原则、场内交易原则等，同样强调期货市场主体依法活动，彰显规范期货交易行为的力度，维护期货市场秩序，这也与《证券法》的相关原则基本一致，反映资本市场的特征。在期货市场中，依法明确各主体的权利义务与责任至关重要；相关司法解释也坚持了贴近市场，规范市场行为，正确确定当事人应承担的法律责任。

二是注重保护期货交易参与者合法权益。期货交易参与者是期货市场的支撑，否则期货市场就不复存在。参与期货交易是以谋取一定权利和收益为前提的，一旦其权益受到非法侵害，将会对整个市场怀疑，影响其参与交易的积极性。期货违约侵权或违法犯罪行为在严重损害期货市场秩序的同时，也必然会损害期货交易参与者的合法利益，加大市场风险。保护参与者利益，其实质就在于创建一个期货交易公平、公正、公开和安全的市场交易环境。期货宗旨强调保护期货交易各方的合法权益和社会公共利益，体现为相关基本原则，设立相应机制是极其必要的。

三是重视促进市场有序发展。一个规范运作期货市场，在服务国民经济中发挥着越来越大的作用；人们对于用法律促进期货市场发展的重要性的认识也日益充分。期货法也是交易法，因此促进期货交易和市场积极稳妥发展，也是期货法基本原则应该体现的内容，这就要将期货市场中带有规律性的活动，用具有普遍性、规范性、客观性和强制性的法律确定下来，以调整、规范、指导期货市场的参与者、经营者和管理者行为，并鼓励、引领、推动期货市场发展。如证券法中平等、自愿、有偿和鼓励创新原则的精神，也可以一定方式在期货法原则中表述。

四是强调防控金融风险还不够。期货市场具有高风险特征，无论是《期货条例》还是《暂行条例》，都将防控市场风险作为宗旨的首位，但在基本原则中还需要更鲜明，以此指导期货市场加强基础制度建设，不断完善风险控制制度，以保障期货市场平稳运行、功能正常发挥和健康发展。

因此，有必要根据新时代期货市场及其法治发展的新任务和新需求，根据宪法和作为市场基础性制度的民法典的精神，根据期货法监管（公法）与交易（私法）结合的特点，更新设计期货法基本原则的内容。

三、期货法基本原则的内容设计

（一）期货依法交易原则

期货交易活动必须依照法律、法规规定的条件、程序、场所、范围进行，才发生法律效力，否则，就是无效的，并要受到法律的制裁。在我国，法律和行政法规是全体人民意志即国家意志的体现，市场主体、人民群众的自觉守法，是社会主义法制的基本要求和法律实施的基本方法。期货市场主体的权利义务关系，是法律确定或允许的，也只有符合法律规范，才具有有效性。期货法的强制性特征明显，但凡为法律所强制规范的，当事人就必须遵守，并不得以约定的方式排除适用。

依法进行期货活动，包含了在法定交易场所交易，即期货交易应当在依法设立的期货交易所或经国家批准的其他期货交易场所进行。我国禁止在上述场所之外进行期货交易。

依法进行期货交易活动，还包括遵守社会公德、社会公共利益，以及社会经济秩序。遵守社会公德既是精神文明的具体要求，也是物质文明的必然取向，现代社会不认可有悖公德的行为；社会公共利益实际是全体人民的共同利益，高于其他一切利益，任何人不得以自己的私利损害公共利益；正常、稳定的社会经济秩序，不仅是经济建设、人民生活的必要保障，也是市场主体实现合法权益的必要前提。所以，严禁任何人在期货市场中欺诈行骗、内幕交易、操纵市场或其他非法行为。

（二）公开、公平、公正原则

从事期货交易活动，应当遵循公开、公平、公正的原则，这也是对期货市场参与者的基本要求。

公开，强调期货市场活动公开进行，禁止非法“黑市”交易；必须依法公开与期货交易相关的信息。尤其要重视信息公开制度，它要求期货交易所应当及时公布上市品种期货合约的信息、交易运行信息及其他应当公布的信息，并保证信息的真实、准确；也要求期货公司公开其自身信息。要使所有交易参与者都能接收真实、准确的信息，进而根据所获信息做出正确投资决策。禁止不法交易者制造虚假信息或利用内幕信息获取不正当利益，损害其他交易者利益。公开是“三公”原则的核心，要求信息公开达到“真实、全面、及时、易得、易解”的标准。

公平，是指期货市场的参与者在法律上应受到公平对待，主体地位平等、程序公平、等价交换。交易参与者无论经济实力的大小、是机构或是个人，其法律地位一律平等，彼此公平竞争；交易活动必须在平等和自愿的基础上，遵循等价有偿的原则公平交易；必须以必要的程序规则保证市场主体进入期货市场的机会均等，而交易参与者必须承担价格与价值相背离的风险。〔1〕

公正，要求在期货市场实行统一的行为规则，对交易参与者一视同仁，同样保护、同样制约；监管者依法监管、公正执法，不滥用权力、也不放弃权力，不搞差别歧视、更不搞权钱交易。公正的精神表现为对立法者、司法者、管理者权利的赋予与约束，表现为社会对市场行为的评价。市场所需要的公正观有三个层次：一是为社会所承认并且表现为法律形式的法律公平观，以法律的框架寻求市场参与者之间及其与管理者之间的平衡与秩序；二是监管与司法在法律框架内公正执法、解决利益冲突与纠纷；三是以公正的法律观念评价市场中的事件、行为及其是与非。〔2〕公正原则旨在保护正当的市场运作。

（三）诚实信用原则

诚实信用就是指市场主体在期货交易活动中应讲诚实守信用，履行诺言，既不辜负对方的信赖，又不损害社会或他人的利益。诚实，就是实事求是、心怀善意、坦诚待人、开诚布公，不弄虚作假、欺诈行骗；信用，就是坚持信誉第一，信守合同，自觉履行义务、自觉维

〔1〕 杨志华：《证券法律制度研究》，中国政法大学出版社 1995 年版，第 29 页。
〔2〕 杨志华：《证券法律制度研究》，中国政法大学出版社 1995 年版，第 32 ~33 页。

护社会与投资者的权益。诚实信用体现了法律所追求的社会正义的基本观念，又在期货交易关系中具有特殊意义。

诚实信用是社会存续发展、健康运行必备的道德基础，在人际交往、社会秩序、文明传播领域发挥着重要作用。诚实信用也是经济伦理准则和政治伦理取向。诚实信用不仅是道德问题，也是法律问题。诚实信用在新的历史时期被赋予了新的内涵和效力，它不再是一种单纯的道德信念，还成为一种规范要求，其精神已融入当代法律规范和经济制度之中[1]。市场经济是建立在全社会诚信基础之上的法治经济，稳定可靠的社会信用体系是市场经济有效运行的基石。每个市场主体遵照法律并恪守信用，不仅因在市场和社会上获得良好信誉而获得发展机会和竞争优势，也共同造就了协调、合作、有序的市场环境。

诚实信用是民法所确定的义务、责任和基本原则，其本意是行为人自觉按照市场制度中对等的互惠性原则办事，在订约时诚实行事、不欺不霸，订约后恪守信用、自觉履约。由于期货市场形式、交易目的与交易方式的特殊性，决定了其不确定性导致的风险更大更集中，而对市场主体的信用要求也更高更具体，期货法所体现的理念和要求与民法不尽相同，诚实信用被赋予了新的意义。诚实信用原则运用于期货市场中，将敦促一切期货交易行为合法进行，也将更好地协调行为人之间以及行为人与社会之间的利益关系。根据诚实信用的要求，期货市场禁止欺诈和垄断。

（四）保护期货交易参与者权益原则

期货市场主体包含了期货交易所、期货公司（经纪人）和交易参与者，交易参与者中又有套期保值者和投机者之分，其中有专业机构，也有普通机构或个人投资者。如前所述，期货市场的公平指的是程序的公平、机会的公平，以及市场主体法律地位的平等。然而，由于交易参与者的性质不同和市场参与程度不同，在信息的获得方面实际上存在差异，处于相对弱势地位的普通机构或个人投资者，较少获得信息，也较易受到不法行为的损害。因此，期货立法、监管和司法有必要向普通机构或个人投资者倾斜，在整体维护期货交易参与者合法权益的基础上，重点提升普通机构或个人投资者的地位，使其在维护自身合法权益时能同强势的对手相抗衡，以实现真正的平等。

这一原则对于切实保护投资者的合法利益，增强对期货市场的信心，积极参与交易活动，以及维护市场秩序都具有重要意义，也是整个期货市场得以存续和发展的坚实基础。对于“保护投资者和交易参与者合法权益”的含义也需要准确理解，它并非保障期货合约的价值，也不承诺投资者参与期货交易都能获得一定利益，更不担保不发生投资风险和损失。期货法的立法目的旨在规范市场行为，维护市场安全，尽量减少投资风险，预防投资者上当受

---

〔1〕 牟岱、刘艳菊：《以诚信意识践行核心价值观》，载《辽宁日报》2014 年 9 月 23 日。

骗，在投资者权益遭受侵害时能提供适当救济途径[1]。

鉴于我国期货市场国际化的进程，为吸引和保护境外期货交易参与者，期货法还必须明确对境外投资者、参与者实行国民待遇。

（五）防范期货风险、保障金融安全原则

所谓风险就是由市场的不确定性引起的产生经济损失的可能性。市场经济是风险经济，市场风险是客观存在的，不同市场的风险有大小的区别。期货交易不以转移商品所有权为目的，交易的功能是发现价格、转移风险，具有管理风险的性质。由于期货交易的特点所决定，其自身风险除了一般市场风险、信用风险、操作风险、流动性风险外，期货交易还有比较突出的价格波动风险、经纪人风险、交割风险、被强行平仓风险等。风险导致投资者或参与者的损失也会较大，辐射影响造成市场的危害面也会较广。

市场风险具有扩张性的特征。现代市场交易手段技术化、信息传播数字化，市场参与者众多，使交易频率加速、交易关系复杂、市场影响增大，也使市场风险扩散。一旦一个市场出现问题，就会影响整个市场体系运转不畅，诱发市场危机乃至经济危机，进而破坏社会安定和政局稳定。所以，市场风险直接关系到经济安全和国家安全。期货市场是资本市场、金融市场的组成部分，要防止期货风险演化为系统性金融风险，危及金融安全。

风险也有可控性的特征。市场运行都有一定规律，风险的发生也有一定的周期性，在一定的程度上具有可预测性，其发生也总有一定先兆可寻。随着人们对风险认识的提高，防范风险经验和能力的积累，期货市场风险也是可以抵御和控制的。期货市场主体可以采取措施增强抵御风险的能力，并将风险控制在一定的范围和区间内。有效的监管是防范和控制风险的最重要手段，监管通过风险预警机制，以信息、指标、分析等及时反映风险的预兆、源头、险情和变动趋势，既为人们识别和抑制风险提供基础，也为人们把握和化解风险提供便利。维护金融安全，要坚持底线思维，坚持问题导向，加强金融监管，科学防范风险，强化安全能力建设，不断提高抗风险能力。期货市场各主体要树立风险意识，各归其位，各负其责，制定并执行防范化解风险策略方案，将风险降至最低程度，坚决守住不发生系统性金融风险底线。

（六）集中统一监管原则

期货市场监管体制是由立法所确定的、为实现监管目标而对市场主体及其行为实施制约的组织体系和作用机制的总和。我国《期货条例》规定，国务院期货监督管理机构对期货市场实行集中统一的监督管理。国务院期货监督管理机构派出机构依照本条例的有关规定和国务院期货监督管理机构的授权，履行监督管理职责。期货市场情况复杂风险集聚，影响面广辐射度深，需要集中、统一、高效的监管。我国经过实践的探索，确定了由国务院期货监督

---

〔1〕 顾肖荣：《准确理解保护投资者合法权益的原则》，载《政治与法律》1999 年第 2 期。

管理机构统一监管的体制，以消除市场条块分割的不利状况，增强监管有效性，促进市场健康发展。这一体制将在期货立法中坚持。

为了适应期货市场不断发展的需要，现有监管体系也需要进一步完善。一是明确了国务院期货监督管理机构是对期货市场进行统一监管的机构。该机构隶属国务院，起草期货与衍生品市场法规制度由国务院颁行，负责制定有关期货市场监督管理的规章、规则，依法行使审批权，依法对期货交易各个环节和各市场主体进行监督管理。二是考虑到目前现实，部分衍生品市场需要其他金融监管机构或国务院相关职能部门按照各自职责协助监管，创造条件逐步实行功能监管。三是国务院期货监督管理机构可以根据需要设立派出机构，超脱于地方政府之外，摆脱地方利益的影响，更好地实现监管目标；同时要发挥地方政府在防范打击非法期货活动中的积极作用。四是在期货市场集中统一监督管理的前提下，发挥自律组织和交易所的自我管理、自我约束的作用，合理界定期货监管机关与行业协会、交易所各自的监管职能〔1〕，适当扩大交易所作为一线监管者的监管权力，强化期货行业协会的建设，实行自律性监管。

〔1〕 参见唐波：《中国期货市场法律制度研究》，北京大学出版社 2010 年版，第 42 页。

期货结算主要法律问题研究

——结合《期货法（草案)》相关条文

阎 鸽*

一、期货结算机构法律问题研究

（一）对于期货结算机构组织形式/期货结算模式的现实选择

1. 期货结算机构组织形式/期货结算模式的境内外实践。[1]

我国四家期货交易所均采取内设结算部的形式对期货交易进行结算，由各结算部对相应的结算会员办理日常的资金划拨、交割时的货款划付以及日常无负债结算等各项结算业务。我国该种结算机构的组织形式对应的结算模式被称为“垂直结算模式”，即期货交易业务与结算业务分别由期货交易所及其内设部门或全资子公司承办。在境外，其他采取该模式的典型代表主要有芝加哥商业交易所（CME）和欧洲期货交易所（EUREX)。芝加哥商业交易所采用的是交易所内设部门的治理模式，此种组织形式使交易所能够控制期货交易的整条价值链；欧洲期货交易所是典型的交易所控股的结算所，走集团式一体化的发展道路。此外，观察国际期货市场的演进我们发现，还存在一种期货结算机构自行设立并独立于期

---

* 阎鸽，任职于华东政法大学。

〔1〕 该部分所述“垂直型结算模式”又称为“共同型期货结算”，“水平型结算模式”又称为“独立型期货结算”，本文采用“垂直结算模式”与“水平结算模式”的表述。现有研究大多是对期货结算模式的探讨，但期货结算模式的理论与期货结算机构的设置实践是分不开的，故本文选择一并进行研究。此外，《期货法（草案)》规定该事项的条文名称为“组织形式”，此处采用该用语，增强论述部分与规则部分用语的一致性。

货交易机构的模式，该种结算机构的组织形式所属的结算模式为“水平结算模式”，国际上最具代表性的是伦敦结算所（LCH），它同时为伦敦地区的四家交易所提供结算服务，借助其专业化、规模化的优势，在整个欧洲期货结算体系中都具有举足轻重的地位〔1〕。

上述两种结算机构的组织形式与结算模式在实践中各有优劣。首先，“垂直结算模式”符合期货等衍生品结算的国际潮流，在此种“交易与结算一体式”的国际趋势下，我国维持现有“结算部”的期货结算机构组织形式，不仅能够降低国际竞争力下降的风险，而且有利于期货交易所对结算机构的管理以及二者之间的配合，使期货业务的开展在整体上更加规范有序，便于处理影响期货市场正常运行的突发状况，也有助于综合规划以减少交易所与结算所的共同运营成本。但同时要看到，期货交易所内设期货结算机构在一定程度上也会排除期货结算机构之间的竞争，不利于整个行业的发展。其次，“水平结算模式”及设置独立的结算机构最明显的缺陷是可能会降低国际期货结算业务的市场竞争力，并且如果是统一的期货结算机构还几乎会将一国期货市场的全部风险汇聚于一体，在便利期货市场风险统筹管理的同时，也更容易在面临突发情况下的系统化市场瘫痪的风险。另外，这种“交易与结算相分离”的模式，也具有降低监管成本和结算参与人资金使用成本，保持期货结算机构开展结算业务的客观性与独立性等优点。

2. 期货结算机构组织形式与期货结算模式的选择展望。

从历史的角度检视，在期货市场发展较为成熟的欧美国家或地区，其期货结算机构的设置与期货结算模式在初期也是以“垂直结算模式”为主，该选择主要是基于当时技术水平受限、市场规模不大和地域限制等原因。其后很长一段期间，完全独立于期货交易所的期货结算机构组织形式也曾成为国际主流结算模式，当前仍有接近 2/3 的国家或地区结算机构设置属于该模式。然而，伴随金融全球化趋势和国际上期货交易所之间竞争的加剧的现状，“垂直结算模式”再次受到青睐，交易所与结算机构的垂直整合逐渐成为主流。

通过上文对两种期货结算模式及相应的结算机构组织形式的优势与不利的分析，可以认识到二者在促进和规范一国期货结算业务的发展上各有乾坤，也各有掣肘。期货结算模式的选择应当更多地由一国当时的期货市场发展状况与市场规律来决定，而不应刻板地将期货市场发展成熟的国家、地区或国际主流趋势下的期货结算模式直接引入。无论在实务界还是学界，各国都普遍承认结算制度属于期货市场的核心竞争力之一，因此对于结算模式和相应的结算机构组织形式的选择，必须经过对各因素系统的考量和各方案细致的比较来进行，片面固化过去的制度或随大溜要求制度重构都是不可取的。

总的来说，期货结算模式的选择要坚持三个基本立场，即市场化、法治化、国际化。市场化要求组织形式和模式的选择要尊重本国期货市场发展的客观规律；国际化要求合理借鉴

〔1〕 参见杜雅婷：《期货市场中央对手方结算模式比较研究》，载《上海金融》2015 年第 5 期。

境外结算机构设置的成熟经验，并注意满足一国结算业务在国际期货市场上的竞争需求；法治化要求对符合第一、二项基本立场的制度设计以法律文本进行确认，从而实现对内保证法的确定性、对外受到国际上的承认与接纳的立法期待。

3. 检讨我国期货结算组织形式的法律规定。

在我国2007年发布实施的《期货交易管理条例》（以下简称《期货条例》）之后，形成了以该《期货条例》为核心的期货交易基本法律制度。关于期货结算模式问题，《期货条例》第10条明确期货交易所的职责包括“组织并监督交易、结算和交割”，第11条要求期货交易所建立健全保证金制度、当日无负债结算制度、结算担保金等期货结算风险管理制度，第37条直接规定“期货交易的结算，由期货交易所统一组织进行”。2012年对《期货条例》的首次修订即在第10条明确规定“交易所为期货交易提供集中履约担保”，进一步明确了期货交易所作为期货市场中央对手方的法律地位。

与《期货条例》对期货结算机构设置的相关规定相比，本次公开的《期货法（草案）》单独设计了“期货结算机构”专章，将期货结算机构的法律属性明确为“实行自律管理的法人”，肯定其中央对手方的法律地位，对其组织形式、职能及业务规则等事项分别以单独的条文做出表述。

首先，我们应当肯定在期货立法中将期货结算机构独立成章的做法，以及肯定在确定现有期货结算组织形式基础上为设立独立的期货结算机构预留空间的立法路径〔1〕。其次，也要看到草案部分条文或存在些许矛盾与欠缺。如第八章第97条明确期货结算机构属于“法人”，但第七章第84条对期货交易所的法律属性却并未明确为“法人”，结合我国当前实践与草案对期货结算机构组织形式的立法规定，相关条文之间存在矛盾。例如，在期货结算机构为期货交易所内设部门的场景下，对其定位可能由于上述相关条文规定的细微差别而产生模糊，并且后者的规定也与处于同一法律位阶的我国证券法对证券交易所的法律属性规则存在不合理的区别〔2〕。再如，第八章第99条仅规定了内设于期货交易场所的结算部门和独立的期货结算机构两种组织形式，可以进一步讨论纳入上文所述的“垂直结算模式”中的控股子公司形式的期货结算机构，该方案在某种程度上结合了“垂直结算模式”与“水平结算模式”的优势，使两种模式得以互补，并且此改革对我国而言，制度重构成本不高，亦具有实际落地的可行性。

---

〔1〕《期货法（草案）》第99条第1款，期货结算机构包括内部设有结算部门的期货交易场所和独立的期货结算机构。

〔2〕参见《期货法（草案）》第97条，期货结算机构是指依法设立，组织和监督期货结算、交割，实行自律管理的法人。第84条第1款，期货交易场所是指依法设立的期货交易所和国务院期货监督管理机构依法批准的其他交易场所。比较《证券法》第96条，证券交易所、国务院批准的其他全国性证券交易场所为证券集中交易提供场所和设施，组织和监督证券交易，实行自律管理，依法登记，取得法人资格。

（二）对中央对手方制度的法理与立法文本探析

1. 以立法形式明确中央对手方制度的重要性。

在研究期货结算机构有关法律问题时，必然无法绕开对中央对手方（Central Counter party，CCP）制度的研究。在期货立法的语境下，中央对手方制度是指期货结算机构作为一个实体，介入期货交易合同的一方或多方之间，成为“卖方的买方”和“买方的卖方”，并代替原结算参与人承担相应的履约义务，且该义务的承担不以任何一方正常履约作为条件。该制度较为特殊的是，一是期货结算机构介入期货交易协议并非出于对期货交易通常具有的套期保值或营利目的的追求，二是基于为期货交易集中结算提供法律基础和为明确各方权利义务提供分析框架的理由〔1〕。

通常认为，期货结算采取中央对手方制度最根本的目的是防范期货等衍生品的交易风险，从而各类保护市场参与者的合法权益，保障整个金融系统安全稳健运行。同时，该制度还具有提高交易结算效率，降低交易成本和提高市场流动性等优点。中央对手方通过多边轧差的做法及保证金制度等的风险控制手段，覆盖当前以及未来潜在的风险暴露，也通过设置能够有效运行的违约处理机制、风险分担机制等降低自身管理风险。目前，境外主要金融市场如美国、新加坡、日本、英国及我国香港特别行政区均存在关于中央对手方的法律规定或自律规则。其中，美国以法律的形式从负面明确了只有具有中央对手方功能和地位，才属于衍生交易结算机构，并且美国各期货结算机构在其自律规则中也都明确采用中央对手结算制度；新加坡也是在立法中肯定了中央对手方制度；日本、英国和我国香港特别行政区则仅是由结算所在期货结算实践中采用该制度以及写入结算所业务规则。

在国际上，国际清算银行支付与结算系统委员会（CPSS）和国际证监会组织（IOSCO）技术委员会于 2012 年 4 月发布了《金融市场基础设施原则》（Principles for Financial Market Infrastures，PFMI），为具有系统重要性的金融市场基础设施制定了更为严格的国际标准，涉及五类机构，即支付系统、中央证券存管机构、证券结算系统、中央交易对手和交易存储库。PFML 共归纳了 24 项风险管理原则，原则一即为“法律基础”，它要求“在所有相关司法辖区内，在金融基础设施活动的每个实质方面，都需要有稳健、清晰、透明和可执行的法律基础”。其中绝大多数原则都适用于中央对手方，如原则十三“参与者违约规则与程序”、原则十九“分级参与安排”等〔2〕，意在为包括中央对手方在内的金融市场基础设施的风险管理设置最低标准。目前，PFMI 仍是当前各国金融基础设施建设的纲领性文件，我国已承

---

〔1〕 参见李佳、刘道云：《期货结算中央对手方制度及其构建》，载《上海金融》2019 年第 2 期。

〔2〕 参见《金融市场基础设施原则》《披露框架与评估方法》，载 https：//www. iosco. org/about/?subsection =cpmi_iosco，最后访问日期：2021 年 10 月 6 日。

诺在管辖范围内最大限度地对其予以采纳，中国人民银行也在积极推动上述原则的实施[1]。

综上所述，以法律形式确认期货结算机构的中央对手方地位，并做出相关制度安排来协调配合，具有明显的必要性。一方面，在我国利率与汇率市场化改革和人民币国际化背景下，金融期货价格波动风险提高，越来越多的金融衍生工具交易参与者在面对不断加剧的风险的同时，企图借助该交易形式对冲和管理风险。商品期货市场也是如此，尤其是在新冠肺炎疫情的冲击下，商品期货交易的套期保值功能的实现，对实体企业而言到了一个无比重要的阶段。对冲价格风险和发挥期货交易的套期保值功能，需要通过中央对手方制度来管理期货交易风险，而中央对手方机制的有效性则需要法律的支持。另一方面，随着我国资本市场对外开放进程的加快，无论是国内从事期货交易业务的各类金融机构"走出去"参与境外期货市场交易，还是国际金融机构"走进来"参与我国国内的期货市场交易，都需要我国期货结算机构的业务行为更加符合国际期货结算要求，例如，在中央对手方机制采用的确定性上要符合国际期货市场普遍采取的"每个实质方面"和"高度确定性"等标准。同时，上述境外实践与标准制定经验也表明，国际上有着丰富、成熟的制度经验可以为我国期货立法所借鉴，这也将极大降低我国的期货立法成本，使该法自首次出台时就能够吸取期货市场的国际先进制度，有利于更好地体现出我国当前期货立法的国际化取向。

2. 对中央对手方法律基础、制度前提和运作机制的探析。

（1）中央对手方制度的法律基础与制度前提的梳理与比较。中央对手方的法律基础在境内外有所不同，期货结算机构中央对手方制度建立的法律基础在英美法中为债务更替，在我国则是民事法律体系中对于债权债务的概括转让规则，二者均能够为中央对手方与原交易双方或多方之间新合同的产生提供法律上的支撑。从中央对手方的制度前提来看，约务更替与公开要约制度则是期货结算机构作为中央对手方更为直接的运作基础。约务更替，顾名思义是指中央对手方介入原交易双方之间，并以其与卖方的合约以及与买方的合约取代原买卖双方之间的订立的交易合约；公开要约制度，是指由期货结算机构直接以向买卖双方报价的方式发出要约，交易参与人对符合其预期的要约作出承诺，能够产生同时成立两份合约的法律效果。两种制度的区别在于，约务更替的核心在于产生替代效果，若被有权机关否定其效力，转移于中央对手方的履约信用风险可能重新回归到原本的期货交易参与者之间；运用公开要约制度，将直接产生两份买卖方向相反的协议，并且中央对手方机构当然地作为两份协议的当事人并受到协议内容拘束，基于上述区别，场外衍生品采取中央对手方结算只得以约务更替作为制度前提，只有场内的标准化交易才具备以公开要约制度作为中央对手方制度的运作基础。

---

〔1〕《中国人民银行办公厅关于实施〈金融市场基础设施原则〉有关事项的通知》，载 http：//www.pbc.gov.cn/zhengwugongkai/4081330/4081344/4081395/4081686/4087748/index.html，最后访问日期：2021 年 10 月 6 日。

（2）中央对手方运作机制的形成逻辑。从上文对中央对手方法律基础与制度前提的论述可以发现，中央对手方制度实际上必然导致期货市场履约风险的转移和集中，并且直接使中央对手方机构承接或集中了对手方违约的有关风险。在此机制中，原双边交易对手较高的履约风险被高信誉中央对手方机构较低的风险所替代，这也就是期货市场法律文本中所谓的“集中履约担保”。

中央对手方机构作为金融市场的系统重要性机构，在承接和集中对手方履约风险的同时，也必须建立必要的风险管理制度，最主要的风险管理制度包括作为自身风险管理手段的净额结算制度和以期货交易参与者缴纳的保证金作为资源保障的担保机制。净额结算制度对作为中央对手方的期货结算机构而言，可以大大降低其开展业务的压力，对于期货交易参与者而言，则可以降低交易各方所面临的信用风险，极大地削减风险敞口，并且能够降低交易者参与市场交易过程中的流动性风险。通过减少交易者的实际交易成本和风险，实际上提高了各个交易参与者的履约能力，最终降低了中央对手方可能发生的系统性风险。（担保机制在第三部分单独予以讨论）

3. 对我国当前期货基本法律体系与《期货法（草案）》的相关规则的检讨。

我国现行《期货条例》在 2012 年首次修订时增加了期货交易所“为期货交易提供集中履约担保”的法定职责，意味着我国实际上承认期货交易所开展结算业务具有中央对手方法律地位。实际上，我国四大期货交易所在其结算业务的实践中也早已履行起中央对手方的职能，这在上述交易所规则中可见〔1〕。但是，我们也应当认识到，仅仅使用“集中履约担保”“进行统一结算”等用语，并仅在行政法规、自律规则等中对期货结算做出中央对手方的制度安排，并不能够使该制度的确立具有充分的法律依据，难以满足上文国际标准中所述的“法律为金融基础设施的每个实质方面提供高度确定性”的要求，这将大大降低我国期货结算市场在国际上的认可度。

公开征求意见的《期货法（草案）》对上述已有期货市场法律在结算事项上存在的问题作出了有效的补正，草案“期货结算机构”专章第 98 条第 1 款明确规定：“期货结算机构作为中央对手方，是结算参与人共同对手方，进行净额结算，为期货交易提供集中履约保障”，该规定相比之前的对本条制定的部分意见，在内容上更加简洁，在用语上也更加明确。但也有学者指出，“该条第一款虽然明确了期货结算机构中央对手方的地位，但是对结算机构介入合约的时点，以及相关法律关系未予明确，恐引起适用上的争议”，并建议将期货结算开始的时点设定为结算机构介入合约关系成为中央对手方的时间〔2〕。此外，草案中关于中央

---

〔1〕 如《中国金融期货交易所结算细则》第 8 条，在交易所成交的合约应当通过交易所结算部门进行统一结算;《上海期货交易所交易规则》第 32 条，期货交易的结算，由交易所统一组织进行……

〔2〕 参见钟维:《关于〈期货法（草案）〉修改的建议丨立法建议》，载微信公众号“明德商法”2021 年 5 月 24 日。

对手方的条文也未提及“约务更替制度”和“公开要约制度”，尤其是“约务更替制度”的缺失，可能会使中央对手方介入交易双方合约并进行合约替换的法律行为被认定无效，从而导致中央对手方“履约保障”职能无法正常发挥，不利于整个期货市场的安全稳健运行。

二、结算最终性法律问题研究

（一）结算最终性的定义与必要性分析

1. 对结算最终性的理解以及与相关制度的区分。

结算最终性是从属于支付系统的概念，是指在支付系统中完成的结算具有最终性，从广义上还表示某一交易一旦经由支付，该交易所包含的法律权利义务即“结束”[1]。在期货立法的语境下，期货结算最终性就是要求一国明确对已经完成结算的期货交易，可以豁免适用该国破产法赋予破产管理人的撤销权等法律规定，保证期货结算法律行为的有效性能够得到持续的认可，而不因相关期货交易主体发生破产原因或进入破产程序而受到影响。

需要注意的是，在探讨期货结算最终性法律问题时，要厘清其与“终止净额结算”制度之间的关系与区别。前者所讨论的问题主要是期货结算法律效果与破产法相关规则的协调安排问题；后者则是指在期货交易当事人出现违约、不可抗力或出现破产情形等风险事件时，守约方有权提前终止全部交易，并按照约定的计算方式来计算该被提前终止的交易的现值，在冲抵双方互负的价值相等支付义务后，得出一个一方应向另一方单向支付的最终金额的清算方式。二者的关系是，终止净额结算是较常见的引起破产法中破产企业管理人撤销权的行使的结算情形，但结算终局性协调的不仅仅是这一种情形下期货结算与破产法规则的冲突，它涵盖了若干情形下已经进行的有效结算，包括日常结算和正常履约的情形。

2. 明确结算最终性对衍生品市场国际化发展的重要意义。

若一国对期货等衍生品结算最终性未以法律进行明确的承认，至少会导致两个方面的不利影响：一是期货交易在我国作为法定的场内标准化交易，相关结算业务均是由符合条件的期货结算机构进行，尤其是在采取中央对手方机制的期货结算业务中，期货结算机构同时作为“卖方的买方”和“买方的卖方”，将原本属于原期货交易双方的履约信用风险集于一身，若轻易以破产法规则将已经结算完成的期货等衍生品交易的支付行为被撤销或被认定为无效等，将会使作为金融市场系统性重要机构的期货结算机构及其结算成员面临较大的不确定性，进而危及金融市场的安全稳健运行；二是若未以法律明确期货结算最终性的效力，可

---

〔1〕 参见何银秋：《关于破产法影响支付系统结算最终性的问题研究》，载《时代金融》2019 年第 24 期。

能会增加从事期货业务，尤其是从事其他场外衍生品业务的有关金融机构在法律合规、风险控制、授信以及运营等方面的难度，也会增加企业交易参与者参与上述交易的成本，对我国来说，可能影响我国衍生品交易的市场化、法治化、国际化发展目标。

（二）主要国家/地区保障结算最终性的立法和实践

首先，期货结算最终性在国际主流规则中已经得到确认，最权威的就是上文提及的《金融市场基础设施原则》，它规定的第八项原则"结算最终性"就是对该法律问题作出的回应。根据该原则，金融基础设施应明确规定参与方不得撤销未结算付款、转移指示或其他义务的时间点，该原则释义部分将"结算最终性"定义为"资产或金融工具的不可撤销和无条件转让，或金融基础设施或其参与者根据基础合同条款履行义务"[1]。该原则释义中同时明确了期货结算与破产法的关系，即"金融基础设施的法律框架和规则决定最终结果。包括破产法在内的金融基础设施规制法律，都必须承认金融基础设施机构与参与者之间或其他参与者之间的支付、转让指令或其他义务的履行被视为最终交易"。此外，有关内容还强调了跨境承认的有效性和跨系统结算的最终性等[2]。

其次，从国际经验上看，资本市场发展较为成熟的主要发达国家已经对（期货）结算最终性做出了法律制度安排。

在欧洲，由欧洲议会和理事会在 1998 年 5 月发布的《关于支付和资金结算系统的结算最终性指令》（以下简称《结算最终性指令》）有关内容对结算支付和破产法之间存在的冲突矛盾情形进行了协调。该指令采取了结算最终性观点，提出破产程序开始之前生效的资金支付指令和净额结算均不受破产程序的影响，即使在交易参与人破产的情况下也仍然不会被撤销，继续按照协议约定执行。该《结算最终性指令》甚至进一步对进入清算程序或采取重组措施后，但在破产指令宣布前的生效的支付指令，在相关结算主体善意的条件下，依然承

〔1〕 参见 3. 8. 1. An FMI should be designed to provide clear and certain final settlement of payments, transfer instructions, or other obligations. Final settlement is defined as their revocable and unconditional transfer of an asset or financial instrument, or the discharge ofan obligation by the FMI or its participants in accordance with the terms of the underlying contract，载 https：//www. iosco. org/about/? subsection＝cpmi_iosco，最后访问日期：2021 年 10 月 6 日。

〔2〕 参见 3. 8. 4. An FMI's legal framework and rules generally determine finality. The legal basis governing the FMI, including the insolvency law, must acknowledge the discharge of apayment, transfer instruction, or other obligation between the FMI and system participants, orbetween or among participants, for the transaction to be considered final. An FMI should taker easonable steps to confirm the effectiveness of cross－border recognition and protection of cross－system especially when it is developing plans for recovery or orderly settlement finality, wind－down or providing relevant authorities information relating to its resolvability. Because of the complexity of legal frameworks and system rules, particularly in the context of crossborder settlement where legal frameworksare not harmonised, a well－reasoned legal opinionis generally necessary to establish the point at which finality takes place，载 https：//www. iosco. org/about/? subsection＝cpmi_iosco，最后访问日期：2021 年 10 月 6 日。

认该支付指令的强制拘束力[1]。英国国会1999年颁布的《金融市场和破产（结算最终性）条例》就是为贯彻执行上述《结算最终性指令》转化而成的英国国内法，它明确了结算系统优先于破产程序的规则，从而确保资金结算指令、保证金收付以及结算机构对保证金的处置和使用具有不被破产法突破的最终效力。

美国破产法具有以不同程度保护金融合约的传统，谓之为“金融合约的破产安全港”。该保护机制主要表现在两个方面：一是金融合约权利的行使不受破产申请后的自动冻结债权人债权收取行为约束；二是对金融合约的偏颇性转让与欺诈性转让做出了豁免规定，即对于符合法定条件的金融合约，不受破产管理人基于偏颇性转让与欺诈性转让而取得的撤销权的限制[2]。

---

〔1〕 参见《关于支付和资金结算系统终结性指令》（指令98/26 / EC），Article 3 Transfer orders and netting shall be legally enforceable and binding on third parties even in the event of insolvency proceedings against a participant，provided that transfer orders were entered into the system before the moment of opening of such insolvency proceedings as defined in Article 6 （1）. This shall apply even in the event of insolvency proceedings against a participant（in the system concerned or in an interoperable system）or against the system operator of an interoperable system which is not a participant. Where transfer orders are entered into a system after the moment of opening of insolvency proceedings and are carried out within the business day，as defined by the rules of the system，during which the opening of such proceedings occur，they shall be legally enforceable and binding on third parties only if the system operator can prove that，at the time that such transfer orders become irrevocable，it was neither aware，nor should have been aware，of the opening of such proceedings. No law，regulation，rule or practice on the setting aside of contracts and transactions concluded before the moment of opening of insolvency proceedings，as defined in Article 6 （1）shall lead to the unwinding of a netting. The moment of entry of a transfer order into a system shall be defined by the rules of that system. If there are conditions laid down in the national law governing the system as to the moment of entry，the rules of that system must be in accordance with such conditions. In the case of interoperable systems，each system determines in its own rules the moment of entry into its system，in such a way as to ensure，to the extent possible，that the rules of all interoperable systems concerned are coordinated in this regard. Unless expressly provided for by the rules of all the systems that are party to the interoperable systems，one system's rules on the moment of entry shall not be affected by any rules of the other systems with which it is interoperable.

Article 4 Member States may provide that the opening of insolvency proceedings against a participant or a system operator of an inter operable system shall not prevent funds or securities available on the settlement account of that participant from being used to fulfil that participant 4s obligations in the system or in an interoperable system on the business day of the opening of the insolvency proceedings. Member States may also provide that such a participant's credit facility connected to the system be used against available，existing collateral security to fulfil that participant's obligations in the system or in an interoperable system.

Article 5 A transfer order may not be revoked by a participant in a system，nor by a third party，from the moment defined by the rules of that system. In the case of interoperable systems，each system determines in its own rules the moment of irrevocability，in such a way as to ensure，to the extent possible，that the rules of all interoperable systems concerned are coordinated in this regard. Unless expressly provided for by the rules of all the systems that are party to the interoperable systems，one system's rules on the moment of irrevocability shall not be affected by any rules of the other systems with which it is interoperable，载https：//www. legislation. gov. uk/eudr/1998/26，最后访问日期：2020年10月7日。

〔2〕 参见冯果、洪治纲：《论美国破产法之金融合约安全港规则》，载《当代法学》2009年第3期。

（三）我国破产法相关制度突破期货结算最终性的可能性检讨

在法律框架内讨论期货交易净额结算最终性问题，就是要讨论民法所规制的平等主体之间的合约性安排与商事破产法赋予破产企业管理人的职权（撤销或请求确认无效）之间的冲突问题。随着未来个人破产法的讨论和出台，个人期货交易也将面临同样的问题，因此需要尽早做出适当的安排。

根据我国《企业破产法》第 1 条，该法在明确保护债权人合法权益的立法目的的同时，还设置了一个同时需要符合的条件，即要实现的是“公平处理债权债务”。为发挥破产法使债权人能够公平受偿的职能，《企业破产法》及相关司法解释特别规定了个别清偿无效规则、破产管理人的撤销权以及请求认定涉及债务人财产行为的无效规则〔1〕。就最典型的破产撤销权制度来看，大多数国家在各自的破产法律基础制度中都对此做出了规定。破产撤销权是预防和遏制破产逃债行为的核心制度，主要是针对偏颇行为和欺诈行为等作出的。尽管学者们普遍承认，撤销权的设置目的使其“不得不在一定程度上舍弃对债务人与行为相对人交易自由的保护”〔2〕，但面对利益矛盾与价值冲突时，学者们也认为要兼顾债务人利益与交易安全，这就要求破产法规定的可撤销的行为必须是符合“债务人及第三人能够预测的交易风险”这一条件的行为。具体而言，有学者提出，“应当明确设定可撤销行为的例外，对基于正常经营需要或诚实信用原则所进行的交易不予撤销”〔3〕。通过上段对《企业破产法》可能对结算终局性构成威胁的制度安排的检讨，我们认为，关于“撤销权等的规定可能会对已经完成的期货结算的效力带来挑战”的说法，并非绝对的。尽管目前我国《企业破产法》仅规定了撤销权和无效行为的构成要件和行使主体等，均未做出任何除外规定，但也应当看到，一方面，根据上文对破产撤销权针对的情形及其价值平衡理论的分析，期货结算，即使是终止净额结算，都不符合法定撤销权成立和行使的主要原因——偏颇或欺诈，故撤销权突破结算终局性的概率并不大；另一方面，《企业破产法》本身一个重要的适用原则为“尊重非破产法的规定”，在不存在需要特别保护的利益的场景下，非破产法的规定符合市场规律的要求，破产法规则在该种情况下的适用通常都表现地非常谦抑。因此，实践中期货结算终局性因破产撤销权等破产法制度被打破的可能性不大。

---

〔1〕《企业破产法》第 16 条规定：“人民法院受理破产申请后，债务人对个别债权人的债务清偿无效。”第 31 条规定：“人民法院受理破产申请前一年内，涉及债务人财产的下列行为，管理人有权请求人民法院予以撤销：（一）无偿转让财产的；（二）以明显不合理的价格进行交易的；（三）对没有财产担保的债务提供财产担保的；（四）对未到期的债务提前清偿的；（五）放弃债权的。”第 32 条规定：“人民法院受理破产申请前六个月内，债务人有本法第二条第一款规定的情形，仍对个别债权人进行清偿的，管理人有权请求人民法院予以撤销。但是，个别清偿使债务人财产受益的除外。”第 33 条规定：“涉及债务人财产的下列行为无效：（一）为逃避债务而隐匿、转移财产的；（二）虚构债务或者承认不真实的债务的。”

〔2〕王欣新主编：《破产法》（第 3 版），中国人民大学出版社 2011 年版，第 144 页。

〔3〕孙兆晖：《破产撤销权制度研究》，中国政法大学出版社 2019 年版，第 20 ~21 页。

（四）对《期货法（草案）》结算最终性相关规则的检讨

公开征求意见的《期货法（草案）》对期货结算最终性与破产法的协调事项也做了若干规则安排。具体检讨如下：

《期货法（草案）》第 37 条第 2 款规定，符合单一协议原则要求的其他衍生品交易，按照约定做出的终止净额结算行为不因交易任何一方进入破产程序而被认定无效或者被撤销。依照新法优于旧法的法律规范冲突的适用规则，该款规定应当优先于《企业破产法》第 16 条规定的个别清偿无效规则，亦优先于第 31 条、第 32 条、第 33 条规定的无效、可撤销等破产法制度规则。该条规定与各主要金融市场规则和国际实务中的做法均具有一致性，使境内外交易者无需在协议中另外通过“自动提前终止”条款来降低我国结算制度不完善而导致的法律确定性不足的风险。草案中与该款规定类似的还有第 98 条第 2 款，规定了对于期货结算机构做出的终止净额结算行为，亦不因结算参与人依法进入破产程序而无效或撤销，只不过本条所明确的是场内标准化期货交易的结算终局性。

需要注意的是，按照该草案的规定，使场外衍生品交易的结算终局性规则产生实际的法律效果还需要满足另外的条件，即需要满足《期货法（草案）》第 34 条规定的主协议备案条件，并需要符合草案第 35 条的规定适用单一协议原则。一方面，此种“套娃式”的条文可能会不适当地提高相关法律条文的适用标准，导致单一协议机制与结算终局性规则在场外衍生品交易、结算中不能够产生预期的法效果；另一方面，若干期货市场实务从业人员提出，从场外衍生品协议订立的实践来看，仅将主协议经过备案的一系列协议文本认定为单一协议的规则对于采用国内主要金融行业协会发布的主协议的交易来说通常不存在障碍，但是《期货法（草案）》设置备案条件时将实践中的两种情况未考虑在内：一是涉及国际行业协会发布的主协议的认可问题，二是实践中金融机构自行制定主协议的情况。因此，对于《期货法（草案）》第 34 条与第 35 条的规则有必要进一步予以考量。

三、期货保证金基本法律问题研究

（一）对保证金的性质与归属问题的探讨

期货保证金既是交易对手方提供的履约保障，也是作为中央对手方的期货结算机构进行风险管理的资源保障。在国际上和我国的期货市场实践中，交易者既可以用现金，也可以用流动性高、变现能力的证券作为其提供的保证金，参与期货及其他衍生品交易活动。

学界对于衍生品交易保证金的性质和归属仍存在一定的争议，但仍存在几种具有代表性的观点。一是财产所有权说，即保证金所有权虽然转移至结算机构，但所有权仍归属于期货交易者与期货公司，如现行《期货条例》第 28 条规定“期货交易所向会员收取的保证金，属于会员所有”“期货公司向客户收取的保证金，属于客户所有”，目前此观点已经遭到了立法者的质疑，认为保证金交存后仅收取保证金的机构有权收取利息，同时主张明确进入结算环节的保证金优先用于履约；二是金钱质押说，即认为现金可以作为质押物担保协议的履行，当债务人不履行债务时，债权人才可以以此优先受偿；三是信托担保说，即认为保证金账户就是信托账户，收取保证金的期货公司等仅能为客户的利益进行管理，现行期货法规规定客户期货交易保证金为客户所有，该说支持者的主要理由是现行立法承认的财产所有权说存在的主要问题是保证金不独立于客户，一旦客户破产或被强制执行等，期货公司将遭受巨额损失[1]，该观点不符合保证金的使用本质上仍由客户决定的事实，且对于期货法律制度的变革较大，并非经济的做法。当前存在一个新的具有代表性的观点，即认为应当将保证金界定为一种新型的商事担保制度，在立法上可规定保证金既独立于期货公司，也独立于客户的其他财产。期货保证金制度在市场中经过长期实践形成，属于一种特别的商事惯例，应当受到尊重。可以以此次期货立法为契机，将其界定为一种新型的商事担保制度，厘清民法与商法的适用界限。

（二）对《期货法（草案）》相关保证金条款的检视

首先，《期货法（草案）》并未明确规定保证金的法律性质及归属。

其次，《期货法（草案）》第 46 条“财产安全保护”第 1 款规定了结算机构对其收取的保证金等资产对抗查封、冻结、扣押或强制执行等公权力的较为绝对的权利，并未规定例外情形；第 2 款、第 3 款规定了结算参与人、交割库、交易者破产时保证金、进入交割环节的交割财产的隔离性和运用顺位。基于上述对条文的梳理，提出以下两点探讨：

一是本条第 2 款“优先”用语的合理性问题。不同于第 43 条保证金存管机构破产的规定，后者认为保证金等相关款项不属于破产财产，前者却认为优先用于交割与清算，是否意味着草案默认结算参与人收取保证金的行为取得了对保证金的所有权，改变了保证金的归属。

二是本条及其他相关条款均未对中央对手方自身或者其他衍生品交易结算机构进入破产或清算程序时相关财产如何处置作出规定。尽管中央对手方或其他衍生品交易结算机构的设立和从事结算业务的门槛较高、条件较为严苛，但这并不能确保其不具有面临破产清算的可能性。并且，期货等衍生品交易参与者（尤其是境外参与者）对中央对手方等结算机构的资产与破产风险也会进行评估，作为其是否参与交易的考量因素之一。若未在即将出台的《期货法（草案）》中做出相关规定，可能会伤害境内外从事期货或其他衍生品交易活动及相关业务的金融机构参与我国中央对手方清算业务的积极性。

尚处于制定过程中的《期货法（草案）》被称为“我国资本市场立法的最后一块拼图”，期货立法工作也因此受到了境内外学者和实务从业者的高度关注。由于期货结算通常意味着

---

[1] 樊健：《论客户期货交易保证金的信托法律构造》，载《法学》2019 年第 2 期。

衍生品交易的最终利益归属，故一国衍生品交易市场的结算法律制度对中央对手方、结算终局性和保证金等重要制度的态度和具体规则无疑会被提出更高的要求。总体上看，《期货法（草案）》的内容体现了其是以市场化、法治化、国际化为导向的资本市场立法，这也是社会各界对期货立法的共同期待。就草案关于结算的各项规则来看，此次立法突破性地以法律形式明确了包括中央对手方、结算终局性等在内的国际通行做法，就是对市场化、法治化、国际化的贯彻遵行。但按照本文结合法律理论和实践所进行的检讨，部分结算相关规则仍值得结合学者与实务工作者的建议进一步推敲。

我国期货争议解决机制的多维建构

曲 峰 陆 瑶*

一、我国期货争议及其解决机制的不足

（一）期货争议的概念梳理

1. 期货交易延展化与期货争议类型化。

自粮食流通体制改革以来，我国期货市场正式诞生，展现出发现价格、管理风险、配置资源的关键功能。经过三十余年的试点、整顿、规范和发展，我国期货市场在日益激烈的全球金融市场竞争中发挥着越发重要的作用。

期货交易的法定要件有三。其一，交易方式是公开的集中交易方式或者国务院期货监督管理机构批准的其他方式；其二，交易标的是期货合约或者期权合约；其三，活动性质具备交易性。《期货法（草案）》则将单一的法律规范对象扩大至"期货交易和其他衍生品交易"，交易标的物包括农产品、工业品、能源等商品、服务及相关指数，以及有价证券、利率、汇率等金融产品及相关指数等。复杂多变的场外衍生品交易是期货交易的应有之义。期货交易就自身而言并不从无到有地制造风险，而是依循"比较优势"的经济规律，将实际存在的风险从风险厌恶者转移至准备更充分的投机者。[1]

借助最高人民法院的案由分类，可以从规范角度把握期货争议（纠纷）的常

---

* 曲峰，大成（上海）律师事务所高级合伙人；陆瑶，华东政法大学硕士研究生。

〔1〕 参见姜洋：《发现价格——期货和金融衍生品》，中信出版集团股份有限公司 2018 年版，第 62 ~64 页。

见类型。其中包括期货经纪合同纠纷、期货透支交易纠纷、期货强行平仓纠纷、期货实物交割纠纷、期货保证合约纠纷、期货交易代理合同纠纷、侵占期货交易保证金纠纷、期货欺诈赔偿纠纷、操纵期货交易市场赔偿纠纷、期货内幕交易赔偿纠纷、期货虚假信息赔偿纠纷和其他类型期货纠纷。目前司法诉讼实践中最常见的纠纷类型是期货经纪公司与投资人之间的纠纷，主要类型为期货强行平仓纠纷和期货经纪合同纠纷两类。另外，在非法期货或变相期货纠纷案件中，诉讼案由也各不相同，有的是以期货交易纠纷产生的诉讼，但也有的是以委托理财合同纠纷、侵权责任纠纷、合同纠纷、合同无效纠纷等产生的诉讼。

2. 期货交易主体与期货争议主体。

期货交易中的主体，大体可分为两类。第一类是具有商品真实需求的参与者，如希望通过期货、期权交易来对冲农产品价格剧烈波动所致损失的农户、农产品销售商、农产品加工商等，这类参与者被称为“套期保值者”（hedgers）。第二类参与主体则是投机者（speculators）和套利者（arbitrageurs）。〔1〕从事风险投资，通过投机获利是这类主体的职业行为,〔2〕其并不从事实际的生产经营活动。〔3〕正是因为第二类主体的加入，从事实体经济的市场主体之风险管理、风险分散和风险转嫁目的方得实现。立法者和监管者应当为其建立公平交易规则（fairdealing），而非耿耿介怀于投机者的存在。〔4〕“投机倒把”在我国的去罪化进程正是对商业投机行为正当性的有力支撑。诚如美国学者所言，从某个角度来看期货交易实质上似与赌博无异，但正因如此，才产生了与众有别的风险转嫁功能。此外，期货交易主要通过合约的“多空对赌”来体现其价格发现和价格预测功能，因此实行的是“现金交割为主，实物交割为辅”的交易原则。〔5〕

期货争议涉及包括期货交易主体在内的各类期货市场参与主体，从期货交易所、期货经纪公司、期货居间人，到交割仓库、结算托管银行等，均可能因期货交易产生合同纠纷、侵权纠纷和其他财产权益纠纷。适当性义务履行不当、交易业务规则的违反、交易风险、系统故障是导致期货交易市场滋生纠纷的主要因素。其中，期货交易风险是最常见的纠纷原因。市场风险主要包括交易风险和运行风险，对证券期货民商事侵权事实和法律关系的认定与裁判而言意义巨大。〔6〕前者又称信用风险，指向交易对手方违约所引发的风险。后者亦称市场风险，是期货合同价格变动的风险。

---

〔1〕 See John C. Hull, Options, Futures, and Other Derivatives (9th ed.), 2015, p. 11 – 13.

〔2〕 参见［加］约翰·C. 赫尔：《期货与期权市场导论》，郭宁、汪涛等译，中国人民大学出版社 2014 年版，第 12 页。

〔3〕 See Andrew M. Chisholm, Derivatives Demystified: A Step – by – StepGuide to Forwards, Futures, Swapsand Options, John Wiley & Sons, 2004, p. 5.

〔4〕 参见楼建波：《金融商法的逻辑：现代金融交易对商法的冲击与改造》，中国法制出版社 2017 年版，第 336 页。

〔5〕 参见吴越：《现货与期货交易的界分标准与法律规制》，载《中国法学》2020 年第 2 期。

〔6〕 参见贾纬：《期货交易风险和运行风险及其相关损失的司法认定》，载《人民司法》2014 年第 14 期。

值得注意的是，期货交易所作为市场组织者，之前几乎不涉及期货类诉讼纠纷，但最近几年来，期货交易所因被诉而涉及纠纷逐渐显现且出现增幅趋势。目前来看，诉讼纠纷的类型主要集中在交割及所涉的仓储、仓单等方面，例如，涉及的案由为期货实物交割纠纷，争议焦点主要是交割产品质量不符合要求、交割产品数量不符、交易价格等信息不准确等。在其他相关诉讼纠纷案件中，通常是客户作为原告，会员或信息服务商或仓库作为被告，期货交易所作为共同被告或第三人参与诉讼，原告一般要求期货交易所承担连带责任。例如，曾经产生因期货市场内幕交易的情形，普通投资者涉及平仓损失而将期货公司、期货交易所一并起诉的案例。〔1〕

（二）期货争议解决机制的现状与不足

从目前的实践来看，期货行政法律责任、刑事法律责任和民事法律责任这三种责任之间缺乏必要的协调，在期货交易欺诈行为责任追究中，以行政处罚为主，刑事责任次之，民事赔偿最薄弱。而期货争议涉及的往往正是民商事法律责任。然而，我国期货民事法律调整规范正处于供给不足的状态。早在 20 世纪 90 年代中期，最高人民法院便通过《关于审理期货纠纷案件座谈会纪要》明确人民法院审理期货纠纷案件应当以民法通则作为基本依据。最高人民法院《关于审理期货纠纷案件若干问题的规定》（2020 修正版）也将处理期货纠纷的上位法依据明确为民法典和民事诉讼法。目前，我国期货市场现行的基本规范是作为行政性法规的《期货交易管理条例》。在《期货法（草案）》即将迎来二读，当下尚无专门的期货民事法律的情况下，民法典亦是解决期货纠纷的重要依据。但期货交易直接适用民法典，可能产生法律效力问题，损及期货交易安全。〔2〕

以“中国裁判文书网”等数据库公开披露的生效裁判文书为基础，通过梳理、统计进而勾勒出以诉讼为代表的期货争议解决机制的运行现状。时间跨度设置为 2018 年 10 月 9 日至 2021 年 10 月 9 日，以“期货交易”为全文检索关键词，并剔除与本文研究内容明显不相关的案例，共获得有效样本数据 2833 例。单从诉讼维度观之，便可得窥期货纠纷的数目繁多。

在专门法律规范供给匮乏的情况下，期货法律争议解决机制的建构和完善是从程序法呼应、补强实体法的重要举措。中央全面深化改革委员会第十八次会议强调“坚持和发展新时代‘枫桥经验’，把非诉讼纠纷解决机制挺在前面，推动更多法治力量向引导和疏导端用力，从源头上减少诉讼增量”。中央重要指示在期货法律纠纷场域的体现正是争议解决机制的多维建构。这意味着期货法律纠纷争议解决机制并非以诉讼作为单一维度。目前，我国法院在处理期货纠纷方面承担了绝大部分的案件量，期货法律纠纷争议解决机制呈现出不平衡的倾斜态势。随着期货交易蓬勃发展，单向的诉讼机制所存在的弊端将进一步被放大，期货纠纷

〔1〕 参见李力与光大证券股份有限公司期货内幕交易责任纠纷、买卖合同纠纷案，最高人民法院（2017）最高法民申 3327 号民事裁定书。

〔2〕 参见冯果、余猛：《期货交易与赌博的法律关系之辨》，载《中国法律评论》2021 年第 2 期。

的复杂化、多元化与争议解决机制的固定化、一元化之间存在的鸿沟日益纵深。期货法律纠纷争议解决机制多维建构试图解决这个问题。调解、和解、仲裁与诉讼在整个纠纷解决进程中存在交叉部分，但是前三者绝非诉讼的前置性程序。作为期货法律纠纷争议解决机制的四个维度，调解、和解、仲裁、诉讼保持着各自的独立性。争议解决机制的开启方向取决于当事人意思自治，演进过程则主要由法律规定。实体法与程序法应当共同保障该维度上解纷进展的效率与公正，以及必要时维度之间进行切换的流畅度和高效性。

二、我国期货争议解决机制的分布样态

期货争议解决机制从和解、调解、仲裁、诉讼四重维度展开。除了诉讼属于司法救济，其余三种均属于社会救济。

（一）期货纠纷诉讼机制

在我国期货法律纠纷争议解决机制中，第一大维度是期货纠纷诉讼机制。因其不仅仅发展最为完善、运用最为充分，也是评估其他解决机制的重要依据和理据。由于期货交易相比于一般的商品现货交易所呈现出的组织化、标准化、集中化特征，最高人民法院《关于审理期货纠纷案件若干问题的规定》所建立的期货纠纷诉讼制度在司法管辖、责任承担、保全和执行上存在显著不同。

管辖方面，期货纠纷案件原则上由中级人民法院管辖。[1]高级人民法院根据需要可以确定部分基层人民法院受理期货纠纷案件。责任主体方面，期货公司和其从业人员之间是“雇主—雇员关系”，期货公司对外承担雇主责任。居间人独立承担基于居间经纪关系所产生的民事责任。不以真实身份从事期货交易的单位或者个人，交易行为符合期货交易所交易规则的，交易结果由其自行承担。举证责任方面，《期货法（草案）》将交易者分为普通交易者和专业交易者。对于普通投资者，将举证责任倒置给期货经营机构。期货公司应当对客户的交易指令是否入市交易承担举证责任。期货交易所承担已通知期货公司追加保证金的举证责任。期货公司则承担已通知客户追加保证金的举证责任。保全和执行方面，若保全的是与会员资格相应的会员资格费或者交易席位，法院应同时裁定不得转让该会员资格，不得停止该会员交易席位的使用。但是法院在执行过程中，有权依法采取强制措施转让该交易席位。对于客户在期货公司保证金账户中的资金，若客户、自营会员为债务人，人民法院可以对其采取保全和执行措施，若期货公司为债务人，除非有证据证明该保证金账户中有超出期货公司、客户权益资金的部分，否则不得冻结、划拨。同理，期货交易所为债务人的，人民法院

---

〔1〕 以期货交易所为被告或者第三人的因期货交易所履行职责引起的商事案件，亦属于期货纠纷，由期货交易所所在地的中级人民法院管辖。

不得冻结、划拨期货公司在期货交易所的保证金账户。

随着我国期货市场的快速发展，市场的成熟度日益增加，同时也出现了各类期货纠纷案件，此类纠纷往往具有极高的专业性和较高的公众关注度，相关执法机关、司法机关的处置工作在实践中实际操作难度较大，处置的合理性、时效性也往往难以得到充分保证。中小投资者既可能陷入合同纠纷，也可能面临侵权纠纷，尤其在期货欺诈赔偿纠纷、操纵期货交易市场赔偿纠纷、期货内幕交易赔偿纠纷、期货虚假信息赔偿纠纷等涉众案件中，依靠单一的诉讼方式难以有效解决该类纠纷，因此我国推进多元化解决机制具有必要性。

（二）期货纠纷仲裁机制

虽然在 2004 年 1 月中国期货监督机构发布了《关于依法做好证券期货合同纠纷仲裁工作的通知》，不仅明确期货合同纠纷属于仲裁范围，更进一步规定证券期货合同示范文本和格式文本应当将仲裁解决纠纷的方式载入合同争议解决条款，不符合的合同示范文本应当在 2004 年 6 月 30 日前依法修订。但是，我国期货纠纷案件很少通过仲裁的方式进行解决，主要原因是各地的仲裁庭在独立性和专业性不够。我国目前仍未突破地域的限制，比如在期货行业协会下设独立的仲裁庭，或者在全国建立几个专门处理期货纠纷的仲裁庭，并引入相关的期货领域专家作为仲裁员。

以仲裁方式解决期货纠纷早已在美国、英国、日本、德国等资本市场发达国家建立并正在发挥着重要作用。美国期货纠纷的主要仲裁机构是全国期货协会（National Futures Association，NFA）。NFA 是由美国联邦期货委员会批准设立的期货行业民间自治组织，按照《商品交易法》第 17 节（b）（10）条提供公平的、公正的和高效的解决客户投诉的程序。NFA 的仲裁办法和会员仲裁规则为这些程序提供了框架。在英国，英国证券期货局（The Securities and Futures Authority，SFA）负责监管金融服务业中涉及证券和期货业务的公司。SFA 所承担的监管工作的目的就是要通过将投资公司中不合格者，或有欺诈行为者，或无力偿还者向公众披露，将投资者风险最小化。然而，在投资者和经纪人之间仍然不时会有争议发生，这时 SFA 将为投资大众提供直接的服务。如果投资者认为被自己的经纪人不公平的对待，可以向 SFA 申诉。为了确保 SFA 的申诉执行程序被有效的和公平的执行，一个独立的申诉委员会委员将会发表季度评论和出版年度报告，将申诉情况公诸于世。〔1〕

（三）期货纠纷调解机制

1. 期货纠纷调解机制的行业实践。

自 2021 年 8 月 19 日起，作为行业自律规范的《中国期货业协会调解规则》开始生效。该规则明确了期货纠纷调解机制的受理范围、具体程序以及对于调解委员会和调解员的相关

---

〔1〕 刘惠萍、丰久宽、程乐礼：《仲裁：解决我国期货纠纷的最有效方式》，载《当代经济管理》2006 年第 3 期。

要求。在调解程序上，根据自愿原则，协会不因调解而阻止当事人依法通过仲裁、行政、司法等其他途径维护自己的合法权利。当事人之间已约定调解条款的，协会依申请于五个工作日内决定是否受理。当事人之间未约定的，协会在收到一方当事人调解申请后，符合受理条件的，征得他方当事人同意，也可以进行调解。调解原则上不公开进行，调解员可以根据当事人意愿以及解决纠纷的需要采取适当的方式进行调解，如现场调解、书面调解、网上调解等。在组织架构上，调解委员会是协会理事会下设的专业委员会，负责指导调解工作，建立、维护调解员名册。协会与地方期货行业协会建立纠纷调解协作机制，具体调解工作可以依托地方协会开展。普通纠纷由独任调解员进行调解。争议金额较大、案情复杂，协会认为必要的，由三名调解员组成调解小组进行合议调解。在法律效果上，调解协议书是当事人对其民事权利义务的处分和承诺，经当事人签字或盖章生效，主要靠各方当事人自觉履行。当事人可以共同申请有管辖权的人民法院确认其效力。经司法确认后，双方当事人不得就同一纠纷再次提起诉讼或申请仲裁。尽管原则上不得根据调解、和解协议制作判决书，仲裁裁决书是可以依照调解、和解协议的内容制作的。

受理交易者与期货业务有关的投诉，对会员之间、会员与交易者之间发生的纠纷进行调解，这一直属于期货业协会的法定职责。普通交易者与期货经营机构发生期货业务纠纷并提出调解请求的，期货经营机构不得拒绝。并且，证券期货监管机构在清理处置大规模群体性纠纷的过程中，可以将涉及投资者权利保护的相关事宜委托试点调解组织进行集中调解。

为了化解诉调对接不畅的痼疾，最高人民法院、证监会于2021年联合建立“总对总”在线诉调对接机制，即“人民法院调解平台”与“中国投资者网证券期货纠纷在线调解平台”进行合作，开展全流程在线调解、在线申请司法确认或出具调解书等诉调对接工作。通过建立协调联动的在线诉调对接工作机制，坚持非诉讼纠纷解决机制的前置化，充分发挥调解在化解证券期货领域矛盾纠纷中的重要作用，及时化解大量证券期货纠纷，助力共建共治共享社会治理格局。

具体而言，《民事诉讼法》第95条和最高人民法院《关于人民法院民事调解工作若干问题的规定》（2020修正版）第1条确立了特邀调解制度和委托调解制度。最高人民法院《关于进一步完善委派调解机制的指导意见》亦明确了委派调解的示范作用和批量、有效的解纷功能。当事人向人民法院提交调解申请后，人民法院便可以通过调解平台向调解组织委派、委托调解案件；调解组织及调解员登录投资者网平台接受委派、委托，开展调解工作；调解员组织双方当事人在线签订调解协议或上传调解协议。鼓励双方当事人自动履行。确有必要的，可就达成的调解协议共同申请在线司法确认或者出具调解书，人民法院将在线进行司法确认或者出具调解书；未调解成功的案件由人民法院依据法律规定进行立案或者继续审理。经调解组织线下调解成功的案件，依法能够进行司法确认的，可通过调解平台进行在线司法确认。调解完成后将调解结果录入投资者网平台，该平台将案件信息回传至调解平台，并告知相关法院。

2. 以调解为主的纠纷多元化解的地方试点。

近年来各地通过发布地方工作文件积极探索矛盾纠纷多元化解机制的完善。2021 年，山东省司法厅发布《关于进一步加强“一站式”矛盾纠纷调解中心建设的通知》，集成人民调解等多种非诉讼纠纷解决方式，持续推动构建大调解工作格局。同年《南京市人民调解事项负面清单（试行）》公布，清单内列明的纠纷事项不适用人民调解程序，但是人民调解组织可以积极钝化矛盾，并引导当事人优先选择其他合适的非诉讼方式化解。江苏省高级人民法院、江苏省司法厅于 2018 年印发《关于开展调解程序前置试点的工作规则》，选取部分类型民事案件在全省开展调解程序前置试点工作。当事人就本规则规定的特定类型纠纷向人民法院起诉的，属于法院受案范围且满足起诉条件的，在登记后、立案前，由人民法院委派人民调解委员会或派驻人民法院的人民调解工作室进行先行调解；调解不成的，依法立案。

上海市高级人民法院、上海市司法局制定了《关于探索实行调解程序前置试点的实施办法》，对家事纠纷、消费者权益纠纷等法律关系简单适宜调解的民商事案件，探索实行调解程序前置。当事人将上述调解程序前置探索范围内的纠纷起诉至基层人民法院的，由区非诉讼争议解决中心（人民调解中心）或其他具有调解职能的非诉解纷组织进行前置调解。未经前置调解的，由人民法院委派调解。前置调解成功的，当事人可以申请司法确认；前置调解不成的，基层人民法院应当依法及时转入诉讼程序。上述办法在上海四区试点，自 2021 年 10 月 1 日起施行半年。

（四）期货纠纷和解机制

期货纠纷中的和解多为行政和解，即证监会在调查期间，根据当事人的书面申请和承诺，与其就纠正涉嫌违法行为，交纳行政和解金，赔偿有关投资者损失，消除损害或者不良影响等进行协商，履行行政和解协议，并据此终止调查。消极条件包含以下几个方面：被调查当事人的行为涉嫌证券期货犯罪的；当事人是惯犯、累犯的；当事人就同一案件重复申请和解的，以及其他证监会基于审慎监管原则认定不适宜行政和解的。《证券法》第 171 条对行政和解制度作了专门规定，并授权国务院规定具体的实施办法，这是行政和解制度的上位法律依据。自 2015 年 3 月 29 日至今有效的《行政和解试点实施办法》规定了行政和解的适用范围和条件、实施程序、和解协议签署等内容。在此基础上，证监会于 2020 年 8 月 7 日发布《证券期货行政和解实施办法（征求意见稿）》拟进一步规范行政和解的实施，保护投资者合法权益。

作为这种新型综合性执法方式的关键部分，行政和解协议的执行是柔性的。证监会与当事人签订行政和解协议后便中止调查，在当事人履行全部义务后终止调查。若当事人为信息披露义务人的，则依规履行信息披露义务。除此之外，公权力机关并不介入期货纠纷行政和解中的财产部分。并且根据最高人民法院《关于执行和解若干问题的规定》（2020 修正版），和解协议达成后各方当事人共同向人民法院提交书面和解协议的，人民法院可以裁定中止执行。

行政和解金制度是行政和解协议的核心内容，可能导致行政和解与诉讼之间产生交叉的可能性。首先，当事人交纳的行政和解金优先用于赔偿投资者损失。当事人涉嫌违法行为造成投资者损失的，投资者既可以通过行政和解金赔偿程序获得赔偿，也可以提起民事损害赔偿诉讼请求赔偿。但投资者已通过行政和解金赔偿程序获得赔偿的，不应就已获得赔偿部分再行请求民事损害赔偿。其次，行政和解协议达成后，证监会无正当理由不履行行政和解协议的，当事人有权提起行政复议或者行政诉讼。

三、我国期货争议解决机制的多重展开

期货市场已被视为成为我国金融市场中唯一欠缺法律调整规范的领域。早在2013年，《关于进一步加强资本市场中小投资者合法权益保护工作的意见》便已经提出多元化纠纷解决机制的建构问题，例如，支持自律组织、市场机构独立或者联合依法开展证券期货专业调解；建立调解与仲裁、诉讼的对接机制等内容。2016年，最高人民法院和证监会印发《关于在全国部分地区开展证券期货纠纷多元化解机制试点工作的通知》，开始证券期货纠纷多元化解机制的试点工作。2018年又以《关于全面推进证券期货纠纷多元化解机制建设的意见》的公布在全国联合开展证券期货纠纷多元化解机制建设工作。最高人民法院同年公布证券期货纠纷多元化解十大典型案例。多元化构成了我国期货法律纠纷争议解决机制的具有主导性的嬗变逻辑。虽然期货纠纷多元化解机制在实践中已经取得了一定的效果，但建构空间仍然有着多维的可能性。

（一）期货争议解决机制的内部衔接

一方面，按照“坚持把非诉讼纠纷解决机制挺在前面”的要求，充分发挥人民法院在民商事纠纷多元化解机制中的推动参与和规范保障作用，有效利用仲裁委员会广泛联系社会专业纠纷解决力量的人才和制度优势，推进诉讼与仲裁有效衔接，努力将更多民商事纠纷引导至仲裁途径解决，实施分流调解，加强溯源治理。从源头上控制诉讼增量、减少诉讼总量。另一方面，目前过多强调诉讼调解对接机制，但在实践中，由于广大中小投资者法律意识不强，中小投资者习惯向信访部门反映问题并要求解决纠纷，但目前信访与诉讼、调解等机制尚未完成对接。促进诉访分离，进一步加强各纠纷化解途径对接。对于与期货纠纷有关的信访案件，建立面向信访群体的跨部门处置平台。除此之外，建立信访与调解对接机制，引导信访人快速向相关调解中心申请调解，打造绿色调解通道。

（二）期货争议解决机制的域外探索

2019年，46个国家在新加坡签署了联合国《关于调解所产生的国际和解协议公约》

（United Nations Conventionon International Settlement Agreements Resulting from Mediation，以下简称《新加坡公约》）。其中包括中国、美国、印度、韩国以及多个东盟国家。由于期货市场国际化时间尚短，所以目前期货业务跨境纠纷案件数量非常少。但随着交易所国际化、交易品种国际化、投资者国际化进程的加快，期货业务跨境纠纷势必会增加，多元化解机制的建立具有重要意义。《新加坡公约》为期货业务跨境纠纷解决提供了很好的通道。在诉讼、仲裁传统解决方式外，国际化的调解机制成为解决纠纷的新思路。在调解方式下，还需要考虑《新加坡公约》框架下达成的和解协议如何在境内外承认与执行的问题。

第一，境内达成和解协议的域外执行。我国当事人在《新加坡公约》框架下经过调解达成的和解协议想要在成员国得到承认与执行，则必须满足形式要求与实质要求，且不违反申请执行国的政策与法律法规等。

第二，境外达成和解协议的境内执行。目前，我国的法律法规及相关司法解释还未能与《新加坡公约》的规定进行衔接，他国的和解协议在目前的法律框架下尚不能在中国得到执行。所以，境外的和解协议如何在我国得到执行，尚待立法机关以法律的形式作出进一步详细的规定。一方面，可以通过程序法的修订完成制度衔接，做好立法呼应；另一方面，也可以通过司法解释的形式对这些条款做进一步的衔接，重点需要关注的条款为管辖法院的选定、级别管辖、商事调解的定义、调解程序的开始、进行及终止、调解效力及调解后执行等问题。

（三）仲裁解决机制的应用强化

一方面，仲裁具有程序上的灵活性、专家裁决的专业权威性、不公开审理的保密性和一裁终局的快捷性等优点；另一方面，期货市场是一个瞬息万变的时间性市场，要求期货纠纷的解决能够快捷与迅速。期货行业的纠纷具有专业性强、案情复杂等特点，这客观上具有对专业仲裁机构的内在需求。仲裁作为一种准司法程序，最大的优势在于是“专家断案”“内行评判内行”。期货专业人士可以被跨地域聘请为仲裁员，期货市场惯例将被广泛援引为仲裁依据，裁决的公正性和快捷性将会大大提高。〔1〕

美国等国家的期货仲裁历史表明，期货监管机构和期货交易所、期货业协会注重期货仲裁的倡导和推荐，才足以使期货仲裁的蓬勃发展。〔2〕应当要努力突出仲裁特色，切实提高仲裁证券、期货合同纠纷的快速结案率、自愿和解调解率和裁决自动履行率。依法简化仲裁工作程序，在严格执行国务院办公厅规定的收费办法同时，合理降低仲裁案件收费，减少当事人解决纠纷的成本。

---

〔1〕 刘惠萍、丰久宽、程乐礼：《仲裁：解决我国期货纠纷的最有效方式》，载《当代经济管理》2006 年第 3 期。

〔2〕 谢梅、巫文勇：《期货交易纠纷解决机制的拓展与创新》，载《西部法学评论》2011 年第 3 期。

（四）期货诉讼机制与证券诉讼制度对标

期货交易纠纷常常与证券纠纷联系在一起。我国证券法律体系建设率先趋于完备，其中代表人诉讼制度和示范诉讼制度尤值期货纠纷诉讼解决机制的借鉴。

证券民事赔偿诉讼领域引入代表人诉讼机制，简化了诉讼程序，实现了案件审理的集约化和效率化，是化解证券纠纷司法需求与司法资源之间矛盾的有效途径之一。在期货纠纷司法领域，不妨与之看齐。实际上，《期货法（草案）》已经对期货纠纷中的代表人诉讼机制迈出了有益探索的第一步。交易者提起操纵市场、内幕交易等期货民事赔偿诉讼时，诉讼标的是同一种类，且当事人一方人数众多的，可以依法推选代表人进行诉讼。若可能存在有相关诉讼请求的其他众多交易者的，人民法院可以发出公告，说明该诉讼请求的案件情况，通知交易者在一定期间向人民法院登记。人民法院作出的判决、裁定，对参加登记的交易者发生效力。交易者保护机构受五十名以上交易者委托，可以作为代表人参加诉讼，并为经期货结算机构等确认的权利人依照前款规定向人民法院登记，但交易者明确表示不愿意参加该诉讼的除外。

2016 年的《关于在全国部分地区开展证券期货纠纷多元化纠纷解决机制试点工作的通知》已经针对解决大规模群体提出了一种关于示范判决机制的框架式设想，但具体制度设计存在留白。域外示范诉讼制度的程序构造中，典型诉讼负责处理群体纠纷中的共通点，平行诉讼主要解决个案中的疑难点，在法院对典型诉讼作出判决后，其他未参加诉讼当事人再通过平行诉讼解决各自的纷争，从而在审判制度内部将大规模群体性纠纷化繁就简，逐个“击破”。然而，我国证券期货纠纷示范判决机制的流程与之有别。首先，证监会委托调解组织对大规模群体纠纷进行集中调解；其次，当集中调解出现僵局时，法院对典型案件进行示范判决；最后，调解组织根据示范判决对其他关联案件继续进行集中调解。我国示范判决机制是诉讼制度与调解制度的混合物，着眼于引导群体纠纷当事人选择审判外的纷争处理路径。从增强非诉纠纷解决机制法律发现能力的角度切入，引导大规模群体性纠纷“流入”审判外的纠纷解决“场域”。我国证券期货纠纷示范判决机制非常符合美国混合型 ADR 的基本特征，且比其更具直观性和可靠性。法院对典型案件宣示法律规则和统一法律适用后，调解组织可据之对其他的系列性证券期货纠纷进行集中调解。[1]由于已经能够预见未来的判决结果，未参加示范诉讼的中小投资者可能更愿意选择免费的集中调解程序，解决其与证券期货市场经营主体的纷争，从而实现节约纠纷解决成本的目的。

目前的期货领域，不同争议解决机制的最终归宿都是诉讼制度，这实为一种变相的“唯诉讼主义”。真实的客观存在是争议解决机制多元，而不是也不应是诉讼的存在形态多元，

---

〔1〕 倪培根：《论我国证券期货纠纷示范判决机制的制度化展开》，载《河北法学》2019 年第 4 期。

诉讼之外的机制均有其特定的所指和法定化形式，每一种机制都有其独特的发挥作用的场域、时间和空间，都有能力在各自维度空间中发挥着其理应发挥的作用。需要对期货法律纠纷争议解决机制的概念进行再认识，赋予其更多包容性。多维度争议解决机制试图在一个更加广阔的社会治理结构中进行涵括，将成为弥补单一诉讼制度局限性的一个全新结构体系和理论范式。

从行业角度对期货与衍生品立法的建议

郭重清　姜　毅　徐旭萍　王　芮*

期货行业及社会各界瞩目的《期货法（草案）》于2021年4月29日公布并向社会公开征求意见，上海市锦天城律师事务所有幸接受中华全国律师协会委托对草案提出修改意见并呈报有关部门。《期货和衍生品法（草案二次审议稿）》（以下简称草案二审稿）2019年10月19日提交全国人大常委会审议。通过对草案二审稿的研读和梳理，我们认为草案二审稿基本反映了我国期货业发展的现状，但同时还有一些行业关切的热点问题值得立法机关进一步重视。

一、草案二审稿的亮点

草案二审稿条款有所缩减，并重点围绕期货交易和衍生品交易、期货结算与交割基本制度、期货交易者保护、期货经营机构、期货交易场所、期货服务机构、期货业协会、期货市场监管、跨境交易与监管合作及法律责任等几大方面作了较为详细的规定。

亮点一：期货法上升为国家战略。草案二审稿第4条提出，国家支持期货市场健康发展，发挥发现价格、管理风险、配置资源的功能；国家鼓励利用期货市场和衍生品市场从事套期保值等风险管理活动；国家采取措施推动农产品期货市场和衍生品市场发展，引导国内农产品生产经营。

亮点二：衍生品市场的法律地位进一步提高。草案二审稿提出了“其他衍生

* 郭重清，上海市锦天城律师事务所高级合伙人；姜毅、徐旭萍、王芮，上海市锦天城律师事务所律师。

品”的概念并设专章予以规定，草案二审稿进一步加强了衍生品交易立法，并将法律名称修改为“期货和衍生品法”，直接将衍生品交易置于与期货交易同等重要的法律地位。草案二审稿在第 3 条将“衍生品交易”定义为期货交易以外的，以非标准化期权合约、互换合约和远期合约及其组合为交易标的的交易活动。除定义外，草案二审稿还在第二章期货交易与衍生品交易中专设一节规定衍生品交易，在该节中草案二审稿继续认可了衍生品交易中采用的主协议等格式合同项下单一协议的法律约束力及主协议净额结算条款的法律效力。

亮点三：提出期货品种上市注册制。草案二审稿第 17 条再次确认期货及期权品种上市由期货交易场所依法报国务院期货监督管理机构注册。这是草案二审稿借鉴了《证券法》关于证券发行注册制改革的经验，品种上市由并联审批模式改为实行交易场所申请、证监会注册的品种上市机制，原则规定品种上市的基本条件，优化品种上市程序。

亮点四：确立交易者权益保护制度。草案二审稿确立了期货交易者权益保护制度。草案二审稿在第 50 条规定了期货经营机构的适当性义务原则；第 51 条将期货交易者根据财产状况、金融资产状况、交易知识和经验、专业能力等因素分为了普通交易者和专业交易者，并规定在期货经营机构与交易者发生纠纷时，期货经营机构应当就是否履行信义义务承担举证责任。

亮点五：引入纠纷调解和集体诉讼制。草案二审稿进一步修改了期货市场交易纠纷中的调解和集体诉讼机制。草案二审稿第 56 条规定，交易者与期货经营机构等发生纠纷的，双方可以向行业协会等申请调解。普通交易者与期货经营机构发生期货业务纠纷并提出调解请求的，期货经营机构不得拒绝。草案二审稿第 57 条明确规定交易者提起操纵市场、内幕交易等期货民事赔偿诉讼时，当事人一方为多数时可以依法推选代表人进行诉讼。

亮点六：设专章规定“跨境交易与监管协作”。草案二审稿进一步修改了期货市场“跨境交易与监管协作”章节条款。草案二审稿第 123 条规定国务院期货监督管理机构可以和境外期货监管机构建立跨境监管合作机制，或者加入国际组织，实施跨境监督管理。另外，草案二审稿在第 120 条删除了原先第一稿中境外机构接受境外客户委托参与境内期货交易所需的注册或豁免要求，进一步提高了我国期货市场的开放度。

亮点七：大幅增加期货市场违法违规行为的成本。草案二审稿借鉴了证券法，在打击市场主体违法违规方面，草案二审稿大幅度提高行政罚没款金额，大幅增加期货市场违法违规行为的成本。

综上，期货法立法的加快，意味着期货行业这一“小众”市场在历经数十年的发展与磨砺之后迎来了新生，对比我国期货市场的庞大体量和规模，期货行业应当获得应有的立法重视，期货经营机构和广大交易者及其他市场主体也将获得应有的法律规制和行为指引，期货市场作为资本市场的重要组成部分法治化程度得以进一步提升。作为期货市场首部根本大法，草案虽历经二稿，但还是有一些需要进一步修改和完善之处。

二、期货立法的指导思想和原则

（一）期货和衍生品法应作为“商事特别法”的定位与价值取向

商法是调整平等主体之间商事关系的法律规范，包括公司法、证券法、保险法、票据法等。期货和衍生品法作为期货市场的根本法，一如证券法，也属于商法范畴。期货和衍生品法应当是调整期货市场平等主体之间交易（商事）关系的法律。

期货法草案虽经修改但仍基本沿袭了《期货交易管理条例》的思路，主要从行政监管的角度对期货市场进行规制，某种程度上仍带有过往特殊时期整顿规范的痕迹，不完全符合目前期货市场发展的实际情况。草案二审稿在期货经营机构、交易所、结算机构及服务机构等主体部分以及监督管理、法律责任部分也规定了繁多且琐碎的监管内容。

我们认为，期货和衍生品法不仅仅是监管法，更应是市场规则法，应当尊重期货市场的客观规律、尊重市场参与者、引导市场各方服务实体经济，引导期货市场参与者合法参与期货交易，监管部门应避免过多干预市场。同时，期货市场各参与主体之间的法律纠纷，交易所、经营机构及服务机构的违法违规行为应更多考虑从民事责任角度予以界定及解决，慎用行政处罚手段。

为此建议，期货和衍生品法应进一步完善期货市场民商事规则体系，关于期货市场各参与主体的法律责任应当更多考虑从民事责任的角度予以界定及解决。例如，草案二审稿第十二章法律责任部分，较大篇幅都是市场主体因违反法律而承担监管责任的内容，民事责任的部分不凸显。建议立法机关参考借鉴最高人民法院《关于审理期货纠纷案件若干问题的规定》中部分内容，在草案二审稿第 23 条期货交易持仓超限、第 41 条保证金不足、第 100 条交割仓库责任等条款中相应增加责任主体承担民事责任的内容。

（二）期货和衍生品法应当进一步完善期货集中统一监管体系，立足期货功能监管，坚持市场化、国际化方向

草案二审稿第 7 条规定我国期货实行“集中统一监督管理”，却又同时规定国务院对利率和汇率期货的监督管理另有规定的，适用其规定。这意味着在国务院另行批准的情况下，利率或汇率期货可能由其他监管机构实施监管。这种多头监管的体系容易导致监管套利、规则冲突、监管效能弱化，更难以从全局的角度防控市场风险，因此我们强烈建议各类期货品种仍应由国务院期货监督管理机构集中统一监管，强化功能监管导向。

同时，期货市场发展和监管应当坚持市场化、国际化方向。期货市场发展必然走出国门，必然面临境外市场规则适用和监管权力域外管辖的情况，对此我们应当参考国际条约等国际规则，充分吸收境外成熟期货市场经验，吸引更多境外交易者参与我国期货市场，扩大我国期货市场影响力、增强境内期货品种全球定价权。因此，期货和衍生品法的制定应当立

足于实现我国期货市场加快国际化进程的需求，法律规则应当更好地与国际规则、国际条约等接轨，明确域外法律的适用以及国际商事仲裁的承认与执行，保障我国期货市场国际化的稳步推进。

（三）期货立法应释放市场主体活力、减负放权

2015 年 5 月 12 日，国务院召开全国推进简政放权放管结合职能转变工作电视电话会议，首次提出了“放、管、服”改革的概念，指政府部门下放行政权，创新监管智能，减少政府对市场干预，市场的事交由市场解决的监管思路。期货立法应当进一步深化“放、管、服”改革要求，充分释放以期货公司为代表的各类市场主体的活力。目前，我国期货市场规模持续增长，市场总交易量及部分品种交易量等指标早已多年跃居世界前列。截至 2020 年，我国期货市场交易量达 61. 53 亿手。其中，商品期货（不含期权）交易量为 59. 29 亿手，连续 11 年位居世界第一。我国已发展成为全球最大的农产品、有色金属、焦炭、动力煤和黑色建材期货市场。但是作为市场最主要的经营机构的期货公司经营束缚仍然过多，一个明显的表现是全行业 150 家期货公司总体规模仍较小，总资产仅有 9848 亿元，净资产仅有 1350 亿元。2019 年期货公司全行业收入 275 亿元，净利润 60. 5 亿元，尚不及证券行业中的某家中型券商（国泰君安 299 亿元营收、招商证券 72 亿元净利润）。期货市场的规模地位与经营机构的规模严重不对等，以期货公司为主体的广大期货经营机构活力亟待释放。为此建议：

1. 进一步放宽期货经营机构业务范围，减少业务核准范围。

草案二审稿同样删除了《期货交易管理条例》中关于“期货公司不得从事或者变相从事期货自营业务”的内容，破除了长期以来期货公司不得从事期货自营交易的限制，但我们仍然建议将包括自营业务、仓单服务等在内的期货公司重要业务予以明示规定以放宽期货公司经营范围，并缩减期货业务报请国务院期货监督管理机构核准范围，摒除对外担保限制，通过市场竞争增强期货公司自身发展动力，扭转目前一些期货公司主要靠期货交易所返佣维系经营的非正常局面。

2. 审慎规定其他金融机构参与期货业务。

草案二审稿第 59 条在期货公司设立方面规定了其他金融机构经国务院期货监督管理机构核准可以从事期货业务。考虑到目前国内期货公司普遍资产规模、经营能力等相对于其他金融机构，如银行、保险、券商等仍较为弱小，资产管理等后发业务难堪竞争，如果在现阶段允许其他金融机构广泛参与期货公司业务，势必极大冲击期货公司已有经营局面，不利于期货行业稳定、健康发展。虽然金融机构混业经营是国内外金融机构发展之大势所趋，但现阶段我们仍建议草案应审慎规定其他金融机构参与期货业务之准入，着重培育现有期货经营机构通过竞争做大做强。

三、草案二审稿的部分内容调整建议

（一）关于衍生品交易

草案将期货场外衍生品交易纳入了监管范畴，草案二审稿在第二章第三节对衍生品交易做了原则性规定，并在后续条款中基本认可了“单一协议制度”及“净额结算制度”。这些规定回应了一直以来场外衍生品交易实践中国内外各方交易主体对于法律规则适用、与国内法的冲突问题等普遍关切，在一定程度上实现了与国际通行惯例的接轨，具有重大现实意义。但同时，草案二审稿对于场外衍生品交易的主要特点，如大量场外衍生品交易主要发生在场外、交易非公开集中、交易内容和方式个性化、参与主体普遍为机构等未能予以准确反映，在第30条其他衍生品交易场所、第31条交易规则等条款，草案二审稿仍以场内集中交易思路来规范场外衍生品交易似有不妥。以欧美成熟市场为例，场外衍生品交易规模远超场内交易，交易合约普遍个性化以满足各类交易主体的不同风险管理需求，而在交易清算环节自2008年金融危机后则出现集中化趋势。在监管方面，包括美国《多德—弗兰克法案》、欧盟《欧盟金融市场工具法令》及《巴塞尔协议Ⅲ》在内的等监管法规多关注于客户分类、机构资本金、交易数据披露等方面。借鉴之下，我们建议，草案二审稿应从场外衍生品交易特点出发，对第二章衍生品交易部分内容予以必要调整，章节内容应包括场外衍生品交易方式（协议或其他方式）、交易品种类别、交易主体资质、交易结算的双边或集中规则及法律适用、交易平台的准入、交易数据披露等。

（二）关于期货交易所定位及与期货结算机构职能划分

依据《期货交易所管理办法》（2021年修订），期货交易所是依法设立，不以营利为目的，履行《期货交易管理条例》和《期货交易所管理办法》规定的职责，按照章程和交易规则，实行自律管理的法人。我们认为交易所的定位应当是商事组织，是期货市场的交易组织者、市场各参与主体的自律监管者，而不应成为具有行政监管职能的半行政化机构。草案二审稿第83条规定期货交易所制定的业务规则均需报国务院监督管理机构批准。该类规定并不利于期货交易所灵活、充分发挥其期货市场一线监管机构之职能。

另外，草案二审稿前瞻性地将期货结算机构作为独立法人予以规定，并赋予其结算与交割职能，但草案二审稿在第45条期货交割等规定方面，期货结算机构与期货交易所仍存在职能混淆不清的情况。上述情况在目前期货交易所与期货结算机构合二为一的情况下尚不会产生较大问题，但如未来将期货结算机构独立于期货交易所，双方职能划分如未能清晰明确，则会造成期货市场交易、结算、交割职能紊乱，进而影响期货市场的稳定。

我们建议草案二审稿可将第七章期货交易场所与第八章期货结算机构合并为一章，从目前期货市场交易、交割实际出发，审慎规范期货结算机构独立性及职能划分问题。

（三）关于监管处罚尺度问题

草案二审稿第十二章法律责任基本参照了证券法的规定，相关条款对于期货违法行为处罚力度较《期货交易管理条例》大幅提高，如草案二审稿第 126 条内幕交易、第 127 条传播虚假信息、第 134 条及第 135 条期货经营机构经营违规责任条款等对各市场主体违法违规行为均规定了一倍以上十倍以下或十万元以上五百万元以下不等的罚款。但是，需要指出的是，期货市场与证券市场在交易对象、交易方式等方面存在本质区别，草案二审稿照搬证券法之处罚规定不符合期货市场实际情况，且赋予了执法机构过大自由裁量权，有违行政控权之立法导向与精神。

建议在草案二审稿第十二章法律责任章节，针对期货市场各主体违法事实，根据其违法情节轻重，区分一般情节、情节严重等，将处罚尺度予以等级划分，做到违法行为罚当其罪，行政执法宽严相济。

四、期货立法需要进一步明确或增加的内容

（一）期货公司居间人

期货居间人作为期货行业重要的参与群体，虽不属于期货公司从业人员范畴，但却是期货公司与市场交易者发生经纪业务的桥梁，同时也是大量期货经纪纠纷产生的重要原因之一。期货业协会已于 2021 年 9 月正式发布《期货公司居间人管理办法（试行）》，但本次草案二审稿对于期货公司居间人这一特定群体却未予任何规定，实属疏漏。我们建议，期货立法应增加规定期货公司居间人相应条款，明确居间人的定义、业务范围及职责边界等。

（二）期货市场监控中心

期货市场监控中心作为期货市场重要监管机构，在期货市场统一开户、保证金安全监控、交易结算信息查询、市场运行监测等方面具有重要地位和作用。草案二审稿在第 9 条审计监督、第 15 条内幕信息、第 53 条期货行业人员从业禁止及第 55 条信息保密等条款却未能将期货市场监控中心这一重要主体纳入监督范畴。我们建议，期货立法将期货市场监控中心作为期货市场重要参与主体之一纳入相关条款，并在名称上统一调整为“期货市场监测监控机构”。

（三）期货交易保证金归属

《期货交易管理条例》规定期货交易所向会员收取的保证金归属会员所有，期货公司向客户收取的保证金归客户所有。草案二审稿第 22 条保证金制度条款对期货交易保证金归属未予明确，但根据草案二审稿第 42 条结算违约条款以及第 43 条破产清算条款之规定，今后期货保证金将普遍解读为收取单位的表内资产。实践中曾因保证金归属问题产生大量纠纷，

因此期货交易保证金归属问题将对期货行业发展产生重大影响，如交易者基于资金安全仅考虑选择头部期货公司，势必将极大影响目前期货公司发展之格局，使期货公司发展两极分化。我们建议，将草案二审稿中的保证金界定为期货交易合约占用的资金，并建议草案二审稿明确保证金归属以稳定市场各方主体预期，定分止争。

另外，草案二审稿对所涉部分非法律专有名词，如结算、交割、持仓限额、结算参与人等需要在附则中增补。

上海国际金融中心法治环境

《民法典》编纂、成文法传统与全球资管中心建设

黄 韬*

一、《民法典》时代的资管行业

在建设上海国际金融中心的国家重大战略背景之下，打造全球资产管理中心的雄心壮志也被涵盖其中。2019 年由中国人民银行等印发的《上海国际金融中心建设行动计划（2018—2020 年）》〔1〕就明确提出了要“打造全球资管和财富中心”，而在 2020 年 9 月，上海市副市长吴清也清晰表达了类似的意愿：“在国际金融中心建设过程当中，我们将会努力地建设全球财富管理中心，资产管理中心”〔2〕。

上海市政府于 2021 年 5 月 14 日发布的《关于加快推进上海全球资产管理中心建设的若干意见》〔3〕和 2021 年 8 月 24 日发布的《上海国际金融中心建设“十四五”规划》〔4〕中均指出：力争到 2025 年，把上海打造成为资产管理领域要素集

---

* 黄韬，浙江大学光华法学院研究员、博士生导师。本文系根据作者在 2020 年 12 月 6 日于上海举行的第五届中国金融法论坛上的发言修改、扩充而成。

〔1〕 参见《关于印发〈上海国际金融中心建设行动计划（2018—2020 年）〉的通知》，载 http：//www. pbc. gov. cn/zhengwugongkai/4081330/4081344/4081395/4081686/4085274/index. html，最后访问日期：2021 年 10 月 30 日。

〔2〕 参见《上海副市长吴清：上海把建设全球财富管理中心、资管中心作为重要目标》，载《证券时报》2020 年 9 月 26 日。

〔3〕 沪府办规〔2021〕6 号。

〔4〕 沪府发〔2021〕15 号。

聚度高、国际化水平高、生态体系较为完备的综合性、开放型资产管理中心，打造成为亚洲资产管理的重要枢纽，迈入全球资产管理中心城市前列。

关于资管行业以及资管中心打造的必备法律条件，学界近年来其实已有不少讨论，尤其是从信托法制、税收法制、监管法律规则等角度已有了诸多的成果。考虑到我国《民法典》完成了编纂并已开始生效实施，且金融法律理论与实践领域对《民法典》的出台能够给予金融市场发展的支持有较大的期待，因此笔者在这里尝试着讨论一下《民法典》所代表我国法律系统的成文法乃至法典化发展趋势对资管行业所可能产生的宏观影响，这个讨论是带有展望和分析性质的，而主要不拘泥于具体的立法问题或者法律适用问题。

关于中国算不算典型的大陆法系国家的问题可以先放在一边，但不管怎么说，《民法典》的问世可以看作我国进一步强化既有的成文法传统的一个集中标志。确实，作为一个成文法传统国家，编纂《民法典》是法治水平和立法技术发展到了一定程度的结果，这一点毋庸置疑。问题在于，这样的成文法传统趋势强化，甚至是法典化水平的提升，对于我国金融市场的进一步发展，对于全球金融中心和资产管理中心地位的打造会产生什么样的有利或不利的影响。对于这个问题，或许我们现在更多的是展望而不是论断，但也不妨做一些学理上的推测。

二、全球资管中心的决定性因素

决定一个地方能不能成为全球性的金融中心和财富管理中心，具体条件到底是什么？答案肯定不是单一的因素，而是多重因素的汇总。但结合这里所讨论的《民法典》话题，我们可以做一些思维体操，观察一下《民法典》的编纂或者说成文化和法典化趋势的强化是否是一个有利于全球资管中心地位提升的因素。

在最广泛意义上，我们可以总结出很多有助于资管中心地位确立的因素，比如国内生产总值（GDP）和均值（意味着财富的丰裕程度和密集程度）、地理位置的优越性（意味着交易成本的节省）、经济开放程度（意味着资金跨境流动的便利性）、税收等管制措施的多寡（意味着交易的灵活性和自由度）、法治环境（意味着交易的安全性和风险的可预见性）等。

前面已经提及，《民法典》的编纂和出台可以看作是特定法域的法治环境发展到比较高阶的产物。这是一种时间轴上纵向的比较。那如果作横向比较的话，我们可以试着找两个法域，这两个法域在以上的各个要素（GDP、税率、地理位置、经济开放程度等）方面都处于近似的状态，但在法典化程度上有差异，进而去比较两者在金融中心和资管中心地位上不同。

这样的例子其实很好找，那就是我国的两个特别行政区香港和澳门。综观以上所列的诸多要件，比如在人均 GDP、税率、经济开放程度等指标上，澳门似乎都是符合的，甚至会比香港更占优势。并且，由于澳门特有的博彩业优势，其常规性地对全球资金形成非常大规模的吸引力，但是似乎跟香港比起来，澳门的金融行业尤其是财富管理服务行业都是相形见绌的。那是因为澳门的整体法治环境不如香港吗？似乎也没有证据证明这样的说法，但为什么占尽资金跨境流动各种天时地利的澳门却没有发展出更为成熟的金融（包括资管）行业呢？为什么也没有像新加坡那样，充分利用了自身的地理和开放优势，以航运中心和石化炼油产业中心为依托发展成为国际金融和财富管理中心？要知道，博彩业可以看作是流量更大的资金“航运”中心，但事实上却没有帮助到澳门金融业的崛起，尽管澳门特别行政区政府近年来不遗余力地推动产业结构的多元化和金融行业的发展。澳门和香港一样拥有着地理和政策优势，天然地占有建设离岸人民币交易中心的先机，但事实上，澳门产业结构中的金融服务业占比不仅大幅度落后于香港和内地的一线城市，即便比起内地的一些二线城市也是比重偏低的。

一个有意思的法律现象是，比起香港，澳门恰恰是一个早就有民法典的法域，可以说是一个法律法规成文化和法典化程度相当成熟的地区〔1〕。跟澳门相比，香港却是没有民法典的法域，甚至作为一个普通法地区，法律成文化的整体程度也许还不如澳门。法典化和成文化程度更高这一因素是否有助于澳门打造更有利于国际金融中心或财富中心地位的形成的法治环境？事实也许恰恰相反，是否拥有民法典或者法典化程度的高低可能不是一个重要的因素，甚至说可能是一个“消极”因素。

这个问题其实很难回答，因为唯一的因果关系可能是不存在的，但也不妨碍我们做一些不尽周延的推测。较之澳门，英美法传统的香港法律体系显然在制度的灵活性上更胜一筹，这一优势反映在金融市场上就会衍生出截然不同的效果。这种灵活性的体现是多方位的，包括判例法机制所带来的及时回应现实（包括金融市场）需要的法律创制机制，也包括司法体系在处理金融市场法律争议时的能动空间。即便在成文立法层面，更有利于金融市场的法律规则也更容易出现在普通法国家和地区，而不是受潘多克顿体系影响极深的那些以法典化为旗帜的大陆法系国家和地区。

以信托法律制度为例，现代金融市场的发展对其依赖性越来越强，大量金融投资产品的法律架构需要建立在信托法的基础之上，这也是普通法地区发展金融市场的先天优势。源于英国的信托是衡平法所认可的一种关系，这种关系因财产归属于受托人（trustee）而产生，且信托关系使受托人有义务为受益人（beneficiary）的利益而拥有这些财产〔2〕。在现代金融体系中，信托法律制度的应用范围极其广阔。尽管最早信托制度的发展是和继承以及家庭财

〔1〕 澳门在 1999 年 10 月 1 日前一直沿用葡萄牙的民法，即葡萄牙 1867 年《民法典》（又称《斯阿巴拉法典》），而面临回归的澳门根据《中葡联合声明》的精神实施了法律本土化改造。澳门于 1999 年 8 月 3 日以第 39/99/M 号法令公布了《澳门民法典》，该法于 1999 年 10 月 1 日起生效实施。

〔2〕 See Jull E. Martin, *Modern Equity*, Sweet & Maxwell Ltd., 2005, p. 47.

产问题紧密相关的。但这一制度在私人领域的使用比起后来商业和金融领域对信托的利用，那就“小巫见大巫”了。这主要因为信托制度非常适合处理大额的资金，服务于金融市场。信托制度的一个特点在于通过信托财产独立性规则来保护投资者（包括资管交易中的委托人）避免因各类金融交易（当然包括资产管理行业）中的受托人的破产而发生资金的损失；同时，比起合同法，基于信义义务（fiduciary duty）的信托法〔1〕赋予了投资者更高的司法保护标准。大体上来说，在金融市场上，信托法律制度的适用领域包括了：证券清算系统（securities clearing systems）、担保权益信托（trustees of security interests）、债权持有人受托（bondholder trustees）、投资管理（custodianship of investments）、存托凭证（depository receipts）、市场代理（market agency）、存款保护基金（deposit protection fund）、共同基金（mutual fund）、公司股份的名义持有（nominee holders of shares）、资产证券化（securitisations）、养老基金（pension funds）等〔2〕。

某种程度上来讲，信托法的有无或者信托制度的适用范围可以看作不同法系的一个关键分野。通常来讲，英美国家和地区存在适用领域十分宽泛的信托法律制度（如英国、美国、澳大利亚、新加坡、马来西亚、加拿大、新西兰、印度等国和我国香港特别行政区）。对于大陆法传统的地区来说，部分国家接受了信托法律制度，并有较宽的适用范围（如法国、日本、瑞士、墨西哥、南非、菲律宾等）；部分大陆法地区存在适用范围较窄的信托法律制度（如德国、荷兰、韩国、俄罗斯、阿根廷、智利等）。当然，还有相当一部分国家是完全不接受信托法律制度，甚至不存在“信托”这个法律概念的（如意大利、瑞典、挪威、丹麦、西班牙、葡萄牙、巴西等）〔3〕。澳门就属于不存在信托法律制度的法域。事实上，这也就成了其相比较我国香港特别行政区、新加坡等类似地区在发展金融和资管行业时的一个短板。

当然，造就一个国际金融中心和财富管理中心的因素有很多，十分复杂，并不是说只要制定了一部信托法，就万事皆备了，如印度和俄罗斯都有信托立法，但它们在国际金融中心和财富管理中心的地位上并不显著。但是，反过来说，如果缺少了信托法律制度，那么在国际竞争中的制度短板也许就暴露出来了。对于澳门特别行政区来说，事实上“信托”这一概念在金融市场的商业实践中一直是存在的，例如，澳门特别行政区金融体系中发行的大量投资基金产品以及带有投资分红功能的保险产品，从法理上来说其本质即是一种信托结构，只不过在当地没有明确的信托立法来确认这种商业关系。

如果说信托法律制度可以看作检测一个法域的法律制度灵活性大小的指标，那么类似的

---

〔1〕 信义关系是指一方在此关系之内负有为他人事务的利益而行事的义务且被要求达到高于通常的注意程度。See Bryan A. Garner et al., *Black's Law Dictionary*, Eighth Edition, West Publishing Co., p. 1315.

〔2〕 关于这些信托法律架构在金融市场上的具体应用，可参见 Philip Wood, *Maps of World Financial Law*, 6th edition, Sweet & Maxwell, 2008, p. 131 – 132。

〔3〕 Philip Wood, *Maps of World Financial Law*, 6th edition, Sweet & Maxwell, 2008, p. 135.

道理，我们也可以去观察一下，法典化或者成文化程度和国际资管中心地位之间是一个什么样的关系。

德勤会计师事务所曾在2018年在全球范围内做过一个资管中心的排名，它列出的前9位国家和地区依次是瑞士、新加坡、我国香港特别行政区、英国、阿联酋、美国、卢森堡、法国和巴拿马[1]。需要说明的是，德勤主要是从跨境财富管理的角度来进行排名的，因此尽管中国的财富管理行业总量很大，但其中的跨境交易在世界范围内是不算高的。接下来一个有意思的统计就是，这个排名中位于前列的我国香港特别行政区、新加坡、英国、阿联酋和美国都是没有民法典的国家或地区[2]。这至少可以让我们得出一个初步的结论，就金融市场和资管行业而言，民法典或者较高的法典化程度未必是说明更为优异的法律制度环境存在的指标。

三、法典化的价值和局限

作为一个成文法传统的国家，我们国家现在发展到了一个“更高阶”的程度，拥有了《民法典》。那么，成文法的传统和非成文法的传统对于金融市场或者更具体地说对于资管行业到底会造成什么样的差异呢？当然，从最广义的角度来说，资管行业对法治环境的依赖主要源于良好的法律制度可以为投资者建立起权益受保护的预期，在这一点上无论是成文法传统还是非成文法传统其实并不存在目标上的分歧；只不过，囿于不同法域制度发展的历史轨迹不同，路径依赖（path dependence）效应会使不同法律传统的法域在实现上述目标的过程中为回应金融市场需求而构建规则的灵活程度有一定的差异。这里，我们就可以比较一下，法典化的规则布局有何利弊。

历史地来看，法典的好处有时候是显而易见的。首先，就是便于检索，因为理论上来说，一个国家或地区有了《民法典》之后，所有的民事法律规则都能够在《民法典》当中找到，不需要再去找单行的民事立法。当然，这样一种理想状态，至少在我们国家现阶段可能还不能完全实现，因为我们观察到和《民法典》同步生效的还有所谓的“配套”司法解释，今后也许会有更多的立法和司法文件的叠加适用。

其次，物权、侵权、合同、婚姻家庭等法律规则被置于同一部法典之中并同时公布与实施，这就为规则与规则之间在逻辑上的一致性保持提供了空间上的条件，有可能尽量减少那种不同法律条文之间的冲突与矛盾的现象，进而降低规则适用的司法成本。

---

[1] See *The Deloitte International Wealth Management Centre Ranking* 2018，https://www2.deloitte.com/ch/en/pages/financial-services/articles/the-deloitte-wealth-management-centre-ranking-2018.html，最后访问日期：2021年10月30日。

[2] 受大陆法传统影响的路易斯安那州编纂有民法典，但作为整体国家的美国和其他各州均无民法典的出台。

最后，法典的出台有可能把一个国家或地区的法治水平在形式上（比较确定）和实质上（比较不确定）推上一个台阶。尤其是对于一个大国来说，法典具有事实上的法制统一实施的功能；而更宽泛地来说，对成文法传统的国家和地区来说，法律之治的一个外在表现往往就是法典的成熟程度。例如，《民法典》的实施被认为是“在法治轨道上推进国家治理体系和治理能力现代化的又一个里程碑事件，是新时代社会主义法治建设的重大成果”，并且“随着民法典的实施，民事主体的权利保护在新的起点上得到强化，进一步提升了人民群众的权利意识和法治意识，增强了全面依法治国实践的全民自觉性和主动性……民法典的实施必将为在新的历史起点上更好推进全面依法治国、加快建设社会主义法治国家提供有力保障”〔1〕。

此外，法典在法律之外还可能有强大的政治宣告功能，这也是为什么法典的编纂和出台过程中往往离不开政治家个体的巨大推动作用。例如，关于《法国民法典》，拿破仑曾经说过：“我一生最大的骄傲并不是我所指挥的那四十次胜仗，滑铁卢一战抹去了关于那一切的回忆。真正能为后人所记住的是我的法典。”《法国民法典》被后世称为《拿破仑法典》，这也印证了政治强人自身的评论与定位。

另外，法典的编纂，或者说这样一种法典化趋势的强化，可能也会给金融市场带来一些挑战和问题。比如说，一个担心就是，法典化趋势被强化之后，金融市场法律规则的刚性就会变得越来越强，灵活性就会相对欠缺了，此后若要修订或变革既有法典当中规则制度的成本就会相对较高了，因为比起修订单行立法或者制定司法解释，修订法典的难度会更大，毕竟牵一发而动全身。然后从司法能动性的角度来说，法院和法官在进行个案处理的时候，他们今后还有多大的权限去解释法律或者创制法律规则，这是需要观察的，也许法典的存在会令这种司法的能动属性受到更多的制约。从积极的意义上来说，系统化的法典有助于控制不当的司法自由裁量，但反过来说，尤其是对于金融市场来说，过于刚性或者说过于“一板一眼”的规则未必是最受投资者欢迎的。

与一般的民事交易相比，金融市场的交易活动有这么几个特点。一般来说，金融市场交易活动中的主体相对是特定化的，交易活动的目的通常是追求商业利益，而且非常重要的一点是，金融市场的变化是非常迅捷的，相比于一般的民事活动，可以说是瞬息万变，交易的频率因此也非常高，所以金融市场交易活动中的权利义务变化是非常频繁的。另外，金融市场交易往往涉及的资产规模非常大，并且金融资产的价值可能完全是脱离实物资产而存在的。上述种种差异就决定了金融市场交易活动对法律的需求和一般的民事活动对法律的需求是有很大差别的。

虽然我国现在以《民法典》为核心的民法规则体系名义上是属于“民商合一”的体制，

〔1〕 丁翔宇：《民法典实施助力全面依法治国》，载《人民日报》2021 年 1 月 8 日。

但在《民法典》编纂过程中更多的是关注了一般性的民事活动，而不大可能专门去为金融市场量身定做法律规则。由此，我们就有必要去研究在“民商合一”体制下，《民法典》对中国金融市场的“可适用性”问题，具体地去分析《民法典》的相关规则是否对金融市场“友好”，乃至民法规则的法典化对中国金融市场发展以及中国在国际金融市场上的竞争力影响。这些议题其实就是我们未来长期需要考察的法典化趋势对金融市场发展，对金融中心和资管中心地位形成所带来影响。

四、制度演化的讨论与展望

在讨论《民法典》的实施对资管行业的宏观影响之余，我们也许还要把目光投射到更多的《民法典》之外的法律，如信托法、破产法、税法规则、金融监管规则等。

以信托法制为例，一个大致的规律就是，《民法典》起步得越早，发展得越成熟的国家，可能对信托法的接受程度就会越低，这是法典化趋势强化之后的某种必然反应，《民法典》体系之外的法律规则就越容易受到排斥。毕竟，《民法典》所确立的财产法律规则跟信托法的财产法律规则在本质上是可能有冲突的，它们背后的法理逻辑，甚至思维方式是不一致的，所以法典化越是发展得高阶和完善，对法典之外的符合金融市场灵活需要的制度规则的接纳程度可能就会越低。民法典的制定不只是民法规范完成集中编纂，而是一种思维方式被进一步确认和强化。

除了成文立法之外，我们同时也要考虑在司法制度层面，法院和法官有多大的灵活性以及主动性去保护投资者，甚至是去创制这方面的法律制度。用哥伦比亚大学 John Coffee 教授的话来说，法官天然地有一种“嗅觉试验”（smell test）的功能，即在特定个案的审判中有效率地去发现哪些制度对投资者保护是最关键的[1]。在金融市场法律领域，要求成文立法者做到这一点其实是有很大难度的，因为金融市场瞬息万变，法律规则对现实市场的及时回应能力就变得非常重要了，这是事前成文立法的天生短板。

尤其是，对于资管行业来说，市场所需要的游戏规则其实很大程度上是一套无法标准化的法律规则。具体来说，资管行业中受托人的信义义务（fiduciary duty）是一项核心的投资者保护规则，但是怎么才算是履行了这样的义务，这是很难用成文法来表述的。从世界各国的制度发展史来看，基本上是靠一套判例规则在当中发挥着作用。正是在这个层面上，我们会去反思，《民法典》实施之后，是不是将意味着法律的刚性（或者说“封闭性”）会越来越强，反之法律的灵活性和司法的能动性空间则愈发受到约束，如果是这样的结果，那么也许法典化趋势在我国的强化对金融市场，尤其对资管行业来说不是一个好消息。

---

〔1〕 See John Coffee , *The Future as History: the Prospects for Global Convergence in Corporate Governance and its Implications*, Northwestern University Law Review, Vol. 93, No. 3 (1999), p. 641 –708.

打造国际化的资产管理中心地位，一个必然的前提是人民币的国际化，因为上海是中国这个巨大经济体的一部分，它不可能自己去打造一个外币的资管中心，而必然是一个人民币资产的国际管理中心。而人民币国际化进程中的法律议题可以归纳为两个方面：一方面是关于通过法律限制的解除或者放松来为人民币国际化提供更大的制度空间；另一方面则是关于人民币成为国际货币的法律环境营造问题。关于前面一项工作，中国人民银行在不同时期先后出台了大量的政策文件，此处不再赘述。尤其是，上海自贸区在 2013 年的设立顿时给外界以极大的想象空间。

但是，解除既有管制的政策从本质上来讲并非法律议题，尽管在形式上都表现为各种层级的法律文件。资本流动的管制解除和放松固然需要法律制度来确认，但管制在什么时候解除或放松，在多大程度上和多大范围内解除和放松，这些都不是法律问题，而是典型的公共政策问题，政策制定者更依赖的是经济学家的判断和分析。

因此这就进入第二个层面的话题了，即我们应当如何营造一个良好的法律宏观环境，以促成人民币成为重要的国际货币，并使中国的企业和居民从中获益，这就是一项系统性工程了。在交易规则方面，除了前文已经反复提及的信托法制之外，破产法、合同法、担保法等民商事规则如何才能对金融市场更为“友好”，这恐怕是一个长期性的话题，尤其需要考虑“民商合一”体制的存在以及对法律统一（而非分散）实施有越来越高期待的现实环境。

比如说，由于金融市场的特殊性，不少国家对于破产法在金融市场上的适用制定了特别的规则，而在我国，破产法的例外适用空间却十分有限。例如，债权人行使加速到期的权利会受制于破产法中关于撤销权的规定；金融衍生产品市场中的国际掉期与衍起生工具协会（International Swaps and Derivatives Association，ISDA）主协议的条款也有与中国破产法相冲突的内容，使得终止净额结算制度在中国无法顺利适用。这些看似是立法和法律适用的技术性问题，但背后却反映了成文化趋势强化之后法律的“因地制宜”原则能得到多少的尊重。

司法裁判方面，在涉外金融交易中，尽管投资者之间可以自由选择合同所适用的准据法，但是以往的司法判决表明，中国关于外汇管制和资本流动限制的法律制度是必须强行适用的，即所谓“直接适用的法”。对于离岸金融市场来说，这样的强制性法律适用对投资者来说就意味着极大的不确定性，市场也额外增加了管制成本，这都是不利于国际资管中心地位形成的现实因素。

总的来说，一方面，我们要积极看待《民法典》在整个国家法治进程中的作用；另一方面，具体到金融市场和资管行业的法律环境问题，我们可能需要更多的法律规则的灵活性空间，既在立法层面，也在司法层面。

全球金融科技中心建设的法制促进

吴　弘*

继国际金融中心基本建成后，上海市人民政府于2020年8月24日印发《上海国际金融中心建设“十四五”规划》，提出到2025年，上海国际金融中心能级显著提升，服务全国经济高质量发展作用进一步凸显，人民币金融资产配置和风险管理中心地位更加巩固，全球资源配置功能明显增强，为到2035年建成具有全球重要影响力的国际金融中心奠定坚实基础。在具体目标提出了打造“两中心”的任务，即全球资产管理中心生态系统更加成熟，更好满足国内外投资者资产配置和风险管理需求；金融科技中心全球竞争力明显增强，助推城市数字化转型。上海建设具有全球竞争力的金融科技中心正式列入规划。

一、上海金融科技中心及其法治建设是时代使命

（一）金融科技中心建设是难得的历史机遇

早在2019年8月，中国人民银行印发《金融科技发展规划（2019—2021年)》，从国家层面对金融科技发展做出了总体部署；同月，中国人民银行上海总部印发具体指导意见落实上海国际金融中心建设的国家战略和中央银行金融科技发展规划，支持建设上海金融科技中心。[1]中国人民银行等八部门联合印发的《上海国际金融中心建设行动计划（2018—2020年)》中，明确了在2020年基本

---

* 吴弘，华东政法大学教授、博士生导师。

〔1〕 参见《关于促进金融科技发展、支持上海建设金融科技中心的指导意见》（银总部发〔2019〕67号)。

建成上海国际金融中心的目标，以及建成包含金融科技中心的具体任务〔1〕，并将以金融科技为新动力加快形成支撑有力的创新体系。2020 年 1 月 8 日，上海市政府办公厅印发《加快推进上海金融科技中心建设实施方案》，提出力争用 5 年时间，将上海建设成为具有全球竞争力的金融科技中心，成为金融科技的技术研发高地、创新应用高地、产业集聚高地、人才汇集高地、标准形成高地和监管创新试验区。〔2〕同时要求金融科技中心加强法制建设和金融风险防范。

建设上海金融科技中心是参与科技革命与国际竞争的必然选择。随着互联网、大数据、云计算和人工智能的发展，世界科技进步日新月异，而金融市场为高新科技提供了大量可产生价值的应用场景，金融与科技融合，科技为金融赋能，使金融科技在过去的几年迅猛发展，显示了勃勃生机。金融科技一兴起就受到了世界各国的重视，正在成为最重要的核心竞争力之一，主要发达国家和地区都从本国战略利益出发积极投入，力图在金融科技的国际竞争中确立自己的主导地位，以谋取或保持在国际金融、科技和经济方面的优势权益。我国作为世界第二大经济体，深感金融科技在未来的国力竞争中的重要性，建设上海金融科技中心无疑是现实又有深远意义的部署。

建设上海金融科技中心是建设上海国际金融中心的必备环节。世界上主要金融中心都把建设领先的金融科技中心作为重要战略目标，伦敦、纽约、新加坡和我国香港特别行政区既在全球国际金融中心排名前列，又在全球金融科技中心位列前茅。上海正在加速建设国际金融中心和全球科创中心，而金融科技中心正是这两大重大国家战略任务、两大中心协同建设的最佳结合点。2019 年 6 月，中国人民银行易纲行长在第十一届陆家嘴论坛上表示，未来全球金融增长点在于金融科技，国际金融中心竞争的焦点也在金融科技，支持建设上海金融科技中心作为上海国际金融中心建设的重要举措。〔3〕金融科技中心所集聚的国际级金融科技机构和人才，所积累的金融科技信息与数据，都将增强国际金融中心的实力。由于起步与发展紧跟世界步伐，金融科技中心建设是上海国际金融中心弯道超车之机会。

建设上海金融科技中心是金融业深化改革开放、服务实体经济、防范金融风险的重要方式。金融服务实现科技化、数字化、智能化，为金融带来裂变，促进了金融、经济和社会的转型发展。金融科技为金融业提供了新动能，带来服务模式和盈利模式的转变，提升了金融服务的效率；帮助金融机构降低了合规成本，提高了风控能力。金融科技改善了消费者体验，方便了小微企业，带来普惠金融效应，直接地便利了人民的生活。金融科技带动监管科

---

〔1〕“六中心一高地”的任务，包括建设全球资产管理中心、跨境投融资服务中心、金融科技中心、国际保险中心、人民币资产定价与支付清算中心、金融风险管理与压力测试中心等“六大中心”，形成“国际一流的优良金融生态系统”。参见《上海副市长吴清：未来两年，上海国际金融中心建设计划这么干》，载《上海证券报》2019 年 1 月 22 日。

〔2〕参见上海市政府办公厅《加快推进上海金融科技中心建设实施方案》“三、目标”。

〔3〕《易纲：未来国际竞争焦点是金融科技》，载《经济观察报》2019 年 6 月 13 日。

技发展，改变了监管模式，提高了监管能力，使社会信用体系乃至金融风险防控机制和金融市场治理体系都发生重大变化。金融科技中心所凝聚的力量和影响，必将推动金融高水平开放与高质量发展。

（二）建设上海金融科技中心具备基本条件

发展金融科技必须具有较好的经济、技术、产业、人口和社会基础，以及政府政策的促进、法制环境的保障，建设上海金融科技中心符合这些条件。

一是作为金融科技基础支撑的科学技术长足进步。我国高新科技研发与应用近年来得到快速发展，部分科技领域如5G通信等还具有全球优势，尤其在金融领域探索人工智能、大数据、云计算、区块链、电子商务等新技术的应用取得明显成效，我国移动支付的业务量、处理效率、覆盖面均已居世界领先地位，数字金融的普及率和民众熟悉程度普遍较高，未来成长空间较大。

二是上海国际金融中心建设已取得显著成绩。经过多年努力，上海已成为我国金融要素市场体系最完备、中外资金融机构聚集最集中、金融开放最前沿、金融创新最先行、金融发展环境最佳的地区；上海证券市场股票筹资总额位居全球第二，股票市值和股票交易额分别位居全球第四、第五，上海黄金交易所场内现货黄金交易量和上海期货交易所多个期货品种交易量均位居全球第一；[1]来自30个国家和地区的228家营业性外资银行机构、全球排名前20位的资产管理机构中的10家落户上海；2019年的金融市场交易额接近2000万亿元。上海在全球金融中心指数（Global Financial Centers Index，GFCI）排名在多次名列第五之后已排名第四。随着国际金融中心的基本建成，将有力推进全球金融科技中心建设。

三是上海作为指标城市大力营造国际一流营商环境。通过努力，在建筑许可、办理破产、跨境贸易、纳税以及投资者保护等指标方面都有显著提升，使我国在世界银行全球营商环境报告中的排名从78名迅速上升至31名。上海作为中国改革的排头兵，正对照国际最高标准对外开放，优化吸引外资的环境；上海正加快建设亚太地区知识产权中心，着力构建知识产权保护和服务体系，形成鼓励创新的环境；上海还通过简政放权改革，全面清理不利于民营企业发展的规章制度，打造活跃民营经济的环境。

四是长三角一体化实质性启动催生金融科技中心。上海周边城市群也有着丰富的创新和产业集群，是我国经济最具活力的地区，且地处中国沿海对外开放和内陆辐射的连接枢纽，对金融科技有大量需求。中国人民银行等中央金融监管部门与上海市人民政府2020年2月发布金融支持长三角一体化意见，提出支持金融机构和大型科技企业在自贸区临港新片区内依

---

〔1〕《上海副市长吴清：未来两年，上海国际金融中心建设计划这么干》，载《上海证券报》2019年1月22日。

法设立金融科技公司，积极稳妥探索新技术在金融领域应用，培养金融科技人才。[1]

五是前期对金融科技已做布局并初显成效。近年来，中国人民银行上海总部指导金融机构实施金融科技应用创新试点工程，建成一批金融与社保、税务、医疗等民生领域数据融合的应用示范项目，上线一批基于人工智能、大数据、区块链、生物认证等技术的金融科技服务平台；同时加快大数据平台建设，启动自贸区本外币贷款调查等应用项目建设，强化监管科技应用实践。[2]上海已聚集支付宝、陆金所、中国银联等国际知名互联网和科技机构，还有建信金融科技、兴业数金、光大云付等传统金融机构设立的金融科技公司。11 家国内商业银行成立的金融科技子公司中 5 家注册地在上海。[3]

六是保障金融科技中心的金融法制环境持续完善。国家金融立法与金融监管日趋加强，上海健全金融法制工作机制；信用体系建设取得重要进展，出台了国内首部地方综合性信用规范《上海市社会信用条例》，上海市公共信用信息服务平台开通运行，特别是中国人民银行征信中心落户上海，成为全国性的企业和个人信用信息基础数据库。上海自 2008 年起设立各级司法机关的金融审判、金融检察专门机构，2018 年经中央全面深化改革委员会审议通过、率先设立上海金融法院。金融监管部门的金融消费权益保护、金融纠纷调解和中小投资者保护等机构入驻上海，与上海金融仲裁院等共同构成多元化纠纷解决机制。

（三）法治环境是上海金融科技中心建设的重要内涵

根据国家的要求和自身规划，上海建设具有全球影响力的金融科技中心的任务十分繁重，而相应防范风险和法制保障也需要不懈努力。

要深化基础技术研发攻关，推动技术创新与金融创新的融合发展。统筹布局安全、稳定、高效的信息基础设施，积极争取国家级金融科技重大项目和金融科技创新实验室、数据货币实验室等平台落地上海。更要提升金融科技应用水平，深入推进在支付结算、智慧银行、智能资管服务、保险产品创新中的科技应用，提高金融科技服务实体经济能力。

要促进金融科技产业集聚，培育和服务优秀人才。推动科技银行、科技保险公司、商业银行投贷联动子公司、风险投资机构等设立与发展，大力吸引金融机构和大型科技企业在沪设立金融科技子公司、金融科技研发中心、开放式创新平台，加快形成金融科技企业集群和集聚地带。[4]通过上海证券交易所科创板等为金融科技企业发展提供投融资服务。引进培养

〔1〕 参见中国人民银行、银保监会、证监会、国家外汇管理局、上海市政府 2020 年 2 月 14 日《关于进一步加快推进上海国际金融中心建设和金融支持长三角一体化发展的意见》（银发〔2020〕46 号）。

〔2〕 周轩千：《央行上海总部发布指导意见 促进金融科技发展 支持上海建设金融科技中心》，载《金融时报》2019 年 10 月 31 日。

〔3〕 参见《监管部门详解：上海如何建具有全球竞争力的金融科技中心》，载《澎拜新闻》2020 年月 15 日；《浦发银行董事长郑杨：勇当服务上海金融中心建设的排头兵》，载《中国金融》2020 年第 6 期。

〔4〕《25 条创新举措！上海加快推进金融科技中心建设》，载人民网，https：//baijiahao. baidu. com/s? id = 1655798469225132214&wfr = spider&for = pc，最后访问日期：2020 年 3 月 23 日。

金融科技高端人才，鼓励金融科技人才申报本市各类人才计划，造就行业领军者。

要完善促进金融科技发展的机制，营造服务金融科技的营商环境。扩大上海金融科技中心的国际影响，开放更加丰富多元的应用场景；推进跨部门数据共享，依法有序丰富金融科技数据资源；加大财税政策支持力度，支持金融科技企业申请信息化发展专项资金，[1]享受相关税收优惠政策，进一步完善风险补偿和奖励政策；打造多层次融资服务体系，探索设立长三角金融科技指数交易所交易基金（Exchange Traded Fund，ETF）等产品。每年一次的全球金融科技峰会——“外滩大会”将永久落户上海。

要推进金融科技生态优化，为金融科技产业发展提供保障。完善相应规范，积极研究制定金融科技的标准和行业准则；探索金融科技监管创新，进一步完善长三角金融科技监管信息共享和监管协同，在上海设立中国金融市场交易报告库；推动信用环境的完善，营造公平交易、有序竞争、规范运行的市场环境；建立健全适应金融科技发展的消费者权益保护机制。

法治建设是金融科技中心建设的重要组成部分，上海要加快推进金融法治建设，加快建成与国际接轨的金融规则体系，加大对非法金融活动的防范惩治力度，增强对金融科技创新的鼓励支持。探索建立一体化、市场化的长三角征信体系，向社会提供专业化征信服务。研究推动上海金融法院和上海破产法庭顺应金融市场发展趋势，参照国际高标准实践，加强能力建设，提高案件专业化审理水平，增强案件审判的国际公信力和影响力。[2]防范化解金融科技中心的金融风险，保障金融稳定安全，是金融科技中心法治建设的重要环节，要建立金融科技风险防范机制，坚决守住不发生系统性金融风险的底线。

二、金融科技中心建设中金融风险的法制应对

（一）高度重视金融科技中心建设中的金融风险

金融科技中心建设也面临诸多挑战，面临全球性周期性经济下行又遭遇新冠肺炎疫情，世界范围的经济金融不景气导致外部环境的不稳定，国内外金融市场的互联互通日益增强，金融风险的关联性、外溢效应十分突出。金融科技在改变金融服务方式、给消费者带来便利的同时，也因自身的特性带来了潜在的风险，加之国际金融科技的竞争日趋激烈，使风险加剧。这些都给上海金融科技中心建设带来复杂的局面，防范化解金融风险任务艰巨。

金融科技中心是金融科技资源的集聚地，也是金融科技产品与资金频繁交易集中地，还是金融科技创新发展的前沿高地，相应地也必然是风险多发、先发所在地。金融科技风险与

---

〔1〕 参见《加快推进上海金融科技中心建设实施方案》。
〔2〕 参见《加快推进上海金融科技中心建设实施方案》。

金融科技中心建设伴生随行，在建设上海金融科技中心的同时，必须高度重视金融科技风险并严加防控。

国家金融管理层对金融科技中心建设中的风险防控十分重视，一再专门提出要求。《上海国际金融中心建设行动计划》要求打好防范化解重大金融风险攻坚战，把防控金融风险放在更加重要的位置，防范单体局部风险演化成系统性全局性风险。〔1〕《金融科技（Fin Tech）发展规划（2019—2021 年）》要求到 2021 年金融安全管理制度基本形成，金融风险技防能力大幅提高，金融风险防范长效机制逐步健全，金融风险管控水平再上新台阶。〔2〕中国人民银行上海总部的指导意见要求坚持安全和创新并重，提升金融科技风险管理水平。〔3〕《关于进一步加快推进上海国际金融中心建设和金融支持长三角一体化发展的意见》也要求防范系统性金融风险。在依法合规、风险可控、商业自愿前提下，稳妥有序推进各项金融开放创新措施。建立健全金融监管协调机制，完善金融风险防控体系，加强金融科技在监管领域的应用，牢牢守住不发生系统性金融风险的底线。〔4〕

金融科技的本质还是金融，因此传统的金融风险包括信用风险、市场风险、流动性风险、操作风险和违法犯罪的风险等都会存在。金融科技又高度依赖互联网，因此网络安全、信息安全方面的风险也会涉及。但关键是科技应用到金融领域过程中，使传统风险产生了新的形态，甚至新型风险，即在技术为金融赋能的同时，也可能在应用领域带来新的风险或增加现有的风险。这是需要重点关注的。

首先，技术自身特性在应用中的技术风险。要做好新技术金融应用的风险防范。例如，云计算因某些云部署架构中计算资源的共享、存储和处理的信息类型、计算资源和提供商的不同地理位置，以及云提供商数量较少，导致市场集中，可能对系统产生影响而给金融机构带来额外的风险，云服务的跨境特性又使这些风险的监督变得困难。又如，分布式记账技术在传输证券交易、支付和客户数据的应用中，也存在网络韧性、数据安全等风险〔5〕。人工智能应用程序中使用的预测模型在可解释性方面也涉及偏见、伦理和公平问题。

其次，科技被不当利用导致的操作风险。如在金融科技语境下，大数据应用和数据交易在金融领域变得尤其活跃，企业或个人的财产、社会和政治状况的数据在数字经济中的价值越来越大，受到了广泛关注。但大量数据可能无法被监管而产生数据造假、伪报、泄露等风

〔1〕 参见中国人民银行等发布的《上海国际金融中心建设行动计划》（银发〔2019〕17 号）。

〔2〕 参见中国人民银行《金融科技（Fin Tech）发展规划（2019—2021 年）》“第四节 增强金融风险技防能力”。

〔3〕 参见中国人民银行上海总部《关于促进金融科技发展、支持上海建设金融科技中心的指导意见》“六、坚持安全和创新并重，提升金融科技风险管理水平”。

〔4〕 参见中国人民银行、银保监会、证监会、国家外汇管理局、上海市政府 2020 年 2 月 14 日《关于进一步加快推进上海国际金融中心建设和金融支持长三角一体化发展的意见》。

〔5〕 2019 年 3 月，瑞士联邦委员会提交了新的联邦法律修正草案，旨在通过增加法律确定性，消除基于分布式记账技术的应用的障碍，并限制滥用风险，进一步完善分布式记账技术的监管框架。

险，出现了黑色数据产业、恶意攻击数据库，以及侵犯个人数据隐私权等问题。[1]至于少数平台假借首次币发行（Initial Coin Offering，ICO）实施伪币欺诈、名为网络借贷实为非法集资，则已是科技被非法金融作为工具利用的道德风险了。

再次，金融科技信息不对称产生的信用风险。信息是确定金融资产价格的基本要素，信息的可追溯、点对点信息的可追随，其重要性超过了单纯大数据的统计数据。[2]因金融科技信息披露制度起步较晚，规范较少，信息披露较为缺失，导致风险频发。管制不当与法律缺失加剧了信息不对称，一些融资者和中介机构利用非信息不对称将风险转嫁给投资者。我国互联网金融早期出现的融资方违约、平台“跑路”风险集中爆发现象，就是因为缺乏信息披露，使监管者、投资者难以及时地发现存在的问题，继而给广大投资者和市场秩序造成较大损害。

最后，金融科技创新与现行立法的冲突引起的合规风险。金融科技的发展，对许多金融交易习惯与方式进行了重构，新型金融业态和金融交易行为突破了传统规范框架，现行金融立法难以有效界定并进行监管，即使是兜底条款也难以应对快速的金融科技创新，从而在一定程度上存在合规性风险。如现行法律规则未明确界定智能合约的法律性质，也就难以调整其法律关系，一旦出现纠纷也难以适用已有规范。[3]大部分金融科技平台都不具备正规金融机构的内控和风险管理能力，也很难依照现行规范进行尽职调查、身份识别和风险评估。

金融科技的风险在高新科技的条件下要比一般金融风险的传播链条更长、速度更快、波及面更广、隐蔽性更大，不仅危害金融消费者、投资者及其他合法主体的权益，危害市场秩序，也加剧了金融“脱实向虚”的乱象，还可能给违法犯罪分子有可乘之机。

金融科技存在这些风险的原因，有初兴阶段对技术认识不够，对风险估计不足、应对不力的因素；也有部分机构急于求成，创新过度、发展过快，甚至滥用技术、逃避监管的因素；还有金融科技的跨界、去中心等特点，产品复杂性、发展快速性，以及监管依据缺位，挑战既有金融监管体制的因素。

（二）域外金融中心抵御风险的法制经验

2016年3月，全球金融治理的牵头机构——金融稳定理事会发布了《金融科技的描述与分析框架报告》，第一次在国际组织层面对金融科技做出了初步定义，即金融科技是指通过技术手段推动金融创新，形成对金融市场、机构及金融服务产生重大影响的业务模式、技术应用以及流程和产品[4]。域外金融中心在金融科技背景下，都加强了以监管为核心的金融法制建设。

---

〔1〕 杨东：《防范金融科技带来的金融风险》，载《红旗文稿》2017年8月25日。
〔2〕 杨东：《防范金融科技带来的金融风险》，载《红旗文稿》2017年8月25日。
〔3〕 杨东：《防范金融科技带来的金融风险》，载《红旗文稿》2017年8月25日。
〔4〕 FSB，Fintech：Describing the Landscape and a Framework for Analysis，March 2016.

1. 建立跟踪研究和风险评估机制。

金融科技创新通常带来的最大监管难题是现有的监管机构的监管规范不能够涵盖或无法满足这些不断进步的创新技术。监管面临挑战，一是对监管专业能力形成挑战。监管者可能难以快速配备相应的专业资源，及时更新知识结构，识别潜在风险，从而影响监管有效性。二是增加风险监测和管控难度。去中心化和金融脱媒使更多未受严格监管、资本水平较低的科技企业进入金融行业；同时，许多交易活动可能脱离中央清算机制，增加交易各方之间的风险敞口，也增大风险监测和管控难度。三是容易产生监管套利和监管空白。某些科技创新可能游离至监管体系之外，变相规避监管，造成监管套利。面对来势汹汹的金融科技，传统的金融监管模式和理念已经显得力不从心，迫使金融监管转型升级赶上金融创新的步伐。据相关调查统计，目前超过 30% 的参与调研的国家或地区已发布了金融科技创新发展报告，进行风险分析、研判发展趋势并提出政策建议；超过 40% 的国家或地区正在组织评估金融科技对银行业的潜在影响；接近 70% 的国家或地区成立了金融科技协调工作组，主要负责风险监测分析和政策完善等工作。

2. 加强功能性监管。

即按照金融业务属性，根据业务实质适用相应的监管规则。以网络平台为例，各国监管机构均根据其业务实质为信息中介还是信用中介、从事债务融资还是股权融资，决定适用的具体监管规则。如在美国，对直接利用自有资金发放网络贷款（类似于网络小额贷款公司）或提供信贷信息撮合服务的网络平台，统一界定为“放贷机构”，要求其事先获得注册地所在州发放的贷款业务许可证，并接受消费者金融保护局（Consumer Financial Protection Bureau，CFPB）的监管；对将已发放贷款作为基础资产、通过互联网平台向投资者发行证券的网络平台业务（如 lending club）认定为“证券发行或销售行为”适用《证券法》，并纳入证监会监管范畴[1]。在法国和德国，网络平台在业务流程中涉及贷款发放，则被认定属于信贷业务范畴，须向监管部门申领信贷机构牌照并遵守现行监管规则。其中，许多在德国运营的网络平台通过与之合作的持牌机构（如银行）发放贷款，再将相关债权向投资者推介销售。该模式被认定为证券经纪业务，须向监管部门申请证券经纪牌照（纯信息中介且全流程不涉及客户资产和资金的模式除外）[2]。在英国，网络平台主要通过拆分融资项目份额，以债权或股权形式向投资者发售，因此被认定为网络众筹。英国金融行为监管局在现行监管框架下进一步细化了监管要求，于 2014 年发布了《关于网络众筹和通过其他方式推介不易变现证券的监管规则》，规定借贷型众筹（网络借贷）平台需经监管机构批准设立，并在最低

[1] CPMI，Payment Aspects of Financial Inclusion，Research Report，April 2016.

[2] IOSCO，Research Report on Financial Technologies（Fin Tech），February 2017.

资本、信息披露义务、消费者保护等方面提出了相关监管要求[1]。此外，各国普遍将股权众筹纳入公开发行股票的证券监管框架。一方面，根据网络平台股权众筹单笔金额小的特点，适当简化监管程序，如美国允许符合条件的众筹中介机构不需获得证券经纪牌照；另一方面，则进一步强化其他方面的监管约束和限制，如规定严格的合格投资者标准，对融资和投资规模实施限额控制，要求进行持续的风险揭示、信息披露和投资者教育等[2]。

3. 探索适合金融科技的监管方式。

虽然大多数国家或地区尚未（或认为暂不需要）针对金融科技建立专门的监管安排，但已有部分国家或地区开始探索在现行法律框架下，根据金融科技的特点，适当调整变革监管方式，如建立监管沙盒、创新指导窗口和创新加速器，主要目的是加强监管当局与金融科技企业的沟通交流，提早介入了解金融科技业务模式并进行政策辅导。

监管沙盒（regulatory sandbox），是指针对现有监管框架内尚需观察的金融创新产品或服务，由监管部门在法律授权内，根据业务风险程度和影响面，按照适度简化的准入标准和流程，允许金融科技企业在有限业务牌照下，利用真实或模拟的市场环境开展业务测试，经测试表明适合全面推广后，则可依照现行法律法规进一步获得全牌照，并纳入正常监管范围，其性质与我国的试点机制具有相似性。如英国金融行为监管局（Financial Conduct Authority，FCA）于2015年首先推出监管沙盒机制，允许先向金融科技企业发放有限牌照，并在限定条件和场景中（如业务规模不超过5万英镑）测试开展相关创新业务。监管部门根据测试结果确定是否进一步授予全牌照[3]。英国FCA发布的18/19年度发展监管科技的年度计划中，将打造全球沙盒作为重点工作。在实践中，也有不少金融科技企业在尝试监管沙盒机制后，因更加了解金融监管标准的严格性和相关合规成本，而决定放弃进一步获取金融牌照。监管沙盒目前被世界各国作为金融科技监管的主要形式。

创新指导窗口（innovation hub），是指针对持牌或非持牌机构的创新产品或服务，监管部门就政策规定、监管程序和相关监管关注点，提前进行提示和指导，使市场主体尽早了解监管要求，确保创新产品和业务的合规性。创新指导窗口由于没有突破现行监管规定，运用起来比较自由，因而被广泛实施，比如意大利央行、日本央行及金融厅、韩国金融监督院、澳大利亚证券投资监管委员会、新加坡金管局、英国金融行为监管局等。[4]

创新加速器（innovation accelerator），是指金融科技企业、金融机构与政府部门共同协

---

[1] FCA，The FCA's Regulatory Approach to Crowd Funding over the Internet，and the Promotion of Non - readily Realisable Securities by other Media，March 2014.

[2] FCA，The FCA's Regulatory Approach to Crowd Funding over the Internet，and the Promotion of Non - readily Realisable Securities by other Media，March 2014.

[3] FCA，Regulatory Sandbox，Consultation Paper，November 2015.

[4] 李文红、蒋则沈：《金融科技（FinTech）发展与监管：一个监管者的视角》，载《金融监管》2017年第3期。

作，及时评估、验证新产品方案的合理性与可操作性，促进其更好地向实际应用转化。这一方式类似我国科技企业“孵化器”的制度安排，更符合政府部门而非监管机构的职能定位。

4. 加强跨市场和跨国监管协作。

不少国家和地区指定相关金融监管机构承担金融科技的监管协调职能，加强对金融科技发展与风险的研究和监管协作，如英国的金融行为监管局、澳大利亚的证券投资监管委员会、瑞士金融市场监管局、韩国金融监督院、日本金融厅、新加坡金管局、我国香港特别行政区金管局和我国香港特别行政区证监会等。

金融科技是互联网信息科技与金融业务结合的产物，在不同国家和地区的运作模式和发展程度存在较大差异。深入开展跨国沟通交流，有助于监管部门更好地认识金融科技的支撑技术、业务模式和产品属性，以及预测未来发展趋势。此外，不同国家和地区之间的监管政策和管制标准存在差异，容易加大金融体系的脆弱性和妨碍有效监管。2016 年欧洲央行和日本银行启动史特拉项目，展开关于分布式账本技术的合作，共享数据库，对于加强金融监管，保证交易的机密性，增强数据隐私等方面都有重要意义。

（三）上海金融科技中心建设中防范风险的法制思路

提升技术水平和技术应用能力是防范金融科技风险的首要途径。技术的完善、进步可以应对化解在维护金融信息安全运行、检测抵御病毒植入、防止黑客入侵攻击、防止信息泄露、排查系统故障等方面的很多风险。大数据风控被寄予厚望，通过大数据挖掘、建立风险预警模型，进行风险识别、研判以及预警，可以改变传统的金融风控方法和提升风险判断能力，及时发现与通报风险信息，继而即时调整交易机制防止风险集中，或迅速制止非法金融活动。上海金融科技中心要建立金融领域应用新技术的风险防范机制，对技术与金融业务融合的或由风险在充分评估的基础上采取对策，完善风险拨备、保险等风险补偿机制。

信息化是防范金融科技风险的重要工具。信息充分公开、有效传递、收集整理，为克服信息不对称弊病，也为市场主体的知情、监管者的监管和社会舆论的监督提供了可能。金融科技降低了信息获取成本，使金融交易过程和市场价格形成过程更为公开透明，既有利于风险预测与判断，也有利于金融科技自身的规范创新与风险防范[1]。有学者建议在中央层面要建立和完善金融科技风险数据共享机制，构建金融科技风险量化监测指标体系，加强金融基础设施建设特别是风险监测和数据共享有关标准和立法。[2]上海市在金融科技中心要设立中国金融市场交易报告库，集中整合各金融市场交易信息，提升金融市场监测水平。落实金融信息安全保护制度，强化金融信息全生命周期安全防护。

要发挥征信体系与征信数据在防范金融科技风险中的作用。征信反映信用信息，上海市

---

〔1〕 杨东：《防范金融科技带来的金融风险》，载《红旗文稿》2017 年 8 月 25 日。
〔2〕 黄震：《不完备法律与金融科技风险监管》，载《清华金融评论》2019 年第 5 期。

在国内的地方征信体系建设方面领先，下一步要按监管层要求探索建立一体化、市场化的长三角征信体系，向社会提供专业化征信服务。依托全国信用信息共享平台，进一步完善跨区域信用信息共享机制，人民银行征信中心实现长三角企业和个人借贷信息全覆盖。中央银行的征信系统应努力实现各部委数据有效打通，变数据孤岛为征信数据共享。

完善、创新金融监管是防范金融科技风险的当然议题。首先，强化监管科技在实践中的应用，金融科技催生了监管科技，监管科技又将守护金融科技。面对纷繁复杂的市场环境和层出不穷的金融创新，从监管的原则理念到监管手段运用都面临着变革，而监管科技正是重塑金融监管的核心要素。通过监管科技的运用可有效地阻止金融风险在更大范围的传播扩散。[1]其次，健全金融科技风险监管的绩效评估机制，由第三方监督并评估金融科技风险监管行动的科学性、计划性和有效性，防止运动式、“一刀切”执法，也防止形式主义。最后，优化中央及地方金融科技风险监管协调机制，向地方政府及其金融管理部门适当授权，调动地方政府积极性，及时处置、化解金融风险事件。[2]

监管沙盒被认为是平衡金融科技创新与防控金融风险的最好方法。监管沙盒的实质就是在严防风险外溢和保护金融消费者的前提下，监管者允许金融创新在一定范围内进行试验测试。国内也一直有专业人士建议对金融科技产品进行模拟风险实验，以寻找漏洞、暴露问题并主动修补；强化单项风险阻击能力，提高应变效率；研发能将瞬时爆发的风险封锁冷冻的机制并设置自动应急预案。[3]上海自贸区临港新片区设立的金融科技创新试验港就是最好的监管沙盒，是风险可控的压力测试场，国家有关部门要求金融创新部分措施可在临港新片区先行先试，并表态支持临港新片区大力发展金融科技研发、应用等新兴金融产业，支持金融机构和大型科技企业在区内设立金融科技公司，积极探索新技术在金融领域应用。

三、金融科技中心建设中消费者保护的法制措施

（一）域外金融科技法制实践中的金融消费者保护

次贷危机爆发以来，各国都认识到了消费者保护的不足是金融危机的重要原因之一，金融消费者保护成为国际社会金融立法及政策的热点。尤其是近年来，金融创新和技术更新日益频繁，金融科技将深入金融深层领域自下而上对整个金融体系进行优化、促进金融效率提高，但也给金融消费者保护带来了新的挑战。金融科技背景下金融消费者的金融教育水平难以实现自我保护、金融消费者面临更隐蔽的欺诈风险和数据安全问题，而传统监管失灵也使

---

〔1〕 杨东：《防范金融科技带来的金融风险》，载《红旗文稿》2017 年 8 月 25 日。

〔2〕 黄震：《不完备法律与金融科技风险监管》，载《清华金融评论》2019 年第 5 期。

〔3〕 胡晓航：《金融科技的风险特征与控制》，载中国电子银行网，https：//www. cebnet. com. cn/，最后访问日期：2020 年 3 月 4 日。

得消费者保护监管目标实现存在阻碍。为应对金融科技应用中金融消费者保护制度在金融教育、金融科技经营者行为规制和金融科技应用消费者保护监管上的不足，各国的政策和立法积极回应，以完善金融科技应用中金融消费者保护的金融教育体系、金融科技业务规范体系、数据安全保护体系和金融科技创新监管体系，推进金融科技时代金融消费者权益保护。

根据美国 2010 年《多德—弗兰克华尔街改革和消费者保护法》的第十篇——《2010 年消费者金融保护法》，在美联储体系下增设消费者金融保护局，下设金融知识普及办公室（Office of Financial Literacy），以加强对民众的金融知识教育，并通过设立社区热线来处理消费者对金融产品与服务的投诉案件。[1] 2017 年美国《金融科技白皮书》强调，为了让美国金融系统在全球经济中保持竞争力，必须继续以消费者保护、安全和稳健为第一优先，同时继续领导创新发展；将消费者保护作为金融科技发展的十大原则之一，要求金融机构、金融科技公司必须将消费者置于第一位，提供安全、透明、用户友好和多样的产品和服务，并且在构建产品和服务时考虑所有与消费者保护有关的法律法规。

随着金融科技的深化，近些年各国在新修改的法律中对于金融消费者保护的力度不断加强。新加坡在 2019 年《银行业（修订）法案》修正了消费者信息披露等内容；2020 年 1 月 28 日生效的《支付服务法 2019》[2] 为新加坡支付系统和支付服务提供商的监管提供了确定的法律依据，规定了消费者保障措施，该法要求电子货币的发行人承担保护消费者储存在电子钱包中的货币价值的义务。

欧盟非常重视金融科技的机遇与风险相协调，加强消费者数据的保护。2018 年 5 月通过了《通用数据保护条例》，适用于所有涉及在线或线下存储个人资料信息的行为，为金融科技的发展提供了有益的政策支持与监管框架构建。英国 2018 年发布《支持金融科技公司与金融机构合作指南》，要求金融机构和金融科技公司在实施欧盟数据保护条例的同时，承担更多的用户信息的保护责任，金融科技公司应当注重并具备信息泄露预警能力和及时处理能力。此外，也制定了比较完善的个人信息保护措施。

迪拜金融中心近年着力推进金融科技、立法及时跟进时，也十分重视金融消费者权益保护。2017 年就颁行《数据保护法》和《电子交易法》，2020 年 6 月 1 日正式颁布了新的《国际金融中心数据保护法》，该法结合了欧盟《通用数据保护条例》《加利福尼亚消费者隐私法》等当前世界一流数据保护法的最佳做法。迪拜金融中心管理局（DIFCA）还发布了新的《数据保护条例》，规定数据保护专员的通知程序、问责制、记录保存、罚款和跨境转移个人数据的适当管辖权。数据保护法律法规框架支持 DIFC 争取获得欧盟、英国和其他司法管辖区的充分认可，从而减轻了 DIFC 业务对数据传输合规性的要求。

---

〔1〕 黎四奇：《我国银行法律制度改革与完善研究》，武汉大学出版社 2013 年版，第 160 ~161 页。

〔2〕 Monetary Authority of Singapore, Consultation paper on the Payment Services Act 2019: Proposed Amendments to the Act.

（二）上海金融科技中心建设中的消费者保护

我国金融科技的蓬勃发展，促进了金融创新与竞争，扩大了普惠金融的覆盖面，提升了金融服务的质量，整体上有利于金融消费者，但也给金融消费者带来新的风险和挑战。金融中心的消费者在率先享受金融科技快捷便利的同时，其权益也最早受到了新的冲击。

一是利用技术便利、传播快速、手段隐蔽以及易于涉众、跨境等特点，以网上贷款、网上理财、虚拟货币等名义进行欺诈、传销、非法集资等违法犯罪活动，侵犯消费者财产安全权。

二是利用人们信息保护意识较弱、相应制度欠缺的不足，在业务活动中过度收集、存储，不当利用、交易个人或机构客户的信息，甚至将数据资源随意共享、信息滥用，侵害金融消费者的个人信息权、隐私权、数据权。

三是网络、手机等环境下的信息披露，有非习惯化、格式化、碎片化特点，减损了金融消费者对金融商品与服务真实情况的知悉程度和选择机会，侵害了金融消费者的知情权、自主选择权和公平交易权。

另外，大数据杀熟（对用户进行差别定价），既侵害消费者隐私权，又损害消费者公平交易权；寡头垄断、算法歧视等也是侵害金融科技消费者权益的行为。

现实要求国家金融法制对金融消费者在其中所处的角色特征进行考量和提供差别化保障，从而实现金融消费者弱者保护与金融科技蓬勃发展的统一。[1]在金融科技中心先行先试的大背景下，金融消费者权益在原有的保护体系下，其不适应性越发显现，要求金融科技中心率先完善金融消费者权益保护的法制，为国家提供经验与方案。

在立法方面，要加快进行金融科技的制度供给，结合中央赋予浦东和金融中心一定立法权的政策出台相应规范规则，把保护金融消费者权益特别是保护个人信息、隐私的规范放在优先位置，强化信息披露制度，健全金融科技市场合适的准入制度，完善侵害消费者权益的法律责任。法律规范还要推进消费者教育，普及金融科技知识和风险意识，提高金融消费者的识别能力和自我保护意识。

在监管执法方面，要积极探索符合国情的金融科技监管模式，借鉴“监管沙盒”经验，在自贸试验区、现代化引领区内先行先试，运用监管科技的手段，在防范和化解金融风险的同时，加强对金融科技机构的行为监管。对侵害消费者权益行为的惩戒力度，特别是提高侵害消费者信息、隐私的成本，引导金融科技机构为消费者提供合规优质服务，推动金融会计市场健康发展。

在司法方面，要全方位发挥司法在打击违法犯罪、及时定分止争、引导社会共同维护消

〔1〕 陈伟、陈国彧：《金融科技时代下关于金融消费者保护的思考——兼谈金融机构的合规能力提升》，载中国金融新闻网，https：//www.financialnews.com.cn/kj/pay/202004/t20200430_189920.html，最后访问日期：2020年12月21日。

费者权益等方面的功能。针对金融科技违法犯罪科技程度高、组织化强、证据收集难、追赃挽损难的特点，进一步加强双方专业化建设，建议上海市率先设立金融检察院，并在金融法院增加金融刑事审判职能。利用大数据对跨市场跨区域的金融科技风险识别和违法犯罪的预警。对金融科技带来的新型纠纷，加强有针对性的监测、研究，采取措施及时解决争议化解矛盾，保护金融消费者，维护市场稳定。

（三）完善金融纠纷多元化解机制

金融科技中心的新型金融产品、服务集中，新类型金融纠纷也会最早和集中出现，及时正确地解决纠纷是保障金融科技创新发展的最好办法，而纠纷多元化解机制必不可少，全球竞争力的金融科技中心也应是国际金融纠纷解决重镇。

首先，增进中外仲裁调解机构的合作。根据国务院《中国（上海）自由贸易试验区临港新片区总体方案》，允许境外知名仲裁及争议解决机构经上海市有关部门登记并报国务院有关部门备案，在新片区设立业务机构，开展国际商事、海事、投资等领域发生的民商事争议仲裁业务。近年来，我国香港特别行政区、新加坡等地有关部门都积极来沪推介其仲裁调解[1]，上海市应当把握机遇，应尽快制定细则，或者直接引进国际著名仲裁调解机构开展业务，或者由国内外仲裁、调解机构进行合作，聘用中外仲裁员、依据相应仲裁规则，适用当事人选择的法律和金融惯例，裁决国际金融纠纷，既及时维护金融市场稳定运行，又推动国内仲裁制度完善。

其次，强化仲裁、调解机构与金融审判机构协作联动。建立健全案件分流机制、司法确认制。如根据 2019 年 11 月 20 日最高人民法院、中国人民银行、中国银行保险监督管理委员会联合印发《关于全面推进金融纠纷多元化解机制建设的意见》，平等主体之间因金融业务产生的合同和侵权责任纠纷，经金融纠纷调解组织主持调解达成的调解协议，具有民事合同性质。经调解员和金融纠纷调解组织签字盖章后，当事人可以向有管辖权的人民法院申请确认其效力；经人民法院确认有效的具有明确给付主体和给付内容的调解协议，一方拒绝履行的，对方当事人可以申请人民法院强制执行。此举可消除了当事人对仲裁调解效力的疑惑，增强信任度。上海市现有归属不同系统的仲裁机构多家，分属不同监管部门、行业协会的金融调解机构以及商事调解、人民调解机构多家，还有有关行政部门和消费者协会还有相应金融纠纷投诉处理机制。具备条件的可适当整合，更应该通过行业管理及行业协会，加快建立各机构之间的分工联系、沟通交流，防止过度竞争，增进公众的了解和信任，还可考虑建立统一或联合的线上金融消费纠纷投诉调解平台，引导金融纠纷更多采用多元化解决方式。

最后，实质性启动中立评估机制。鉴于金融创新发展速度快，很多新产品、新服务产生

〔1〕 参见周小燕：《借鉴国际经验加快在上海健全金融消费纠纷非诉解决机制的有关思考》，载《上海金融》2016 年第 8 期。

的新法律问题一时缺乏具体规范，有些法律关系还需通过实践确定其权利义务，因此当事人金融创新及其产生的纠纷往往有片面的认识，不利于矛盾的化解。因此，在采取多元化解决积分机制过程中，上海市可以实质性启动“中立评估机制”（ENE）。中立评估是替代性纠纷解决机制中的重要内容，是在案件进入诉讼但还未进行审理前，在特定规则约束下，由中立第三方根据案件情况为双方当事人提供专业评估意见，为当事人化解纠纷提供一定的评估、指引和帮助，缩小双方争议，增强预测判决结果的可靠性，协助当事人理性选择化解纠纷。因此，相应的专业金融纠纷解决机构、金融行业协会及专业人士，可以作为中立评估人，为当事人出具中立评估意见，缩小当事人之间的认识差距，寻求解决矛盾的共同点，最终化解争端。

上海自贸新片区跨境资金流动的风险防控

吕志强*

自贸试验区、海南自由贸易港、粤港澳大湾区等区域外汇管理改革先行先试，资本项目的开放时间也应当最早、最有条件和最有急迫性。上海自贸区临港新片区金融开放的政策空间最大，方案提及将在自由贸易账户内试点本外币一体化，探索资本自由流动和货币自由兑换。与之开放程度相匹配，方案特别强调开放领域的风险管理和防控，确保风险可测、可控、可承受，尤其要建立跨境资金流动等领域的风险防控监测机制，并提出要达到监测精准性、监测实时性以及预警动态化等具体要求。因此，构建有效的、制度化的跨境资金流动风险防控机制，已成为当前金融扩大开放和自贸区改革试验功能实现的先决条件和必要条件，也是优化外汇营商环境的要求以及建成国际金融中心的重要制度保障。此外，在疫情引发全球金融市场动荡的当下，跨境资金流动剧烈波动，风险防控尤为值得关注。

一、跨境资金流动的风险防控现状不适应金融扩大开放形势

（一）跨境资金流动的新特点

近年来，金融行业已步入深度开放期，逐步形成了以境外投资者直接入市和境内外交易机制互联互通的多渠道双向开放框架[1]。例如，截至2019年12月末，

---

* 吕志强，华东政法大学经济法专业博士研究生、上海证监局工作人员。

〔1〕 参见霍颖励：《金融市场开放要兼顾效率和跨境资金风险管理》，载《中国金融》2019年第14期。

境外投资者持有我国股票和债券分别达到2.1万亿元和2.26万亿元，同比分别增长82.5%和32.2%。[1]金融对外开放节奏的加快，在实现资本项目可兑换目标的同时，金融风险和危机的跨境传播将更加迅捷，跨境资金流动的风险防控更具挑战性。近年来，美股曾出现史上5次熔断。又如，根据沪深交易所2019年公布的成交数据，国内北向资金连续7个交易日净流出，月净流出716.31亿元。因此，要充分研究跨境资金流动的新特点，研判当前的风险防控现状能否有效适应，防止出现因防控不当引发的金融经济危机。

跨境资金流动呈现以下新的特征：第一，跨境新兴业务模式的普及以及跨国集团内部统一的资金管理方式，导致资金流动趋于复杂多样。第二，金融、资本市场的双向开放加大了跨境资金流动的频率、体量、自由度和方向的不确定性，尤其是短期跨境资本。第三，跨境金融机构和企业对于货币错配风险的对冲管理，以及利用本外币管理政策的差别开展跨币种套利业务，增加了交叉币种货币交易量，产生了杠杆效应，加大跨境资金流动风险。[2]第四，跨境资金中无贸易背景的套利行为和资金融通更趋活跃，非法外汇交易呈现多样化，跨境资金流动风险的集聚、扩散更加复杂和隐蔽。第五，诱发的风险具有宏观性和全局性，影响范围不仅局限于微观金融机构主体，而且波及国家金融和经济的稳定。[3]

需要指出的是，资金跨境流动包括人民币的跨境使用和外汇出入境两个方面，前者涉及人民币国际化。虽然两者同属跨境资金流动范畴，但风险特征及风险防控的原则和方式会有所不同，本文主要讨论外汇出入境的风险防控问题。

（二）跨境资金流动的风险防控现状

首先，风险防控过分依赖行政手段。主要表现在：侧重资质和额度的事前审批监管模式，采用窗口指导措施、数量型调控工具较多，宏观审慎管理手段较少，容易出现“一刀切”和政策来回调整的情况，一方面会降低市场效率，另一方面因行政手段透明度、科学性不够，外部监督制约不足，缺乏预期。近期，投资者不断抄底国际原油，但受外汇额度限制，大部分原油主题基金都暂停申购。笔者认为，上述风险管理防控手段与《外汇管理条例》尚未明确实施资本流动措施[4]的实体和程序要求有一定关联。

其次，外汇管理实需原则和真实合规核查的法理基础面临挑战。一是当前主要通过金融开放吸引资金流入，但随着时间的推移，真实性、合规性管理原则的边际效应可能递减，[5]引导市场主体多收汇、多结汇的难度较大，存在政策失灵的可能。二是临港新片区开放的节

---

〔1〕 参见《中国人民银行2019年货币统计数据》，载 http://www.pbc.gov.cn/diaochatongjisi/116219/116319/3750274/index.html，最后访问日期：2019年11月11日。

〔2〕 王慧洁：《完善跨境资本流动管理的政策逻辑和调整尺度》，载《金融时报》2017年2月6日。

〔3〕 参见韩龙：《IMF对跨境资本流动管理制度的新认知述评》，载《环球法律评论》2018年第40期。

〔4〕 本文所指的资本流动措施是国际货币基金组织（IMF）框架引入的概念，广泛地包括能够应对国际资本急剧流动的宏观经济政策措施、金融审慎监管措施和资本管制措施。狭义的资本流动措施仅指资本管制措施。

〔5〕 霍颖励：《金融市场开放要兼顾效率和跨境资金风险管理》，载《中国金融》2019年第14期。

奏和方式会较以往先采取额度管理、管道开放的渐进式改革思路有所不同，改革政策对资金流动的瞬时、持续的冲击都比较显著，核查的难度加大而效率降低。三是现有规定下，外汇部门无法准确掌握核查流动外币的基础本币的资金来源，直接投资资金来源以及流动难以确定。[1]四是实需原则限制了外汇市场上的投机者和套利者，虽然能够保证市场的稳定性，但是却在很大程度上限制了衍生品交易的流动性，导致参与度较低和市场深度不足。

最后，风险监测和预警机制不完善。现有跨境资金流动的监测和预警在及时性、全面性、有效性方面尚有不足，影响了政策的实施效果。我国《外汇管理条例》规定了外汇管理部门应当履行对国际收支进行统计和监测的职责或承担该项法定义务，但并未明确统计监测的目的，如对跨境资金的异常流动或潜在的经济危机做出预警和防范。

综上所述，跨境资金流动风险防控存在法律制度供给不足的问题，跨境资金流动的管理尺度不够明确，预期管理不足，真实合规核查原则较为单一且滞后于现实发展情况，未有明确的触发标准或原则做指导，不能针对当前资本项目开放形势做出及时、必要、适当的回应，应对潜在的经济或金融风险的机制尚不成熟。一旦风险防控失当，则会影响金融体系正常功能的发挥和实体经济的良好运行，甚至延缓国内改革开放的步伐。因此，有必要针对性完善外汇管理法律法规，明确跨境资金流动的风险防控原则，确保风险防控机制能够有效运转，实现预定的风险防控目标。

二、金融市场动荡下跨境资金流动的风险防控原则

（一）跨境资金流动的风险防控目标

对跨境资金流动进行风险防控，目的不是消灭风险，也不仅是控制风险，而是应该实现和平衡两个目标。一个目标是通过维护资金自由流动常态，提高服务贸易投资等实体经济的效率和水平，注重效率。另一个目标是通过加强事中事后监管，降低违规或异常跨境资金流动对经济金融正常秩序的损害，实现跨境资金流动的频率、规模基本稳定以及国际收支平衡，不会发生区域性或系统性经济金融风险，保障国家经济安全，注重稳健。应当明确风险防控的最终目标是促进经济增长、充分就业和物价稳定，也即实现社会整体效益的可持续发展。效率和稳健两个目标是实现最终目标的不同维度的外在表现形式，且两者的重要性在不同时期会发生交替变化。因此，在立法和操作上须厘定好审慎监管与效率之间的关系，确立只有在监管维护的效益大于监管成本的情况下才实施监管的规则，从而使监管建立在其发轫的根基之上并符合监管正当性原则。[2]

---

〔1〕 参见李子斌：《加强我国跨境资本流动风险管理的建议》，载《财会学习》2019 年第 24 期。
〔2〕 韩龙：《人民币国际化重大法律问题之解决构想》，载《法学》2016 年第 10 期。

（二）跨境资金流动的风险防控原则

随着经济和金融的发展变化，宏观经济、金融监管与国际资本流动彼此间可能由原来的适配、平衡转为失配、失衡，因此应对国际资本流动带来的问题及时、动态地调整宏观经济政策及/或改进金融监管。[1]正因为跨境资本流动带来问题样式繁多且动态调整频繁，才须要明确跨境资金流动风险防控的普遍原则和基本遵循，防止在实际执行中偏离风险防控的目标，导致实施的资本流动措施存在较为严重错配或过度轻重的情况。我国应当汲取泰国等国家的教训，避免政策的反复性，防止监管过严或过宽，通过协调机制杜绝监管重复、漏洞、空内的现象[2]。笔者认为，在考虑效率和稳健两个目标的基础上实现社会整体效益的可持续发展，跨境资金流动的风险防控应当遵循以跨境资金自由进出为常态，以实施资本流动措施为例外的原则。遵循资金自由进出为常态，充分说明风险防控仍是以鼓励和保障跨境资金自由流动为主要导向，以提高跨境贸易和投资效率为可持续目标。同时，例外原则又可以兼顾维护正常外汇金融秩序和防范跨境资金流动引发金融危机的稳健性目标。实施资本流动措施要遵循行为违法性、必要性、市场化、宏观性、预期性五个原则。

一是行为违法性原则。当跨境资金流动行为明显违法或有证据表明涉嫌违法时，比如虚构跨境贸易、伪造交易单证以及非法套汇、逃汇行为，应及时进行外汇检查和处罚，采取“三反”、外资安全审查等资本流动措施。相反，如果资金流动行为合法合规，除非在必要性原则下，否则不应当进行不恰当的干预和限制。外汇部门通过加强跨境执法和查处违规行为，保障外汇市场秩序良好运行，应当成为市场主体真实合规资金自由进出的重要保障。比如，在打击违法内保外贷业务[3]的同时，也须要支持和保障具有真实交易背景的境外投资收购活动。该行为违法性原则应为绝对原则，特征为规则监管。

二是必要性原则。跨境资金流动的风险防控，不能笼统认为一旦出现大额资金流动或外汇储备波动，势必就会影响国家经济与金融安全，动辄恢复或实行资本管制措施。在推进自贸区建设和金融开放的背景下，须要提高一定的风险容忍度，遵循必要的限度和边界，如适度提高对人民币波动的接受程度，改进汇率浮动区间管理机制，还要考虑到采取措施对效率目标实现的影响。在危机或临近危机之时、当面对资本大量集中流出所引发的本币大幅贬值及国际储备耗尽的危险形势时，才有必要临时重启对资本流出的管理，以赢得调整财政政策和稳定金融部门的时间。[4]通过理解必要性原则对相关风险是否达到影响国家经济或金融安全程度来进行衡量判断。必要性原则为相对原则，相对于明文规定的违法违规行为，特

---

〔1〕 韩龙：《IMF 对跨境资本流动管理制度的新认知述评》，载《环球法律评论》2018 年第 40 期。

〔2〕 钟震、郭立、姜瑞：《当前我国跨境资本流动的风险与对策》，载《社会科学文摘》2016 年第 2 期。

〔3〕 内保外贷业务本是指境内银行为境内企业在境外注册的附属企业或参股投资企业提供担保，由境外银行给境内投资企业发放相应贷款。

〔4〕 管涛等：《中国的跨境资本流动》，载《新金融评论》2017 年第 5 期。

征是平衡原则或相机抉择。当出现或者可能出现国际收支严重失衡、国家经济战略利益处于高风险以及经济危机的风险处于失控状态时，国家的经济安全受到了损害，国家可以根据《外汇管理条例》第 11 条规定对国际收支采取保障、控制措施。因此，跨境资金流动风险防控的必要性原则也是经济法中国家经济安全原则〔1〕的体现。《国际货币基金组织协定》(2016 年)〔2〕对必要性原则提供了法律依据，其第 6 条第 3 款规定，“成员国可以采取必要的管制，以调节国际资本流动，但这种管制……不得限制经常性交易的支付或者不适当地阻滞清偿债务的资金转移”，该规定也从正反两面印证了必要性原则的意义和价值。

三是市场化原则。跨境资金流动风险防控的最终目标是促进经济增长、充分就业和物价稳定。实践证明，跨境资金流动风险防控应充分发挥市场在资源配置中的决定性作用，进一步加大宏观审慎管理、价格型调控、展业自律、柔性监管等市场化手段、工具的运用，才能实现效果最大化和效率最优化〔3〕。因此，要让市场机制发挥更大作用，宜主要采用市场化的资本流动措施。该原则的实施不是“唯市场论”，而是要注意科学地综合运用跨境资本流动管理工具，实现政策的期望效果。如对金融机构采取提高资本比率、降低财务杠杆率或者限制自营衍生品交易头寸等措施会产生一定的实施成本，需要关注上述措施的采取对金融体系稳健性和经济服务支持作用的影响。同时，应当明确当宏观经济、汇率波动趋于稳定以及金融秩序得到基本恢复时，应当及时取消危机中采取的资本流动性措施，这也是市场化原则的应有之义。从长远来看，风险防控最终目标的实现以及资金常态化自由流动，才是防范跨境资金流动危机国家经济安全的根本保障。

四是宏观性原则。在应对跨境资金急剧流动带来的风险和危害采取措施的先后顺序上，国际货币基金组织认为，通常是先对宏观经济政策进行调整，再实行金融审慎监管，最后采取其他资本流动措施如资本管制措施。主要原因在于采取宏观经济政策和部分金融政策可以通过外部行为引导和调节实现效果，避免直接其他资本流动措施对本国增加包括损害市场在内的潜在多重成本〔4〕。中国人民银行于 2018 年 5 月、8 月两次动态调节跨境资本流动宏观审慎政策，增强市场流动性以及防范宏观金融风险，包括降低存款准备金率以及提高外汇风险准备金率。〔5〕当然，IMF 的新认知也认为，在采取所需要的行动或进行宏观经济调整需要时间，或者资本急剧流动的经济影响具有高度不确定的情况下，各国可以直接诉诸资本管制

〔1〕 参见顾功耘主编：《经济法教程》（第 3 版），上海人民出版社 2013 年版，第 75 页。

〔2〕《国际货币基金组织协定》于 1944 年 7 月 22 日在新罕布什尔州布雷顿森林举行的联合国货币和金融会议上通过。根据理事会 2010 年 12 月 15 日批准的第 66－2 号决议进行修订，2016 年 1 月 26 日生效。

〔3〕 王慧洁：《完善跨境资本流动管理的政策逻辑和调整尺度》，载《金融时报》2017 年 2 月 6 日。

〔4〕 仵洁：《关于资本流动管理的国际观点》，载《财经界》2015 年第 14 期。

〔5〕 参见《中国金融稳定报告（2019）》，载 http：//www. pbc. gov. cn/goutongjiaoliu/113456/113469/3927456/index. html，最后访问日期：2010 年 11 月 25 日。

措施，以赢得时间。[1]因此，除非在必要情况下，跨境资金流动的风险防控在资本流动措施的种类选择上，应以采用宏观经济金融政策和金融审慎监管为主，以其他资本流动措施为辅。

五是预期性原则。在跨境资金流动的风险防控中要注重预期机制建设，将市场预期作为重要影响因子纳入政策制定和执行的决策流程。建立预期调查分析制度，评估市场主体对既有政策的认知程度、政策完善预期与政策制定者实施新政策意图的偏离程度，注重风险防控政策的前瞻性和逆周期引导，明确设置实行时间和量化阈值目标，最后还要加强预期跟踪、管理及引导，提高调控政策信息的透明度、及时性和获得性，引导市场主体的预期回归理性，避免造成跨境资金流动剧烈流动。可遵照IMF资本流入政策框架，对资金流入实施提前管理，以缓和将来资金流出所导致的前后反差效应。[2]2005年之后，伴随人民币大幅升值，境外资金逐渐流入国内，规模持续累积后不仅会造成国际收支不平衡，外汇储备的快速增长也加大了市场宏观调控的挑战性。因此，风险防控不能仅仅依赖事后被动、刚性地应对，而是须要采取前瞻性和柔性的管理措施，才能使跨境资金流动更加平滑有序。

另外，根据预期性原则以及立法政策的稳定性原则，要考量在不同时期执法标准的稳定性和一致性，不宜频繁变动外汇管理政策或执法标准尺度，要给予外汇市场主体一定的合理预期，才能更加有效地调控跨境资金流动行为，更好地维护外汇市场秩序。

综上所述，根据上述风险防控原则的逻辑，跨境资金以自由流动为常态，合法的跨境资金流动还应当得到鼓励和保护，仅当资金流动出现违法以及危及正常的外汇金融秩序时，才需要国家通过实施适宜的资本流动措施，对失序的金融市场进行合理干预。由此，可以实现风险防控对跨境资金自由流动目标的最低限度干预和最小化损害程度，且随着风险防控实践和经验的积累，基本上可以明确风险防控的尺度。上述防控原则的明确使跨境资金流动风险防控机制的核心得以建立。

三、资本流动措施的实施情形和选择应对

对应行为违法性和必要性原则，资本流动措施的实施情形主要包括两类，一类是跨境资金流动出现违规或异常情形，另一类是出现区域或系统性金融风险情形。尽可能列举上述情形或明确标准，有利于监管及时作出最佳的选择应对，进一步增强风险防控的规则性、确定性、预期性，使风险防控行为本身更具合法性和公信力。

---

〔1〕 See IMF, *The IMF's Approach to Capital Account Liberalization: Revisiting the 2005 IEO Evaluation*. March 3, 2015, p. 9.

〔2〕 管涛等：《中国的跨境资本流动》，载《新金融评论》2017年第5期。

（一）违规或异常跨境资金流动情形

其一，违规情形主要包括外汇保证金交易、无牌照经营、地下钱庄、跨境返程网络赌博等跨境非法金融活动。其二，异常情形主要是基于投机、汇率避险或市场预期等目的而产生的非正常进出，具有流动快、投机性强、隐蔽性强等特征，[1]主要通过货物贸易、资本项目、个人名义三种渠道为载体，其中资本项目方式包括外债融资中的海外直贷业务[2]、违法使用外资企业资本金结汇资金、银行贸易融资产品理财化、部分内保外贷业务等。一旦上述违规或异常情形形成一定规模甚至泛滥，不可避免地会对一国的宏观调控、产业政策及外汇市场秩序起到破坏性作用，但因渠道广、形式多、变化快等特点，较难监测发现和监管查处。

上述违法违规或异常的跨境资金流动行为，更多的是微观层面，需要执法机关加大异常行为指标和模型的监测以及现场检查力度，选择应对的难度不大。一旦发现相关异常行为特征，可以迅速采取查处措施并向社会公示，通过个案追究的方式形成震慑，从而维护良好的市场秩序，保障市场主体真实合规资金的自由进出。

（二）区域性或系统性金融风险情形

在资本项目进一步开放过程中，原有各项目单一逐项独立开放模式中可控的风险可能演变为整体性、结构性、叠加性的风险，并通过国内外金融市场实现交叉传递，继而引发货币及金融危机。[3]目前，全球金融市场动荡，各国股市连续大跌并多次出现熔断，部分国家已采取禁止做空甚至停市等紧急措施，全球可能正处于新一轮经济金融危机的边缘。此种情形下，国家外汇等金融管理部门应当及时进行宏观层面的调控和干预，维护正常的经济安全秩序。

2013 年 4 月 IMF 发布的《资本流动开放与管理的指导说明》，在强调加强金融市场、金融监管和体制能力的基础上，明确了资本流入激增和破坏性资本流出两种情形下的监督事项。在资本流入激增具有引发金融体系不稳定之虞，或基本经济状况急剧变化使对宏观经济的快速评估难以为继，或所需政策调整难以短期内见效的情况下，采取资本流动措施均不乏适当性。在破坏性的资本外流导致危机或危机临近的情形下，采取资本流动措施有助于降低以上损害的发生概率，有助于阻止危机全面爆发。[4]因此，当跨境资本流动导致出现或可能出现区域性或系统性金融风险等金融危机时，属于实施资本管制等资本流动性管理措施的当然情形。但如何评判当下全球金融市场动荡的情形是否已达到系统性风险的标准却面临一定选择应对的挑战。

---

〔1〕 张有良、梁驰：《浅析新形势下国际收支统计监测面临的问题及建议》，载《吉林金融研究》2015 年第 8 期。

〔2〕 海外直贷业务是指境内企业在自身外债额度或投注差内，通过在银行开立融资性保函向境外机构申请融资，并回流境内使用的业务。与境内融资相比，境外资金价格成本相对较低，而且融资资金可回流至境内，满足企业境内生产需求。

〔3〕 参见施琍娅：《自贸区跨境资金宏观审慎管理框架》，《中国金融》2015 年第 11 期。

〔4〕 韩龙：《IMF 对跨境资本流动管理制度的新认知述评》，载《环球法律评论》2018 年第 40 期。

（三）以风险防控原则为核心建立跨境资金流动的风险防控机制

其一，建议制定专门的《跨境资金流动风险防控指引》制度规则，明确跨境资金流动风险防控的必要性、防控目标，确定风险防控的根本原则即以跨境资金自由进出为常态，以实施资本流动管理措施为例外，以及实施资本流动性管理措施需要遵循的五个原则和两大类具体情形。制定专门规则，可以为跨境资金流动的风险防控提供明确的法律依据和上位法支撑。同时，规范风险防控工作的实体和程序性内容，也将对法定的风险防控履职行为进行约束和规范，增强法律的确定性、公信力、威慑力。

其二，配套修订《外汇管理条例》。明确实施资本流动性管理措施的情形、国际收支监测的目的、临时性资本管制措施的实施，具体包括实施情形和依据、实施原则、采取主体、临时性措施种类、决策的制度、程序和解除以及监督问责等内容，使国家有关部门在最佳反应时间内制定并宣布实施临时性管制措施。同时，在《外汇管理条例》中明确释明外汇管理部门对国际收支进行统计监测的目的，通过分析跨境资金异常流动数据，有助于充分识别国际投机资本，预警和防范潜在的金融危机。

其三，完善宏观审慎管理和微观监管体系“两位一体”的跨境资金流动的风险防控框架。在宏观审慎方面，改进跨境资本流动宏观审慎管理体系，建立一套跨境资金流出和流入均衡管理机制，从管理政策上鼓励跨境资金双向有序流动，定期统计监测国际收支、外汇储备余额变动趋势，分析规律和成因后寻求相关应对措施。要充实并择机采取适宜的各种资本流动措施。构建市场化本外币协同政策框架，提高涉外经济自由度和政策调控的灵活度和适应性。〔1〕在微观监管方面，实行差别化的“实需原则”政策。基于企业信用、交易记录、非法跨境外汇流动事件等因素，尝试设立更为灵活却有较高时效的黑白名单系统，允许白名单企业进入衍生品自营交易，放宽“实需原则”限制，减少保证金或信用额度代替保证金等优惠措施。完善负面清单管理制度，尽可能取消部分事前审批或事前报备获准同意等具有行政管理性质的事项以及部分资本项目的汇兑限制，逐渐缩短负面清单，已实现部分可兑换的项目可以进一步开放到基本可兑换甚至自由可兑换程度。同时，加强微观管理能力建设，以微观审慎管理分析为基础，结合宏观、中观审慎管理和实际运行情况，注重分析监测系统与监管部门使用的金融机构报备交易数据的各业务系统之间的穿行测试和比对，形成跨境资金流动监测的实时、全口径、全过程大数据监测体系。〔2〕加大对违法违规行为的处罚力度，细化各类外汇违规行为的违规情节和处罚幅度，强化金融机构合规性监管能力建设。

当前，我们应当紧盯疫情对全球经济的影响，做好应对全球金融市场动荡甚至引发经济金融危机的准备。在美元可能出现流动性紧缺的情形下，跨境资金流出的风险防控压力加大，风险防控的稳健性目标更加突出，更应当遵循上述风险防控原则并在实践检验中持续完善。

---

〔1〕 王慧洁：《完善跨境资本流动管理的政策逻辑和调整尺度》，载《金融时报》2017 年 2 月 6 日。

〔2〕 参见李迎春：《防范跨境资金异常流动风险》，载《农村金融时报》2018 年 9 月 17 日。

进博会推进人民币国际化的金融法制问题

裘小婕　等*

稳步推进人民币国际化是新时期中国积极面对国内外政经新环境、新发展格局和新发展任务的客观要求，是加快寻求国际经贸制裁规避、科技封锁突破和谋求经济高质量发展、世界经济地位提升的内在需要。自2008年以来，我国推行人民币国际化已取得相当成效，但仍需审时度势、精准发力、积极创新、主动推进。中国国际进口博览会（以下简称进博会）全面开放国内市场，未来15年将进口40万亿美元的产品与服务，用实际行动支持全球化和多边贸易，扩大进口市场，实现国内外市场融合发展，共同繁荣。进博会促成大宗交易涉及交易币种选择问题，成为推进人民币国际化的创新路径。

一、进博会是推进人民币国际化的创新路径

（一）推进人民币国际化进程必要且迫切

人民币国际化是指人民币突破国别界限，在对外经济贸易往来中所承担的国际货币交易媒介、计价单位、储值手段等职能不断提升和应用范围不断扩大的过程。自2009年设立跨境贸易结算试点起至今，人民币国际化历经12年，整体进程稳步推进，国际货币职能不断提升，但在国际支付结算和外汇储备职能方面发挥的作用仍然较小。国际支付结算方面，2020年10月，人民币在国际支付市场上占

---

* 本文系上海金融法制研究会2019年青年课题成果摘要，由上海会展研究院课题组承担。课题组组长：裘小婕；课题组成员：唐燚桦、张云颖、程艳华；指导老师：张敏教授，上海会展研究院执行院长、博士生导师。

有的份额仅为1.66%，这与中国作为世界第二大经济体、世界第一大进出口国的经济实力并不匹配，反观美元、欧元分别占据国际支付市场份额的37.64%和37.82%〔1〕(见图1)，优势明显。外汇储备职能方面，截至2020年第一季度，人民币在全球外汇储备份额占比突破2.00%，但美元依然是世界外汇储备的主要资产形式，占据全球储备货币60.00%以上的份额〔2〕，两者差距较大（见图2）。中国人民大学国际货币研究所发布的《人民币国际化报告2020》显示，截至2019年年底，人民币国际化指数尚处于SDR储备货币最末位，仅为3.03〔3〕，是排名首位美元的1/16.78，说明人民币国际化程度仍相对较低（见图3）。

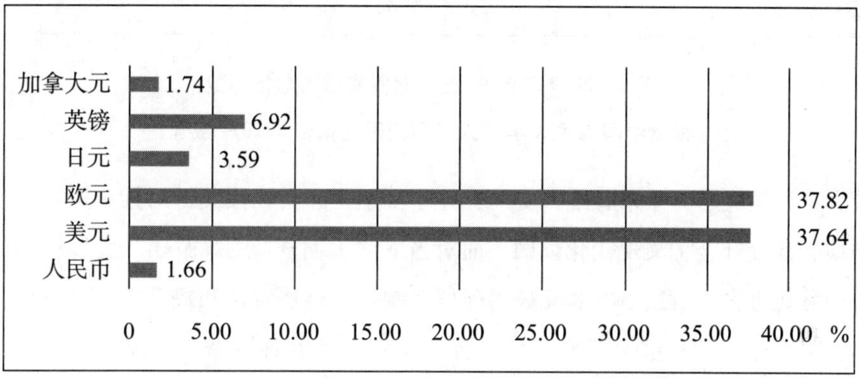

图1 2020年10月主要货币占国际支付市场份额情况

(根据全球金融同业合作组织SWIFT报告整理)

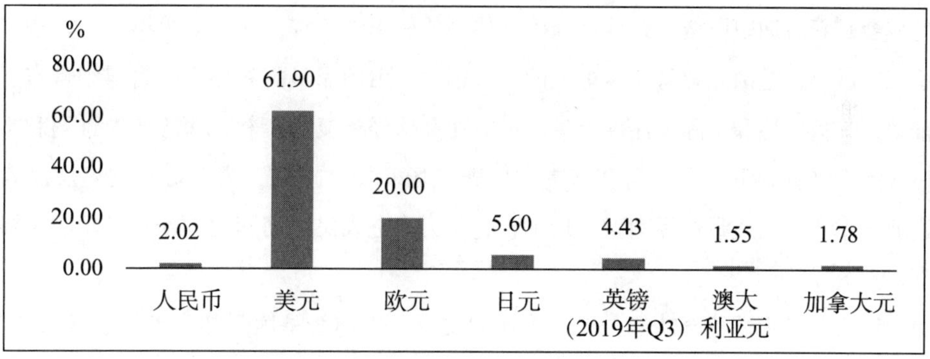

图2 2020年Q1末世界主要货币资产在全球外汇储备占比情况

(根据国际货币基金组织官方公布数据整理)

〔1〕《重大"变革"？欧元在国际支付市场占比超过美元，升至全球第一名》，载https://xw.qq.com/cmsid/20201127A05EWZ00，最后访问日期：2021年10月28日。

〔2〕《在全球外汇储备资产中占比升至2.02%，创历史新高——人民币资产逐步成为"避风港"》，载http://www.xinhuanet.com/fortune/2020-07/06/c_1126199243.htm，最后访问日期：2021年10月28日。

〔3〕中国人民大学国际货币研究所：《人民币国际化报告2020——上海如何建设全球金融中心》，载https://bbs.pinggu.org/a-3290915.html，最后访问日期：2021年10月28日。

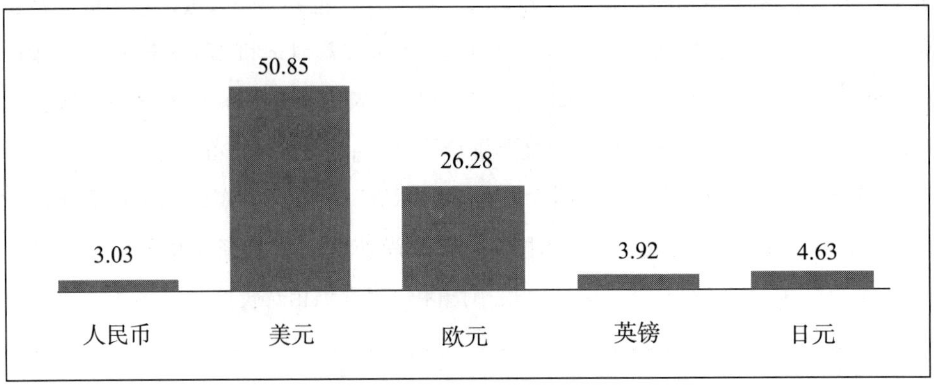

图 3　2019 年 SDR 五种储备货币国际化指数

（根据中国人民大学《人民币国际化报告 2020》整理）

当前，中国正经历百年未有之大变局，处于百年任务大转换关键时期，国家核心奋斗目标已经转换为建设社会主义现代化强国。面对当下“大循环”“双循环”发展格局，稳步推进人民币国际化进程，对当前有效突破国际贸易制裁、科技封锁和提升世界经济地位、服务现代化经济体系建设具有重大影响。在当前全球公共卫生防控仍具有较大不确定性的背景下，中国率先控制住局面，给人民币国际化提供绝好条件和机会。“十四五”期间，上海市还将提升国际金融中心服务能级，加速推进人民币国际化。

（二）进博会推进人民币国际化进程的特殊性

进博会是新时期中国构建开放型经济新体制的标志性工程，是世界上第一个以进口为主题的国家级展会，是国际贸易发展史上的一大创举，由国家最高领导人亲自谋划宣布、亲自部署推动，其重要性和国际关注度可见一斑。在全球经济复苏疲软，深陷产能过剩和市场稀缺的时代大发展背景下，中国向全球提供广阔市场和发展空间，为全球经贸发展注入新动能。进博会本质是高质量国际商贸沟通平台，作为推进人民币国际化创新路径功能主要体现在以下三点：

第一，充分发挥博览会功能，促进企业间交易。进博会是国际超大型综合贸易博览会，从供需双方实际需求出发搭建企业间精准交易市场，通过定向式邀请、竞争性展示、多样化选择、认知性互动和分散式决策，激励创新研发，引导营销合作，构建市场关联，缔结规则共识，优化资源配置，生成信任、信用与信心，为人民币发挥其国际货币职能提供更多合作对象、涉及更多领域和发挥更大影响力。作为推动国内外两个市场、两种资源交往合作走向融合的盛会，进博会对外邀请世界各国实力企业前来展示高质量的产品和服务寻求商机，对内通过各省市组成地方采购团参展进行商业洽谈和后续采购，为国际贸易双方搭建高效企业间贸易合作平台，强有力地促进中国企业对国外高质量产品和服务的信息获取与决策购买。进博会促进达成 B2B 大宗商品与服务的进口贸易，在交易过程中货币发挥计价、支付与结算功能，大规模交易将不断为人民币发挥国际货币的计价结算职能赢得主动权。

第二，以进口为主题，构建国家级买方市场。进博会是全球首个以进口为主题的国家级博览会，是中国进口世界各国商品和服务的重要商贸平台。未来15年中国将进口商品和服务分别超过30万亿美元和10万亿美元。前所未见的天量进口贸易已让中国企业有信心、有底气在与国际企业进行进口贸易结算时选择以人民币为支付币种，进而争取人民币在全球大宗商品交易领域的定价权和话语权。连续三届进博会，分别达成了578.3亿美元、711.3亿美元、726.2亿美元的经贸合作意向协议[1]，在互惠互利的原则下，中国企业有必要抓住海量进口契机，在降低交易成本的前提下，尽可能运用人民币计价与结算，推进人民币国际化进程。

第三，具有全局性、示范引领作用。进博会具备独特影响力，能有效动员全国各级各类、每年成千上万的博览会全局性、系统性推进人民币国际化进程。进博会还在推动国家重大战略中，如自贸区、长三角一体化发展、长江经济带、沿海内陆开放等战略实施过程中搭建平台让人民币发挥国际货币职能，为提升人民币国际化程度和完善人民币国际化相关制度提供最大助力。

（三）周期性办展顺应人民币国际化的推进节奏

人民币国际化推进并非朝夕，需要长期布局和精准谋划。综合现状分析，当前人民币尚处于国际化的初级阶段——周边化，主要发挥货币的计价与结算功能，逐步发挥货币的投资功能，并正在迈入国际化发展的第二阶段——区域化。可以看到，第二届进博会共邀请58个“一带一路”沿线国家的1000多家企业参展，数量占全部参展企业总数超过30%，展品占全部申报进境展品的1/3[2]。进博会根据当前人民币国际化的实际发展需要，重视与“一带一路”区域国家之间的经贸合作，为“中国+周边国家”企业提供新的供需对接路径，通过开放市场大量进口，吸引国际企业进入中国市场并随着业务的深入开展将市场营销中心、研发中心落户中国，甚至投资建立大中华区总部，发展总部经济，为国外企业使用人民币进行投资提供可能，为中国与周边国家互相了解、互相投资奠定基础。

对于进博会推动区域人民币国际储蓄，将是一个更为缓慢的过程，这需要进博会进一步扩大参展企业范围，扩大人民币结算与投资使用范围，借助长期积累的展会公信力和周边、区域各国企业间的互相信任，从已基本认可人民币结算和投资的周边地区开始，逐渐推广人民币国际储蓄的优势，从而吸引周边与区域国家的企业使用人民币作为储蓄货币，并在不断完善金融市场和金融法制体系的过程中助力人民币国际储蓄从周边、区域走向全球。进博会还与上海自贸区联动，这为进博会进一步推动为人民币国际化发挥结算、投资、储蓄功能提

---

〔1〕 数据来自进口博览会官方网站。

〔2〕《“一带一路”沿线国家企业展品占本届进博会展品三分之一》，载https：//baijiahao. baidu. com/s? id = 1648870317005093684&wfr = spider&for = pc，最后访问日期：2021年10月28日。

供长期可能。（见图 4）

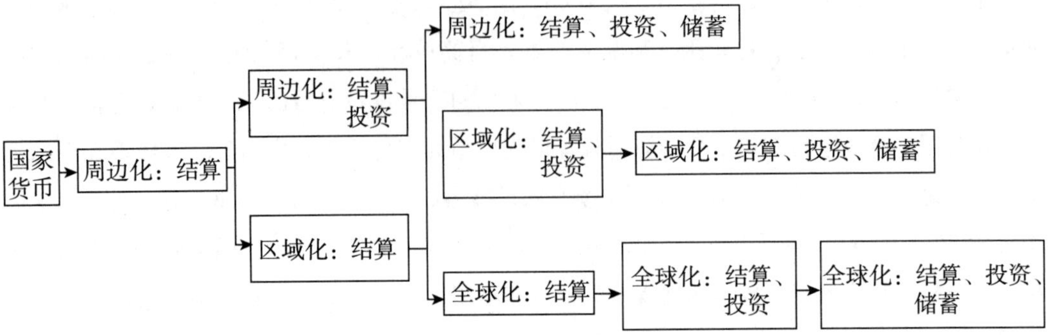

图 4　人民币分步走策略

二、进博会推进人民币国际化的金融法律问题

十多年来，人民币国际化之路并不十分顺畅，新时期进博会虽为推进人民币国际化提供了一条创新路径，但目前仍还处于探索阶段。进博会带来的巨大进口贸易量和自贸试验区创新制度探索为推动人民币国际化提供了新动力，但随之也会因其产生新的法律问题，如跨境结算便利化后人民币的流向监管部门责任划分，监管体系中的真空地带排查，监管数据的准确性、便捷化结算资格审查等。因此，针对进博会推进人民币国际化本身，除了需要进行合法性认定外，也需及早发现推进环节与推进过程中的问题，对现行金融法律规制进行进一步补充完善，才能保证其充分发挥促进、规制、引导功能，为进博会顺利推进人民币国际化提供制度性支持。进博会通过搭建企业间交易、金融服务、金融理念展示交流和人民币国际化制度完善四大平台持续推进人民币国际化进程。由于金融机构在进博会现场的展示环节过程中并不涉及金融法律问题，因此以下将从进博会的金融服务、交易促成和制度沟通三个环节，对可能存在的金融法律问题进行阐述。（见图 5）

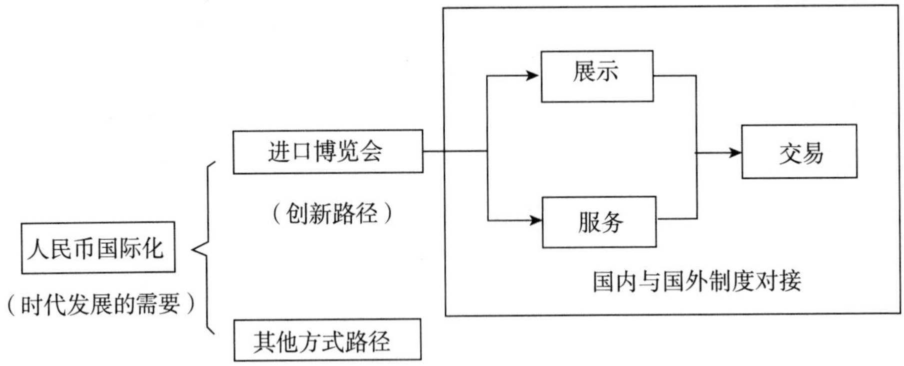

图 5　作为人民币国际化创新路径的进口博览会

（一）现场金融服务：现场金融服务行为主体监管及潜在问题

进博会是具有世界力影响的国家级博览会，在周期性举办过程中，对金融服务有较大需求。进博会的金融服务功能主要通过战略合作伙伴——中国银行为国内外展商提供金融服务来体现的。中国银行为贸易双边提供金融服务和业务配对指引服务，便利化进博会商贸交往与人民币结算，并基于供需双方的贸易需求提供“一揽子”金融服务，增加了外商投资与储蓄人民币金融产品的潜在可能。

首先，由于目前缺乏对展会现场临时性金融服务监管的通用操作条例和相关法律，并且会展业立法机制尚不成熟，针对进博会举办过程中临时性金融服务行为主体的监管主要还是根据《商业银行法》中的相关法条来执行，具有一定的局限性。其次，由于支付手段与技术的革新，大量用户倾向在B2B交易中使用线上支付方式，但当前对于线上支付的相关法律保障仍有待完善。最后，大数据助力多项交易信息分析便利化的同时，也应注意到信息泄露和非法信息收集的威胁。另外，当前对金融科技的监管还有所欠缺，客户金融信息保护仍待出台相关规制或正式法律加以保障，下一步还需增强数字化监管能力建设，建立健全金融科技风险的防范体系。

（二）交易促成：现行法律制度局限与监管缺位

三届进博会都促成了大量的意向成交额，这为人民币行使国际货币职能提供了绝佳机会。但有交易就难免纠纷，若纠纷双方因以人民币计价和支付结算而导致债权债务问题，在现行金融法律法规框架下，缺乏一套行之有效的法律解决方案。由于中国尚未出台与展会交易相关的金融法，对展会上促成的跨境贸易后续可能存在的金融风险，缺乏完善的解决机制与法律依据，对解决展会上因人民币计价和支付结算而产生的国际贸易纠纷，也缺乏相应的处理规则。同时，人民币在履行国际货币的支付和结算功能时，存在诸多人民币跨境结算风险。第一，存在对人民币跨境结算账户管理和人民币跨境支付结算后的流动监管不到位的问题。在进博会上进行的人民币结算交易，需要外方在银行开设人民币结算账户，这就要求中国应对人民币结算账户特别是境外人民币结算账户进行监管，但现行法律只规定了对中国境内的人民币流动进行监管。第二，现行人民币跨境结算管理制度与实际情况存在不匹配的问题。最为明显的是目前各大金融机构和银行都推出了“智慧金融产品”，通过区块链、互联网交易平台开展人民币跨境结算业务，而现行法律法规并未涉及对线上开展人民币跨境结算业务和线上金融产品交易的监督管理，现行制度存在明显的迟滞性。

在商务部办公厅《关于2018年外经贸发展专项资金进口贴息事项地方企业项目补助明细的通知》和2019年4月新版《鼓励进口服务目录》等多项政策背景下，还需要警惕可能存在钻国家政策漏洞的国内企业，通过展会签订虚假进口贸易合同，一是为了业绩好看，二是与国外参展商合伙骗取项目贴息补助，三是进行比较严重的量价不符或出口转进口等虚假进口贸易，赚取人民币汇率差进行套利。这些都将会给人民币国际化和人民币汇率稳定造成严重的负面影响。由于服务产品具有定制化和异质性特征，在定价方面缺乏相应的国际和国家标准，因此无法准确衡量贸易过程中是否存在量价不一致的情况，国家外汇管理局虽发布《关于进一步促进贸易投资便利化完善真实性审核的通知》，但审核内容并未涉及服务贸易。另外，风险提示函主要是对国际贸易中的量价是否合理进行监管，并不能切实确保贸易的真实性，特别是对贸易标的流转过程的监管仍有待完善。

（三）制度沟通：现行金融法律制度仍待完善

中国现行人民币国际化相关法律制度，在人民币应对国际风险时还存在以下两点不足。第一，人民币国际化的相关国内立法欠缺，不成体系[1]。人民币国际化虽是市场化行为，但并不代表不需要国家政策的宏观指导，且政策指导应随市场情况的变化而变化。参考美元、日元和欧元国际化经验，无不受货币主权国政策的影响和带动。党的十八届四中全会通过《全面推进依法治国若干重大问题的决定》，要求实现立法和改革决策相衔接，做到重大改革于法有据。目前我国尚未从法制层面给予人民币国际化强有力的法律制度支持与保障，对人民币国际化的实现路径和推进过程中可能发生的风险与破坏情况，缺乏有效措施指导和防范机制。在人民币国际化全面推进的十年里，虽取得了一定成效，但实则是困难重重，因此更加需要完备的法律制度保障，让人民币国际化推进合法化、合理化，在解决推进过程中遭遇到问题和困难时有法可依。

第二，我国现行金融法律基本框架形成于 20 世纪 90 年代中期，历经 20 多年，国际金融环境与国家经济发展状况早已发生翻天覆地的变化，这中间必然存在某些不适用的情况，人民币国际化的制度问题本质上是中国现行法律制度与现实发展状况的互动以及与国际制度及时接轨的问题。比如，在人民币结算问题上，《2018 年金融统计数据报告》显示，2018 年跨境贸易人民币结算业务发生总量为 5.11 万亿元，占我国进出口贸易总额的 16%[2]，人民币境外流通量和存量规模越来越大，但现行法律对人民币的监管地域有效性仅限于中国境内，对境外人民币的法律监管却无法实现。在人民币成为国际主要结算货币前，若中国相关法律不规定其域外效力，则人民币的境外流通与融通将处于无法可依的状态，必然会影响中央银行对人民币的监管，影响当事人的财产利益和流通效率，影响中国的整体货币利益和国家利益[3]。因此，中国在关于人民币国际化的法律中必须明确其域外效力并对外宣布，持有和使用人民币必须遵守人民币的基本流通与融通规则，积极寻求各东道国的中央银行或货币当局的支持与配合。

---

〔1〕 吴铮：《人民币国际化的法律问题及解决构想》，载《科教导刊》（上旬刊）2018 年第 7 期。

〔2〕《央行：2018 年跨境贸易人民币结算业务发生 5.11 万亿》，载 http://finance.sina.com.cn/money/bank/bank_yhfg/2019-01-15/doc-ihqhqcis6393835.shtml，最后访问日期：2021 年 10 月 29 日。

〔3〕 刘少军：《国际化背景下人民币基础法规完善研究》，载《北方法学》2015 年第 5 期。

三、进博会推进人民币国际化的金融法律措施

通过对进博会推进人民币国际化创新路径中的四个环节中可能碰到的金融法律问题进行梳理分析可知：进博会在推进人民币国际化过程中所涉及的法律问题，主要是现行法律制度的不完善与相关部门监管不到位两方面的问题，需要针对存在的问题采取相应措施。

（一）推进会展业立法完善

进博会是推动人民币国际化进程的重要创新路径，是中国对外贸易沟通的重要平台，应当对其进行立法保障，以尽可能完善的法律法规来规范进博会现场各项交易行为，避免出现国际金融纠纷。尽管部分会展业较发达地区已经注意到会展业立法的重要性，并推出相应条例，但仍存在不少完善之处。首先，我国会展行业在国家级层面缺乏统一的法律规范，目前适用的是《公司法》《民法典》《海关法》等通用性法律法规。会展行业的立法工作主要还是由各城市自主完成，缺乏完善的法律规制体系。其次，当前地方会展立法，如《上海市会展业条例》也主要以促进会展业发展为主，关于在会展活动上发生的金融相关行为的监管条例较少。再次，在“大会展”概念下，会展本身的定义较为复杂，法律对其规定范围的制定需要进行大量的调研与深入分析，实际立法过程中也需要考虑多方可能性。最后，与会展业相关的金融法律问题还缺乏后续研究与探索，有必要参照会展业发达国家经验，由全国人大制定出台《会展法》，将相关会展行业的法律法规进行整合，针对会展主体的界定、会展审批程序的规定、会展运行阶段的管理、会展法律责任的界定与承担等方面做出统一明确的规制，并与现行其他法律法规同时适用，形成完备的中国会展法律法规体系。此外，进博会作为国家级高水平对外开放的标志性工程，应当努力规避各类法律问题和纠纷的产生，在后续周期性举办过程中，完善进博会立法以规范和保障与会各方利益显得尤为重要。

（二）支持完善人民币国际化法律制度

1. 整合现行相关法律文件，提高人民币国际化法律效力。

中国政府虽然出台了相当一批有关人民币国际化的政策文件和制度规章，但保障人民币国际化的现行相关制度比较散碎，法律位阶较低且不成体系。其中，大部分都是针对个别事项做出的规定。为此，中国相关部门政策制定机构和立法部门，首先应当对这些法律条文和监管文件进行适当的清理，对可以继续实施的法律文件进行必要的整合，对不具备现实适用性的文件实施停用废止，以防出现监管混乱。另外，在法律整合的基础上，重新制定位阶较高的法律法规，建立一个统一规范和权责明确且有助于人民币国际化顺利实现的金融法律体系。

2. 支持人民币国际化立法，填补相关法律制度空白。

人民币国际化受到多重因素影响，如外汇管理、金融市场、经济发展状况、人民币跨境

结算、人民币汇率等，其法律制度的完善也应先从这几大因素着手完善。

一是完善外汇管理法律制度。中国目前并无真正意义上的外汇管理法，全国人民代表大会常务委员会《关于惩治骗购外汇、逃汇和非法买卖外汇犯罪的决定》和《外汇管理条例》是目前中国仅有的外汇管理相关法律法规，而邻国日本正是通过对外汇管理与对外贸易进行立法，助推日元走向国际，据此，应针对外汇管理进行专门立法以填补法律空白。在制定外汇管理法的过程中，根据我国经济、贸易及外汇市场的实际情况，在 2008 年修订的《外汇管理条例》的基础上，综合纳入《保险业务外汇管理指引》（已失效）、《跨境担保外汇管理指引》、《外债转贷款外汇管理规定》等部门规章和其他具有实际操作性的规范性法律文件，出台更加全面且具有现实意义的综合外汇管理法律[1]。

二是完善金融监管法律制度。在金融市场监管方面，随着互联网科技的发展，对金融科技产品创新的监管缺乏法律依据，且在现行的监管模式中还存在对同一监管对象使用不同监管标准的现象，权限、标准模糊不清容易导致监管漏洞，持续完善国内市场的金融监管体制立法显得十分必要。当前，中国有关金融监管的法律文件包括《中国人民银行法》、《商业银行法》和《银行业监督管理法》，皆出台施行近 15 年，现今中国金融市场已经发生重大变化，为适应现今金融市场情况，有必然要对上述法律条文进行修订与完善。在审慎监管前提下，还需建立以金融风险监管为中心的金融监管体系，逐步实现金融监管的国际化与规范化，确立中国人民银行在国际外汇市场上的地位，使其成为外汇市场上主动公开市场业务的主导者。[2]

三是完善人民币跨境结算法律制度。目前有关人民币跨境结算的监管文件多为中国人民银行的规章，法律位阶较低，使人民币跨境结算过程中存在洗钱以及利用人民币跨境结算套利套汇等诸多风险，建议在《外汇管理条例》中，增加对人民币跨境结算相应的监管内容，在《中国人民银行法》中，完善对跨境人民币监管的相关条款，及时更新过时法律法规，建立全面的人民币跨境结算法律监督管理体系。

四是改革汇率形成机制。汇率稳定是国家金融安全的基石，也是一国货币得到国际信任最为直观的基础。当下中国实行以市场供求为基础、参考“一揽子”货币进行调节、有管理的浮动汇率制度。人民币汇率在很大程度上受到国家经济发展状况和外汇市场变化的影响，建议推动利率市场化改革，加强人民币汇率与利率的联动机制，以利率变动调控人民币汇率，由此控制商业银行信贷增速和海外资本流量，稳定汇率。

同时，在推进外汇管理、金融市场监管、人民币跨境结算、人民币汇率制度立法方面，首先需要明确相关制度实施和监管部门的职责，界定各自的业务范围、管理主体和领导机

---

〔1〕 路遥：《“一带一路”背景下人民币国际化的法律规制》，载《当代经济管理》2019 年第 11 期。

〔2〕 邓俊杰、陈兵：《论人民币国际化的障碍及法律对策》，载《河南财政税务高等专科学校学报》2018 年第 1 期。

构。其次，应当对外汇管理中的相关业务事项进行进一步细化和规范，以减少相关业务人员的操作失误。再次，为进一步警示相关业务人员，应加大对相关业务人员的职能约束与监管，对相应惩罚措施予以明确规定。最后，还应当对制度实施和监管部门工作的进行有效监管，防止内部业务人员玩忽职守、故意犯罪等行为。

3. 审慎有序开放资本项目的法律管制。

资本项目的充分开放是推动人民币国际化战略的必然趋势，但应该是审慎、渐进式的开放过程。中国资本项目的管制程度与国际货币基金组织存在识别上的差异，人民币资本项目可兑换与有效开展特别提款权业务交易的要求尚有一定的距离。首先，在《证券法》修订的过程中，可以适当放宽对于境外发行主体的资格限制，并减少过度的行政干预，为配合人民币国际化的发展需求，实现发行主体标准的突破[1]。其次，在《证券法》修订的过程中，建立和完善证券发行和交易制度，促进中国金融产品类型、规模和市场层次的扩大，为金融市场的繁荣和发展奠定基础。结合中国现今资本市场情况，谨慎有序地开放资本项目，可以有效防御因跨境资本流动而引起的系统性风险的扩散，同时也能够降低或消除人民币持有国的忧虑，维护币值和金融的稳定。

4. 建立人民币国际化的风险防控体制机制。

中国在推动人民币国际化过程中还应围绕人民币国际化建立起有效的风险防控体制机制[2]。首先，从宏观审慎监测制度和监管措施以及监管体制入手，构建适应人民币国际化的宏观审慎监管制度。其次，要加大对国际市场运行规律的研究力度，对国际市场变化可能出现的风险进行提前预判并制定紧急情况的紧急预案。最后，中国在推进人民国际化进程中还需面对来自美国与美元的阻力，美国为防止人民币取代美元的国际地位，采取了诸多不正当竞争手段，中国应积极采用正当手段与措施，对我国金融安全与人民币国际化成果予以正面维护。

（三）推进人民币与国际货币制度接轨

人民币周边化在区域经济一体化推动下取得了不错的成绩，周边国家已逐渐认可并采用人民币作为计价与结算货币。由于区域内国家之间还存在经济实力、意识形态、领土、国际安全、文化认同等诸多差异，人民币区域化推进进程不尽如人意。为此，首先，中国应主动牵头推动区域内货币制度沟通平台的搭建，构建区域性货币国际化法律合作框架，维护《清迈协议》的制度化成果，开展多边货币制度合作。其次，中国应积极与国际央行之间开展国际货币合作，缔结人民币国际货币互换协议。至2019年年底，中国已和近40个国家或地区签署货币互换协议，互换总金额已超过3万亿元。虽然货币协议仅能为缓解市场流动性不

---

〔1〕 路遥：《“一带一路”背景下人民币国际化的法律规制》，载《当代经济管理》2019年第11期。
〔2〕 吴铮：《人民币国际化的法律问题及解决构想》，载《科教导刊》（上旬刊）2018年第7期。

足、促进贸易投资提供间接的信用支撑作用，为人民币国际化提供间接推动力，但在加强国际合作、分散金融风险、推动新国际货币体系建成方面有重要影响。

（四）协调共建信息共享平台，加强国际化监管

现行中国金融监管体制是建立在金融业分业经营基础上的，意味着人民币在履行不同的国际货币职能时，将会受到“一行三会”以及外汇管理局、海关、税务、工商、公安等多个相关部门的独立监管。由于这些部门独立性强、保密要求高，部门之间缺乏统一的人民币监管协作与信息共享平台，容易造成不同部门之间的监管真空。建议在相关监管部门之间建立人民币国际化协作平台和监管信息共享平台，并在确立监管部门各自职责的基础上，打通各部门之间的政策与信息壁垒，使用统一的监测标准并对人民币境内外活动进行全过程监管，有效遏制虚假贸易和虚假业务等金融犯罪行为的发生，最大限度地协调监管各部门，降低监管重复工作量，提高监管工作效率。监管部门暂未拥有监管权和执法权的境外地区，建议加强与境外监管部门的联系，持续推动区域监管合作平台搭建，参考和复制成功经验，如亚洲金融监管合作平台——上海合作组织的经贸部长会议机制，积极与美国、欧盟、东南亚等国家和组织建立跨境人民币协同合作监管的关系。

进博会作为推进人民币国际化的一条创新路径，对人民币国际化的带动作用具有全局性与整体性。进博会带动了跨境人民币结算业务的扩张，有助于人民币国际投资和储蓄产品业务的拓展。中国借助进博会平台向世界开放金融市场，展示中国金融的服务理念，并在与国际接轨过程中不断完善中国的金融法律制度和监管规则，不断完善人民币的国际货币职能，提升人民币的国际影响力。

应当注意的是，进博会推动人民币国际化的作用并非立竿见影，而是以小见大、以点带面。进博会为中国采购商和外国销售商提供交往与沟通渠道，但其间可能形成的长期合作及后续更多的业务往来，未必会直接体现，而是在慢慢培养世界各国对中国市场的依存度。2020 年，上海市已初步建成国际金融中心，进博会作为上海高水平对外开放的标志性工程，自然承担金融方面的多样化尝试任务，并在全面建成国际金融中心的任务中持续发挥博览会的带动效应。与此同时，以进博会为起点，全国各地都在积极开展自贸区、免税区的搭建与尝试，之后中国与全球的商贸交往将会从进博会这一短时间、纯进口的“点”转变为长时段、多领域的“面”，更加有利于中国的市场开发和对外经贸交往，从而更多地使用人民币作为国际商贸业务货币，承担更多国际货币职能。

因此，为积极应对国内外经贸环境变化、发展格局与任务转换，更好发挥进博会强大交往沟通功能，周期性加强国家间、企业间信任与信用的建立和维护，更好推进人民币国际化，避免各类金融问题困扰，完善中国金融市场，提升国家金融实力，有必要通过强化金融立法、完善金融法律法规、改革金融规制等多元化方式，确保进博会顺利进行和稳步人民币国际化进程。

上海地方金融监管立法研究

夏文涛　欧阳天健*

2018 年的中共中央、国务院《关于建立更加有效的区域协调发展新机制的意见》强调了“坚持中央统筹与地方负责相结合”的基本原则，要求“加强中央对区域协调发展新机制的顶层设计，明确地方政府的实施主体责任”。全国各地的地方金融监管局相继挂牌成立后，“立法留白”“制度短缺”[1]的监管难题逐渐显现。《上海市地方金融监督管理条例》顺势出台，回应了监管实践中最紧迫的问题，对上海的国际金融中心建设也有着十分重要的意义。在“后条例”时期，仍有必要进一步探究上海在地方金融监管方面的制度需求，厘清地方金融监管权的法理逻辑与配置方式，并从制度合力和区域协同的角度保障条例的有效施行。

一、现实挑战：催生上海地方金融监管的立法需求

（一）防风险：出于监管的直接需求

1. 赋予监管法定授权。

条例颁布前，我国的法律规则中对地方金融监管的规定较为零散、法律位阶不高。以文件为准，地方金融组织的范畴为“7+4”类组织[2]。监管的主体包括

---

* 夏文涛，华东政法大学博士研究生；欧阳天健，华东政法大学经济法学院教师。本文系上海金融法制研究会 2019 年青年课题成果摘要。

〔1〕 郑杨：《地方金融监管制度供给短缺，亟须地方立法高质量出台》，载《金融时报》2019 年 7 月 6 日。

〔2〕 “7+4”类组织包括授权实施监管的七类组织和授权强化监管的四类组织。前者为小额贷款公司、融资担保公司、区域性股权市场、典当行、融资租赁公司、商业保理公司、地方资产管理公司；后者为辖区内投资公司、开展信用互助的农民专业合作社、社会众筹机构、地方各类交易场所。

经整理发现（见图 1），对上述诸多组织形态作出规定的国家层面与上海市有关规定共计 43 个，发文类型覆盖法律、行政法规、部门规章、地方性法规、司法解释及地方司法文件以及国务院、国家部委、上海市政府及其部门发布的行政文件以及其他文件，其中数量较多的类型为国家部委、国务院以及上海市政府及其部门所发布的行政文件。由此可见，该领域的规定法律位阶相对较低、较为分散。

其中，有部分文件提及了地方金融监管体制的完善要求，且对地方金融监管的授权有部分规定。[1] 尽管如此，这些规定尚未就地方金融监管作出完整的授权，上述相关规定的法律位阶不足以对地方金融监管作出全面的规定。因此，地方金融监管面临的首要问题是，根据中央金融工作会议精神，以法定形式、合法程序，对地方政府或者地方金融监管部门授予地方金融监管所需完整、明确的职权。

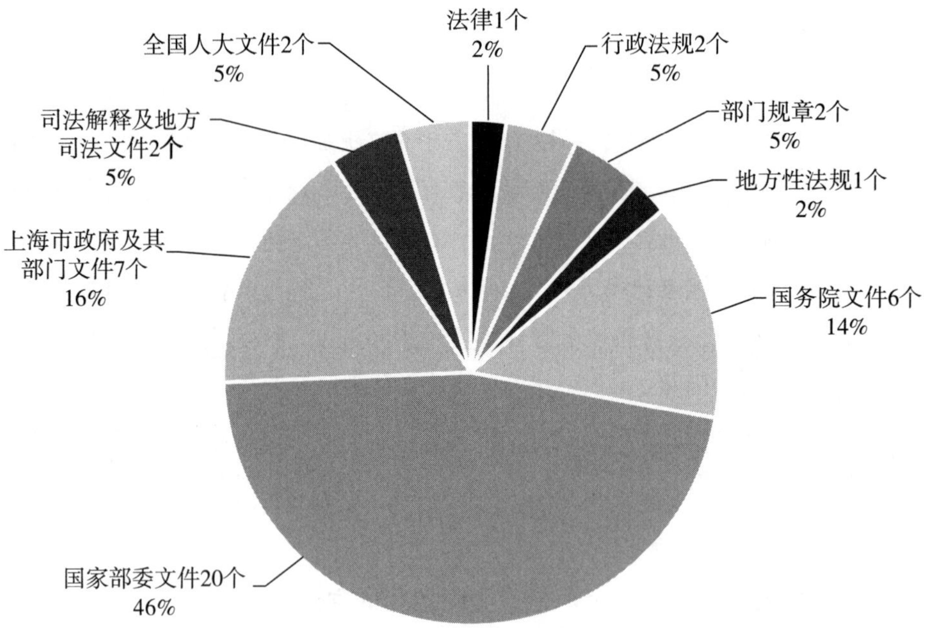

图 1　截至《上海市地方金融监督管理条例》发布前国家与上海市有关地方金融组织的规定

〔1〕《国民经济和社会发展第十二个五年规划纲要》首次在国家发展规划中对地方金融监管事权进行了界定，在“第四十八章　深化金融体制改革”中明确提出“完善地方政府金融管理体制，强化地方政府对地方中小金融机构的风险处置责任。”《国民经济和社会发展第十三个五年规划纲要》在“第十六章　加快金融体制改革”中进一步要求“完善中央与地方金融管理体制”。《上海国际金融中心建设行动计划（2018—2020 年）》则在“上海国际金融中心建设重点任务措施”中规定了“完善地方金融监管体制：按照 2017 年全国金融工作会议精神，设立地方金融监管机构，完善地方金融监管体系。在坚持金融管理主要是中央事权的前提下，明确地方金融监管职责，加强对小额贷款公司、融资担保公司、区域性股权市场、地方资产管理公司等授权监管机构的监管，强化对辖区内各类交易场所等的监管，牢牢守住不发生系统性、区域性金融风险的底线”。

2. 补足监管执法依据。

由于缺乏国家统一规定，地方金融组织各自的市场准入、监管措施等参差不齐，使地方金融监管部门在根据其职权进行监管时，遇到执法法定依据不足的困境。在市场准入方面，只有融资担保公司、小额贷款公司和典当行有国家层面的准入规定，融资租赁公司、商业保理公司曾经有准入规定，但在其主管部门由商务部调整为银保监会、再调整为地方金融监管部门后，相关规定被废止。在监管措施方面，只有融资担保公司、区域性股权市场、地方资产管理公司有国家规定。因此，地方金融监管部门履职所需的监管职权存在缺漏和不足，其执法的难度也因此增加。

同时，由于现有规定的位阶较低，这些规定无法设定较大数额的罚款，也无法设定查封场所、扣押财物以及责令停业、吊销许可证等具有强威慑力的行政强制措施。因此，地方金融监管部门能够实施的现场检查、风险预警与处置、非现场监管等监管手段极为有限。

3. 健全监管执法协作。

囿于地方金融监管领域缺乏统一的上位法，《上海市地方金融监督管理条例》之前地方金融监管部门的监管执法与协作的机制缺少法定依据，监管执法与刑事司法的衔接更多地依赖于工作齿轮的相互磨合。例如，在市区两级的监管执法上，上海各区政府的金融工作局有的隶属于区发改委，有的保留独立地位，但都存在缺少金融专业服务人员，缺少执法队伍、缺少监管资金的难处。就金融监管机构的角度而言，完整意义上的金融监管体系包括监管规则制定、监督、检查、处分四大核心环节，至少涵括行政许可、行政检查、行政处罚、行政强制、行政裁决等行政权力。在现有市区两级部门的监管权限下，市级地方金融监管部门缺乏监管权限的法定依据，而各区金融办也相应缺乏权限，这可能为金融风险的及时防范与处置埋下隐患。

（二）促发展：出于发展的间接需求

上海肩负着建设国际金融中心的重任，一方面要配合好中央金融监管部门在地方的工作，将金融市场的最新需求和存在问题及时反馈给各监管机构，增强监管规则对市场的回应度和灵敏度[1]；另一方面要发挥浦东开发开放、自贸区与临港新片区的创新优势，试点综合监管、探索功能监管，对新类型金融机构和一般工商企业从事金融相关行为进行同类监管，作出符合上海特色的制度设计[2]。

首先，上海在2020年建成国际金融中心是一项基本国策，而“完善地方金融监管体制”是上海建设国际金融中心的重点任务之一。为此，上海需夯实国际金融中心法治基础，完善

---

〔1〕 郭华春：《上海国际金融中心监管规则创制路径简析：以跨国监管为视角》，载《上海金融》2010年第7期。

〔2〕 参见上海市政府办公厅《发挥上海自贸试验区制度创新优势开展综合监管试点探索功能监管实施细则》（沪府办发〔2016〕26号）。

地方金融监管的法治体系。《上海市地方金融监督管理条例》不仅填补了上海在地方金融监管法规方面的制度空白，为职能部门赋权、赋责、赋能，还对上海国际金融中心的基本建成大有裨益，与《上海市推进国际金融中心建设条例》《上海市社会信用条例》《上海市优化营商环境条例》等多项法规共同构建起完善的金融法治环境。其次，在《关于进一步加快推进上海国际金融中心建设和金融支持长三角一体化发展的意见》中，国家对上海发挥国际金融中的引领辐射作用、完善金融服务长三角一体化发展体制机制、加大金融支持区域协调发展提出了新的要求。最后，新的第十四个五年规划要求深化金融供给侧结构性改革，全面提升金融服务实体经济能力，我国要在更加开放的条件下实现更高质量的发展，通过强化监管、防范风险、鼓励创新、降低壁垒来促进金融业健康发展，更加有效地服务实体经济，服务于国内大循环为主体、国内国际双循环相互促进的新发展格局。

二、立法回应：赋予上海地方金融监管的合法权力

（一）“地方金融”的规范演进

2010 年财政部颁布了《地方金融企业财务监督管理办法》指出，“依法取得金融业务许可证的非中央管理金融企业”，是“地方金融企业”，具体包括城市商业银行、农村商业银行、农村合作银行、信用社、新型农村金融机构、信托公司、金融租赁公司、财务公司、消费金融公司、证券公司、期货公司、基金管理公司、保险公司。这一管理办法还规定，“非中央管理的金融控股公司、小额贷款公司和融资性担保公司等从事金融性业务的其他企业”比照适用该办法的规定。这一规定是早期“地方金融”在国家层面规章中的体现，以概括加列举的方式对“地方金融企业”作出了定义，强调了“地方金融企业”的“非中央管理”属性。

自 2018 年国务院机构改革方案落地以来，我国各省市相继组建了地方金融监督管理局[1]，“地方金融”出现在了全国各省、自治区、直辖市的一类专门机构名称中。以上海市地方金融监督管理局的机构“三定”职能为例，其中包含“地方金融”内容的职责有，“根据中央金融监管部门制定的规则，按照规定对小额贷款公司、融资担保公司、区域性股权市场、典当行、融资租赁公司、商业保理公司、地方资产管理公司等七类机构实施监管并做好相应的风险处置工作。强化对辖区内投资公司、社会众筹机构、地方各类交易场所等的监管”，以及“负责对各区政府履行地方金融监督管理相关职责和金融风险防范处置工作进行

〔1〕 管斌、万超：《论我国金融监管权“央—地”配置制度的科学设计》，载《中国矿业大学学报（社会科学版）》2020 年第 1 期。

指导、考核、监督，提出问责建议”。[1]

截至2021年7月，全国已有12个省（自治区、直辖市）和厦门一个经济特区制定了涉及地方金融监管的地方性法规，如表1所示。这些条例都以开放式列举规定了“地方金融组织”的类型：小额贷款公司、融资担保公司、区域性股权市场、典当行、融资租赁公司、商业保理公司、地方资产管理公司，并为今后的国家授权监管对象留有立法余地。

表1　已生效的有关“地方金融”条例适用范围比较

条例	生效时间	适用范围
《山东省地方金融条例》	2016.07.01	本条例所称地方金融组织，是指依法设立，从事相关地方金融活动的小额贷款公司、融资担保公司、民间融资机构、开展权益类交易和介于现货与期货之间的大宗商品交易的交易场所、开展信用互助的农民专业合作社、私募投资管理机构和国务院及其有关部门授权省人民政府监督管理的从事金融活动的其他机构或者组织等
《河北省地方金融监督管理条例》	2018.05.01	本条例所称地方金融组织，是指依法设立，从事相关地方金融活动的小额贷款公司、各类交易场所、地方金融控股企业、地方资产管理公司、融资担保公司、典当行、融资租赁公司、商业保理公司以及法律、行政法规规定和国务院授权省人民政府监督管理的其他组织等
《四川省地方金融监督管理条例》	2019.07.01	本条例所称地方金融组织，是指国家授权地方人民政府及其有关部门监督管理的小额贷款公司、融资担保公司、区域性股权市场、典当行、融资租赁公司、商业保理公司、地方资产管理公司、开展信用互助的农民专业合作社、从事权益类或者大宗商品类交易的交易场所（以下统称交易场所）等
《天津市地方金融监督管理条例》	2019.07.01	本条例所称地方金融组织，是指本市行政区域内的小额贷款公司、融资担保公司、区域性股权市场、典当行、融资租赁公司、商业保理公司、地方资产管理公司等国家授权本市监督管理的开展金融业务活动的组织。国家对地方金融监管另有规定的，从其规定
《辽宁省防范和处置金融风险条例》	2020.06.01	地方金融从业机构是指由法律、法规和国务院授权省人民政府及其有关部门监督管理的小额贷款公司、融资担保公司、区域性股权市场、典当行、融资租赁公司、商业保理公司、地方资产管理公司、区域性投资公司、开展信用互助的农民专业合作社、网络借贷信息中介机构、社会众筹机构、地方各类交易场所等开展金融业务活动的机构。国家另有规定的，从其规定

---

〔1〕《中共上海市金融工作委员会、上海市地方金融监督管理局职能配置、内设机构和人员编制规定》，载上海金融网，http：//jrj. sh. gov. cn/JGZN150/20200429/854567ee379f4e988f7800851a5541dd. html，最后访问日期：2020年4月29日。

续表

条例	生效时间	适用范围
《上海市地方金融监督管理条例》	2020. 07. 01	本条例所称地方金融组织，包括小额贷款公司、融资担保公司、区域性股权市场、典当行、融资租赁公司、商业保理公司和地方资产管理公司，以及法律、行政法规和国务院授权地方人民政府监督管理的具有金融属性的其他组织
《浙江省地方金融条例》	2020. 08. 01	本条例所称地方金融组织，是指依法设立的、从事相关金融业务的小额贷款公司、融资担保公司、典当行、融资租赁公司、商业保理公司、地方资产管理公司、区域性股权市场和其他地方各类交易场所、农民专业合作社、民间融资服务企业，以及法律、行政法规规定和国务院授权省人民政府监督管理的从事金融业务的其他组织。 本条例所称其他地方各类交易场所，是指从事债权、知识产权、文化艺术品权益、金融资产权益等权益类交易以及大宗商品类交易的各类交易场所，不包括仅从事车辆、房地产等实物交易的交易场所以及县级以上人民政府及其有关部门依法设立的公共资源交易场所
《内蒙古自治区地方金融监督管理条例》	2020. 12. 01	本条例所称地方金融组织，包括依法设立的小额贷款公司、融资担保公司、典当行、融资租赁公司、商业保理公司、地方资产管理公司、区域性股权市场以及法律、行政法规和国务院授权地方人民政府监督管理的具有金融属性的其他组织及其分支机构
《广西壮族自治区地方金融监督管理条例》	2020. 12. 01	本条例所称地方金融组织，是指依法设立、从事相关金融业务的小额贷款公司、融资担保公司、区域性股权市场、典当行、融资租赁公司、商业保理公司、地方资产管理公司，以及法律、行政法规规定和国务院授权自治区监督管理的从事金融业务的其他组织
《厦门经济特区地方金融条例》	2021. 01. 01	本条例所称地方金融组织，包括小额贷款公司、融资担保公司、区域性股权市场、典当行、融资租赁公司、商业保理公司、地方资产管理公司、从事权益类或者大宗商品类交易的地方各类交易场所（以下简称地方各类交易场所）以及法律、行政法规规定和国务院授权地方人民政府进行监督管理的从事金融业务活动的其他组织
《江西省地方金融监督管理条例》	2021. 03. 01	本条例所称地方金融组织，包括小额贷款公司、融资担保公司、典当行、融资租赁公司、商业保理公司、地方资产管理公司、区域性股权市场和地方各类交易场所、开展信用互助的农民专业合作社，以及法律、行政法规规定和国务院授权省人民政府监督管理的从事相关金融业务的其他组织

续表

条例	生效时间	适用范围
《江苏省地方金融条例》	2021. 07. 01	本条例所称地方金融组织，是指依法设立的小额贷款公司、融资担保公司、区域性股权市场、典当行、融资租赁公司、商业保理公司、地方资产管理公司以及法律、行政法规和国务院授权由地方人民政府实施监督管理的从事金融业务的其他组织
《北京市地方金融监督管理条例》	2021. 07. 01	本条例所称地方金融组织，是指国家授权由地方实施监督管理的小额贷款公司、融资担保公司、区域性股权市场、典当行、融资租赁公司、商业保理公司、地方资产管理公司、地方交易场所以及国家授权地方监督管理的其他金融组织

（二）“地方金融”的含义存疑

在前述各地的地方性立法中，“地方金融”似乎成了一个约定俗成的概念，直接指代“7 +4”类组织，这些主体所实施的活动即是“地方金融活动”，而地方金融监督管理局正是监督该类组织、该类行为的专门机构。对上述定义进行深究，任何事物都可以采用“属加种差”的方式进行概念界定，“地方金融”亦是如此。“地方金融”的“属”为金融，即货币资金的融通，而“种”之差异，则是区分于“中央”“国家”等限定词而产生的。要理解什么是“地方金融”，就要先理解相对应的“中央金融”是什么。

有学者在考察“地方金融”这一用语在法律、政策中的体现时，认为“地方金融权”的内涵是处理中央与地方金融权力关系的重要概念〔1〕，包括金融事权、金融财权以及金融参与权〔2〕，其外延包括正式金融和非正式金融。这种认识则超越了传统金融机构与新兴业态的主体分野，着眼于“金融”本身，可以看出在这种观点下，“中央金融”“地方金融”并非固有概念，而应解释为“中央的金融权力”“地方的金融权力”。在这种解释下，“金融”具有统一的含义，而非以不同特征的被监管主体进行划分的不同内容。通过检视《立法法》及其释义对“金融”以及“金融基本制度”的解释，可以发现其并没有为切分“中央金融”“地方金融”提供依据；反之，金融是一个客观的、整体的概念。

《立法法》第 8 条第 9 项规定有关金融的基本制度只能制定法律，地方性法规尽管有先行立法权，也不得违背法律保留的规定。值得注意的是，《立法法》及其释义中“有关金融的基本制度”，是指“有关金融（的制度）”本身就是“基本制度”，并非暗示有关金融还存

〔1〕 吕铖钢：《地方金融权的法律配置》，载《现代经济探讨》2019 年第 4 期。

〔2〕 笔者认为，金融事权主要指地方政府在服务金融、管理金融事项上的权力，金融财权主要指的是地方政府对金融收入以及支出的支配权限，金融参与权主要指的是地方政府参与金融资源配置过程的权力。根据所有权标准的不同、经营权的不同、监管主体的不同，金融可以区分为正式金融与非正式金融。非正式金融主要指的是，游离于正规金融体系之外不受中央银行管制和国家信用控制的信贷交易和其他金融交易。正式金融指的是经合法登记设立的，有金融经营资格的金融组织。

在基本制度以外的其他金融制度，也不能作反向解释为存在“金融非基本制度”。从语法看，《立法法》条文中“财政、海关、金融和外贸的基本制度”中“金融的基本制度”和《立法法》释义中“有关金融基本制度”应表示同样的含义，“有关金融（的制度）”即是“基本制度”，只能够制定法律。从含义看，《立法法》释义对“金融”的定义采概括加列举的方式，涵盖面广，又强调了“对金融活动的统一和有效管理”的必要性，表达出“凡金融活动应当由国家统一立法进行管理”的含义〔1〕，不论是对金融活动还是金融管理都不存在“基本”与否的区分。

如果对《立法法》第 8 条第 9 项中与“金融”并列的“财政”“海关”“外贸”作同类解释，也能得出同样的结论。例如，《立法法》释义对“有关财政的基本制度”指出“有关财政制度的事项必须由国家法律予以统一规定”，对“有关海关的基本制度”指出“有关海关制度的事项必须由全国人大及其常委会统一立法，任何地方权力机关和行政机关都不得就此制定地方性法规和政府规章”，其中“有关财政的基本制度”与“有关财政制度的事项”具有相同的含义，“有关海关制度的事项”与“有关海关的基本制度”具有相同的含义。因此，“有关金融（的制度）”本身便应理解为基本制度，必须由全国人大及其常委会制定法律，国务院、地方权力机关和行政机关都不得就此制定行政法规、地方性法规和行政规章。

基于以上认识，应当认同“中央金融”指的是“中央的金融”，而非由中央金融监管部门监管的银行、证券、保险、信托等传统金融业态，而“地方金融”指的是“地方的金融”，既非中央金融监管部门所监管主体以外的从事金融活动的市场主体，也非单纯指地方性、民间性的金融机构或组织，更非限于中央授权与法条列举。

由此，划分“中央金融”“地方金融”并不妥当。首先，“地方金融”一词尚无正式、规范的概念，学界、业界以及监管层对此也未形成统一的认知。其次，从我国《立法法》对金融事项的法律保留规定看，并无区分“中央金融”与“地方金融”的有力依据。最后，这一生硬的切分基础扎根于主体监管和机构监管的理念，易造成监管真空与重叠，不利于监管协同，违背功能监管与行为监管的实质要求。

（三）地方金融监管权的本质探究

2017 年的全国金融工作会议明确“地方政府要在坚持金融管理主要是中央事权的前提下，按照中央统一规则，强化属地风险处置责任”。与《立法法》及其释义一致的是，这一会议精神确认且坚持了金融管理主要是中央事权的前提——金融管理是一个整体。因此，金融事权归属中央，金融管理的规则制定权也在中央，但是金融管理职权的属地部分，仍须由

---

〔1〕《立法法》释义对“金融”阐释如下，“金融是各种金融机构之间以及它们与公民、个人或者其他组织之间，从事的货币发行、信贷、结算、信托、保险、票据贴现、汇兑往来、证券交易等活动”；同时指出，“对金融活动的统一和有效管理，是巩固公有制为基础的社会主义经济制度，落实国家的经济政策，协调经济发展，保持社会稳定，改善人民生活和促进对外金融交往的重要保证。因此，有关金融基本制度的事项应当由国家统一立法”。

地方政府来承担。只有金融管理作为一个整体、作为中央事权，才能够理解为什么规则要由中央统一制定。另外，金融委办公室地方协调机制的建立，也是旨在进一步落实党中央、国务院以及金融委的有关部署，促进金融监管的央地协调以及地方金融监管部门与中央金融监管部门的派出机构的协调。

因而，地方金融监管权应当是，在新的金融业态错综复杂以及功能监管与行为监管改革背景下，地方政府坚持中央的统一规则，承担金融领域的部分监管职责，尤其是属地风险责任，同时对中央金融监管部门（一委一行二会）进行属地的支持、配合与协调。

由此，地方金融监管权的范围需要重新进行明确，遵循以下几个标准。首先，已经有中央金融监管部门实施监管的主体，原则上仍然由其进行监管，但该领域相关法律、行政法规授权地方政府支持、配合、协调或承担属地责任的，地方政府应承担相应职责。最典型的莫过于“打非”，根据《非法金融机构和非法金融业务活动取缔办法》（已失效），中国人民银行负责取缔非法金融机构和非法金融业务活动，但同时非法金融机构设立地或者非法金融业务活动发生地的地方人民政府也要负责组织、协调、监督与取缔有关的工作。

其次，除已经由中央金融监管部门监管的金融机构外，各“地方金融组织”理论上可以依据其所从事金融业务的实质，对应到中央金融监管部门所监管的金融机构类型。以银保监会的监管对象银行为例，小额贷款公司与银行同样经营放贷业务，商业保理公司与银行从事同样的保理业务，融资担保公司与银行经营类似的担保业务，只是这些企业业务结构单一，而银行业务显得面面俱到。因此，即使银行与小额贷款公司、商业保理公司、融资租赁公司分别由不同的监管部门进行主体监管，经营同类业务的不同主体也应适用相同的监管规则。换言之，地方金融监管部门对“地方金融组织”的监管要参照同类业务的国家规定。如果经营同类业务而不需要遵守相同的规则，市场主体出于对政策的趋利避害，会涌向监管不完备的领域，从而降低监管的有效性、增加监管的难度。另外，参照同类业务已有的法律规定，也能确保地方金融监管遵守了中央统一规则，弥补地方金融立法对于地方金融组织准入制定权的缺失。

最后，地方金融监管权应包含地方金融监督管理部门及其前身地方金融办所长期承担的处置非法金融的职责，联合公安对非法金融机构和非法活动进行打击，联合市场监督管理部门剥夺非法企业的经营资格。日新月异的金融业态和丛生的金融乱象作出这样的警示，机构监管与主体监管已不能完全适应现今市场的监管需要，而从功能监管与行为监管的视角出发，就需要针对综合的金融违法行为进行高效、准确地防范与处置。相较于中央金融监管部门，地方政府具有信息优势与管理优势[1]，能够更好地承担属地风险责任。

---

〔1〕 吕铖钢：《地方金融权的法律配置》，载《现代经济探讨》2019 年第 4 期。

（四）地方金融监管权的配置模式

目前我国法律并未直接授权地方政府以地方金融监管权，实践中更多表现为国务院“三定规定”[1]对各地地方金融监管部门的赋权，以及中央文件就“7 +4”类组织作出的授权。但是在《立法法》就金融事项进行法律保留的前提下，这些授权的合法性是存疑的。

事权划分涉及央地关系，其对于国家政治和经济的重要性，决定了央地事权的划分应当由全国人大常委会制定法律的形式予以规定。德国将中央和地方事权划分视为宪法事务，在其《基本法》中对立法权事务和行政权事务在联邦和州之间的分配有较为明确、清晰的规定[2]。因此，中央与地方事权的配置与划分是中央事权，中央与地方对金融的权力也当然是金融基本制度，属于《立法法》第 8 条法律保留的范畴，其配置应当由法律作出规定。

地方政府在金融管理主要是中央事权的前提下参与金融管理、承担属地责任，就要在法律的框架内得到授权，具体有三种模式：法律授权、行政法规授权、地方性法规授权。首先，法律的授权是基于《立法法》中金融为法律保留事项的规定，直接由法律对地方金融监管的方方面面进行规定，例如我国在金融立法方面已经制定了《证券法》《保险法》等法律来明确监管权限与职能部门。法律作出规定的方式，可以是立法或者修改现有法律，可以制定集中或单行的法律。其次，由全国人大常委会作出决定，授权国务院制定行政法规和制定地方金融监管的规则。最后，地方性法规可以在不违背上位法、不触碰金融事项的前提下创制规则，并在上位法范围内制定细则。

鉴于中央八部委对上海国际金融中心建设作出了指示，要求上海完善地方金融监管体制和监管体系，加强对小额贷款公司、融资担保公司、区域性股权市场、地方资产管理公司等授权监管机构的监管，强化对辖区内各类交易场所等的监管，牢牢守住不发生系统性、区域性金融风险的底线。[3]在此背景下，面对现有上位法授权有限的情况，上海可以采取地方立法的方式，在地方性法规的立法权限内充分赋权上海，落实中央要求的地方金融监管职责，形成中央与地方联动、全覆盖的国际金融中心金融监管体制。

---

〔1〕 第十三届全国人大一次会议表决通过了关于国务院机构改革方案的决定，其后各地的机构改革方案经党中央、国务院批准后印发。为贯彻落实党的十九大关于深化机构改革的决策部署，推进国家治理体系和治理能力现代化，《中共中央关于深化党和国家机构改革的决定》要求依法管理各类组织机构，加快推进机构、职能、权限、程序、责任法定化，增强“三定”规定（定机构、定职责、定编制）的严肃性和权威性。地方政府及其相关部门应当依据“三定”规定履行职责。

〔2〕 王浦劬、张志超：《德国央地事权划分及其启示》，载《国家行政学院学报》2015 年第 6 期。

〔3〕 中国人民银行、国家发展和改革委员会、银保监会等八部委印发的《上海国际金融中心建设行动计划（2018—2020 年）》对上海国际金融中心建设重点任务措施作出了指示，要求上海“优化金融发展环境，维护金融安全稳定”，提出了完善地方金融监管体制。按照 2017 年全国金融工作会议精神，设立地方金融监管机构，完善地方金融监管体系。在坚持金融管理主要是中央事权的前提下，明确地方金融监管职责，加强对小额贷款公司、融资担保公司、区域性股权市场、地方资产管理公司等授权监管机构的监管，强化对辖区内各类交易场所等的监管，牢牢守住不发生系统性、区域性金融风险的底线。

三、制度合力：保障上海地方金融监管的有效实施

（一）制定监管规则与细则

地方政府携地方金融监管部门创设地方性的规则时，要注意避开明显属于金融的事项。关于行政许可，地方性法规有行政许可的设定权，但不能设定地方金融组织的准入条件，只能在上位法的准入规则下制定细则，而地方政府规章没有此项权力。关于行政处罚，地方性法规可以设定除限制人身自由、吊销企业营业执照以外的行政处罚，地方政府规章可以在法律法规规定的行政处罚的行为、种类和幅度的范围内作出具体规定，可以在没有上位法的情况下对违反行政管理秩序的行为设定警告或者一定数量罚款。关于行政强制，地方性法规可以就地方性事务设定查封场所、设施或者财物、扣押财物的行政强制措施，地方性法规与地方政府规章均无权设定行政强制执行。

（二）依法准入与良性退出

首先，市场进入要依法进行。中共中央关于《打好防范化解重大金融风险攻坚战行动方案》提出“严把市场准入关，全面实施金融机构及金融业务持牌经营，从事金融业务必须获得金融管理部门批准，对未经批准从事或变相从事金融业务的机构，依法关闭或取缔”。地方金融监管部门要在严格遵守中央统一规则之下，制定实施细则，并依法对准入事项实施其监管职权。

其次，市场退出要防范风险。解散是企业退出市场的法定事由。有关公司的法律法规都对公司解散规定了清算要求和程序，明确清算组对相关债权申报和责任承担的处理。因此，地方金融组织解散或停止经营金融相关业务的，地方金融立法可以对其解散时的安排作出规定，在要求清算的基础上，还可以要求对企业未到期债务及相关责任的承担作出安排，从而使得相关企业妥善处理债权债务关系，避免重大风险隐患。

（三）完善事中与事后监管

在市场主体的运营中，为了防范金融风险，监管机构可以对市场运营设定风险控制与监管评级制度，包括设定与市场主体权利相适应的义务，实施监督检查、监管措施、强制措施，以及包括对前述应尽义务的违反设定程度相适应的行政处罚，以及发生风险事件后接管市场主体等措施，具体包括但不限于：第一，要求市场主体真实、准确、完整地向社会披露重大信息；第二，要求市场主体定期向监管机构报送与监管事项有关的文件、数据资料，在出现重大风险时及时向监管机构报告；第三，实施监管评级，对市场主体的信用信息、违法记录、守法情况、经营能力等作出评价、测定、解释，实现有效监督；第四，对市场主体以现场和非现场的形式进行监督检查，便于及时分析市场主体的运营情况、发现企业运营异常与潜在金融风险，或对发生的事件进行专项检查，现场检查包括询问相关

人员，调取相关资料，非现场检查包括对报送数据资料的统计分析；第五，对市场主体的违规行为责令改正而逾期未改正，或者其行为严重危及自身运行、损害公共利益的，采取强制措施；第六，针对市场主体违反行政法律法规的行为，作出行政处罚；第七，在市场主体陷入经营困境或濒临破产时，或者市场出现动荡、风险成为现实时，监管机构可以进行风险事件的危机处置，如借鉴银行业中较为通常的监管部门对相关金融机构进行接管的制度。

（四）风险防范与处置并重

风险事件发生时，首先，地方金融组织负有处置风险的主体责任。企业组织作为金融活动的主体，是管理企业经营风险的天然主体。强化其主体责任，有助于起到风险处置“第一道防线”的作用，防止受监管对象对监管部门的“躺、靠、等”与消极应对。其次，地方金融组织应当立即采取相应的风险控制措施，并立即向监管部门报告，供监管部门开展风险研判与评估。

与此同时，监管部门则有控制风险与进行干预的权力。我国的金融立法例如《银行业监督管理法》《保险法》《证券法》，均授权金融监管部门在受监管对象出现重大风险隐患时采取相应的金融业审慎监管措施，《融资担保公司监督管理条例》也有类似规定。因此，在不违反《行政强制法》的前提下，地方金融监管立法可以授权地方金融监管部门，有权在受监管对象出现重大风险隐患时，责令其履行一定的作为或者不作为义务，包括向经营者和社会公众发出预警函，责令暂停相关业务、停止增设分支机构直至预警解除，以及冻结资金账户、提交或者提请其他国家机关依法采取措施等，以实现防控风险的监管目标。风险得以消除的，地方金融监管部门应及时撤销预警函，解除风险处置措施。此外，我国的《商业银行法》《保险法》《证券法》等金融立法中均对接管、托管制度有所体现。这一制度在地方金融监管中也可有所借鉴。

（五）健全执法衔接与合作

实践中，无论是哪个领域的监管部门，只要是对风险大、范围广、复合型的活动进行监管，都存在“单兵作战力不从心”的局面。对此，地方金融立法可以关注央地衔接、条块结合的执法合作与衔接机制，增强金融监管合力，形成全面覆盖的风险预警、防范、化解机制，促进区域金融改革发展和稳定。

首先，立法可以规定地方政府以及地方与国家的金融监管部门之间形成有效的协作机制。地方金融监管部门在采取监管所需措施时，也应当将所掌握的信息及时向有关政府部门和监管机构通报，接受通报的部门和机构应当依法采取措施，防范风险形成或扩大。其次，立法可以规定地方金融监管部门与公安部门、商务部门、发展与改革部门、经济信息等部门的合作。地方金融监管部门发现金融活动中的涉嫌违法、犯罪的，应当及时将相关案件线索向市场监管、公安等部门通报。市场监管部门、公安等部门应当在接到通报后及时、依法采取措施，制止违法犯罪行为，或依法立案调查、侦查，并将处理情况通报市金融监管部门。

四、区域协同：保驾长三角一体化下的监管协调

（一）金融监管区域协同的缺失

金融委办公室地方协调机制的建立，使地方层面形成了地方协调机制连接中央与地方，对“一行二局”与地方金融监管部门进行指导与监督的格局，有效地解决了省、直辖市辖区内的协同问题。但在长三角一体化发展的战略背景下，地方协调机制在跨省、跨央行大区的协调功能上尚有欠缺。地方事权的“协商条款”在诸多法律中都有规定，此类条款在环境保护领域尤其多见。而在金融监管领域，同级政府或部门之间，例如省级人民政府之间、区人民政府之间，缺乏应对跨行政区域问题的法律“协商条款”，即便是央地之间上下级的协调机制也正在建立与探索完善中，尚未形成法律的明文规定。

（二）金融监管协同的法治路径

1. 政府推进型的协同。

改革开放以来，我国经济进入快速转型期，区域经济一体化的特征日趋明显。而进入新发展阶段，中央对长三角的区域一体化、金融支持长三角一体化提出了新的更高要求。为了适应经济发展与生产力水平的提升，区域法制的一体化这一生产关系的跟进具有紧迫性，因此在快速发展的区域不易采取社会演进型的缓慢道路，而要采取由政府进行自上而下推进的道路。“这是代价最小、速度最快、成功系数最大的道路，也必将被历史证明是一条理性之路、智慧之路、前进之路。”[1]区域法制一体化的构建需要“由政府倡导起来，有时在一种明确的目标指导下，通过政府的力量来组织实施”[2]。为此，金融监管协同的法治一体化路径需要政府作出总体设计，对法治化、一体化的目标作出宏观决策，并自上而下地组织、实施、推动与指导，并通过各种措施保证总体目标的落实。

2. 中央协调与地方协调相结合。

（1）中央协调的方式。中央协调的方式有两种，一是针对全国所有经济区域立法，二是针对长三角这一特定经济区域立法。对于第一种，在各项机制通过一段时期的探索与实施，具有一定的长期性、通用性和有效性时，可以通过全国性的立法将其纳入法律。在立法层级上，首先，对于法律保留的事项可以先行制定行政法规，待规则成熟后再制定法律，这是基于《立法法》第9条的授权立法规定。其次，对于法律保留以外的事项，可以在相应权限范

---

〔1〕 袁曙宏：《法治规律与中国国情创造性结合的蓝本——论〈全面推进依法行政实施纲要〉的理论精髓》，载《中国法学》2004年第4期。

〔2〕 蒋立山：《论政府主导型的法制现代化》，载《法学杂志》1995年第3期。

围内制定行政法规、部门规章，也可以通过政策文件、行政文件等其他文件进行试点。在立法内容上，可以对跨行政区划事务直接作出规定，也可以将跨行政区划事务的规划权授予相应的多个省级人民政府并规定省际协商机制。对于第二种，立法形式上可以延续国家对长三角等经济区域针对性颁布意见，内容上也同样可以涵盖“协商条款”。

（2）地方协调的方式。地方协调的方式有三种，一是就跨行政区划事务在省之间协商一致、达成共识的基础上，就地方性事务在相应权限范围内制定地方性法规和地方政府规章以及其他文件，规定与其他省市协同的具体行动。二是达成紧密型的立法协作，可以是省级政府之间，也可以是具体部门之间。例如，江苏省、浙江省、安徽省和上海市商务部门负责人曾于 2014 年共同签署了《推进长三角区域市场一体化发展合作协议》，该协议的签署将有利于建立紧密合作工作机制。三是建立有效的协作机制，其中较为重要的是立法信息交流互动机制。

关于立法信息交流互动机制，一是围绕年度立法计划的制定和实施，举行工作会议或进行工作对接；二是结合年度立法计划、国家重大立法活动、区域协调的问题进行专题研讨，探讨立法中的共性问题、立法衔接问题并考虑立法的前瞻性；三是建立各省级立法主体的立法动态通报制度，及时相互通报新制定的法规、规章。

3. 地方协调机制的协同。

如本文第三部分所述，地方协调机制为中央对地方就金融监管的属地职责直接进行指导与监督架起了桥梁，但还未织起一张联结各地的网络。因此，在长三角一体化法制的战略下，如果国务院金融委办公室能够赋予上海、浙江、江苏、安徽四地的地方协调机制以相互沟通的职能，将地方协调机制现有的工作职能扩展到省际联通的维度，加强长三角三省一市之间在金融监管方面的协作，尤其重视应急风险处置过程中的及时合作、日常与紧急时刻的监管信息共享，并就消费者权益保护等方面展开有效的跨区域协作，将更有效、更高效地解决金融监管协同缺失的问题，更好地服务长三角实体经济，防范金融风险，助力形成经济法制新格局。关于长三角三省一市之间的金融监管牵头部门，鉴于地方协调机制设立在人民银行省级分支机构，可以沿袭人民银行上海总部的地位。人民银行上海总部现已承担了上海国际金融中心建设和长三角金融协调发展的职能，为了顺应其现有职责并考虑到工作便利度，可以赋予上海协调机制以牵头地位。

4. 基于信息共享的协同。

为了加强长三角三省一市之间在金融监管、风险处置、信息共享和消费者权益保护等方面的协作，信息共享与信息平台的搭建与联结至关重要。现有地方人民政府与中央金融监管部门各自的信息系统并不完全联通，而长三角金融监管的协同应在以下方面做到信息交流与共享：（1）加强四地中央金融管理部门派出机构之间、中央金融管理部门派出机构与地方金融监管部门之间的监管协调和政策沟通。(2) 推进四地金融业综合统计和金融统计标准化建设工作，建立四地金融数据共享机制，推进金融机构信息、行业基础数据、市场运行情况、风险状况的及时、充分共享。建立健全四地金融业重大事项、突发事件的及时沟通交流机制。(3) 根据四地金融服务实体经济的情况和形势，研判、防控风险。(4) 协调四地政府与各部门，尤其是公安部门，做好金融消费者权益保护工作。

科创板实践与注册制完善

注册制背景下存量资本市场改革路径和配套机制

桂　祥*

一、科创板制度创新现状分析

（一）科创板制度创新之动因

我国资本市场肇始于20世纪90年代初，经历了近30年的发展，在体量方面已位居世界前列〔1〕，但不可否认的是，我国资本市场目前仍然处于一个“大而不强”的状态。具体来说体现在：上市门槛较高、退市难、上市公司结构仍以传统产业为主、科创型高回报公司纷纷出走境外上市、国内投资者很难分享新经济增长成果、长线资金不敢入市、证券违法行为频发等。而导致这些制度性缺陷的最为主要的原因则被认为是证券发行的核准制，核准制赋予了监管机构过于强大的行政权力，但严格的审核流程并未起到“净化证券市场”的效果，反而形成了审核周期漫长、发行融资困难、权力“寻租”严重等非市场化弊病，极大地增加了公司发行成本。

正因如此，我国于2018年11月5日在首届中国国际进口博览会开幕式上宣布设立科创板并在该板块内试行注册制，希望通过科创板的制度创新来带动整个资本市场的改革。2019年1月23日，中央全面深化改革委员会第六次会议审议通过

---

* 桂祥，东华大学人文学院教师。本文系上海金融法制研究会2019年青年课题成果摘要。

〔1〕 根据2021年9月数据，我国股市流通市值约为86.4万亿元人民币，仅次于美国，世界位列第二。

了《在上海证券交易所设立科创板并试点注册制总体实施方案》。同月 30 日，经党中央、国务院同意，中国证监会发布了《关于在上海证券交易所设立科创板并试点注册制的实施意见》，这也成为科创板设立纲领性文件。在 6 月 13 日第十一届陆家嘴论坛开幕式上，备受关注的科创板也宣布正式开板，而在 7 月 22 日科创板也已迎来首批上市的 25 家公司。科创板从 2018 年 11 月到正式开板仅仅历经不到一年的时间，在党中央、国务院的高度支持下，实现了我国资本市场制度的重大创新，成为我国推进金融供给侧结构性改革、促进科技与资本深度融合、引领经济发展创新驱动转型的重大举措。

（二）科创板具体制度创新梳理

与我国既有存量资本市场制度相比较，科创板的制度创新是全方位体现的：在证券发行上实行注册制：由证券交易所负责科创板发行上市审核、证监会负责科创板股票发行注册、证监会不对股票投资价值进行实质性判断等〔1〕；在科创板基础制度创新方面，强化信息披露监管（发行人系信息披露第一责任人、上海证券交易所通过问询对信息披露进行监管等）〔2〕，构建科创板股票市场化发行承销机制（保荐人相关子公司“跟投”制度等）〔3〕，完善交易制度（对于涨跌幅的限制有所放松），建立高效的并购重组机制（科创板上市公司并购重组实行注册制等）〔4〕，严格实施退市制度（体现在严格交易类以及重大违法类强制退市制度，优化财务类强制退市指标等）〔5〕；在完善与科创板相适应的配套机制保障方面，主要体现在加强科创板上市公司持续监管（延长核心技术团队股份锁定期等）〔6〕，强化中介机构责任（建立保荐人资格与新股发行信息披露质量挂钩机制等）〔7〕，保护投资者合法权益以及推动完善有关法律法规等。

（三）进一步对存量资本市场制度全面注册制改革面临的问题和挑战

目前虽然科创板制度创新取得了一些阶段性成就，但对标纽交所、纳斯达克等国际成熟市场仍有不小差距，且更为重要的是，其促进存量市场深入改革的动力仍显不足，主要表现在以下几个方面：（1）证监会与交易所、交易所之间的关系有待进一步理顺。如证监会和交易所之间具体分工定位仍未确定，证监会对已通过交易所审核尚未进行注册的企业否决权行

〔1〕参见《关于在上海证券交易所设立科创板并试点注册制的实施意见》《科创板首次公开发行股票注册管理办法（试行）》《上海证券交易所科创板股票发行上市审核规则》等规定。

〔2〕参见《上海证券交易所科创板股票上市规则》第五章、《上海证券交易所科创板股票发行上市审核规则》第四章、《科创板首次公开发行股票注册管理办法（试行）》等规定。

〔3〕参见《上海证券交易所科创板股票发行与承销业务指引》等规定。

〔4〕参见《上海证券交易所科创板股票上市规则》第十一章等规定。

〔5〕参见《上海证券交易所科创板股票上市规则》第十二章等规定。

〔6〕参见《上海证券交易所科创板股票上市规则》《上海证券交易所科创板股票发行上市审核规则》等规定。

〔7〕参见《上海证券交易所科创板企业上市推荐指引》、《上海证券交易所科创板股票上市规则》第三章、《上海证券交易所科创板股票发行上市审核规则》、《上海证券交易所科创板股票发行与承销业务指引》等规定。

使也未明确；创业板和科创板上市标准雷同。[1] (2) 科创板上市公司存在部分信息披露内容冗杂，信息内容过于细化等问题，不仅增加了新制度运行过程中发行人、中介机构等参与主体的信息搜寻、整理成本，影响了投资者对价值判断有效信息的获取。(3) 投资者制度创新红利维护机制有待进一步完善。如机构投资进一步增配面临诸多限制，限制了中小投资者通过间接投资渠道分享制度创新红利的渠道；特别代表人诉讼制度的落地有待进一步提升。(4) 制度协调性略显不足。如注册制背景下中介机构所面临的市场生态发生明显变化，但中介机构执业质量有待提高；科创板更加强调长期价值投资，但现有相关规定如《证券发行与承销管理办法》对长期资金仍有限制。

二、我国资本市场制度改革路径分析

(一) 我国资本市场制度历次改革路径分析

我国资本市场最初完全是行政化审批管理，而后随着市场的不断发展监管层也一直在对相关制度进行市场化的改革。近年来，基本采用了三种改革路径：其一，在存量制度基础上进行一定的局部“修补”。我国的资本市场制度革新的动力机制更多源于违规事件的爆发，制度改革主要以查缺补漏为目的致力于完善监管体制的治理盲点。这种制度变革路径虽然成本和风险较小，但也存在一个非常明显的缺陷，也即制度变迁中的“路径依赖”现象。如2009 年的创业板改革，其最初定位是为高科技公司进行融资，特点是低门槛、高成长，但是实际运行中的创业板上市门槛并不低（净利润要求不低于3000 万元人民币），成长性也并不高（上市后业绩变脸比比皆是），无疑是已落入了存量资本市场制度变迁的“路径依赖”。其二，在现有制度之外进行完全独立的制度革新，这种制度变革路径可以较好地规避“路径依赖”现象，且制度变革的成本和风险也较小，但这种较为割裂的制度革新路径最后有可能演化成“为改革而改革”，并不能起到以增量带动存量的目的，比如 2013 年在全国推广的“新三板”扩容可为例证。“新三板”的相关规则已接近于注册制，但其设立并没有促使存量资本市场向注册制转型，反而因为融资功能的弱化屡屡出现挂牌公司主动摘牌现象。其三，对现有制度进行全面变革，这种制度变革路径可以较为全面地对现有制度进行彻底改变，但原有资本市场制度问题可谓积弊难返，利益关系错综复杂，要对原有资本市场制度进行全局性革新，必然会大范围触动既有利益获得者，增加制度改革的阻力和风险。对我国资本市场制度进行跳跃式的注册制变革并不现实，这一点已由 2015 年开始的曲折的证券法修改历程充分说明。

---

[1] 参见《上海证券交易所科创板股票上市规则》《深圳证券交易所创业板股票上市规则》（2020 年修订）相关规定。

（二）设立科创板以增量促存量制度改革的路径形成

我国在首届中国国际进口博览会开幕式上提出："在上海证券交易所设立科创板并试点注册制，支持上海国际金融中心和科技创新中心建设，不断完善资本市场基础制度。"因此，中央设立科创板的制度创新并非仅仅为新设一个适合高科技企业融资的市场板块，其更重要的意义在于通过科创板的制度创新来积极推动我国资本市场的整体改革和发展。这实际上也确定了我国资本市场制度市场化改革的总体路径，即先引入新设增量制度，再通过经验推广的形式促进存量制度的变革。这种以增量促存量的制度改革路径并非科创板或者资本市场制度创新的独创，其实早在我国经济体制改革初期，对传统计划体制内国有经济实施的制度创新就采用了这种"增量改革"的路径。其基本内涵是：先在旧体制旁边或周围发展其新体制或新的经济成分，随着这部分经济成分的发展壮大、经济结构的不断变化和体制环境的不断改善，逐步改革旧的体制。这种改革路径有一定的优势，如减少试错成本、学习成本、降低改革失败风险等。但是我们不禁要回答一个现实问题，也就是增量改革是否一定会导致设想中存量制度改革的实现，或者说存量改革应当由谁来起推动作用？这反映到科创板增量改革中，就是应当基于怎样的理念、通过怎样的配套制度设计妥善处理好增量制度和存量制度之间的关系，并平稳有序地实现存量制度改革目标。

三、制度变迁路径的经济学理论概述

制度是政府提供的重要公共产品，为了更好地满足公民不断变化的制度需求，这种公共产品应当随着实践的发展而不断更新。从制度变迁相关理论来看，制度的供给是有限且稀缺的，相应的制度变迁也存在一定成本，因此制度本身存在一定的稳定性。但这种均衡永远是相对的，随着外部环境的改变，既有制度中参与主体的收益预期和成本预期可能会发生变化。也即当部分主体发现在制度变迁的情况下，相较于增加的成本其能获得更大的收益，这些主体则必然积极推动相关的制度变迁。而根据起主要变迁推动作用的"第一行动集团"的不同，我们通常可以将制度变迁分为诱致性制度变迁和强制性制度变迁。但不管是政府还是其他市场主体作为"第一行动集团"，制度变迁一般都将对现有利益格局进行相应的调整。而存量制度中的既有利益集团将按"他们的利益来决定政治（进程）"，从而使得一些非效率的制度可能长期存在，预想中的制度变迁陷入"路径依赖"的泥沼，即使存在更有效的制度也无法脱离现有制度自强化机制的"锁定"。

当然，路径依赖也并非不可突破。由于路径形成具有多重均衡可能性的存在，在满足一定条件下，既有的制度变迁路径也可能受到创造性破坏力量的影响，从而使制度朝更有效率的方向变迁，并形成"路径创造"的态势。传统路径创造理论更多关注外部冲击实现路径替代的可能，但近年来也有越来越多的学者将研究重心放在制度内生因素上，例如强调"制度网络结构”中不同制度相互依赖、影响，增强制度间的协调性；又如更关注制度变迁中行为主体的一致行动；再如强调制度变迁的适应性学习过程，鼓励适用新制度的知识积累。因此，路径创造的实现涉及既有制度相关主体的利益格局、知识结构等调整，不仅仅是制度制定者对制度变革发布单一行政命令的过程，更是既有制度中各要素协同一致的结果。而我们在设立科创板以达到改革存量资本市场制度时，也应从调动相关市场主体参与积极性、相关制度协作等角度来实现存量资本市场制度变迁的“路径创造”。

四、科创板背景下存量资本市场制度改革的理念和路径

（一）科创板背景下存量资本市场制度改革理念——监管与市场竞争

需要明确的是，前文提及的一致行动不仅仅体现为行政命令下参与主体间不存在差异性的统一行动，在内生性、渐进性的制度变迁理论观点中，其更体现为承认差异性前提下的合力行动，即承认制度内生要素本身存在冲突、竞争，强调制度变迁是在不同行动者之间的博弈，利益的调整和重新分配的过程中实现。在市场化程度较高的资本市场中，政府强制干预本身较为有限，市场各要素的博弈、竞争成为主流。因此在存量资本市场制度变迁过程中，虽然要发挥政府引领作用，但仍然应当重视运用市场中相关主体、要素间竞争所形成制度变迁的合力。

目前，我国公开发行交易的证券市场中大致形成了两套制度、多方主体参与的格局。虽然新修订的《证券法》为存量资本市场的全面注册制改革做了较为充分的准备，但是和科创板制度创新相比较仍存在较大的差异〔1〕，可以说呈现出两套制度相对独立运行，且具有相对独立的价值目标和功能定位。其实这种增量市场和存量市场的相对隔离不仅体现在制度本身设计上，也体现在参与主体上，比如对于个人证券投资者而言，存量资本市场基本没设门槛，而增量科创板市场则运用财富标准将大多数个人投资者隔离在科创板之外；〔2〕对于证券发行上市主体而言，科创板和主板市场所服务的企业存在较大的不同，科创板主要服务于初创期的科技型企业，而主板市场则更多服务于具有稳定盈利能力的成熟企业；对于监管主体而言，科创板的运行目前主要由上海证券交易所进行监管，而近期试点注册制的创业板则由深圳证券交易所进行监管，两个板块具有差异定位，在监管上来看目前也不存在实质性的互动或者竞争。由此可见，目前两套制度和参与主体基本是处于相互独立、要素不流通的状

---

〔1〕 参见《证券法》《上海证券交易所科创板股票上市规则》《上海证券交易所科创板股票发行上市审核规则》《科创板首次公开发行股票注册管理办法（试行）》《上海证券交易所科创板股票发行与承销业务指引》等法律及规范性文件。

〔2〕《深交所投资者调查：平均账户资产量 54 万，75% 低于 50 万》，载 https：//finance. sina. com. cn/roll/2020 -03 -19/doc -iimxyqwa1743306. shtml，最后访问日期：2020 年 6 月 24 日。

态，无法形成市场要素竞争下合力推动存量制度变迁态势。因此，为了在科创板背景下顺利实现存量资本市场制度改革，有必要在监管与市场竞争理念下，实现两套制度下的市场要素有限度流动，通过有效竞争凸显科创板的制度优势，从而对存量资本市场制度改革形成倒逼压力，并转化为成其路径创造的内生动力。

（二）监管与市场竞争理念下存量资本市场制度改革路径之证成

树立监管与市场竞争的理念并不能自动实现存量资本市场制度的内生性变迁，还需存在相关因素的促进才能实现改革路径创造。

1. 连接制度的构建。

根据制度网络结构的定义，节点制度[1]通过连接制度[2]建立起相互联系的关系，连接制度的设立不仅能对节点制度本身产生影响，更重要的是使其他节点制度能相互影响，从而形成制度变迁的路径创造。鉴于此，有必要在科创板和存量市场之间设立必要的连接制度（比如转板制度），使得科创板的制度创新能对存量资本市场各要素流动产生影响，从而产生“虹吸效应”。当然需要明确的是，此处的连接制度并非要消除不同制度板块间的差异性，使市场要素自由全流通，而应当是在允许存在制度差异性，市场要素流动受限的前提下，给市场中的要素流通搭建必要的通道，因此连接制度本身应当具有类似“阀门”的控制或者转换市场要素形态的功能。且连接制度适用频率本身也可作为评价相关节点制度有效性的指标之一，并由此来把控政府引导存量制度改革的节奏。

2. 市场主体收益与成本预期的合理调整。

制度变迁必然起源于微观市场主体的获利预期，相对价格的变化改变了个人在人类互动中的激励。因此要保护相关参与主体在推动制度变迁时的合法利益，充分发挥其在制度变迁中的能动作用。

首先，要保护积极推动制度变迁的“行动集团”的利益，具体而言：对于交易所而言，可以构建激励相容机制，逐步完成交易所的公司制转化，使其在承担审核、监管职能同时获得相应的利益；对于科创板上市公司而言，需要进一步增加科创板市场包容性，更多审核拟上市公司经营模式的可持续性、成长性，同时还应构建和完善相应的退市及转板机制，防止出现“劣币驱逐良币”现象；对于中小投资者而言，需要构建通畅的中小投资者的投资和风控机制，使其能够分享到国内经济的发展红利，制度创新对其而言也可产生新的预期利益。

其次，也应当看到在存量资本市场制度环境中已形成较为明显的既得利益群体，其可能会成为制度变迁中的阻力。在处理既得利益群体的改革阻力方面，大致有几种方式，比如等待利益群体自然消亡（如养老制度中的增量改革）、增量制度主体吸收存量制度主体（如部

---

〔1〕 节点制度是指具有独立功能的正式制度和非正式制度，既可以是各个领域中可以单独发挥作用的制度，也可以是制度的集合体。

〔2〕 连接制度是指将分散的节点制度衔接起来形成制度网络结构的手段及必要环节。

分国有企业改制)、增量制度促进存量制度内部主动变革等。就存量资本市场而言，其体量庞大，涉及面广，通过等待和外部吸收的方法都很难奏效，仍应从存量制度内部变革着手。此时不仅需要增强其改革收益预期，更应重视降低其改革成本，主要包括了存量制度沉没成本、学习成本等，而降低成本的方式则可以通过构建诸如监管沙盒、容错机制等来实现。

3. 有序竞争秩序的维系。

不同制度间的市场要素竞争能形成推动制度变迁的合力，但需要明确的是竞争并不是万能的，无论是市场竞争还是监管竞争都存在“失灵”的风险，且竞争的结果不仅有“竞优”还存在“竞次”及制度套利等。因此，我们在这里提出的竞争应当是在政府规范下的有序竞争，才能防止相关市场主体通过不正当竞争手段来获取非法收益。而要保证不同制度间的有效竞争，除了前文提及连接制度的正常运行实现“阀门”控制功能外，更需要加强不同制度内部执法的有效性。我国新修订《证券法》已经加强了对违法交易行为的打击力度，如提高行政处罚力度，进一步明确相关主体的民事赔偿责任以及构建诉讼代表人制度等。但是需要明确的是，“法律必须依靠某种外部手段来使其机器运转，因为法律规则是不会自动执行的”。因此不仅需要完善相关法律制度建设，更需要证券执法的体制、机制完善，而这具体可以体现在证券监管机构执法权力的强化、市场技术监管的加强以及证券违法行为民事责任构成要件的细化等诸多方面。

五、监管与市场竞争理念下存量资本市场改革配套机制构建

(一) 监管机构角色转变及机制完善

在竞争理念下的存量制度改革中，证券监管机构不能因为注册制改革方向而选择完全“隐退”放权，充满竞争的市场环境仍然需要强有力的监管机构，但此时其角色应当有所转变，不应深入介入市场运行机制，而应当更强化对监管及市场竞争秩序的规范，着力创造保护增量制度收益，减少存量制度变迁成本的市场环境。具体的机制完善可以表现在:

第一，要赋予证券监管部门更加有效的执法职能，首先，要强化和规范证监会的相关权力。对于行政执法而言，目前能进入证监会正式调查的案件较少，构成案件线索的标准也较为严格（2019 年新增立案数量 344 件，而受理的案件线索也仅有 544 件，也即大多数案件线索都被要求基本达到证监会正式调查的标准），[1]基本没有建立完善的案件调查机制。有必要借鉴美国 SEC 证券执法中的正式调查和非正式调查程序的做法，对于各种途径了解到可能存在的违法行为，由执法人员采用非强制性手段进行初步调查，加大监管执法对于证券违法

---

〔1〕 参见《2019 年度证券期货稽查执法投资者保护评价报告》，载 http://n3.sinaimg.cn/finance/8d861867/20200519/2019NianDuZhengQuanQiHuoJiChaZhiFaTouZiZheBaoHuPingJiaBaoGao.pdf，最后访问日期：2020 年 6 月 30 日。

违规行为的威慑性。对于证监会的准立法权和准司法权，目前法律规定的准立法权和准司法权范围仍然有限[1]，也因此有观点认为可以赋予证监会更加广泛的立法权和司法权以适应证券市场的特征，但相比于证监会的扩权而言，更重要的是要构建相关权力的规范运行机制，如在证监会制定监管规则时应当更加广泛地吸收各市场主体的意见、在行使准司法权时应当有如听证机制、专业而非行政化的裁决者等必要的程序性约束。其次，还要在监管中更多运用金融科技最新成果，使大数据、区块链等新一代信息技术和证券监管工作紧密结合。通过对大量资金、交易行为等要素数据的深入分析、处理，可以在不大幅增加监管成本的前提下增加监管公共产品的供给，从而提高存量市场主体违法或不公平竞争成本预期。

第二，在存量资本市场中尝试构建监管沙盒。监管沙盒概念第一次提出是在英国政府科学办公室的一份报告中，是在金融科技创新的背景下对既有监管制度的创新，可以在风险可控的“安全空间”内不受现有监管规则约束而开展金融创新。虽然监管沙盒的初衷在于支持金融科技创新，但也应当看到其对既有制度“破坏性创新”的优势，能在充分发挥市场主体积极性的前提下，较好地降低制度变迁中的学习成本、既有制度沉没成本，并适时调整适应性预期，完成非正式制度向正式制度的转变。因此，在目前存量资本市场制度改革中，我们也不妨构建类似的监管沙盒。当然，这里的监管沙盒并不是完全无规则的放弃监管，而是“宽严相济”的制度变革试验，如在融资方面可以给予相关主体注册制的便利性和宽容性，在交易方面采用更加灵活的机制，如单日单票“T＋0”、做市商交易等来活跃市场流动性，但在信息披露方面则应当要提高相应的标准，在中介机构责任方面可以进行强化等。由此可见，存量资本市场改革中的监管沙盒实际是对存量市场规则的突破，通过试行非正式规则来实现示范效应，并进一步对存量企业进行激励，带动存量制度的内在变迁需求。

（二）交易所监管竞争机制的优化

由于监管机构职能的改变，需要交易所承担更加重要的监管职责。我国证券交易所目前定位为会员制事业法人，但由于政府在其日常经营管理中介入较多，仍存在定位模糊、产权不明、治理结构畸形和缺乏竞争等弊端。在存量制度改革中，需要从监管竞争角度出发，构建激励相容机制，对其制度变迁收益进行维护，并优化相关监管竞争机制，使其成为支持改革的“积极行动成员”。

第一，实现交易所公司制改造。我国目前有两大证券交易所，分别是上海证券交易所和深圳证券交易所，都是在证监会直接主管下的场内证券交易场所，并不存在明显的自身激励目标，也不存在实质性竞争或者差异。但在上海证券交易所设立科创板、深圳证券交易所创业板试点注册制背景下，监管竞争其实已初现雏形，未来交易所不再是作为企业融资的资本来源，而是日益成为流动性的寻求者。为了更好地促进交易所之间的监管竞争，发挥交易所

---

〔1〕 参见《证券法》第 169 条、第 170 条。

主体在推动制度变迁中的能动作用，有必要对其进行公司制改造。交易所的公司制改造不仅在于改善交易所内部治理结构，更在于形成助力存量制度变迁目标实现的激励相容机制，使交易所不再紧盯市场发展规模等“政绩目标”，而更重视创造便利、高效的制度环境以吸引优质公司，增加市场交投活跃性，从而实现自身获益目标。而具体的制度设计本文认为可以根据政府出资，独立经营，适度竞争，社会监督等原则来开展。

第二，形成更加多元的市场竞争力评估体系。交易所公司制改造将适当加大交易所之间的有效竞争，但由于激励目标的营利性改变可能会也导致自利化倾向加重，并进一步导致监管竞次或上市标准雷同。应当明确即使进行公司制改造，交易所仍然属于资本市场的基础设施，对其市场竞争力或者经营绩效的考核应当更加多元，不应单纯从市值大小、融资规模或者盈利多少等方面进行考核评估，而更应当从不同市场间的竞争质量角度来开展多元的竞争力评估，并据此制定不同的上市标准，具体可表现为：行业领军企业的数量、对国家经济和科技的促进作用、营商便利性、投资者回报及权益保护、交易活跃程度等方面。

（三）转板机制的丰富

转板机制可以在增量和存量制度间搭建证券发行资源流动的渠道，并形成市场要素的竞争态势。2020 年 3 月证监会发布《关于全国中小企业股份转让系统挂牌公司转板上市的指导意见》（以下简称《指导意见》）明确符合一定条件的新三板企业可直接赴上海证券交易所科创板或深圳证券交易所创业板上市。虽然《指导意见》更多是深化新三板的改革举措，但也初步搭建了相关市场板块和场外市场的连接机制。从竞争理念促进存量制度变迁角度来看，还可对现有连接机制做进一步完善：

第一，构建双向转板机制。目前的转板机制是单纯的新三板转入到科创板或创业板，是一种单向的转板。由于科创板的上市条件和退市标准的差异性，当新三板精选层企业满足科创板上市条件时，可以申请从新三板转入到科创板，[1]但是如果科创板企业在利润、营业收入、市值或者研发投入比例不符合上市条件时，并没有明确的转板机制，不存在从科创板转入新三板精选层的清晰渠道，而仅当科创板企业在重大违法、交易、财务和规范等方面触发相关标准时，则将被严格执行退市程序，直接被归入全国中小企业股份转让系统中的“两网及退市公司”板块（原来“老三板”平移至全国中小企业股份转让系统形成）[2]，而该板块在交易及融资等规则和新三板挂牌公司相比都呈现较大的限制性。[3]这种单向通道实际对于投资者和企业而言可能较为不利，一旦经营出现较大波动，将面临更大的退市风险。而如

---

〔1〕 参见《关于全国中小企业股份转让系统挂牌公司转板上市的指导意见》。

〔2〕 参见《关于原代办股份转让系统挂牌的两网公司及交易所市场退市公司相关制度过渡安排有关事项的通知》。

〔3〕 参见《关于在全国中小企业股份转让系统挂牌的沪深交易所退市公司重大资产重组监管问答》《全国中小企业股份转让系统两网公司及退市公司股票转让暂行办法》。

果能构建双向转板机制，即当科创板企业由于经营不善在营业市值方面已经不符合科创板上市条件但还未触发退市标准时，该企业可以选择转板到新三板的其他板块，此时投资者可以利用做市商交易机制进行转让，企业也可以通过定向融资进一步改善经营。

第二，进一步丰富转板渠道。目前科创板和交易所其他存量市场板块之间不存在相互连接的转板制度，其实从竞争理念来看，更应当在增量市场和存量市场间构建合理的转板机制。如利用科创板和主板、中小板等存量板块在具体上市标准、行业细分等方面的差异性，在相关板块间构建合理的转板机制，不仅能够使已经不满足科创要求或者更满足其他板块上市标准的企业有更多的上市选择，维护优质科创企业的制度红利，减弱“柠檬市场效应”。更能利用增量制度本身的融资便利性、证券溢价较高等优势，吸引更多符合条件的存量市场主体转入科创板，更好地助力国家高科技产业发展，也能通过市场主体的获益行动来推动存量制度变迁。

（四）中小投资者制度创新红利的保护

从制度变迁参与主体来看，中小投资者是最为活跃的制度变迁行动者之一，对中小投资者合法权益的保护能提高其适应新制度的收益预期，对其积极推动存量市场制度变迁顺利完成意义重大。在竞争理念下的存量制度变迁语境中，对中小投资者制度创新红利的保护还应当做到：

第一，畅通中小投资者投资通道。监管层基于财富标准将大部分中小投资者拒绝在科创板之外，但同时也明确中小投资者可以通过基金等机构投资者实现科创板的间接投资。截至 2020 年 6 月 30 日国内市场上已成立 39 只“科创板主题基金”，[1] 而在此类基金发售过程中，往往会出现“比例配售”“一基难求”“一日售罄”等投资者积极申购的现象。同时，由于现有规定的限制，公募基金等机构投资者面临一定的投资限制，持股量还受到流通股本的较大限制，在很大程度上限制了机构的进一步增配。这也加剧了目前科创板基金市场上供不应求的现状，使中小投资者无法获得增量制度创新红利。因此，应当进一步畅通中小投资者在科创板的间接投资通道。2019 年 10 月后，证监会在公募基金产品注册制改革基础上，[2] 进一步实施了公募基金常规产品分类注册机制，对符合要求的基金管理人申报的常规产品实施快速注册，取消了基金产品注册过程中的书面反馈环节。但是对于科创板主题基金及目前渐行渐近的专门科创板基金并未纳入快速注册机制中，仍然存在书面反馈环节。其实科创板及科创板基金已积累了一定的投资经验，可以进一步将科创板基金及科创板主题基金纳入常规产品的快速机制中，取消设立中的书面反馈环节，缩短科创板基金的事前注册周期，加强事中、事后监管力度。同时，还应当适当调整公募基金对于科创板的持股比例，不仅可以畅通

〔1〕 载 http：//finance. sina. com. cn/roll/2020 - 07 - 02/doc - iircuyvk1565498. shtml，最后访问日期：2020 年 7 月 8 日。

〔2〕 参见《公开募集证券投资基金运作管理办法》。

中小投资者的投资渠道，也更有利于吸引更多长期资金进入。

第二，证券违法行为民事赔偿机制完善。新修订《证券法》对于中小投资者保护内容进行大幅的增加，但对于证券违法行为的法律则更多仍体现在行政及刑事责任的加强，在民事赔偿的规定仍然显得较为原则，具体体现在《证券法》第53条至第57条的相关内容中。这种责任追溯模式和证券违法行为民事责任理论上分歧较多有一定的关系，也和监管“重行政、轻司法”“重公权干预、轻私权救济”及司法对资本市场保持距离的局面息息相关。实际上我们可以看到民事责任赔偿机制在保护中小投资者制度创新红利、维护竞争秩序、保证市场资源有效配置等方面的积极作用。因此在科创板制度创新中，可以将一些成熟可行的制度规则和认定原则，如适格原告的确认、归责原则的要求、因果关系的认定、证明责任的分配、赔偿损失的计算等，上升为法律的规范。[1]而在创新制度和存量制度的竞争过程中，进一步将已经成熟运行的证券违法行为民事责任规则推行为存量制度未来的变迁成果。

〔1〕 肖钢:《证券法的法理与逻辑——肖钢主席在第四届“上证法治论坛”上的演讲》，载 http://finance.china.com.cn/stock/20131128/2008338.shtml，最后访问日期：2020年6月30日

科创板差异化表决权制度的规则、问题与改进

陶奕源 等*

2019年3月1日，证监会正式发布在上海证券交易所设立科创板并试行注册制的行政规章，随后上海证券交易所也发布多份业务规则。从《科创板首次公开发行股票注册管理办法（试行）》第41条、《科创板上市公司持续监管办法（试行）》第7条、《上海证券交易所科创板股票上市规则》（以下简称《上市规则》）第四章第五节的细则来看，为平衡持有特别表决权股份的股东和普通股东的关系，科创板“有条件”地接受表决权差异安排。这一方面尊重了科创企业公司治理的实践选择，另一方面也充分考虑了当前我国资本市场所处的发展阶段，通过各项限制性措施降低表决权差异安排被滥用的风险。但是，从创新型企业申报科创板的实践来看，基于控制权保持及股权融资需求产生的差异化表决权结构还未显现较大的制度功能。一部分企业基于监管要求等考虑，股权结构较为分散，倾向于没有实际控制人的持股结构。仅有优刻得科技股份有限公司（以下简称优刻得）一家企业以特别投票权安排获准上市。制度具体效用如何、制度是否需要拓展到其他板块以及是否需要限定差异化表决权安排的适用范围，都还有待实践和时间的检验，仍需通过制度完善进一步降低差异化表决权安排被滥用的风险。

---

* 本文系上海金融法制研究会2019年青年课题成果摘要，由华东理工大学课题组承担。课题组成员：陶奕源、徐唯好、冯广学、吴永、仰圆吉、王倩。

一、科创板差异化表决权制度的规则设计原理

（一）以表决权差异安排上市的公司资质要求

上海证券交易所对以表决权差异安排上市科创板的申请人资质至少提出以下要求：第一，限定公司性质范围。申请科创板股票首次发行上市的公司应符合科创板定位，具有突出科技创新能力。在对此进行判断时，不应以专门机构实质审查和行业目录为要求，而要以具体公司治理特性为标准进行界定与划分。[1]第二，市值要求。具有表决权差异安排的公司市值需要符合以“预计市值”为核心构建的指标，更注重企业的成长性而非营利性。第三，表决权差异安排设置时间及程序要求。表决权差异安排只能在上市前设置，并需经出席股东大会的股东所持2/3以上的表决权通过。旨在保障中小股东知情权的同时减少控股股东对中小股东的侵害。

（二）对特别表决权股份的限定

针对特别表决权股份，科创板规则作出严格限定：第一，持有特别表决权股份的主体资格要求。对持有特别表决权的股东的贡献、职务及持有股份比例作出规定。如此规定原因在于，差异化表决权实际上赋予创始股东对自己智力成果更高一个估值，更多表决权，使其智力成果能在法律上有很好的体现。但规则中未明确规定此“持股主体”为个人还是团体，也未表明此“持股主体”是否需要限定为创始人。第二，限制特别投票权与普通股投票权的权重倍数不超过10倍。其目的在于，在我国目前资本市场制度建设尚且不充分的情况下，避免股东因缺少制衡机制而对公司采取绝对控制方式，影响中小股东的利益。第三，特别表决权股份上市后的限制，要求不得以任何方式提高特别表决权比例。

（三）表决权差异安排公司的治理结构

科创板规则对拟以表决权差异安排上市的公司治理结构提出较高要求：第一，限制特别投票权比例，要求上市公司应当保证普通表决权比例不低于10%。此举给予中小股东参与提议召开临时股东大会和提出议案的权力。第二，规定特别投票权自动转换机制并原则上禁止在二级市场进行交易。拥有特别投票权股份的股东具有很强的人身属性，如果持有特别投票权股份的股东的人身属性失落，则特别投票权结构股权配置模式即失去了适用的价值基础。第三，限制特别投票权的适用范围。特别投票权的制度价值基础在于保持公司创始人对公司战略决策、文化理念的传承与发展，但在公司决策中并非所有表决事项都属此类。因此，对于不属于特别投票权表决制度价值保护范围的事项或根本影响中小股东利益的事项应当实行同股同权的表决方式，每一特别表决权股份只享有一份投票权。

---

〔1〕 参见蒋学跃：《公司双重股权结构问题研究》，载《证券法苑》2014年第4期。

（四）表决权差异安排公司的信息披露及监督机制

第一，外部信息披露义务。上市公司具有表决权差异安排的，应当在定期报告中披露该等安排的相关情况。当出现重大变化或调整时，应当及时予以披露。信息披露制度可最大程度保障中小股东对特别投票权运转详情的知情权。

第二，内部监事会监督。公司具有表决权差异安排的，监事会应当在定期报告中，就该等安排是否符合《上市规则》规定出具专项意见。另外，上海证券交易所可以要求公司或者特别表决权股东对滥用特别表决权，损害投资者合法权益的行为予以改正。

二、目前科创板差异化表决权规则的主要问题

（一）表决权差异化安排规则的法律效力与法律层级

股权差异化设计的制度涉及寻求满足市场需求与中小股东保护的平衡，因此，差异化股权设计权利配置的制度应有赖于不同层次的立法安排。对于股份有限责任公司，我国《公司法》第 103 条[1]和第 126 条[2]规定了同股同权的原则，从规范属性来看属于强制性规则。对于不同种类的股份涉及的股东权利义务能否差异化配置，《公司法》无明确禁止性规定，只在《公司法》第 131 条[3]授权国务院对其他种类的股份作出规定，为发行享有差别权利的不同种类股份留有余地。根据《关于在上海证券交易所设立科创板并试点注册制的实施意见》的规定，此次出台的特别表决权股份制度正是依照《公司法》第 131 条的规定，在一般规定的普通种类之外，设立拥有特别表决权的其他种类的股份。证监会公布《实施意见》"经党中央、国务院同意"，可以视为符合《公司法》第 131 条有关国务院作出规定的要求。

值得注意的是，差异化表决权制度与现有制度的衔接问题需要考虑。如公司法要求股份公司"同股同权"，科创板规则允许采用差异化表决权的股份公司上市，而股改至确定科创板上市的股东大会之间可能间隔时间较长，该段时间设置的差异化表决权制度的效力如何，何时确定差异化表决权机制符合法律法规规定而生效，若登陆科创板未成功，差异化表决权制度何时失效，以及在失效前作出的相关决议的效力如何处理等问题，还有待讨论。

另外，完善差异化表决权制度也需要对现有公司法和证券法具体规则进行重塑。例如，现有公司法和证券法体系不太关注"代表股份数"与"代表表决权"规定上的区别。科创板规则出台后，在现有规则上，需要厘清相应的规则内涵和目的，并做及时的法律法规更

---

〔1〕《公司法》第 103 条规定："股东出席股东大会会议，所持每一股份有一表决权。"

〔2〕《公司法》第 126 条规定："股份的发行，实行公平、公正的原则，同种类的每一股份应当具有同等权利。同次发行的同种类股票，每股的发行条件和价格应当相同；任何单位或者个人所认购的股份，每股应当支付相同价额。"

〔3〕《公司法》第 131 条规定："国务院可以对公司发行本法规定以外的其他种类的股份，另行作出规定。"

新。又如，差异化股权结构下的控股股东认定标准应当与现有规则有所区别。在差异化表决权结构下，是否会出现持股 50% 以上的股东却只享有 10% 股权的较极端的情况，以及在此种情况下控股股东如何认定还有待讨论。因此，为实现股东表决权规则的一体化，后续仍需进一步考虑如何修改《公司法》，提升特别表决权股份制度的法律层级和法律效力。

（二）差异化表决权制度下的公司控制权之争

差异化表决权制度下会产生公司控制权之争的新问题。例如，持有特别表决权股份的持股主体对拟上市公司的控制对公司的长期稳定发展是否会构成挑战？特别表决权股份之所以比普通股份享有更多的表决权，在很大程度上是对创始股东及核心管理者专属智力及人力资源的合理估值，根据《上市规则》第 4. 5. 3 条规定可持有特别表决权股份的股东应当对公司的发展或业务增长作出重大贡献，但个人的智力和贡献力是一个动态可变量且其是该机制的核心。基于对股权差异化设计的制度价值分析可知，拥有特别投票权股份的股东其实具有很强的人身属性。公司创始人以其人力资本保持公司的长远发展。如果持有特别投票权股份的股东的人身属性失落，则特别投票权结构股权配置模式即失去了适用的价值基础，赋予公司的管理层永远的控制权是不合理的。〔1〕因此，在各国和各地区的特别投票权制度实践中，均设置了相应的防范机制。

第一，关于“日落条款”〔2〕及“定期日落”机制的规定。“日落条款”即对特别投票权的终结条款，如规定持有特别投票权股份的股东不得转让股权，如若转让，则特别股转为普通股。“定期日落”机制则是指在差异化股权制度实施一定年限后将特别投票权转化为普通投票权，这也是防止同股不同权被滥用的重要机制。

第二，关于特别投票权股份持有人的信义义务规则的完善。最早将信托义务理论融入控股股东的代表人为 Berle 和 Means，他们认为，为防止管理层及控股股东通过滥权侵害其他主体的利益，将管理层及公司实际控制者置于信托法律关系中，作为公司股东的受托人，以谋求全体股东利益作为其行使权利最大化的界限。〔3〕随后，德国理论界也开始认同控股股东负有信义义务。〔4〕通过现代公司法理论的发展，信义义务的主体逐渐扩展，由董事、经理等公司管理者延伸至控股股东。我国《公司法》第 147 条规定了公司的董事及高管对公司负有

---

〔1〕 参见美国 SEC 委员 Robert J. Jackson 的主题演讲：Perpetual Dual – Class Stock：The Case Against Corporate Royalty，载美国证券交易委员会官网，https：//www. sec. gov/news/speech/perpetual – dual – class – stock – case – against – corporate – royalty? from = groupmessage，最后访问日期：2021 年 10 月 8 日。

〔2〕 See Lucian Bebchuk and Kobi Kastiel，*The Untenable Case for Perpetual Dual – Class Stock*，Virginia Law Review，Vol. 103（2017）.

〔3〕 Adolf A. Berle& Gardiner C. Means，*The Modern Corporation and Private Property*（Rev. ed. 1991），p. 219. William W. Bratton，*Berle and Means Reconsidered at the Century's Turn*，Journal of Corporate Law，University of Lowa，Spring 2001，p. 760. 转引自白慧林：《控股公司控制权法律问题研究》，北京大学出版社 2010 年版，第 140 页。

〔4〕 王继远：《控制股东对公司和股东的信义义务》，法律出版社 2010 年版，第 66 页。

信义义务，在美国，甚至要求拥有控制权的股东对其他股东也负有信义义务。[1]在差异化股权结构下，持有特别表决权的股东，通常也在公司担任董事。目前，我国法律对董监高的信义义务及基于权利不得滥用的法理对控股股东的约束力还较为薄弱，对中小投资者的民事救济措施还不尽完善[2]，基于中美资本市场的差异，也难以效仿英美国家通过案例总结信义义务标准的方式。[3]因此，如何在制度层面防止控股股东滥用权利，是需要思考的问题。

第三，关于特别投票权与普通股投票权的权重倍数设置问题。目前上海证券交易所规定特殊表决权股份的表决权不得超过每份普通股份的表决权数量的 10 倍。从中国当前市场实践来看，优刻得设置特别投票权与普通股投票权的权重倍数为 5 倍，针对监管部门的问询，其回复将特别表决权股东的表决权比例限制在 1/2 以上、2/3 以下的区间内，使其能够对公司一般决策享有绝对话语权，而对于特别决议仍保有普通股东的影响能力，具有商业合理性，有助于强化股权结构的延续性和稳定性。从监管部门的角度看，对公司设置特别表决权，主要关注点还是在于其治理结构稳定程度和控制权平衡程度；而企业方设置特别投票权一方面是基于自身的商业需要，保证实际控制人可以拥有对公司的过半数投票权；另一方面也会充分考虑监管的容忍度，从而自发形成其认为最优的倍数安排。

（三）差异化表决权制度下的契约再安排

差异表决权一般伴随财务或战略投资机构的入股时，原始股东同时要求提高自己的表决权以增加对公司的控制，二者的博弈是否允许包含除表决权之外的其他约定，比如，原始股东是否承诺一定的股份赎回义务等对赌属性，以及这些约定对上市公司的未来业绩和股权稳定性构成何种程度的影响？

《上海证券交易所科创板股票发行上市审核问答（二）》对“部分投资机构在投资时约定有估值调整机制（对赌协议），发行人及中介机构应当如何把握”作出相应回复，在做出原则性禁止的前提下，也进行了特定条件下的准许。下面就对赌协议中三个关键要素，即对赌人、对赌条件、触发后果三个方面具体说明。

首先，对赌人是指对赌协议的当事人，一方为股权投资方，另一方为融资企业方（标的公司），通常参加签订合同的为标的公司、企业实际控制人或者大股东及其他原股东。即使最高人民法院在对赌问题上的价值取向已从原先“与被投公司进行对赌无效”到 2016 年强静延、曹务波股权转让纠纷案转变为承认被投公司对对赌责任承担担保责任有效，但上海证券交易所在这个问题上采取了更为审慎的态度，即坚持“与被投公司进行对赌无效”的基本规则，这有利于建立有效的隔离，保护上市公司本身避免陷入争议和诉讼旋涡之中，即便在

---

〔1〕 参见张巍：《上市公司董事会的信义义务：基础理论与美国实践》，载《投资者》2018 年第 1 期。

〔2〕 例如，《公司法》没有规定信义义务包括的具体内容以及追究责任的主体。《公司法》第 147 条规定，董事、监事、高级管理人员应当遵守法律、行政法规和公司章程，对公司负有忠实义务和勤勉义务。

〔3〕 参见张巍：《上市公司董事会的信义义务：基础理论与美国实践》，载《投资者》2018 年第 1 期。

股东对赌失败后，也能保证正常经营，也避免公司中小股东和债权人直接受损。

其次，在对赌条件方面，一般有财务数据和非财务数据两类。财务性指标包括但不限于营业收入、利润总额、净利润、净利润增长率等，非财务性指标包括但不限于上市、用户数量、专利数量等。上海证券交易所对对赌条件进行了一定的限制，即对赌协议不与市值挂钩、不存在严重影响发行人持续经营能力或者其他严重影响投资者权益的情形。

最后，在触发后果方面，主要包括了股权对赌、现金对赌、优先权对赌、股权回购对赌等。上海证券交易所对对赌条件进行了一定的限制，对赌协议不得存在可能导致公司控制权变化的约定。

（四）表决权差异安排公司监督体系与信息披露的特殊要求

一直以来我国监事会制度饱受诟病。监事会大多只是上市公司的临时机构，并且没有充分的权力监察和控制董事与经理履行职责，从而导致监事会地位低下、资源匮乏。监事缺乏适当的考核和激励机制、强势的高管和过度支配的股东，很难让监事履行职责、发挥作用。[1]另外，虽然科创板规定了监事会专项报告制度，但监事由股东大会选举产生，上海证券交易所科创板规则并未明确要求在选举监事时特别表决权转为普通投票权，因此持有特别表决权的股东可能控制监事人选，易产生“自己监督自己”的情况，该内部监督机制可能形同虚设。

（五）差异化表决权安排下司法救济保障体系

司法救济保障一般为事后监管，在表决权差异化安排的制度下，司法救济保障应是保护公众投资者的最后一道防线。科创板规则中虽然规定了交易所可以在持有特别表决权股东出现滥用特别表决权情形时要求公司或者股东改正，但是，对滥用特别表决权的情形需要如何认定，公司或者特别表决权股东拒不改正有何惩罚措施等方面语焉不详。

就是否需要引入集体诉讼制度来保障投资者权益的问题，2015 年 6 月我国香港特别行政区交易所在不同投票权架构咨询及 2017 年有关建议设立创新板的咨询中发现，只有少数回应者认为引入集体诉讼机制该是允许采用不同投票权的先决条件。实际上，研究表明我国香港特别行政区与美国一样都高度重视投资者保障，只是做法不同。[2]美国的投资者保护重点在于事后保护，投资者对于其自身权益侵犯方面较易采取诉讼并获得赔偿，司法成本较之我国香港特别行政区要低。[3]而我国香港特别行政区对于投资者保护更侧重于事前监管，采取更严格的公开披露要求等方式来尽可能预防权利滥用，尽量提前防范可能产生的控制股东滥

---

〔1〕 参见郭雳：《中国式监事会：安于何处，去向何方？——国际比较视野下的再审思》，载《比较法研究》2016 年第 2 期。

〔2〕 参见《不同投票权架构的概念文件》，载 https：//www. hkex. com. hk/ –/media/HKEX – Market/News/Market – Consultations/2011 – to – 2015/August – 2014 – Weighted – Voting – Rights/Consultation – paper/cp2014082_c. pdf，最后访问日期：2019 年 1 月 20 日。

〔3〕 参见巴曙松、巴晴：《双重股权架构的香港实践》，载《中国金融》2018 年第 11 期。

权情况。

为最大限度地保护中小投资者的利益，结合美国和我国香港特别行政区的经验，在完善事前信息披露机制的同时，也需要不断加强对中小股东权益的司法救济机制。

三、域外差异化表决权监管的经验借鉴

在我国科创板有条件允许上市企业采取差异化表决权之前，不少国家和地区都对该股权架构有深入的监管实践，通过借鉴不同法域的应对经验，能对我国进一步有效合理规避制度风险并发挥其优势有所启示。

（一）差异化表决权域外实践与实证研究

在域外采用差异化股权结构的实践及实证研究中，可以看出差异化表决权结构可能引发的公司控制权与公司经济利益背离产生的冲突。

上市公司差异化股权结构的设置可能会对普通股股东的经济权益造成损害。在美国，举例来说，1986 年，美国机构投资者 Resorts International 向 Donald Trump 出售表决权为 A 类股 100 倍的 B 类股票后，A 类股交易价格从高位迅速跌至 20 美元，那些拥有无表决权股票的小股东手中所持的数量众多的股票对于后续投资者将不再具有任何吸引力。由于低表决权股股东既不享有优先股那样的优先清算权，在并购中所能实现的退出的经济价值也落后于表决权股，甚至根本没有能力以足够的表决权拒绝并购，这就有可能严重危害了这些股东的经济利益。[1]近年来，许多其他新兴技术公司也已经建立多层股权结构，或者宣布计划发行此类股票，与此同时，投资者会通过提起诉讼来保护其表决权，如近期 IAC 机构投资者 CalPERS 便提起集体诉讼，致使 IAC 宣布放弃发行不具有表决权的 C 类股票的计划。此保护行为将继续促进资本市场的发展，以及随之而来的长期价值创造。

另外，从现有实证研究来看，采用差异化股权结构的企业的代理成本是否高于同股同权企业仍存在分歧，但支持采用差异化股权结构的企业具有高代理成本的实证研究要更多。[2]

一些实证研究表明，在采用差异化股权结构的企业中，由管理层保持对企业的控制权会对企业价值及表现产生不利影响。Smart、Thirumalaib 与 Zutter 对 1990 年至 1998 年美国 253 家采用差异化股权架构并进行首次公开招股的公司进行研究，发现差异化股权架构公司的上市股份股价往往低于非差异化股权架构公司的股份。[3] Amoako - Adu 利用 2001 ~ 2007 年的

---

〔1〕 王灏文：《美国类别股法律制度探源：背景、进程及内在逻辑》，载《证券法苑》2018 年第 2 期。

〔2〕 Bradford D. Jordana，Mark H. Liua & QunWub，*Corporate Payout Policy in Dual Class Firms*，Journal of Corporate Finance，Vol. 26，June 2014，p. 1.

〔3〕 Scott B. Smart，Ramabhadran S. Thirumalai & Chad J. Zutter，*What's in a vote? The short - and long - run impact of dual - class equity on IPO firm values*，https：//papers. ssrn. com/sol3/Delivery. cfm/SSRN_ID924642_code219672. pdf? abstractid =784722&mirid =1&type =2.

791个双层股权企业年度样本点，发现相比单层股权公司，美国双层股权公司支付更少的现金股利，并且现金分配随着控制权和现金流量权之间差异的扩大而减少，这与管理层利用控制地位来获取个人私利的假设是一致的。[1] Masulis、Wang及Xie研究发现管理人投票权占较高比率，会导致公司现金资源的使用效率通常较低、行政总裁薪酬较高（可用以估量私人利益）、收购交易较难成功及资本开支回报较低等问题。[2] Lucian Bebchuk和Kobi Kastiel的研究提出差异化股权结构的动态生命周期理论，该分析表明，随着时间的推移，差异化股权结构的潜在成本往往会增加，而潜在收益往往会受到侵蚀，该结构失效的风险随着时间流逝往往会不断增加。且即使该结构随着时间的推移效率低下，控制人也有很强的动力来保留该种结构。[3]

但一些实证研究持相反态度。Dimitrov与Jain将1978年至1998年美国178家采用差异化股权架构的企业与其他企业作比较，发现在公布采用差异化股权架构后的第一年，这些公司在股票市场的回报较没有采用差异化股权架构的公司约高5%，而公布后的四年则高23%。此项研究证明差异化股权架构透过提供更具弹性的资本结构可为公司带来不少裨益。

实证研究亦表明，可通过监管及其他措施减少提取私利的次数及幅度。Dyck与Zingales发现，如司法权区在少数投资者保障、税制执行、会计信息披露规则及执法等方面较完善，控制权产生的股价溢价往往较低。控制人牟取私利的风险减少，使用差异化股权架构的影响就可由负面转为正面。[4]

（二）美国、日本、我国香港特别行政区的差异化表决权监管实践

通过分析比较三地的监管实践，可以发现差异化表决权受到了更多国家和地区监管者的认可，而不同地方均根据本地市场特性、制度配套等因素采取了宽严各异的监管方式并据此设计了不同的监管规则，大致可以分为底线式监管和严格具体监管两种模式。

美国是底线式监管的代表国家，其得益于大比例的机构投资者能与企业博弈确定章程以及包括信息披露、自律监管、集团诉讼等在内的完善的配套制度体系，对差异化表决权并无过多约束，而仅禁止以任何方式增强控股股东控制地位和剥削现有股东表决权，其余对控制权滥用的制约和对中小投资者的保护基本由机构投资者与上市企业协商确定以及配套制度兜底。与美国相比，日本、我国香港特别行政区两地均设置了更详细具体且严格的监管规则，

---

〔1〕 Ben Amoako－Adu，VishaalBaulkaran，Brian F. Smith，*Analysis of Dividend Policy of Dual and Single Class U. S Corporations*，Journal of Economics and Business，Vol. 72，March － April 2014.

〔2〕 Kai Li，Hernan Ortiz－Molina，Xinlei Zhao，*Do Voting Rights Affect Institutional Investment Decisions? Evidence from Dual－Class Firms*，https：//papers. ssrn. com/sol3/papers. cfm? abstract_id =950295.

〔3〕 Lucian Bebchuk and Kobi Kastiel，*The Perils of Pinterest's Dual－Class Structure*（April 10，2019），https：//corpgov. law. harvard. edu/2019/04/10/the－perils－of－pinterests－dual－class－structure.

〔4〕 Alexander Dyck，Luigi Zingales，*Private Benefits of Control：An International Comparison*，The Journal of Finance，Vol. 59，No. 2，2004.

这一方面是基于机构投资者比例小而导致缺乏让企业自我设限的动力，另一方面差异化表决权初步运行，在实践效果不明朗、监管经验不足的情况下，适宜采用更严格的监管以保证有效约束控制权滥用。

显然日本、我国香港特别行政区的监管模式更适于我们借鉴，而对比具体监管规则，日本的突破条款能显著改善控制权之争和外部监督失效的问题，而类别股东大会则有效补足中小投资者的低话语权；我国香港特别行政区的独立董事功用加强以及强制设立企业管治委员会等规则能充分发挥内部监督在公司治理的重要作用，专门的信息披露与风险警示能帮助提升投资者的投资判断。

四、我国差异化表决权制度的完善建议

基于域外差异化表决权实践的案例与实证分析的研究以及我国的实践，可以看出采用差异化股权结构主要带来以下两个问题：一是收益权和投票权的分离带来的代理成本；二是差异化股权结构的制度设计可能引发无论公司经营好坏，控制权都会长期牢固掌握在创始人手里的问题。经合组织（OECD）从市场成熟度与监管成熟度两个角度出发指出，差异化股权架构作为一种高度市场化的股权架构，它的植入必须满足以下三个“有效性”前提：一是资本市场有效性，即市场信息的高度流通，为公司股票的正确定价提供基础；二是法律法规有效性，即法律规则可以有效防范管理层的私利行为，降低代理成本；三是惩罚机制有效性，即所有股东在无法凭借自身力量获得救济时，均可依靠可信赖的政府事前监管与事后惩处实现利益保护。[1]基于以上分析，提出如下建议：

（一）完善制度保障体系：多层次立法安排

在法律层面，可将我国《公司法》中对股份有限公司股东权利的强制性规定调整为任意性规定，修正与股权差异化设计不相容的条文。例如，将《公司法》第 103 条修改为：股东出席股东大会会议，所持每一相同类别的股份享有相同的表决权。将《公司法》第 126 条修改为：股份的发行，实行公平、公正的原则，同种类的每一股份具有同等权利。同次发行的同种类股票，每股的发行条件和价格相同；任何单位或者个人所认购的股份，每股支付相同价额。公司章程另有规定的除外，公司章程应对股权内容等相关事项，进行明确记载和公示。除上述修改外，也应进一步梳理相关法律法规，厘清相应的规则目的，并做及时的法律法规更新。

（二）限制差异化股权结构下的控制权滥用

在差异化股权制度实施一定年限后将特别投票权转化为普通投票权的“定期日落”机制

〔1〕 参见《不同投票权架构的概念文件》。

也是防止同股不同权被滥用的重要机制。美国学者的实证研究显示[1]，近年来，采用“定期日落”机制的公司数量显著增加，且大部分为科技型企业。至于具体的日落时间可以另行斟酌，以现有研究成果以及企业上市的实际情况看，2010 年至 2017 年，选择定期日落时限从 5 年至 28 年不等，大多数公司选择 10 年的期限。另外，到期之后是否继续延长采用差异化股权结构的时限可以允许普通股东投票表决。[2]如果把是否采用定期日落条款的权利交给上市公司，那么在握有特别表决权的控股股东的主导下，恐怕很少会有公司主动采用这样的条款，因此，法律有必要强行规定期日落条款，如此可以确保特别投票权的制度价值真正得以发挥出来。

另外，未来还需在实践中不断总结提炼不适用特别投票权的情形，从而对相关情形进行精细化的完善：(1) 在上市公司业绩与市值出现重大不利变化时，暂停相关类别股份的特别表决权，如果上述不利情况持续则启动“定期日落”机制，如果在一定期限内上述不利情况得到扭转则恢复相关类别股份的特别表决权，上述规则的内容可考虑与退市制度衔接；(2) 在上市公司被采取行政处罚或者行政监管措施期间及处罚决定下达后的一定期间内，暂停相关类别股份的特别表决权，上述规则的内容可以考虑与现行重大资产重组及再融资规则下的类似内容衔接，同时对于特定类型的违规行为持“一票否决”态度，如与滥用差异表决权损害上市公司利益相关的处罚，则相关类别股份的特别表决权自动终止。

在作为的控股股东信义义务方面，目前，《最高人民法院关于适用〈中华人民共和国公司法〉若干问题的规定（五）》仅规定在控股股东关联交易情形下的损害赔偿责任，但在非关联交易情形下，如何保护中小股东的利益还未有明确规定。因此，在目前控股股东的信义义务和民事救济还不太完善的情况下可以建立控股股东的损害赔偿承诺制度，即让持有特别投票权股份的股东因滥用控制权而对中小股东进行赔偿的承诺制度，以防止控制人滥用差异化股权结构损害公司和中小股东的利益。[3]目前，在《证券法修订草案（三次审议稿)》中，新增的第 94 条第 2 款规定了在证券市场中相关承诺方违反承诺而新增的赔偿条款，但并未对承诺的性质、承诺的内容作出详细的规定，以上内容有待证券法的进一步明确。同时，就采用差异化股权结构公司的董监高信义义务判断标准来说，不宜全盘借鉴美国对信义义务的判断标准。信义义务机制的完善也有赖于有效的内部监督治理机制及健全的外部监督体制。

关于特别投票权与普通股投票权的权重倍数设置，目前不超过 10 倍的要求可以认为是参照域外经验后设置的较为保守的数值，作为我国科创板设立初期的一番“实验”有其合理

---

[1] See Andrew William Winden, Sunrise, *Sunset: An Empirical and Theoretical Assessment of Dual - Class Stock Structures*, Columbia Business Law Review, Vol. 2018, Issue 3, 2018.

[2] See Andrew William Winden, *Sunrise*, *Sunset: An Empirical and Theoretical Assessment of Dual - Class Stock Structures*, Columbia Business Law Review, Vol. 2018, Issue 3, 2018, p. 916 -917.

[3] 参见蒋学跃：《公司双重股权结构问题研究》，载《证券法苑》2014 年第 4 期。

性。但正如上文所分析，该制度的设立是为达到平衡，既充分彰显特别投票权持股主体的“超级权力”，又防止这一权利扩张为“绝对特权”。因此，应当更多从这一角度实施监管，至于数字则完全可以放宽至更大的范围，并通过问询等方式确保数值的合理性。这样一来，企业在设置该数值时，也会在商业理性之外多一分监管理性。

（三）与契约再安排问题相对应的完善建议

一般来说，对赌协议对上市公司利益相关方存在各自不同的风险。就监管部门角度而言，更加需要重点关注由于大股东和机构投资者之前的对赌协议对上市公司公司治理、日常运作以及一般中小股东和债权人的影响。

鉴于差异化表决权侧生的契约再安排之抽屉条款的出现，将导致上市公司的治理和经营风险明显增加，为降低该类风险和以保护中小股东利益为出发点，笔者提出以下几点完善建议：

1. 现有规则中要求，发行人应当在招股说明书中披露对赌协议的具体内容、对发行人可能存在的影响等，并进行风险提示。但是“具体内容”到底包括哪些内容并没有明确，因此建议在披露时将对赌当事人、对赌条件和触发后果的内容完整地进行披露，以避免选择性的信息披露。半年度和年度报告需要对差异表决的事实和实际控制人变更的可能性进行充分的信息披露和重大事项提示。鉴于表决权恢复是非常重大的变更事项，不能只当变更发生时才公告，科创板的上市规则需要制定阶梯式的细化信息披露标准，以形成准确完整并有预警的市场风险提示，避免不必要的二级市场波动。

2. 现有规则中要求，保荐人及发行人律师应当就对赌协议是否符合上述要求发表专项核查意见。建议交易所在实际审查保荐人及发行人律师的专项核查意见时，要对核查意见的内容和形式进行严格的要求，不能是整体上进行概括性的、结论性的核查意见，而应该要求保荐人和律师对照对赌协议的实质性条款进行逐条核查和测算。契约再安排的业绩对赌条款必须只能约定由创始团队或大股东（持股 5%）负有回购义务，不能把上市公司主体作为回购义务方，这将有效保证上市公司可持续经营预期的稳定和其他非对赌股东的正当利益。这点在现有主板、创业板的审核中已经达成共识，一级市场亦已树立一致的预期，因此需要继续在科创板下贯彻实施。

3. 现有规则中要求，对赌协议不存在其他严重影响投资者权益的情形。由于对赌协议中的当事人一般是上市公司大股东或实际控制人以及机构投资者，尽管他们也是上市公司的“投资者”，但是他们签署对赌协议所带来的对赌失败风险本身就会严重影响其权益。因此要求中的“投资者”应该是指对赌协议当事人之外的其他上市公司投资者，建议对此予以明确，以免该规则执行过程中由于存在误导而引发市场的错误预期。

4. 对赌协议中最大的风险以及被广受谴责之处在于，双方约定的对赌条件和行权标准实际上并不科学合理。所以，为了避免对赌失败而带来的“多输”局面，对于对赌条件的合理性、可行性进行充分分析是非常必要的，因此建议在发行人除了披露对赌协议的具体内容、对发行人可能存在的影响、风险提示之外，还需要对对赌条件和行权标准的合理性、可实现性、实现路径等进行详细分析，一则借此让对赌双方尽可能避免过高预期和无法实现的标准，二则对市场中的中小投资者和重要债权人未来对赌是否可以成功、实现多赢局面有一个基本判断，从而合理地做出是否对该上市公司进行股票投资和债权融资等判断。

5. 在签署首次差异化表决条款时需要约定差异化表决条件消失时（日落条款）对公司新控制权的预先安排，包括但不限于（1）进行即时的公开信息披露，约定是否需要触发履行全面要约或部分要求收购的程序或可申请豁免的事由、交易所的监管亦需要参照控制权变更的标准进行问询；（2）新股东大会的立即召开、各股东之董事人选提名数量的安排。

（四）完善公司内部监督体系与信息披露的特殊要求

差异化表决权体现内部股东对于公司表决权的特别安排，一般是体现于公司章程中。但公司章程只有公司股东才有权查阅，并且有些抽屉协议也不会彰显对外。所以当设置了差异化表决权的公司成为公众公司并公开融资时，应该强制要求有关差异化表决权的信息对外充分披露与说明，使投资人、交易对手便捷有效地获悉与投资决策有关的重要信息，降低交易成本和把控交易风险。

公司应当在招股说明书中对有关差异化表决权等特殊安排的情况详细披露如下：

列明持有特别表决权股份的股东、所持特别表决权股份数量及对应的表决权数量、股东大会议案是否涉及特别表决权股份享有的表决权数量应与普通表决权数量相同的事项、行权范围、锁定安排等情况，采双层股权结构的上市公司应在招股说明书中披露公司采用这样的治理结构的必要性，这种必要性和公司治理成本的权衡是否有效率，[1]在实践中，披露的内容和频次应该是遵循及时充分的原则来对信披义务人提出要求。如上述重大事项作出调整变更的，应即时披露说明并对市场作出预警。

从现有规定来看，公司具有表决权差异安排的，监事会应当在定期报告中，出具专项意见。然而，监事会在公司法背景下本就没有监督股东的职权，甚至其权利亦主要来自股东大会。目前的安排，监事会即使只是负披露责任，但是：（1）如果持有差异表决权股东确实存在主体不适格等情况，甚至侵害了小股东利益的，会有什么后果，监事会又是发挥了什么作用；（2）凭空赋予了监事会披露的义务，如果披露不实，后果又如何。

根据现有规定，上市公司应当在股东大会通知中列明持有特别表决权股份的股东、所持特别表决权股份数量及对应的表决权数量、股东大会议案是否涉及特别表决权股份享有的表决权数量应与普通表决权数量相同的事项等情况。

---

〔1〕 朱慈蕴、［日］神作裕之：《差异化表决制度的引入与控制权约束机制的创新——以中日差异化表决权实践为视角》，载《清华法学》2019 年第 13 期。

因此，建议将承担差异化表决权有关披露义务的主体拟定为上市公司享有差异化表决权的股东或者独立董事本身较为适宜。

独立董事对上市公司及全体股东负有诚信与勤勉义务。独立董事应当按照相关法律法规、该指导意见和公司章程的要求，认真履行职责，维护公司整体利益，特别要关注中小股东的合法权益不受损害。因此，可考虑在设置差异化表决权的公众公司中设置专门负责信披工作的独立董事一席，独立客观地判断公司的信披工作是否落实到位。

如果交易所、证监会关注特殊表决权的披露，并最终要求落实责任主体的，可否请持有差异表决权股权的股东或者独立董事披露自查报告，如披露不实的，也是责任落实于股东或独立董事本身，并可由交易所来进行监管及处置。

目前在科创板中已经规定了选举独立董事时特别表决权失效的规则，结合我国香港特别行政区的立法经验，可尝试在进一步增强上市公司董事会独立性的同时，于表决权差异化安排的公司设立由独立董事占多数并由独立董事出任主席的治理委员会，替代监事会监督和防范特别表决权的滥用情况。有学者指出独立董事作为公司外部人员，通常没有机会获得第一手信息，而要依赖于内部董事和经理。[1]因此，为充分发挥独立董事、治理委员会的职能，还可规定委员会拥有向管理层索取信息、聘请独立顾问机构的权利，以此可以定期监督是否存在利益输送等情况，确保公司为全体股东利益运营。

（五）完善我国差异化表决权安排下司法救济保障体系

完善我国差异化表决权安排下司法救济保障体系需要注意以下问题：

第一，差异化表决权安排下司法救济保障思路应与现有制度有所区别。包括但不限于以下几个方面：

明确“控股股东”的司法认定标准。当前司法实践中对于控股股东的认定，多遵循《公司法》第 216 条的规定，但在差异化表决权安排下，可能出现虽然持股比例符合公司法关于控股股东的持股比例要求，但其表决权却未能达到重大影响的情况，在此种情况下，建议司法机关可以从立法解释的角度出发，对公司法关于控股股东的定义采取实质解释，强调控股股东的“表决权影响力”这一实质标准，更多关注该股东的表决权是否具有重大影响。

细化“股东资格认定”的裁判思路。在现有确认股东资格之诉的案件中，裁判关注点已经不仅仅是考察是否出资，也会考虑请求确权的股东是否充分行使股东权利，但具有差异表决权安排的公司中，股东权利被较大程度地集中在个别股东手中，在确认该类公司股东资格时，有必要充分考量表决权安排的合理性，采取有区别地确认股东资格的司法裁判路径，更多从出资情况、利益分配情况等因素综合考量，在尊重公司意思自治的前提下，判断可行使股东权利的正常范围。

---

〔1〕 参见方流芳：《独立董事在中国：假设和现实》，载《政法论坛》2008 年第 5 期。

完善公司外部债权人的司法救济路径。目前在司法实践中对于公司外部债权人的关注主要在于是否构成善意第三人，但对于“善意”标准仍存在一定争议，即应当对外部债权人苛以何种程度的审查义务直接影响其善意与否的认定。对于差异化表决权安排，公司应当履行更高的披露义务的同时，外部债权人对于已经公示的公司内部信息应当履行相应的审查义务，而不能简单以表决权安排系公司内部事项为由主张不得对抗善意第三人。

第二，完善差异化表决权安排下司法救济保障体系也需要发挥证券纠纷多元化解机制作用，我国的中证中小投资者服务中心是保护中小投资者利益的证券金融类公益性组织，在持股行权、纠纷调解、支持诉讼等方面有了良好的实践，投服中心既可以通过自身的特殊投资者身份独立行使权利，也可以接受个体投资者权利的让渡，并以专业的知识组织的力量来实现保障投资者个体权利的宗旨。[1]因此，可以考虑由类似机构调解处理表决权差异化安排公司中产生的权益纠纷。另外，也可以学习金融法院的证券纠纷示范诉讼机制，从受理条件、审理方式、集团诉讼、示范机制等方面完善司法救济制度。

---

〔1〕 参见陈洁：《投服中心公益股东权的配置及制度建构——以“持股行权”为研究框架》，载《投资者》2018 年第 1 期。

科创板投资者保护与信息披露制度完善

俞 燕 王 鑫 姚大庆 任静远*

2019年科创板的启动使中小投资者保护问题变得更加迫切。科创板的特点是投资周期长、风险高、金额大，而且上市企业实行注册制。虽然投资本身的经济风险必须由投资者自行承担，但是为了防止诸如虚假陈述、大股东违规侵吞投资者利益等A股市场上时有发生的行为在科创板造成更大的不良后果，必须要加大科创板的投资者保护力度。科创板是一个全新的事物，在正式开板运行后必然会出现各种无法预计的新情况。因此，结合科创板的实际运作继续深化对中小投资者保护的研究，具有十分重要的理论和现实意义。科创板设立并试点注册制的核心是信息披露。本文试以信息披露规则为切入口，从分析科创板对中小投资者保护的新挑战着手，提出科创板信息披露的立法原则和设计理念、监管改进对策以及司法审判考量，以期为加强科创板中小投资者保护提供有益思路。

一、科创板的新挑战及其信息披露制度的原则

（一）科创板中小投资者面临更大风险

我国资本市场中小投资者占绝大多数，99%是中小投资者。中小投资者普遍风险识别与防范能力较差，维权意识与能力较弱。相比于主板市场，科创板中小投资者将面临更大风险。作为科创板最大制度创新的注册制，其目的是解决政府

---

* 本文系上海金融法制研究会2019年青年课题成果摘要。课题组成员：俞燕，任职于上海市地方金融监管局；王鑫，任职于中欧陆家嘴金融研究院；姚大庆，任职于上海社科院；任静远，任职于上海金融法院。

和市场的关系，把企业上市的选择权利更多地交给了市场。注册制并非仅仅是上市标准的放宽，实质是由政府把关的“严”变成了市场把关的“严”。基于此，信息披露必然成为注册制主要“抓手”，通过要求上市公司真实、准确、完整地披露公司信息，把原来需要审核的有关指标转化为信息披露要求，由投资者作出投资价值判断。不容乐观的是，信息披露违法一直是上市公司违法行为的重灾区。数据显示，2020年年初至11月27日，证监会发起的78起立案调查中，有66起立案调查与信息披露违法违规有关，占比逾八成[1]。

我国证券市场是典型的“散户”市场，中小投资者是我国投资的主力军，如果没有中小投资者的积极参与，上市公司就会失去融资支持，失去发展壮大的资本，整个证券市场的发展和经济增长也就无从谈起。根据委托代理理论，作为主要供给方的中小投资者将资金委托给大股东，通过“资本多数决”原则确定的代理人进行经营管理。由于中小投资者持股比例低，信息获取上处于劣势，因此无论在动机还是在实施成本上，均缺乏主动监督代理人行为的现实基础。然而，层出不穷的股市黑幕严重挫伤了中小股东的投资信心。中小投资者的利益受到“内部人”的侵害，究其根本是由于内部人拥有更多私有信息，做出种种逆向选择以及败德行为，以谋求私利。因此，在将企业上市权利更多交给市场选择的科创板，应制定更加严格的信息披露制度，让投资者可以更加及时、准确、全面地获得拟在或已在科创板上市的公司的相关信息，这样他们才能更好地进行投资决策。

（二）科创板信息披露制度的立法原则

从中国资本市场发展历程看，在市场建立之初，由于种种原因，一些政策、制度过于注重市场的融资功能，而忽视了资本市场的投资功能，“重融资轻投资”的现象不同程度地在不同时期存在。为了防止在新设立的科创板再次发生这些问题，有必要设立科创板信息披露制度的如下三大立法原则。

1. 保障公平以促进效率提升。

“效率优先，兼顾公平”是党的十四届三中全会确立的我国社会主义市场经济体制的基本原则之一。效率在生产过程中指投入产出的效率。公平包括起点公平、过程公平、结果公平等，是社会和谐发展所追求的重要目标。但是在科创板信息披露制度的设计上，应当坚持以保障公平促进效率提升。在证券法领域，效率是指法律制度能够促进最有效地利用资源和最大限度地增加社会财富。科创板的效率体现在两个方面，一是更多的符合科创板上市条件的企业能够在科创板上市融资，二是更多的合格投资者能够通过投资科创板上市企业获得合理的投资回报。这两个效率的实现，都依赖于通过严格的信息披露保障科创板的公平。

---

〔1〕参见邱德坤：《今年被证监会立案调查的78宗案件，超八成是因为这事》，载 https://mp.weixin.qq.com/s/0OXKsbb8UTWle3wSclcAAg，最后访问日期：2020年12月1日。

当前，我国证券市场中小投资者利益受损的主要表现有：（1）上市公司通过关联交易，即利用协议定价与其存在利害关系的关联方进行交易，将公司的资产或利润转移到控股股东或其子公司。（2）上市公司资源被非法占用，如控股股东以低成本或无偿使用公司资金，委托贷款，拖欠业务款。（3）上市公司非法为大股东提供担保、抵押等，上市公司因此承担异常高的风险，相当部分的上市公司不会对此项进行披露。（4）大股东虚假出资，欺骗中小投资者。大股东不履行出资义务，反而享有决策权，这不仅动摇了上市公司赖以生存的基础，更误导了中小投资者的决策。（5）上市公司披露虚假的财务报告，欺骗广大中小投资者。可以看出中小投资者利益受损的根本原因在于中小投资者的知情权得不到保证。因此，保护中小投资者利益最重要的环节就是营造透明的市场环境，加强信息披露，提高信息披露质量，力求中小投资者能够及时获取真实、完整的信息。

2. 以投资者保护为中心。

长期以来，我国证券市场的投资者保护被等同于对股东的保护，沿用 20 世纪 90 年代《公司法》中对公司股东权益保护的规定。这与证券市场需要的以投资者保护为中心是有差距的。自 20 世纪以来，随着上市公司和股东人数的急剧增多，证券交易方式向公众化集中交易快速发展，证券市场的广度和深度都大幅扩展，投资者的“股东”身份弱化，而“投资”的属性加强。2008 年国际金融危机后美国提出“金融消费者”的概念，正是顺应了这种趋势，把广大的中小投资者认定为“金融消费者”，从而享有对所投资的证券等金融产品的知情权。

在科创板信息披露制度中，区分“股东”与“投资者”具有重要的意义，虽然这两个概念涉及的往往是同一类人，但其侧重点有明显差异。股东是公司法上的概念。投资者或金融消费者则是证券法的概念，证券法具有涉众性、外部性的特点，需要给予投资者以特殊保护。具体来看，两者的区别有：第一，股东是指出资或认购公司股份的人，一般是指在册股东，而投资者包括现有的和潜在的投资者。第二，股东一般指公司权益类证券的持有人，而投资者还包括债权类证券和证券投资基金份额等金融产品的持有人。第三，公司股东享有公司法规定的各种实体性权利，股东通过公司年报、季报等材料获取公司的财务会计数据指标等“硬信息”，而投资者基于公司披露的信息做出投资决策，还需要“硬信息”之外的管理层会议纪要甚至高管健康状况等与投资决策相关的“软信息”。第四，公司股东强调“所有权人”的身份，通常持股期限较长，关心股利发放和剩余财产的分配，而投资者主要关心投资收益，相对而言持股期限较短。

以投资者保护为中心的立法原则，要求科创板上市企业更多地披露与投资者价值判断和投资决策相关的信息。目前，上海证券交易所的发行上市审核重点围绕与投资者价值判断和投资决策密切相关的信息，通过一轮或多轮问询，督促发行人及其中介机构真实、准确、完整地披露信息，努力问出一家“真公司”。但是，与发行上市审核阶段的信息披露相比，科创板企业上市后的持续信息披露更加重要。

3. 以民事责任为主要责任。

新《证券法》沿袭了此前的做法，在第十三章“法律责任”中主要规定了各类证券违法行为的行政责任。但新《证券法》只在第五章第85条笼统规定了信息披露义务人未按照规定披露信息时的民事赔偿责任。然而，按照市场经济的运行机制和证券市场的发展需要，应该将民事责任作为科创板信息披露制度的主要法律责任。

行政责任的承担，是由于有关的信息披露违法行为违反了国家对证券市场行政管理的强制性规定，扰乱了证券市场的正常秩序，需要由国家行政主管部门加以惩罚。但是信息披露违法行为的最终目的不是要违反行政管理的规定，而是为了通过虚假信息披露行为谋取不正当利益，其直接的受害者是受到虚假信息误导的广大投资者。因此，对证券市场信息披露违法行为仅仅或主要规定行政责任是不够的，必须要让虚假信息披露人承担其民事责任。

由于证券市场信息披露违法行为影响到的投资者人数众多，单个投资者所受损失相对不大，而诉讼成本高昂，因此单个投资者没有动力去提起对此类违法行为的民事诉讼，这是一个典型的“集体行动的困境”。单个投资者没有动力去诉讼，所有投资者共同委托又不可行，信息披露违法行为的实施者从而无须对自己造成的损失承担民事赔偿责任。在支付相对于违法行为获益来说往往是少得不成比例的行政处罚款之后，他们就可以若无其事地享用其不当利益，除了极少数严重信息披露违法行为的实施者可能会面临刑事制裁。

为了缓解集体行动困境，新《证券法》第95条建立了有中国特色的代表人诉讼制度。但是现行的证券代表人诉讼制度与西方国家普遍用来保护中小投资者权益的投资者集体诉讼制度仍有显著差异。这主要是由于我国的证券代表人诉讼规定必须由投资者保护机构作为代表人，目前只有中证中小投资者服务中心和中国证券投资者保护基金有限责任公司两个投资者保护机构。不难想象，一个普通的中小投资者要联系这两家机构提起代表人诉讼就有不小的困难。而美国是律师均可接受中小投资者委托提起代表人诉讼。科创板作为证券市场的试点，应该争取在这个问题上率先取得突破。

二、科创板投资者行政保护与信息披露监管

（一）科创板信息披露监管实践

科创板最初的200余家上市公司，分布在新一代信息技术、高端装备制造、生物、新材料、节能环保、新能源等产业，尽管在实践中高度重视信息披露，但也还存在问题。

1. 科创板招股说明书信息披露存在问题。招股说明书是发行最重要的信息披露文件。根据上海证券交易所官方信息，科创板披露的招股说明书质量参差不齐，还存在一些比较突出的共性问题，与试点注册制改革要求以及市场各方期待还有一定差距（见表1）。

表 1　科创板申报企业招股说明书信息披露存在问题

序号	问题类型	具体情形列举
1	对科技创新相关事项（核心技术、研发人员、研发投入等）披露不够充分	未充分披露核心技术的来源、研发团队情况、技术先进性程度、在国内外市场的地位及竞争优劣势、技术的迭代性和可替代性、技术路线演进和发展趋势、知识产权保护及管理、核心技术产业化应用及收入占比等
2	企业业务模式披露不够清晰	对业务模式特别是发行人主营业务、主要产品或服务的基本情况披露不清楚，产供销模式与财务数据缺乏对应关系，行业上下游经营和竞争情况，披露比较分散、模糊
3	企业生产经营和技术风险揭示不够到位	风险揭示不到位，泛泛而谈、避重就轻的比较多。比如，未结合科创企业的特点进行风险揭示，风险因素披露缺乏针对性；未能对风险产生的原因和对发行人的影响程度进行充分披露，缺乏结合公司实际情况的定量分析；有的风险因素披露违反规则要求，包含发行人竞争优势及类似表述，风险揭示变成自我表扬等
4	信息披露语言表述不够友好	招股说明书未能使用事实描述性语言、突出事件实质，而使用市场推广的宣传用语，明显美化甚至夸大；有的大篇幅披露与发行人相关度不大的行业等信息，对自身直接相关的业务与技术披露较少，信息披露冗余的同时，有效性不足、针对性不强；有的招股说明书使用很多晦涩难懂的专业术语，有的未能尽量使用图表、图片或其他较为直观的披露方式，以及引用第三方数据或结论未注明资料来源等
5	文件格式和内容安排不够规范	部分招股说明书未能结合自身业务特点，披露重要性水平的确定标准和依据；会计政策和会计估计的具体执行标准简单照抄会计准则；各主体承诺事项仍大量堆砌在重大事项提示部分，未能达到重大事项提示以简要语言提醒投资者特别关注事项的目的等。

资料来源：上海证券交易所官网。

上海证券交易所分析认为，招股说明书存在的上述问题，有的是多年来习惯做法所致，有的与准备科创板发行上市申请、编制招股说明书的时间仓促有关。这些问题的存在，说明发行人和中介机构对如何按照试点注册制改革理念，在发行上市环节落实以信息披露为中心的监管要求，理解深度、重视程度、执行力度都不够。[1]

2. 科创板信息披露违规案例。科创板自运行以来，共有 6 家企业（包括 5 家已上市公司和 1 家申请首次公开发行股票并上市公司）及相关人员、中介机构因信息披露违规被采取

〔1〕 参见《上海证券交易所就首轮问询及回复情况答记者问》，载 http://kcb.sse.com.cn/announcement/notification/c/c_20190423_4779810.shtml，最后访问日期：2021 年 1 月 6 日。

监管措施，分别是博瑞医药、睿创微纳、东方生物、容百科技、杭可科技和四方光电[1]（见表2）。

表2 科创板上市公司信息披露违规案例一览

公告日期	证券代码	证券简称	监管机构	监管对象	监管措施
2020-03-01	688166.SH	博瑞医药	上海证券交易所	博瑞生物医药（苏州）股份有限公司	监管关注
2020-03-01	688166.SH	博瑞医药	上海证券交易所	王征野	公开批评
2020-03-08	688002.SH	睿创微纳	上海证券交易所	烟台睿创微纳技术股份有限公司	公开批评
2020-03-08	688002.SH	睿创微纳	上海证券交易所	赵芳彦	公开批评
2020-03-08	688298.SH	东方生物	上海证券交易所	浙江东方基因生物制品股份有限公司	公开批评
2020-03-08	688298.SH	东方生物	上海证券交易所	王晓波	公开批评
2020-03-09	688298.SH	东方生物	浙江证监局	浙江东方基因生物制品股份有限公司	出具警示函
2020-03-09	688298.SH	东方生物	浙江证监局	王晓波	出具警示函
2020-03-13	688166.SH	博瑞医药	江苏证监局	博瑞生物医药（苏州）股份有限公司	出具警示函
2020-03-13	688166.SH	博瑞医药	江苏证监局	王征野	出具警示函
2020-04-13	688005.SH	容百科技	中国证监会	宁波容百新能源科技股份有限公司	1年内不接受发行人公开发行证券相关文件
2020-04-13	688006.SH	杭可科技	中国证监会	浙江杭可科技股份有限公司	1年内不接受发行人公开发行证券相关文件

资料来源：Wind，截至2021年1月5日数据。

（二）境外科创板信息披露监管有效性借鉴

美国的信息披露监管模式是全球公认比较有效的监管模式。随着注册制改革的逐步推

---

[1] 该公司在申请首次公开发行股票并上市过程中，未及时披露实际控制人熊友辉涉嫌行贿的事项。中国证监会于2020年12月24日决定采取出具警示函的监管措施。

进，我们可以借鉴美国的成熟做法，以提升监管有效性为目标，在信息披露监管方面进行有益探索：

1. 落实“简明语言”规则要求，确保信息传递畅通。

1998 年，美国 SEC 开始推行“简明英语规则”（Plain English Rule），该规则最初适用于公司招股说明书，随后逐渐推广开来。[1]我国新《证券法》在要求信息披露“真实、准确、完整”的基础上也增加了“简明清晰、通俗易懂”的要求，但实际执行情况并不理想。正如上海证券交易所所言，科创板招股说明书存在的问题，有的是多年来习惯做法所致，反映了发行人和中介机构对落实以信息披露为中心的监管要求认识不到位。对于散户占有绝大多数比例的中国股票市场，借鉴美国简明英语规则的做法尤为必要。我国监管部门可以编制简明语言规则指引，提供范本并给予具体指导，以帮助发行人和中介机构更好理解和执行新《证券法》的要求，从而让这一规定产生较好的实施效果。

2. 制定“安全港”规则，完善自愿性信息披露。

自 20 世纪 70 年代起，自愿性信息披露就越来越受关注。总体来说，美国监管部门鼓励上市公司进行自愿性信息披露，并制定了具有可操作性的技术规范。我国虽然对上市公司信息披露作了指引，但一直以来，沪深上市公司自愿性信息披露还缺少制度规范，信息披露质量也有待提高。2020 年 9 月，上海证券交易所正式发布《上海证券交易所科创板上市公司自律监管规则适用指引第 2 号——自愿信息披露》。[2]

我们认为，关于科创板自愿性信息披露，可以从以下方面进一步完善，保障公平交易。一是从鼓励上市公司进行自愿性信息披露角度考虑，适当借鉴美国“安全港”[3]等做法，防止科创板上市公司因正当的自愿性信息披露引发诉讼和纠纷，以保护上市公司自愿性信息披露的积极性。二是从满足中小投资者信息需求角度考虑，监管部门出台统一的自愿性信息披露管理办法，尤其需要界定自愿性信息披露的责任以及奖惩机制。

3. 适度引入做空机制，有效制衡信息优势方。

在美国资本市场，做空已经形成一个完整的产业链。自 2006 年以来，美股市场中概股被做空机构先后狙击 60 余次，近年来又延伸至港股市场。从做空结果看，有强制退市者有，有私有化退市者，亦有绝地反击者。综观历次做空中概股报告，其手法主要是对信息披露真

---

〔1〕 参见郭雳：《注册制下我国上市公司信息披露制度的重构与完善》，载 https：//mp. weixin. qq. com/s/O_TDV87prOvYZmBQvg4qsA，最后访问日期：2021 年 1 月 10 日。

〔2〕 该《指引》落实新《证券法》要求，进一步丰富细化了科创板上市公司自愿信息披露的一般原则和具体要求，并结合市场实践给出范例和说明，为科创公司实践自愿信息披露提供针对性的指导和规范建议。

〔3〕 “安全港”规则是指只要预测性财务信息是基于诚信原则而编制的，且编制时所采用的各项基本假设均属合理，即使没有达到目标也不必承担法律责任。美国 SEC 1979 年即公布了“安全港”规则，保障上市公司正当预测性信息披露免受民事责任追究。1992 年美国国会又通过制定改革法案，对“安全港”规则进行修正。参见张志伟：《光大 8 · 16 事件与中国证券市场八大改革》，武汉大学出版社 2017 年版，第 159 页。

实性、完整性的质疑。总之，上市公司信息披露违法违规行为是做空机构的核心切入点。[1]

虽然各界对于做空机制存在较大争议，比如认为做空机构使上市公司和会计师事务所遭受巨大损失。但不能否认的是，做空机制的存在，使上市公司信息披露行为得到较好约束，将迫使上市公司管理层时刻关注潜在风险。信息披露是为了解证券市场的信息不对称问题，在中国股票市场，上市公司处于绝对信息优势地位，散户投资者则处于绝对信息弱势地位。在行政监管力量较为薄弱的当下，监管部门可以适度引入做空机制，允许做空机构发展，设立举报奖励，以增加对上市公司的外部监督力量，迫使其严格执行信息披露制度。

4. 提高信息披露违法成本，实施分类监管。

美国对于证券欺诈、信息披露违规制定了严格处罚规定[2]。新《证券法》大幅度提高了对证券违法行为的处罚力度[3]。两者对比可以看出，在我国，证券违法成本仍然较低。在我国监管有效性不足的实际情况下，较低的违法成本显示不利于达到保护投资者特别是中小投资者的目标。从上述科创板处罚案例来看，提示性的监管措施采用比较多，证监会开出的罚单多为警示函，且处罚的力度均不大，低于此前的预期[4]。

因此，有必要加大科创板上市公司信息披露违法成本。并在此基础上，借鉴美国做法，实施分类监管。一方面，监管机构可以对信息披露记录良好和违规的科创板上市公司予以区分，给予不同的监管待遇。例如，可以借鉴 ST 公司的处理标准，对于信息披露违规的科创板上市公司予以特别警示，为投资者决策提供参考。又如，对于信息披露记录良好的科创板上市公司则给予绿色通道、降低监管频率等优待，以形成良好的信息披露激励机制。另一方面，监管机构有必要对不同行业的科创板上市公司制定具体的信息披露指引，提高监管的精细化程度。

三、科创板投资者司法保护与信息披露责任

（一）司法追究信息披露责任保护投资者的必要性

规范信息披露的形式、信息披露的表述的方式，都是为了提高信息披露的质量，使广大市场投资者便于理解科创板上市公司经营的实质内容，避免出现内容故作高深、晦涩难懂、

---

〔1〕 参见韩洪灵、陈汉文、刘思义、鲁威朝：《基于瑞幸事件的做空产业链分析——信息披露视角》，载 https：//mp. weixin. qq. com/s/TbH5qlCBFxwkAgAv -5WjlA，最后访问日期：2021 年 1 月 10 日。

〔2〕 在《萨班斯法案》第 807 节“公众公司欺诈股东的刑事责任”中指出，故意进行证券欺诈的犯罪最高可判处 25 年有期徒刑，对犯有欺诈罪的个人和公司的罚金最高分别可达 500 万美元和 2500 万美元。

〔3〕 如对于欺诈发行行为从原来最高可处募集资金 5% 的罚款，提高至募集资金的一倍；对于上市公司信息披露违法行为，从原来最高可处以 60 万元罚款，提高至 1000 万元；对于发行人的控股股东、实际控制人组织、指使从事虚假陈述行为，或者隐瞒相关事项导致虚假陈述的，规定最高可处以 1000 万元罚款等。

〔4〕 以杭可科技（688006. SH）、容百科技（688005. SH）为例，该两家公司被罚程度明显轻于预期，公开发行被禁 1 年对公司的影响并不大，公司仍然可以非公开发行证券，对市场自然也起不到较为明显的警示作用。

成为变相广告甚至有可能误导投资者的情况出现。仅凭行政监管和中介机构自律难以完全实现对市场主体的信息披露义务，通过司法个案裁判对信披义务的规制可以确立相应的规则，能够补充立法的漏洞，并且可以根据金融市场不同时期大背景的差异，对中介机构的信披义务作出更有适应性和针对性的规制。

（二）科创板及注册制背景下信披责任的认定思路

1. 注册制背景下市场中介机构信息披露义务要求更为严格。

科创板试点注册制大背景下，上市公司质量如何更加有赖于公开信息的披露。强调公开信息的披露，除了发行人的责任之外，市场中的中介组织如会计师事务所、律师事务所、资产评估机构等“看门人”在科创板上市公司的运行中，将会起到更为重要的作用，在“看门人”角色失当的过程中，也将承担更为明确的相应责任。如以上海证券交易所科创板上市审核中心向各市场参与人发布《关于切实提高招股说明书（申报稿）及问询回复质量相关注意事项的通知》。上海证券交易所结合在审核中发现的带有一定普遍性的突出问题，归纳 8 项共 28 条具体要求，旨在提高科创板企业信披文件的质量及信息披露水平。〔1〕

2. 司法机关对信披责任认定的观点概述。

根据最高人民法院《关于为设立科创板并试点注册制改革提供司法保障的若干意见》第 5 条的规定，对科创板上市公司信息披露“第一责任人”的界定是“发行人及其相关人员”。同时，确定证券服务机构如何承担与之责任相适应的法律责任的判断前提是，根据是否针对与专业相关的业务事项，区分履行特别注意义务及普通注意义务，根据注意义务不同，进而承担相应法律责任。〔2〕上海市高级人民法院发布的《科创板案件审判指引》第 9 条和第 16 条对于中介机构的责任承担规则也提出了相应观点〔3〕。上海金融法院作为涉科创板案件的专属管辖法院，于 2019 年 8 月上海金融法院颁布了《关于服务保障设立科创板并试点注册制改革的实施意见》，其中第 11 条及第 13 条规定了中介机构的信息披露的边界及责任承担的判断标准。其中第 11 条规定，要准确把握信息披露行政处罚与民事赔偿的关系，依法审

〔1〕《关于切实提高招股说明书（申报稿）及问询回复质量相关注意事项的通知》。

〔2〕 最高人民法院《关于为设立科创板并试点注册制改革提供司法保障的若干意见》（2019 年 6 月 22 日公布）指出，确保以信息披露为中心的股票发行民事责任制度安排落到实处……要按照本次改革要求，严格落实发行人及其相关人员的第一责任……要严格落实证券服务机构保护投资者利益的核查把关责任，证券服务机构对会计、法律等各自专业相关的业务事项未履行特别注意义务，对其他业务事项未履行普通注意义务的，应当判令其承担相应法律责任。准确把握保荐人对发行人上市申请文件等信息披露资料进行全面核查验证的注意义务标准，在证券服务机构履行特别注意义务的基础上，保荐人仍应对发行人的经营情况和风险进行客观中立的实质验证，否则不能满足免责的举证标准。

〔3〕 转引自上海市高级人民法院研究室“中国上海司法智库”微信公众号。其中第 9 条规定中提到了应当规范中介机构的信息披露的职责和边界。明确发行人及其董事、监事、高级管理人员、控股股东、实际控制人，以及中介机构及相关人员在信息披露方面的义务，界定不同主体对信息披露的职责边界，严格落实发行人的诚信责任、中介机构的把关责任、投资者买者自负责任、自律组织及行政机关的监管责任，推动相关主体依法尽职尽责。

查交易因果关系、损失因果关系等民事赔偿责任构成要件。[1]

3. 中介机构信息披露责任认定的具体路径分析。

首先，前置程序保留与否。最高人民法院《关于审理证券市场因虚假陈述引发的民事赔偿案件的若干规定》第6条规定，投资人以自己受到虚假陈述侵害为由，依据有关机关的行政处罚决定或者人民法院的刑事裁判文书，对虚假陈述行为人提起的民事赔偿诉讼，符合《民事诉讼法》第108条规定的，人民法院应当受理。就这一条款的用词和设计目的而言，提起因证券虚假陈述而提起的民事诉讼，需要以行政处罚决定或者刑事裁判文书作为依据。最高人民法院于2019年11月出台《全国法院民商事审判工作会议纪要》的观点认为，上市公司如已经被行政机关予以行政处罚，在其后涉及其的证券虚假陈述的案件中，如果再对该虚假陈述行为不具有“重大性”则有了不同的做法。

其次，采用过错推定归责原则。就归责原则而言，原《证券法》第173条规定，中介机构给他人造成损失的，应当与发行人、上市公司承担连带赔偿责任，但是能证明自己没有过错的除外。根据这一规定，评级机构应当承担过错推定的责任。“所谓过错推定，是指若原告能证明其所受到的损害由被告所致，而被告不能证明自己没有过错，法律上就推定被告有过错并应负担民事责任。”[2]会计师事务所如果主张免责，不仅要主张其主观上并无过错，还要为不存在因果关系举证。[3]事实上，中介机构所掌握的材料很多个人投资者难以掌握。因此，如果不设定举证责任倒置的规定，投资者将在事实上无法进行维权。以证券评级机构为例分析中介机构的过错构成。在欧盟对评级机构监管改革中，要求评级机构披露其作出评级结论的模型和有关做法可以作为参照，如果评级机构之前已经披露过其评级的方式和模型，那么其应提出抗辩，则不予支持。从这个观点看，前置程序中行政处罚决定认定的效力事实上得到了加强和肯定。当然，设定前置程序，并不意味着在不同类型的案件中均无差别的采用，在涉及债券虚假陈述的诉可以免责。同时，参照会计师事务所涉诉的免责证明要件，评级机构也应当向法庭披露作出评级结论的工作底稿。美国法律在确定评级机构过错的过程中，认为评级机构要对投资者承担法律责任，其主观的心理状态应当是恶意（knowledge of the falsity）或者是故意（scienter）。所谓“恶意”的含义是，行为人知道其陈述是错误的，或者在发表陈述时明知自己不清楚所作陈述是否真实，或者对所作陈述是否真实持放任的漠

---

〔1〕 该实施意见第13条明确了承担民事责任的归责原则、责任范围和免责事由。虚假陈述导致投资者损失的，适用过错推定原则，对于应当履行的特别注意义务明智虚假但是并未指明的，应认定存在过错。中介机构为证券发行、上市、交易等证券业务活动制作、出具的相关文件因虚假陈述等情形导致投资者损失的，应适用过错推定原则……中介机构对本专业相关的业务事项履行特别注意义务，对其他中介机构出具相关文件中的披露事项明知或应当知道其中存在虚假陈述而未书面指明的，或者无合理理由相信其真实、准确、完整的，应认定该中介机构存在过错。

〔2〕 佟柔主编：《中国民法》，法律出版社1990年版，第570页。

〔3〕 王闯：《关于会计师事务所审计侵权民事责任的若干问题》，载刘俊海主编：《中国资本市场法治评论》（第1卷），法律出版社2008年版，第186页。

视态度。而“故意”则是有意引诱交易对手产生信赖，有意使原告信赖该陈述从而做出（或者不做出）某种行为。从主观心理状态而言，相比较恶意，故意更加具有希望促成交易完成的心理状态。其中，评级机构在评级中存在“恶意”的一个例证为，美国司法部起诉标普公司索赔 50 亿美元的案件中，司法部认为，标普将结构性金融产品评级作为利润增长的重要来源，为次贷支持证券评级收费一般达到 15 万美元，为债务抵押债券评级收费为 50 万美元。为了与其他两家机构竞争，标普调低了评级所使用的模型，从而人为地调低了证券违约的风险。[1] 又如，评级机构已经发现次级债购房者的违约率要比正常的抵押贷款高出 40% 以上，大规模的危机随时可能发生，但三大评级机构仍没有调低此类证券的评级，也没有呼吁市场投资者关注这些风险。而“故意”除了在上述“恶意”的范围之外，心理状态的恶性更进一步，有意引诱交易对手产生信赖，促成交易。原《证券法》第 173 条规定了中介机构在执业中应当具备的心理状态是勤勉尽责，对所依据的文件资料内容的真实性、准确性、完整性进行核查和验证。反之，违反了这种要求，则构成评级机构应当承担责任的主观过错心理状态。但是在确定评级机构过错之时应当注意，过错涉及侵权人的主观心理状态，由于中介机构技术性高、不确定性明显，且结论确实具有一定的主观性，因此不宜将侵权人的主观过错限制地过于严格。对于中介机构的一般过失行为应免于追究，如果信用评级机构动辄因主观因素而得咎，将造成整体行业收益和责任的不匹配。即使在诉讼中的责任分配的角度而言，也是秉持了对各方利益和风险分配平衡的观点。具体到涉及科创板的中介机构承担责任的大小和范围，应以中介机构是否针对其专业事项承担“看门人”的责任，来判断其应尽的注意义务构成特别注意义务或者普通注意义务，并基于此承担相应的责任。中介机构对本专业相关的业务事项履行特别注意义务，对其他中介机构出具相关文件中的披露事项明知或应当知道其中存在虚假陈述而未书面指明的，或者无合理理由相信其真实、准确、完整的，应认定该中介机构存在过错。

〔1〕《美国司法部起诉标普涉嫌欺诈或索赔 50 亿美元》，载《东方早报》2013 年 2 月 7 日。美司法部在诉讼中称，标普在 2004 年 9 月至 2007 年 10 月，共为超过 2.8 万亿美元的住房抵押贷款支持证券和大约 1.2 万亿美元的债务抵押债券提供过评级服务，这些证券价值大跌，助长了金融危机市场的动荡并且最终演变为金融危机。

金融市场法制年度报告

2020年银行市场法制报告

何　颖　王雨菲　刘　新　刘泽江*

2020年，新冠肺炎疫情辐射全球，全球经济一度“停摆”，世界金融市场激烈波动，国内行业受疫情影响均遭受了不同程度的冲击。我国银行业在国家“六保”“六稳”的政策引导下，将防风险、促稳定作为自身发展的重心，通过重点加大货币信贷支持力度，保持流动性合理充裕等措施为支持实体经济发展、防范金融风险的发生以及维护社会稳定作出了突出贡献。《民法典》等基本法律的出台与施行，影响深远。银行业监管部门坚持“强监管”的态势，继续推进金融供给侧结构性改革，以金融科技创新推动发展并保护投资者和金融消费者的权益。年内监管部门出台了包括人行金融消费者权益保护实施办法、商业银行互联网贷款、金融控股公司监管办法等一系列新政。在司法实践领域，金融机构适当性义务、个人金融信息权益保护等新型纠纷备受关注。

一、银行市场法规建设概览

（一）《民法典》出台、诸多条款涉金融领域

十三届全国人大第三次会议表决通过了《民法典》，宣告中国“民法典时代”正式到来。作为“社会生活百科全书”的《民法典》，其中诸多条款对当前银行金融市场产生影响：

第一，随着《民法典》的出台，《担保法》废止，涉担保内容编入合同编保

* 何颖，华东政法大学经济法学院副教授；王雨菲、刘新、刘泽江，华东政法大学硕士研究生。

证合同章与物权编担保物权分编并且对原有条款作以调整。具体而言，在合同编保证合同一章，《民法典》对保证人承担保证责任的前提、保证合同从属性例外的情形、保证方式、一般保证先诉抗辩权的例外、最高额保证、保证期间、一般保证的诉讼时效的起算点、债权转让中的通知与保证的效力、债务转移中保证人责任的承担、一般保证人的免责情形、多个保证人情况下的保证人责任和追偿等问题做出调整；在物权编，对于银行市场金融机构而言，主要涉及的问题是担保物权，《民法典》对于其中涉及担保合同的范围、抵押物范围、抵押权转移登记与权利取得、抵押财产的转让、担保物权竞存的清偿顺序的条款作以调整或明确。此外，国务院发布的《关于实施动产和权利担保统一登记的决定》于 2021 年 1 月 1 日起实施，明确国家市场监督管理总局不再承担“管理动产抵押物登记”职责，转由中国人民银行负责制定生产设备、原材料、半成品、产品抵押和应收账款质押统一登记制度，推进登记服务便利化，中国人民银行征信中心具体承担服务性登记工作，不得开展事前审批性登记。

第二，《民法典》针对近年来我国国内保理业务量猛增，但国内保理的商业实践始终缺乏国内高位阶法律支撑的现状，亦首次将保理合同作为典型合同予以专章规定，回应司法实践争论要点。《民法典》对保理合同的定义、内容形式、虚构应收账款的法律效果、保理人通知的效力、保理合同与基础交易合同之间的关系、有追索权保理、无追索权保理、多重保理情形下保理人的权利顺位等问题作以明确规定。然而《民法典》涉保理合同之规范并不限于上述专章，而是分布于三处：一是《民法典》第三编合同第二分编典型合同第十六章“保理合同”；二是《民法典》第三编合同第一分编通则的第六章“合同的变更与转让”；三是《民法典》第二编物权第四分编“担保物权”部分内容。第一处之条款构成保理合同的显性体系，但不完整，还须结合后两处之条款综合理解。

《民法典》中明确设置居住权、扩大合同格式条款制定方提示说明义务、明令“禁止高利放贷”以及强调确定个人信息保护的基本制度框架，这些变化都需要银行市场金融机构未雨绸缪，基于这些变化对相关业务的开展做出相应的调整。

（二）《中国人民银行法》《商业银行法》迎来大修

2020 年 1 月 16 日，中国人民银行召开 2020 年金融法治工作电视电话会议，将加快推进《中国人民银行法》《商业银行法》《存款保险条例》《地方金融监督管理条例》等重点立法作为年度重点工作。10 月，中国人民银行先后就《商业银行法（修改建议稿）》和《中国人民银行法（修订草案征求意见稿）》公开征求意见。

《中国人民银行法》和《商业银行法》是规范治理、监管指导中国金融体系和金融活动最重要的两部金融法律。由于中国经济和中国金融发展变化迅速，金融体制和金融法治必须与时俱进、不断升级完善，修法就是一项必不可少的制度改革行动。《商业银行法（修改建议稿）》为自 1995 年实施以来的第 3 次修改，提出建立分类准入和差异化监管机制；完善商业银行市场准入条件，增加对股东资质和禁入情形的规定；对商业银行分类准入条件作出授权性规定；对引导商业银行专业化发展、差异化风险监管要求等作出具体规定。《中国人民银行法（修订草案征求意见稿）》是 2003 年修正后的 17 年来一次大修，将“促进金融服务实体经济”明确写入立法目的，建立了货币政策和宏观审慎政策双支柱调控框架，完善人民币管理规定，为发行数字货币提供了法律依据。

（三）国务院发布《关于实施金融控股公司准入管理的决定》

近年来，我国一些大型金融机构开展跨业投资，形成了金融集团，还有部分非金融企业投资控股了多家多类金融机构，成为事实上的金融控股公司。其中，一些实力较强、经营规范的机构通过这种模式，优化了资源配置，降低了成本，丰富和完善了金融服务，有利于满足各类企业和消费者的需求，提升金融服务实体经济的能力。但在实践中，也有少部分企业盲目向金融业扩张，隔离机制缺失，风险不断累积。党中央、国务院高度重视金融控股公司监管工作，明确要求规范金融综合经营和产融结合，加强金融控股公司统筹监管，加快补齐监管制度“短板”。2020 年 9 月 13 日，国务院发布了《关于实施金融控股公司准入管理的决定》，对金融控股公司的准入设定行政许可，并规定了准入标准及相关准入程序，授权中国人民银行对金融控股公司开展市场准入管理并组织实施监管。中国人民银行会同相关部门广泛听取各方意见，制定形成了《金融控股公司管理办法》。

《关于实施金融控股公司准入管理的决定》以及《金融控股公司管理办法》中，我国第一次正式以国务院决定以及部门规章的形式对金融控股公司做出明确定义，指出“金融控股公司是指依法设立，控股或实际控制两个或两个以上不同类型金融机构，自身仅开展股权投资管理、不直接从事商业性经营活动的有限责任公司或股份有限公司”。根据中国人民银行的说明，金融控股公司及其所形成的金融控股集团具体存在几类主要风险：一是风险隔离机制缺失，金融业风险和实业风险交叉传递；二是部分企业控制关系或受益关系复杂，风险隐蔽性强；三是缺少整体资本约束，部分集团整体缺乏能够抵御风险的真实资本；四是部分企业不当干预金融机构经营，利用关联交易隐蔽输送利益，损害金融机构和投资者的权益。针对上述风险，《金融控股公司管理办法》从准入制度、股东资质、资本监管、股权监管、公司治理、风险管控等多个方面制定了较为清晰、明确的监管规定。此外，为促进金融控股公司专业管理队伍的形成，规范金融控股公司运作，防范经营风险，中国人民银行于 11 月起草了《金融控股公司董事、监事、高级管理人员任职备案管理暂行规定（征求意见稿）》，向社会公开征求意见，可以预见未来对金融控股公司的监管将进一步加强。

（四）银保监会发布《信托公司股权管理暂行办法》

为应对近年来信托业股权管理乱象导致部分信托公司风险事件频发的现象，改善现行信托业监管规制体系中个别规定可操作性不强、存在监管漏洞等问题，《信托公司股权管理暂行办法》以《银行业监督管理法》为上位法，在充分借鉴了《商业银行股权管理暂行办法》

良好制度实践，沿用“三位一体”股权穿透监管框架、加强主要股东股权管理、强化董事会股权事务管理责任等重要制度安排的基础上，进一步将“三位一体”股权穿透监管框架扩展为“三位一体”股权管理体系，突出信托公司股东、信托公司、监管部门三方主体从股权进入到退出各个阶段的股权管理职责，更加贴合信托公司股权监管实际，突出信托公司公司治理机制要求，力求解决信托业股权管理突出问题。《信托公司股权管理暂行办法》包括总则、信托公司股东责任、信托公司职责、监督管理、法律责任、附则六章，共 78 条，对于促进信托业股权管理乱象治理，加强信托公司股权监管具有重要作用，包括：一是从市场准入、股权信息动态管理、股东行为分类管控等方面进一步加强信托公司股东特别是主要股东管理。二是从关联交易管理原则、关联方名单制管理、关联交易内控机制安排方面进一步加强信托公司关联交易管理，落实信托公司关联交易管理责任。三是推进信托公司完善公司治理机制建设，将公司治理职责落实到信托公司股东、信托公司层面，明确不同主体在股权变更、股权持有阶段职责。明确监管部门鼓励信托公司优化股权结构，引入注重公司长远发展、管理经验成熟的战略投资者，促进信托公司转型发展，提升专业服务水平的监管导向。

（五）银保监会发布《商业银行互联网贷款管理暂行办法》

为支持商业银行践行普惠金融，满足居民和小微企业的融资需求，同时引导商业银行合规审慎开展互联网贷款业务、防控风险，银保监会于 2020 年 7 月印发《商业银行互联网贷款管理暂行办法》（已修改）。《商业银行互联网贷款管理暂行办法》明确了互联网贷款小额、短期的原则，对消费类个人信用贷款授信设定限额，防范居民个人杠杆率快速上升风险，并在资金用途、贷款支付、风险数据与模型、消费者权益保护等方面提出监管要求。对于社会广泛关注的合作机构管理问题，《商业银行互联网贷款管理暂行办法》提出了一些针对性要求，包括：一是严格合作机构准入管理。要求商业银行建立全行统一准入机制，分层分类实行名单制管理，按照适度分散原则审慎选择合作机构。二是明确合作协议内容。合作协议应体现风险与收益相匹配原则，明确合作范围、操作流程、各方权责、收益分配、风险分担等事项。三是压实银行自身的风险管理主体责任。要求商业银行独立实施授信审批、合同签订等核心风控环节，核心风控不得外包给合作机构。此外，对于与合作机构共同出资发放贷款业务模式，要求商业银行加强集中度风险管理，把与合作机构共同出资发放贷款总额纳入限额管理，对单笔贷款出资比例实行区间管理。《商业银行互联网贷款管理暂行办法》实施一段时间以来，银保监会及时督促指导商业银行对照相关要求，加强整改落实，目前已在合作机构管理机制建设、提升风险管理独立性等方面取得一定成效。

（六）中国人民银行修订发布《中国人民银行金融消费者权益保护实施办法》

为加快建立完善有利于保护金融消费者权益的金融监管体系，保护金融消费者长远和根本利益，中国人民银行金融消费权益保护局在《中国人民银行金融消费者权益保护实施办法》（银发〔2016〕314 号）（以下简称《办法》）的基础上，结合新需求、新情况、新问题和中国人民银行新“三定”方案，修订、增补相关条款后，将其升格为部门规章，以中国人民银行令形式发布实施。相较于 2016 年的办法，新办法不仅效力层级更高，适用范围也更明确：依据办法第二条，适用对象由“提供金融产品和服务的银行业金融机构，提供跨市场、跨行业交叉性金融产品和服务的其他金融机构以及非银行支付机构”变更为仅包括“银行业金融机构和非银行支付机构”，排除了提供交叉性金融产品和服务的其他类别金融机构的适用。新办法亦更加细化、落实上位法，在针对金融消费者权益保护机制与一般消费领域的消费者权益保护机制存在差异而将《消费者权益保护法》中的相关内容在金融领域进行更为细致规定，以回应金融消费领域出现的许多新情况、新问题，同时也积极与相关法律文件相协调。如新办法第 14 条引入了受尊重权，金融机构应当尊重金融消费者的人格尊严和民族风俗习惯，不得因金融消费者性别、年龄、种族、民族和国籍等不同进行歧视性差别对待，不得使用歧视性或者违背公序良俗的表述；又如办法充分吸收《民法典》个人信息保护规范，不仅扩大了“消费者金融信息”的涵盖范围，在消费者金融信息处理、使用原则上也规定了一系列保护措施，还专章设置了法律责任，提升违法违规成本。

（七）银保监会发布《融资租赁公司监督管理暂行办法》

我国融资租赁业起步于 20 世纪 80 年代。尽管萌芽初期融资租赁业发展缓慢，但自 2010 年起，融资租赁公司的数量却迅速增长，由 2010 年不足 200 家增加到 2018 年的 11,777 家，涨幅近 60 倍。作为与实体经济结合紧密的一种投融资方式，融资租赁具有融资便利、期限灵活、财务优化的特点，在拓宽中小微企业融资渠道、推进产业升级和经济结构调整等方面发挥了积极作用。2020 年 5 月 26 日中国银保监会发布《融资租赁公司监督管理暂行办法》，这是在融资租赁公司业务经营和管理规则制定职责由商务部划给银保监会之后，银保监会正式披露对融资租赁公司的监管顶层设计。《融资租赁公司监督管理暂行办法》共六章 55 条，主要包括总则、经营规则、监管指标、监督管理、法律责任及附则等。主要内容：一是完善业务经营规则。明确融资租赁公司的业务范围、租赁物范围以及禁止从事的业务或活动。完善融资租赁公司的公司治理、内部控制、风险管理、关联交易等制度，同时明确融资租赁物购置、登记、取回、价值管理等其他业务规则。二是加强监管指标约束。新设了部分审慎监管指标内容。包括融资租赁资产比重、固定收益类证券投资业务比例、业务集中度和关联度等，推动融资租赁公司专注主业，提升风险防控能力。三是厘清监管职责分工。按照 2017 年全国金融工作会议精神，明确银保监会和地方政府的职责分工，并对地方金融监管部门的日常监管提出具体要求，建立分级监管和专职监管员制度，完善监管协作机制、非现场监管、现场检查、监管谈话等内容。此外，针对行业“空壳”“失联”企业较多等问题，《融资租赁公司监督管理暂行办法》提出了清理规范要求，指导地方稳妥实施分类处置。

在监管并轨背景之下，融资租赁公司的租赁物范围、集中度管理等监管要求与金融租赁公司的监管有统一趋势。这些设定是融资租赁行业稳健经营、规范发展的必要条件，既体现了从严监管的目标导向和要求，也有利于规范融资租赁公司经营行为。但应当认识到融资租赁公司作为一般工商企业，和金融租赁公司在金融属性、股东背景、成立目的等方面有着较大的差异，因而短期来看二者的监管尚不具备合并的可能。

（八）地方金融监管条例相继出台，压实地方金融风险处置责任

2017 年全国金融工作会议精神，要求地方政府要在坚持金融管理主要是中央事权的前提下，按照中央统一规则，强化属地风险处置责任。金融管理部门要努力培育恪尽职守、敢于监管、精于监管、严格问责的监管精神，形成“有风险没有及时发现就是失职、发现风险没有及时提示和处置就是渎职”的严肃监管氛围。此后，地方金融监管局迎来了一次密集挂牌，增加了监管方面的职能。明确了“7 + 4”类机构监管范围。具体包括“小额贷款公司、融资担保公司、区域性股权市场、典当行、融资租赁公司、商业保理公司、地方资产管理公司”七类机构，由中央监管部门制定规则，地方金融监管部门实施监管；对“投资公司、开展信用互助的农民专业合作社、社会众筹机构、地方各类交易场所”这四类机构，强化地方金融监管，提高准入门槛，严格限定经营范围。

继山东省、河北省、四川省、天津市出台地方金融监管条例之后，2020 年 4 月上海发布《上海市地方金融监督管理条例》，旨在规范地方金融组织及其活动，维护金融消费者和投资者合法权益，防范化解金融风险，推动上海国际金融中心建设。条例主要内容包括：一是理顺了市、区两级政府及其金融部门的工作机制，要求上海市人民政府建立金融工作议事协调机制，完善地方金融监管体系，落实地方金融监管职责，统筹上海金融改革发展、金融风险防范等重大事项；区人民政府加强组织领导，建立健全地方金融监管机制，做好金融风险防范处置等工作。二是完善地方金融组织行为规范，优化日常经营的制度供给。针对监管地方金融组织的共性需求，规范日常经营行为，确立审慎经营、营销宣传、经营信息报送和重大风险事件报告等制度。同时，明确行为底线，严禁资金端的吸收或者变相吸收公众存款的行为、资产端的自营或受托发放贷款以及受托投资的行为等，督促地方金融组织严守风险底线。三是在强化金融风险防范与处置方面，条例规定，地方金融组织对经营活动中的风险事件承担主体责任，发生风险事件应当立即采取相应措施并向地方金融管理部门报告。明确市、区人民政府为防范和处置非法集资工作第一责任人，做好对非法集资活动的监测预警、性质认定、案件处置等工作，维护社会稳定。

此外，浙江省、广西壮族自治区、内蒙古自治区、江西省也在 2020 年相继出台了地方金融监管条例，压实地方金融风险处置责任。

二、银行市场改革与监管实践

（一）金融支持疫情防控与经济恢复

2020年，面对新冠肺炎疫情冲击，金融系统迅速作出反应，一系列应对政策陆续推出，在对冲疫情对经济带来负面影响的同时，有效防止了金融风险的发生。疫情防控期间，金融对经济的支持作用主要体现在以下几个方面：

第一，高效支持疫情防控工作。中国人民银行联合财政部、证监会、银保监会和国家外汇管理局五部门联合发布《关于进一步强化金融支持防控新型冠状病毒感染肺炎疫情的通知》，提出重点加大货币信贷支持力度，保持流动性合理充裕，强化对重点医用物品和生活物资生产企业的金融支持，为打赢疫情防控阻击战、维护经济稳定发展大局提供有力支持。

第二，全力支持复工复产和“六稳”“六保”。一是积极支持小微企业复工复产。《关于对中小微企业贷款实施临时性延期还本付息的通知》《关于进一步对中小微企业贷款实施阶段性延期还本付息的通知》《关于加大小微企业信用贷款支持力度的通知》三个文件创设了两项直达实体经济的政策工具——普惠小微企业贷款延期支持工具和普惠小微企业信用贷款支持计划，鼓励对符合条件的小微企业延期还本付息和发放信用贷款。二是加大减费降价力度。按照金融系统向实体经济让利1.5万亿元的要求，通过贷款定价利率的引导，推动银行贷款利率显著下行，大幅度降低实体经济的融资成本；《商业银行小微企业金融服务监管评价办法（试行）》的出台也进一步引导和督促商业银行全面提升小微企业金融服务能力和水平，缓解小微企业融资难融资贵问题。三是加快金融创新，各类“无接触”金融服务，为实体经济提供更为高效、便捷的金融服务。

（二）LPR转换完成，利率加速推进“两轨合一轨”

2019年8月17日，中国人民银行发布公告决定改革完善LPR形成机制，新发放贷款主要参考LPR定价。2020年以来，LPR改革继续深化，截至8月末，存量贷款定价基准转换进度已达92.40%。

随着存量贷款定价基准转换完成，LPR变动可影响绝大部分贷款，贷款利率隐性下限被完全打破，货币政策的传导效率进一步提升，贷款利率实现“两轨合一轨”，降低融资成本的效果更加明显。数据显示，2020年9月，企业贷款加权平均利率为4.63%，比上年12月下降0.49个百分点，明显超过同期LPR降幅。LPR改革对存款利率市场化改革也起到重要推动作用。2020年9月，3年期和5年期存款加权平均利率分别为3.67%和3.80%，分别较上年12月下降5个和26个基点。在LPR改革的推动下，市场利率与存款利率正在实现“两轨合一轨”。2020年，新冠肺炎疫情的外生冲击引发全球央行降息潮。LPR形成机制改革的效果也更为彰显。展望未来，中国货币政策将紧扣LPR改革，充分用好常规政策工具箱，形成一整套灵活、精准的施策体系。基于贷款创造存款的学理，贷款利率的变化将市场化地引导存款利率相应变化。

（三）数字人民币试点稳步推进、金融科技多点开花

当前，数字经济已经成为全球经济重要驱动力和新的增长点。作为数字经济时代的“新基建”，法定数字货币自然而然地受到高度关注。2020 年 10 月 9 日，美联储、欧洲央行、日本银行、英格兰银行、加拿大银行、瑞士国家银行、瑞典央行与国际清算银行共同发布了报告《央行数字货币：基本原则与核心特征》，体现国际社会对央行数字货币的关注。

2020 年我国数字人民币探索稳步推进，在深圳、苏州、雄安新区、成都及未来的冬奥场景进行数字人民币内部封闭试点测试。10 月、12 月，深圳罗湖区、苏州市先后进行了数字人民币红包试点。其中，“双离线支付”是数字人民币的一大亮点，即在无网或弱网条件下，用户也可进行交易或者转账。此外，随着试点不断深化，目前支持数字人民币的场景越来越丰富，包括电商平台在线消费、党费缴纳、智慧停车等。

在金融科技领域，中国人民银行不断落实《金融科技（FINTECH）发展规划（2019—2021 年）》要求，以金融科技应用试点为示范，引导金融业秉持“守正创新、安全可控、普惠民生、开放共赢”原则，推动构建金融与科技深度融合、协调发展的新生态。目前，我国金融科技创新监管试点覆盖北京、上海、重庆、深圳、雄安新区、杭州、苏州、广州、成都 9 个试点地区的 60 个惠民利企创新项目，涉及 60 余家金融机构和 30 多家科技公司。总的来看，此次试点紧扣“六稳”“六保”要求，围绕服务支撑京津冀协同发展、粤港澳大湾区建设、长三角区域一体化发展、成渝地区双城经济圈建设等国家重大发展战略，旨在加快完善我国金融科技监管框架，加速金融数字化转型，为实体经济提供“精准滴灌式”金融服务，为统筹推进疫情防控和经济社会发展注入金融创新活水。

（四）银保监会查处“原油宝”产品事件，维护金融市场秩序

2020 年上半年，受新冠肺炎疫情、地缘政治、短期经济冲击等综合因素影响，国际大宗商品市场波动剧烈，由此触发“原油宝”事件。截至 2020 年 11 月末，中国银行与“原油宝”客户和解签约率已经超过 80%，中国银行承担全部负价亏损，并将根据客户具体情况对强制平仓保证金 20% 以下的亏损给予差异化补偿；未与中国银行达成和解协议的客户可通过各地法院进行诉讼。2020 年 12 月，银保监会对中国银行相关违法违规行为依法从严处罚；违法违规事实主要包括产品管理不规范、风险管理不审慎、内控管理不健全、销售管理不合规。银保监会以事实为依据，以法律为准绳，合计罚没 5050 万元人民币，相关人员被严肃问责，并要求银行依法依规解决问题。

该事件也引发了行业对银行开展期货业务专业性及抗外部冲击能力的重要反思，此后，各家银行和有关部门对个人账户交易业务的风险管控关注度显著提升。2020 年下半年，因贵金属市场价格波动加剧，市场风险和不确定性显著增强，贵金属投资交易风险加大，多家银

行吸取教训，一方面为保护投资者利益，几次宣布暂停贵金属交易相关业务，把握住风险控制的最后一道关口，避免非理性的投机行为给投资者造成难以挽回的损失；另一方面进一步调整完善银行内部风控管理系统，以控制未来潜在风险。“原油宝”事件为金融机构和投资者都上了重要一课。在产品设计方面，金融机构应汲取“原油宝”事件暴露出的漏洞和疏忽。我国在大力发展期货市场、参与国际市场定价的同时，应及时修改产品设计的漏洞，检查复杂交易产品，推进风险内控建设。在资产价格下跌时，机构和个人都应足够审慎，金融机构作为代客交易，应提供专业建议或及时止损，提前想办法平仓、移仓或者对冲。若产品比较复杂，金融机构应履行适当性义务，充分揭示风险。随着金融创新产品和工具丰富多元，个人投资者应充分掌握金融市场和金融产品相关知识，选择自己熟知的领域和产品，看懂合同、了解风险、理性交易，强化风险承担意识和能力。总之，既要做到“卖者尽责”，也要实现“买者自负”。

三、银行市场司法实践与典型案件

（一）最高人民法院两次修正《关于审理民间借贷案件适用法律若干问题的规定》

作为经济社会发展过程中资金供需矛盾的有效解决方案，民间借贷在我国具有广泛的社会基础和深厚的历史渊源。随着我国经济社会的迅速发展和金融体制改革的深化，尤其是自2020年年初以来我国经济遭受新冠肺炎疫情的巨大冲击使中小企业、个体工商户面临更多融资困境，基于规范与保护民间借贷的双重目的，又适逢我国《民法典》正式颁布施行，最高人民法院于2020年8月19日、12月29日先后两次对《关于审理民间借贷案件适用法律若干问题的规定》进行了修正，其间并于11月9日通过了《关于新民间借贷司法解释适用范围问题的批复》。

第一，对我国学术和实务界长期存在不同观点的民间借贷概念作出明确界定，《关于审理民间借贷案件适用法律若干问题的规定》第1条明确规定，本规定所称的民间借贷，是指自然人、法人和非法人组织之间进行资金融通的行为。经金融监管部门批准设立的从事贷款业务的金融机构及其分支机构，因发放贷款等相关金融业务引发的纠纷，不适用本规定。该规定不仅从形式上明晰了民间借贷的民间性特征，更从借贷主体的角度，将民间借贷与金融借贷进行了划分。此外，关于“经金融监管部门批准设立的从事贷款业务的金融机构”的认定标准，最高人民法院在对广东省高级人民法院《关于新民间借贷司法解释适用范围问题的批复》中明确规定，经征求金融监管部门意见，由地方金融监管部门监管的小额贷款公司、融资担保公司、区域性股权市场、典当行、融资租赁公司、商业保理公司、地方资产管理公司等七类地方金融组织，属于经金融监管部门批准设立的金融机构，其因从事相关金融业务引发的纠纷，不适用新民间借贷司法解释。

第二，对民间借贷合同的无效事由作出规定，为借贷主体参与民间借贷活动划定界限。相较于 2015 年民间借贷司法解释，新《关于审理民间借贷案件适用法律若干问题的规定》第 13 条对借贷合同无效事由作出以下修改：一是删除了关于“借款人事先知道或者应当知道”的无效要件，进一步放宽了民间借贷合同无效的认定标准；二是将第（1）项规定的“信贷资金”改为“贷款”，避免在适用中对贷款性质产生歧义，同时删除了转贷前的“高利”二字，放弃了出借人牟利目的的无效要件，即便转贷行为并不获利，也因行为具有规避金融监管、扰乱金融秩序的性质，不应认可其效力；三是增加“未依法取得放贷资格的出借人，以营利为目的向社会不特定对象提供借款的”规定，明确禁止职业放贷行为；四是与民法典的规定保持一致，对有关条款的具体表述作出规范。根据民间借贷合同的特点，涵盖了民间借贷合同无效的主要事由。

第三，对民间借贷的利率问题作出重要规定。《民法典》第 680 条虽然规定“禁止高利放贷，借款的利率不得违反国家有关规定”，但民间借贷的利率标准并没有相关法律、法规作出明确规范。鉴于 2019 年 8 月 17 日中国人民银行已经发布“2019 第 15 号公告”，决定改革完善贷款市场报价利率（LPR）形成机制，同时考虑到我国司法实践中长期以来对民间借贷利率不超过银行同类贷款利率 4 倍的上限规定的接受程度，新《关于审理民间借贷案件适用法律若干问题的规定》第 25 条明确规定：“出借人请求借款人按照合同约定利率支付利息的，人民法院应予支持，但是双方约定的利率超过合同成立时一年期贷款市场报价利率四倍的除外。前款所称‘一年期贷款市场报价利率’，是指中国人民银行授权全国银行间同业拆借中心自 2019 年 8 月 20 日起每月发布的一年期贷款市场报价利率。”

第四，继续执行更加严格的本息保护政策，深入贯彻落实《民法典》第 680 条关于“禁止高利放贷”的原则精神。依据新《关于审理民间借贷案件适用法律若干问题的规定》第 25 条第 1 款、第 27 条第 2 款、第 28 条以及第 29 条之规定，无论当事人采取何种方式约定利息，对于按照约定要求借款人支付的利息，超过双方合同成立时 1 年期贷款市场报价利率 4 倍计算的整个借款期间利息之和的，人民法院均不予支持。除此之外，当事人主张的逾期利息、违约金或者其他费用总计超过合同成立时 1 年期贷款市场报价利率 4 倍的部分，人民法院亦不予支持。

第五，补充完善新《关于审理民间借贷案件适用法律若干问题的规定》的溯及力。新《关于审理民间借贷案件适用法律若干问题的规定》第 31 条规定：“本规定施行后，人民法院新受理的一审民间借贷纠纷案件，适用本规定。2020 年 8 月 20 日之后新受理的一审民间借贷案件，借贷合同成立于 2020 年 8 月 20 日之前，当事人请求适用当时的司法解释计算自合同成立到 2020 年 8 月 19 日的利息部分的，人民法院应予支持；对于自 2020 年 8 月 20 日到借款返还之日的利息部分，适用起诉时本规定的利率保护标准计算。本规定施行后，最高人民法院以前作出的相关司法解释与本规定不一致的，以本规定为准。”本条第 1 款“本规定施行后，人民法院新受理的一审民间借贷纠纷案件，适用本规定”，是指新《关于审理民间借贷案件适用法律若干问题的规定》自 2020 年 8 月 20 日公布之日起施行后，各级人民法院新受理的一审民间借贷纠纷案件适用本规定，对于已经受理的一审、二审、再审案件的审理不适用本规定，是新《关于审理民间借贷案件适用法律若干问题的规定》时间效力的原则性规定。此外，根据“新法优于旧法”的法的适用原则，本条第 3 款规定，最高人民法院以前发布的司法解释与新《关于审理民间借贷案件适用法律若干问题的规定》对同一法律问题或者规则的规定存在适用冲突的，以新《关于审理民间借贷案件适用法律若干问题的规定》的规定为准。

（二）最高人民法院发布关于适用《民法典》有关担保制度的解释

随着市场经济的发展，担保制度对优化营商环境、推动高质量发展的作用越加凸显。最高人民法院在清理以往与担保有关 9 件司法解释的基础上，围绕民法典关于担保的最新规定，于 2020 年 12 月 31 日公布了最高人民法院《关于适用〈中华人民共和国民法典〉有关担保制度的解释》，该解释共计 71 个条文，主要包括一般规定、保证、担保物权和非典型性担保四个部分，于 2021 年 1 月 1 日起施行。

首先，关于一般规定，分别就适用范围、担保从属性、担保资格、公司对外担保、共同担保、担保无效的法律后果、担保与破产的衔接以及其他问题作出规定。其中，在适用范围上明确了典型担保应适用该解释的规定，非典型性担保中只有在涉及担保功能发生纠纷时才适用该解释的规定。在担保的从属性上，坚持问题导向，仅对效力、内容上的从属性作出规定。关于公司对外担保的问题，该解释在《全国法院民商事审判工作会议纪要》确定的裁判尺度基础上明确，公司的法定代表人违反公司法关于公司对外担保决议程序的规定，超越权限代表公司与相对人订立担保合同，人民法院应当依照《民法典》第 61 条和第 504 条等规定视相对人是善意还是非善意处理，对相对人与上市公司签订担保合同的效力和后果进行了特别规定。在共同担保的问题上，秉承了担保人原则上不享有相互追偿权的原则，对于当事人明确约定或者推定当事人具有互相追偿意思表示的情形，本着尊重当事人意思自治的原则，赋予当事人之间相互追偿的权利。

其次，关于保证，分别就保证类型的识别、一般保证的诉讼当事人、赋予强制执行效力的公证债权文书的效力、依法强制执行仍不能履行债务的标准、共同保证中债权人行使权利的相对效力、最高额保证的保证期间、撤诉是否影响保证期间、保证合同无效时保证期间的效力、与保证期间有关事实的审查、对超过诉讼时效的债务提供保证、增信措施的性质方面做出规定。其中，在保证类型的识别问题上，区分了推定规则与解释规则，并对非典型保证作出具体规定。明确了一般保证的保证期间和诉讼时效如何适用及衔接问题，并规定人民法院应将保证期间是否经过作为案件基本事实予以查明。对于实践中争议较大的最高额保证的保证期间如何计算问题，也结合审判实践经验作出了统一规定。

再次，在担保物权部分对多个重要问题作出解释。其中，以权属不明或者有争议的财产抵押，构成无权处分的，按善意取得处理。关于抵押财产转让问题，对于《民法典》第 406 条“当事人另有约定，按照其约定”的法律后果予以明确，并规定了上述约定在登记的情况下才具有对抗效力。在抵押预告登记的效力问题上，明确了不具备办理抵押登记条件的，不享有优先受偿的效力。在权利质押部分，着力解决仓单质押中的“仓单乱象”和应收账款不存在或者虚构应收账款时该如何分配举证责任问题，有利于促进权利质押的规范操作。

最后，关于非典型性担保，该部分除了对《民法典》规定的所有权保留、融资租赁、保理作出规定外，还规定了让与担保以及保证金。其中，明确了该解释仅适用于有追索权的保理，为尊重司法实践，规定了人民法院对于保理人一并起诉应收账款债权人和应收账款债务人的可以受理。对于让与担保的识别问题作出了详细的规定，旨在明确让与担保合同的识别标准，有利于在司法实践中准确把握。

（三）金融机构适当性义务及责任认定类案件增多

2019 年 11 月，《全国法院民商事审判工作会议纪要》正式发布，其标志着中国民商事审判进入新时期。其中就投资者权益保护案件审理内容中，明确了卖方机构适当性义务的范围及内容，明确指出适当性义务的履行是“卖者尽责”的主要内容，也是“买者自负”的前提和基础，将适当性义务提升到资管市场的核心位置，近期出现的几个案例更是一再将适当性义务问题推到风口浪尖。

2020 年 4 月发生的中国银行原油宝事件中，适当性义务问题再次成为焦点，尽管此事件非常复杂，但其中一个关键是中国银行将存在巨大潜在风险的原油宝卖给了很多普通投资者，“存在降低投资者的准入门槛、客户评级和产品评级违反适当性原则、产品推介宣传违规误导投资者等问题”，江某诉中国银行南通钟秀支行合同纠纷案是涉中国银行“原油宝”民事案件在全国范围内第一批开庭审理的 3 个案件之一，最终在法院的主持下双方达成调解并于次日全部履行完毕，此外，一审法院对同批开庭审理的另两件案件公开宣判，判决中国银行承担原告全部穿仓损失和 20% 的本金损失，返还扣划的原告账户中保证金余额，并支付相应资金占用费，本次事件涉及人群广泛、金额大、持续时间长、社会影响深远，但首批案件的高效处理为缓解后续事件发酵，维护金融秩序，有效化解风险，保护投资者合法权益提供了范例。

对于颇受关注的金融机构履行适当性义务认定问题，在 2020 年 10 月 19 日判决的魏某与 F 公司、F 公司 S 分公司证券投资咨询纠纷二审案中，二审法院认为，金融服务提供者未尽适当性义务，导致金融消费者在接受金融服务后参与高风险等级投资活动遭受损失的，金融消费者可以请求的金融服务提供者包括为客户提供经纪服务的证券公司、期货公司等金融机构，也包括投资托管服务等金融机构，但不包括其他金融服务机构。提供投资咨询和顾问服务的金融服务机构，实际上对投资者不负有法律上的适当性义务，自然不构成违反适当性义务的民事责任主体。因此，F公司和F公司S分公司作为证券投资咨询机构，对投资者不负有法律上的适当性义务。在2020年10月23日判决的付某、中国银行盘锦分行合同纠纷二审案中，二审法院认为，卖方机构向投资者推荐的基金产品的风险与投资人测评的风险等级相符，且投资人对风险提示进行签字确认，可以认定卖方机构已履行适当性义务。在陈某、中国建设银行武汉常福新城支行金融委托理财合同纠纷二审案中，二审法院认为，卖方机构建立了金融产品风险评估管理制度、投资者进行了风险测试，履行了对投资者进行风险评估和分类、对案涉基金产品风险评估并分类、确保投资者与产品相匹配，可以认定卖方机构已履行适当性义务。

（四）个人金融信息安全纠纷案件备受关注

长久以来，客户对个人金融敏感信息的安全问题早已心有疑虑，据移动支付网发布的《中国个人金融信息保护执法白皮书》不完全统计，2020年中国人民银行开出的行政处罚罚单中，案由涉及“个人金融信息”的共181张，涉罚金额合超1.8亿元人民币，其中无论是处罚金额还是处罚频次，银行都是受罚“大户”。脱口秀演员王某诉中信银行泄露金融信息事件发生后，个人金融信息安全问题再次引发热议。

2020年5月6日，G公司旗下脱口秀演员王某在社交媒体发布长文，称中信银行股份有限公司H支行在未经其本人授权的情况下，将个人账户明细提供给与其有经济纠纷的G公司，诉其涉嫌“侵犯公民个人信息罪。”2020年5月7日，中信银行针对该声明发布致歉信称，王某所反映一事属实，该行员工确向与王某存在纠纷的G公司提供个人收款记录，属于未按规定办理，目前已按制度规定对相关员工予以处分，并对支行行长予以撤职处分。2020年5月9日，银保监会官网发布通报称中信银行在未经客户本人授权的情况下向第三方提供个人银行账户交易明细，违背为存款人保密的原则，涉嫌违反《商业银行法》和银保监会关于个人信息保护的监管规定，严重侵害消费者信息安全权，损害了消费者合法权益。

2021年3月17日，中国银保监对中信银行违反《银行业监督管理法》第21条、第46条和相关审慎经营规则以及《商业银行法》第73条的行为作出行政处罚，最终被处罚单450万元。

（五）全国首例通道类信托业务案件判决信托公司承担赔偿责任

通道类信托业务是我国影子银行的一种形式，非常具有中国特色，在我国目前的金融发展阶段下有效补足了一定的融资需求缺口，但同时也带来了投资者保护和系统性金融风险等问题，因此，对其应当采取什么样的法律和监管立场，各方一直存在争议。上诉人吴某与上诉人H公司财产损害赔偿纠纷案对上述问题进行了直接回应，对于未来同类案件的处理提供了范例。

Y公司与H公司签订《单一资金信托合同》（以下简称《信托合同》），约定委托人Y

公司指定将信托资金 2.8 亿元由受托人 H 公司管理，用于向 L 公司发放贷款。嗣后，Y 公司以“L 公司杭州保障房投资基金项目”为名向社会公众募集资金，吴某认购 100 万元。其后，H 公司与 L 公司签订《流动资金贷款合同》，H 公司根据《信托合同》约定将 Y 公司交付的信托资金（包含吴某的投资款）向 L 公司发放贷款。基金到期后，Y 公司未向吴某返还本金。经查，吴某的投资款 100 万元被 Y 公司执行事务合伙人委派代表陈某志等人用于归还案外人 M 公司股东的对外债务。

吴某起诉认为 H 公司没有对信托项目进行有效监管，导致损失，应当全额承担赔偿责任。一审法院判决 H 公司对吴某根据刑事判决通过追赃程序追索不成的损失在 20 万元的范围内承担补充赔偿责任，当事人上诉后二审法院判决驳回上诉，维持原判。

该案为全国首例在通道类业务中判决信托公司承担相应赔偿责任的案件，一审法院全面考虑了私法自治和公共监管的要求，积极回应了业界极为关注的信托公司在通道类业务中是否应当免责的问题，合理界定了通道类业务的合法性和权利义务关系，在投资者保护和金融市场发展之间实现了平衡和统一，充分体现了尊重当事人合意和市场自治的裁判理念，也为解决同类金融产品兑付风险引发的纠纷提供了可行路径，具有重要的标杆意义。

四、银行法学理论研究综述

（一）银行法期刊研究成果

1. 金融监管研究。

在体系建设方面，有学者通过分析监管模式的世界格局和中国趋势，提出必须改变原有按机构监管的“画地为牢”的监管态度，在分业的基础上对于同一金融行为采取同等监管标准的要求，依据金融工具的本质进行实质性监管的建议。[1] 有的学者以综合经营和国际化发展为背景，论证构建有效的金融监管制度须着力解决好四对矛盾：金融系统复杂性与金融监管体制整体性之间的矛盾，金融系统复杂性与监管制度一致性的矛盾，金融系统的动态性与监管前瞻性和谦抑性的矛盾，金融系统的开放性与监管的国际化和国别性的矛盾，并就不同矛盾分别提出相应建议。[2] 有学者以地方“影子银行”的监管为视角，提出中央政府应通过更高位阶的立法明晰“央—地”金融监管边界，通过授予地方完整的金融监管权，设置相应的外部监督问责制度，建立以金融稳定委员会主导的纵向金融监管协调机制的方式，优化中央与地方监管权配置关系，使两者形成监管合力，依法共治。[3] 有的学者基于“不完全契

〔1〕 郑彧：《论金融法下功能监管的分业基础》，载《清华法学》2020 年第 2 期。

〔2〕 宋晓燕：《论有效金融监管制度之构建》，载《东方法学》2020 年第 2 期。

〔3〕 陈斌彬：《论中央与地方金融监管权配置之优化——以地方性影子银行的监管为视角》，载《现代法学》2020 年第 1 期。

约”理论，分析论证金融监管协调机制是当前我国增强监管机构性的最佳组织安排并提出建议。[1]有的学者通过分析现阶段行为监管的理论误区，总结国内外双峰监管的经验，探寻我国金融监管体系的完善进路。[2]

在互联网金融监管方面，有学者基于创新协同的角度，通过分析我国互联网金融监管的演化及其监管痛点，在参考借鉴英美互联网金融监管实践经验的基础上，提出了提升我国互联网金融监管能力的相应建议。[3]有学者基于乡村振兴的视角，通过剖析互联网金融的法理基础以及从政策引导到法律突围的发展趋势，总结出了在乡村振兴视阙下，构建互联网金融法律制度的三条具体路径，并提出了对未来国内外立法趋势的展望。[4]有的学者以P2P网贷风险专项整治为切入点，进一步揭示出我国金融监管在处理政府与市场关系上存在的问题及其在金融整治这一具体场景中的反映，对金融整治的行为模式和实际效应展开理论和制度分析，并就完善金融整治的法律治理提出建议。[5]

对于金融司法与监管关系，有学者在比较研究行政权与司法权两项权力之联系与区别的基础上，试图通过分析金融监管与金融司法的共性与区别，来说明金融司法在“监管越来越强”和“打造营商环境”的双重语境下如何与监管部门协调联动，以期对提升金融风险防范工作水平有所裨益。[6]有的学者通过分析法院影响输出的媒介和具体形态，考证金融监管的权限配置和运行状态，将司法行为影响金融监管的具体类型推论为替代者、审查者、协同者三种，以期将对当下的金融司法建设有所裨益。[7]

在民间金融监管方面，有学者基于普惠金融的视角，通过分析论证金融科技在推动普惠金融的同时对传统金融监管形成的挑战，提出以“普惠金融”和“共享经济”理念重塑监管体制、突出技术特征的技术化监管手段、运用监管沙盒观察和控制风险与提高监管的统一性、穿透性和专业性等适应金融创新的监管逻辑，建立能够试错、查错、纠错的包容性创新规制和管理体系，以解决有效监管和普惠金融之间的悖论。[8]

在审慎监管方面，有学者通过分析论证我国银行业审慎监管强制措施的立法坐标、功能特性以及行政行为的类型，将其定性为一种行政命令，并在结合实例说明其“模糊空间与内向封闭”的基础上，将其与境内外审慎监管强制措施实施进行对比，分析寻找共性与个性、

---

〔1〕 张衔、钟鹏：《从“科层逻辑”转向“协调机制”——金融监管组织结构改革的一个理论阐释》，载《社会科学家》2020年第12期。

〔2〕 任碧云、许高庆：《关于强化行为监管完善我国金融监管体系的若干思考》，载《经济纵横》2020年第3期。

〔3〕 李艳、范逸男：《互联网金融监管体系改革进路研究——基于创新协同角度》，载《理论月刊》2020年第5期。

〔4〕 张双梅：《乡村振兴视阈下互联网金融法律制度的构建》，载《法商研究》2020年第5期。

〔5〕 冯辉：《金融整治的法律治理——以“P2P网贷风险专项整治”为例》，载《法学》2020年第12期。

〔6〕 周荃：《金融领域中监管与司法的博弈与融合》，载《法律适用》2020年第8期。

〔7〕 刘骏：《法院影响金融监管的可能路径》，载《甘肃政法大学学报》2020年第6期。

〔8〕 沈伟、张焱：《普惠金融视阈下的金融科技监管悖论及其克服进路》，载《比较法研究》2020年第5期。

优点与不足之后，提出厘清审慎监管强制措施的法律属性脉络，确保其合法性，挖掘审慎监管强制措施的功用潜能，提升措施有效性的完善建议。〔1〕

在行为监管方面，次贷危机后强化行为监管是国际金融监管改革的重要方向，有学者以中国银监会《关于整治银行业金融机构不规范经营的通知》（银监发〔2012〕3 号）为基础，以我国银行业的“不规范经营”监管执法为研究对象，探析我国银行业“不规范经营”监管执法所面临的困境以及成因，尝试从“不规范经营”违规构成要件、定性链接模式以及量罚结果三个方面寻找破解困境的出路。〔2〕

在金融契约群的风险防控方面，契约群组织在带来合作关系的安定性、团结性和提高交易效率与安全等利益的同时，也成为金融市场的个体风险分配和公共风险生发的载体，可能危害交易公平、市场稳定甚至金融安全。有的学者从契约这一金融交易载体入手，以私法视角解构金融契约群的市场样态、内部结构及运行逻辑，“由小见大”地解构金融契约群风险发生、传导机理和外部影响，再站在维护市场秩序和保障金融安全的宏观角度，探讨对金融契约群进行法律规制的法理依据、路径选择，并提出了对其进行公私法协同监管、加重“群主”风险责任、实施穿透核查以防范其风险隐患等建议。〔3〕

2. 金融安全研究。

总体国家安全观的提出，使得金融安全出现在各场合并逐渐成为一个热词。中国金融业正以更开放的姿态拥抱世界，国家金融安全引起了学者的高度重视。有学者以其检索和筛选而得的司法文件和司法裁判文书的内容分析为基础，对我国法院和法官援用金融安全话语的现象给予了展示、剖析和解释，最大化地以机构或个人利益的“理性人”角度来理解我国法院和法官的行为出发点，试图探寻我国法院和法官的裁判思路和逻辑。〔4〕有学者通过分析金融安全与国家安全的种属关系，在参考域外实践经验的基础上，结合我国现行安全审查制度与金融开放现实不匹配的实际情况，提出将金融开放的政策逻辑转化为系统性立法模式；通过“防护网”与“防护墙”机制建设，抵御金融外部风险和系统性风险的侵蚀；通过双机制的有效运行，确保金融开放背景下的国家金融安全的建议。〔5〕有学者以金融安全的审查机构和范围为研究对象，从比较法的角度探析我国在审查机构设置和机构协调上与美国、加拿大、欧盟、澳大利亚的异同，并论证设置独立的金融安全审查委员会的必要性，在此基础上确定我国金融安全审查的范围，并将金融关键基础设施、金融关键技术和金融数据安全作为

---

〔1〕 陆海天、许多奇：《论我国银行业审慎监管强制措施的法律属性及其立法完善》，载《法学杂志》2020 年第 5 期。

〔2〕 陆海天：《论我国银行业行为监管的执法困境及其现实出路——以银行业“不规范经营”监管执法为中心》，载《法律科学》2020 年第 4 期。

〔3〕 徐英军：《金融风险生成的契约群逻辑及其法律规制》，载《法学评论》2020 年第 6 期。

〔4〕 黄韬：《“金融安全”的司法表达》，载《法学家》2020 年第 4 期。

〔5〕 李晓安：《开放与安全：金融安全审查机制创新路径选择》，载《法学杂志》2020 年第 3 期。

审查重点。[1]

3. 金融科技研究。

随着金融与科技的相互融合、快速发展，使一个新兴领域悄然诞生——金融科技。过去几年，金融科技行业的蓬勃发展中暴露出了不少监管漏洞，在 2020 年之后金融科技也迎来强监管时代。

在体系建设方面，有的学者试图通过对韩国金融科技立法的核心理念、基本模式和核心制度进行梳理和总结，探讨其独特做法和路径，以其为参考，为我国金融科技法治建设提出应坚持“立法先行”、法律治理金融科技的发展道路，构建符合我国国情的金融科技监管创新试验和监管科技制度，确立中央制定规则、地方行使监管权的金融科技监管体制，强化金融消费者和交易信息安全保护的建议。[2]有的学者从对传统金融体系发展的“痛点”分析入手，以受金融科技赋能较为明显的贸易金融领域为例，分析科技金融法律规制范式转移的原因，并以科技金融的核心制度利益研究为源点，通过“利益衡量”发现科技金融法制的基本需求，继而探索科技金融法律规制范式转移的应然向度。[3]有的学者通过分析我国金融科技的发展状况，反思监管方式和逻辑，结合监管科技在国际上的实践经验，提出了引入监管科技，由监管机构主导监管科技发展，构建以数据监管为核心内容、以新科技为基础的科技监管体系，推进试验性监管的新思路。[4]有的学者遵循“技术—制度”的分析框架，界定金融科技的本质，揭示金融科技的风险，提出金融科技监管的基本原则及其模式选择，并探究金融科技监管的法制路径。[5]有的学者基于数字金融发展新形态，探寻适应数字金融风险特征以及金融创新需求的监管机制，提出应在金融智能监管系统的基础上，构建由事前准入及测试、事中实时动态监测、事后风险处置反馈系统组成的各环节信息联通、动态交互、相互促进的智能环路监管机制。[6]有的学者通过分析监管科技与金融科技、合规科技之间的关系，梳理监管科技的特点和系统性作用，总结监管科技的风险挑战，提出从数据治理、基础设施、规则创新等多个方面提升监管科技能力。[7]

在区块链监管方面，有的学者以区块链的三种类型为研究对象，在对公有链、私有链以及联盟链的特征、机制和利弊分别剖析的基础上，提出对公有链进行严格监管，对私有链的应用领域和法律关系进行规制，对联盟链实施穿透式监管的分类规制思路。[8]有的学者以

---

[1] 武长海：《我国国家金融安全的审查机构和范围》，载《法学杂志》2020 年第 3 期。

[2] 董新义：《金融科技法律如何制定——来自韩国的立法经验》，载《暨南学报（哲学社会科学版）》2020 年第 9 期。

[3] 陆璐：《“FIN TECH”赋能：科技金融法律规制的范式转移》，载《政法论丛》2020 年第 1 期。

[4] 王涛、诸方卉、刘丁：《论金融科技创新与金融监管平衡》，载《行政管理改革》2020 年第 8 期。

[5] 张永亮：《金融科技监管的原则立场、模式选择与法制革新》，载《法学评论》2020 年第 5 期。

[6] 陈星宇：《构建智能环路监管机制——基于数字金融监管的新挑战》，载《法学杂志》2020 年第 2 期。

[7] 邵宇、罗荣亚：《金融监管科技：风险挑战与策略应对》，载《行政法学研究》2020 年第 3 期。

[8] 赵磊：《区块链类型化的法理解读与规制思路》，载《法商研究》2020 年第 4 期。

"信任"为切入点，以互联网商业力量为分析对象，根据区块链技术信任制造的自治性逻辑并结合其背后的政治经济学意蕴，探讨区块链技术信任制造"应用"的法律治理机制的路径选择，希冀为一个融合法律与技术，彰显利益相关者合作共治新型治理理念的治理模式提供可行性框架的理论证成，并构建一个基于共识协议的各利益相关主体参与合作共治共享的治理新模式的框架。[1]有的学者以我国目前区块链金融监管存在的问题为切入点，对英国监管沙盒模式的特点进行本土化分析，提出对区块链金融技术企业的不同发展情况施行针对性的合作型监管，设立具备技术性监管手段的专属监管机构，实现技术发展效率与监管严格度之间的平衡的改革路径。[2]有的学者立足传统金融监管体制，探讨区块链技术在金融领域的应用风险对现有金融监管体制的挑战，并探求其符合我国国情的法制进路。[3]有的学者对区块链应用带来的潜在风险以及如何利用区块链等新技术来强化金融监管进行分析，在此基础上探寻区块链"嵌入式监管"需要遵循的原则并予以说明，为完善区块链监管机制进行理论探索。[4]

4. 金融消费者/投资者保护。

在体系建设方面，有学者通过对比分析互联网金融消费者、金融消费者与普通消费者之间在时空语境、信息特征、结构和技术等方面存在的根本性代际差异，在梳理当下立法概况的基础上，论证互联网金融消费者有其自身独特的平台中心主义制度逻辑，提出围绕平台和平台责任，以新型知情权、适当性管理和公益诉讼三大机制为核心，对互联网金融消费者进行专门立法。[5]有的学者深入分析世界银行评估"保护中小投资者"这项指标的方法论，就"纠纷调解指数"与"股东治理指数"两个二级指标下的一系列具体得失分问题进行探讨，并就我国现状结合世界银行评估体系提出相应修法建议，以期在维护其他法益的情况下，进一步优化我国营商环境，提高我国全球排名。[6]有的学者则以韩国于 2020 年 3 月颁布的《金融消费者保护法》为研究对象，深入分析该部法律的规制理念、体系以及其中一些值得借鉴的具体制度，以期对我国金融消费者的立法工作提供参考。[7]

在金融信息保护方面。有的学者从个人数据规制的实践面向出发，通过检视现行法律规

---

〔1〕 石超：《区块链技术的信任制造及其应用的治理逻辑》，载《东方法学》2020 年第 1 期。

〔2〕 王艳梅、李泽昱：《区块链金融监管模式研究：问题、借鉴、路径》，载《商业研究》2020 年第 3 期。

〔3〕 顾功耘、邱燕飞：《区块链技术下金融监管的困境及法制进路》，载《南昌大学学报（人文社会科学版）》2020 年第 2 期。

〔4〕 巴曙松、魏巍、白海峰：《基于区块链的金融监管展望——从数据驱动走向嵌入式监管》，载《山东大学学报（哲学社会科学版）》2020 年第 4 期。

〔5〕 林越坚、岳向阳：《互联网金融消费者保护的制度逻辑与法律建构》，载《国家检察官学院学报》2020 年第 3 期。

〔6〕 罗培新、张逸凡：《世行营商环境评估之"保护中小投资者"指标解析及我国修法建议》，载《华东政法大学学报》2020 年第 2 期。

〔7〕 董新义：《一部金融消费者保护强化法案：评韩国〈金融消费者保护法〉》，载《河北法学》2020 年第 8 期。

范体系和实践模式，与美国和欧盟个人数据规制的模式进行比较，提出需要协调好政府与市场的作用，创新规制思维，以个人数据分级分类保护为基础，采取公法与私法协调规制的路径，建立多元主体参与的法律规制体系。[1]有的学者以网络借贷平台为研究对象，从金融与法律两方面着手，明确网络借贷平台的定位，论证网贷平台应当承担的信息披露义务，再结合英国金融行为局的相关规范对我国现行网贷信息披露法规状况进行分析并检讨，以期对"稳妥有序推进合规网贷机构纳入监管的工作"有所助力。[2]有的学者以开放银行为视角，从比较法的角度重新定义数据可携权，分析我国对于引入数据可携权的不同观点和理由，再通过开放银行的利弊与实施成效论证引入数据可携权的必要性及其考量，给出了其对引入数据可携权的步骤，制度设计以及难题解决方面的建议。[3]有的学者结合开放银行在我国的发展现状，在厘清其中各方法律关系和现有规定的基础上，将涉及共享的个人数据归纳为个人身份数据、个人财务数据及增值数据三类。并就个人数据保护所面临的挑战，提出通过事前、事中、事后三个阶段加以规制的保护路径，以期为后续其他金融行业的发展提供范本。[4]有的学者通过介绍互联网消费信贷个人征信领域现状，梳理互联网背景下个人征信行业的相关法律法规，分析了互联网消费信贷信息保护的必要性，并借鉴域外在个人征信信息管理业务的先进经验，从多个方面为我国互联网消费信贷中的个人征信信息的保护提出相应建议。[5]

在具体权益保护方面，有的学者从当前公司主动退市中投资者保护模式的不足出发，对比分析域外不同保护模式的利弊，从宏观和微观两个维度，结合比较法的经验，论证补偿模式更切合我国的法律与实践，是我国的应然选择，为我国主动退市制度提出合理可行的制度设计。[6]有的学者以欧盟新颁布实施的《一般数据保护条例》为例，探究数字贸易对个人隐私保护造成的风险以及厘清并协调隐私保护与数字贸易之间的关系的方法，并结合我国相关法律法规规定，从国家、企业和个人三个层面探讨数字贸易背景下保护个人隐私权的可行路径。[7]

5. 金融资产管理研究。

自2018年出台的资管新规实施两年以来，乱象得到整治，资管业务逐步回归本源。中国人民银行2020年在7月31日发布《优化资管新规过渡期安排引导资管业务平稳转型公告》，将原本在年底结束的资管新规过渡期延长至2021年年底。

---

〔1〕 于浩：《我国个人数据的法律规制——域外经验及其借鉴》，载《法商研究》2020年第6期。
〔2〕 何颖：《作为金融信息中介的网贷平台信息披露规则》，载《交大法学》2020年第2期。
〔3〕 邢会强：《论数据可携权在我国的引入——以开放银行为视角》，载《政法论丛》2020年第2期。
〔4〕 赵吟：《开放银行模式下个人数据共享的法律规制》，载《现代法学》2020年第3期。
〔5〕 杨曦：《互联网消费信贷中个人征信信息的法律保护》，载《河北法学》2020年第3期。
〔6〕 张艳：《主动退市中投资者保护模式的反思与重构》，载《环球法律评论》2020年第6期。
〔7〕 戴龙：《论数字贸易背景下的个人隐私权保护》，载《当代法学》2020年第1期。

在智能投顾方面，有的学者在充分对比我国与域外实践的基础上，剖析智能投顾的功能定位，并分析论证智能投顾在合规风险、画像风险、算法风险、信用风险等方面存在的功能异化，探寻契合功能监管政策要求的规制进路，梳理智能投顾的功能性问题，提出促进智能投顾持续良性发展的可行监管路径，有效防控异化风险。[1]有的学者以业务模式为基点对智能理财的概念加以厘清，分析其与传统投顾的不同之处，在检视我国智能理财行业现状，对智能理财发展中遇到的风险进行类型化分析之后，探寻智能理财行业风险生成逻辑与规制困境，寻求适合我国实际情况的风险规制路径，以期为该行业发展奠定基石。[2]

在受托人义务方面，有的学者以养老基金信托责任为研究对象，通过对责任投资下养老基金信托责任履行面临的挑战及其成因进行梳理分析后，以受托人主观层面的实践理性要素为视角，将养老基金信托责任重塑为信念、审议、行动、后果四个面向的职责，并在厘清了受托人信托责任的构成及其制度表达的基础上，有针对性地设计相关监管与指引规则，以期推动信托责任理论由传统向现代的发展和信托法的现代化转型。[3]有的学者以信义义务的概念和源起作为研究的出发点，探寻其在域外法中的基础理论，同时梳理中国法上现有信义义务的分散规定，进行体系性的解读，并以医疗领域为例进行信义义务在中国法上推广适用的探讨，为中国相关司法实践与立法完善提供一般性的理论支持。[4]

6. 金融机构社会责任研究。

有的学者基于“创新、协调、绿色、开放、共享”的新发展理念对金融机构社会责任立法的参与机制提出了必须在参与主体、参与模式以及参与内容上做出重大转变的具体要求。同时，在新发展理念的指引下，勾画出涵盖参与主体、参与理念、参与的基本原则、参与模式、参与的形式、参与内容以及参与优势等基本范畴金融机构社会责任立法参与机制多个方面的具体技术路线图。此外，依据新发展理念的要求，对立法参与机制的具体技术路线图的运作效果进行评估，以实现对参与机制安排的动态把握以及持续修正，这对于保证立法参与机制的科学性具有至关重要的意义。[5]

7. 金融机构破产处置研究。

据统计，2016 年以来，国内仅 P2P 网贷累计停业及发生问题机构超 6000 家、小贷公司数量减少近 1600 家，但社会乃至监管部门对金融机构能“立”能“退”不能“破”，仰仗国家兜底的认识仍然较为普遍。早在 2019 年，银保监会主席郭树清就曾表示，金融企业不能只生不死，要有正常的淘汰。而 2020 年 11 月，包商银行申请进入破产程序，引发关于完善中国金融机构破产法律制度的新一轮的关注和探讨。有的学者通过探讨政府救助的有效

---

[1] 赵吟：《智能投顾的功能定位与监管进路》，载《法学杂志》2020 年第 1 期。
[2] 侯东德：《智能理财行业风险的法律应对》，载《政法论丛》2020 年第 1 期。
[3] 尹迪：《责任投资趋势下的养老基金信托责任》，载《环球法律评论》2020 年第 4 期。
[4] 徐化耿：《信义义务的一般理论及其在中国法上的展开》，载《中外法学》2020 年第 6 期。
[5] 刘志云：《新发展理念下中国金融机构社会责任立法的参与机制探讨》，载《政法论丛》2020 年第 5 期。

性、局限性及其变化，引出考察金融机构强制性自救的制度逻辑、国际立法发展及制度价值，在对比政府救助的基础上分析金融机构强制性自救对我国的作用，并就股东和债权人的保护问题、与国内法的衔接问题以及与国际法的衔接问题三个核心问题提出相应的应对策略。[1]

（二）主要著述

1. 金融监管。

刘志伟所著的《地方政府参与金融监管法治论》一书围绕地方政府参与金融监管中的“理论”与“现实”、“规范”与“事实”、“融资”与“监管”这三对主要矛盾，并采用规范与实证分析相结合的研究方法，分别就地方政府参与金融监管的发生原因、监管实践、现实约束、法律权限与法律构造这五个层面的内容，以层层递进性的逻辑推演方式逐步展开论证。熊进光所著的《地方金融监管法律问题研究》以现代金融监管竞争理论为视角，立足于促进地方金融发展和地方金融监管法治化目标，通过对金融监管竞争的动因、内在机制和激励相容监管理论、监管科技理论等现代金融监管理论的分析，对地方金融发展中的金融监管竞争理论进行了阐述。在此基础上，就地方金融监管法制化、地方金融监管改革路径、地方金融风险事件处置机制的法律完善进行了探讨。屈淑娟所著的《地方金融监管权研究》以促进地方金融发展、有效防范地方金融风险、规范地方金融监管权的运行、推动地方金融监管制度法治化进程为落脚点，建立在金融监管适度分权的基础上，反映了地方政府对金融利益的合理性诉求，着眼于地方金融监管权的权力结构优化和权力运行机制的完善。

2. 民间金融。

范知智所著的《金融发展权视角下农村金融法律制度研究》是基于金融发展权视角下，对农村合作金融法律制度的研究进行的系统思考，全书以金融发展权视角下的农村合作法律制度为研究对象，分析当下存在的问题并提出相应革新路径，以期为构建更为优化的农村经济环境提供参考。王小华等所著的《普惠金融体系构建与农村反贫困战略协同研究》对普惠金融体系构建与农村反贫困的理论内涵与实现机理进行分析研究，揭示普惠金融体系构建与农村反贫困的问题。综合运用机制设计、系统论、功能与环境等理论分析法，探究普惠金融体系构建与农村反贫困两者之间的良性互动循环实现机理，为农村金融服务促进农村反贫困提供科学的理论依据。

3. 金融创新。

黄毅所著的《金融创新与秩序》基于一个全新的视角，围绕监管法治的主线，试图揭示监管与创新的内在逻辑，从而为金融业，尤其是银行业转型发展和秩序建构探索未来之路。王波等编写的《金融法制创新与投资者保护研究》全书共分三篇：第一篇为运行篇，选取两

---

[1] 敖希颖：《金融机构强制性自救的中国价值及法律因应》，载《中外法学》2020 年第 4 期。

种金融法制创新的典型业态，即股权众筹与智能投顾。第二篇为监管篇，选取两个金融监管创新的热点，即金融科技与监管沙盒。第三篇为救济篇，选取两类创新性的救济方式，即先行赔付与申诉专员。

4. 不良资产处置。

谭曼所著的《中国债务催收行业立法研究》系统地论述债务催收行业的法理基础，总结和反思了其发展现状与乱象，考究了国外相关国家债务催收行业法律制度与治理经验，论证了我国债务催收行业立法的现实必要，并就我国债务催收行业立法的基本理论与立法框架进行了建构。最后，还草拟了《债务催收行业管理条例（立法建议稿）》，为我国债务催收行业立法提供具体方案。刘红林所著《商业银行不良资产清收处置》更多的是从管理上，而不仅仅是从技术上，系统思考不良资产的清收处置。该书的核心思想都源于作者个人的实践，从点抽象到面，来系统思考和描述不良资产的清收处置。

5. 金融法教材更新。

刘隆亨所著的《银行金融法学》（第 7 版）体系化地论述了银行金融法学的基本理论和重点问题，具体内容包括金融法的基础理论，金融组织宏观调控体系及其业务的法律规定，货币发行和流通管理的法律规定，证券业、基金业、保险业和信托业等非银行金融机构管理法律制度，我国中资银行业、外资银行和金融国际化的融合发展与安全等。岳彩申、盛学军主编的《金融法学》（第 3 版）在保持专业化体例、结构的同时，对最新金融监管理念及金融立法规范之进展作了系统性增删调整，对书中以案例为主的实践素材以及学术专著等参考书目作了进一步丰富。陶广峰主编的《金融法》（第 3 版）以金融学、法学的有关理论和金融法为基础，将金融知识、法学知识与法律实践有机结合。张学森编著的《金融法学》（第 2 版）结合《民法典》就第 1 版进行较大幅度修订，以反映我国金融法治建设最新成就。一方面，调整全书结构，聚焦金融法学的核心内容；另一方面，增加金融创新、普惠金融的法治保障和金融纠纷解决等章节内容，努力做到体系完备、内容规范，重点突出、简明扼要。马亮、方元主编的《金融法》充分吸收了国内外金融法学者的最新研究成果，融入了国内最新的金融法律法规，对国内金融法最新研究成果作出了汇总，既重视知识的体系性又不缺乏实务案例的引入。谷慎所著的《金融法教程》对金融法学的基本原理和我国现行的金融法律制度进行了全面、系统、深入的阐释和介绍。将基本理论与法制实践融为一体，力图反映最新的金融法学理论研究成果，追踪最新的金融改革和金融立法动态。

6. 译著。

［美］迈克尔 · P. 马洛伊、［美］威廉 · A. 洛维特著，郑依彤、王天正译的《简明银行业和金融机构法》生动全面地阐述了银行和金融中介机构在经济、历史和法律上的背景，及针对各种背景制定的具有时代特色的政策、法规等，是研究国外银行和金融机构及金融领域的一本重要的参考资料。

（三）重要学术活动

2020年11月14日，由中国法学会银行法学研究会主办，河北经贸大学法学院承办的“中国法学会银行法学研究会2020年年会”在河北正定顺利召开。中国法学会银行法学研究会理事以及来自中国人民银行、中国银保监会及地方监管局、最高人民法院、最高人民检察院、各商业银行及其他金融机构、律师事务所的嘉宾130余人现场出席了会议，近1万人线上观看会议。本次年会上，王卫国会长作了中国法学会银行法学研究会2020年年度工作报告，各位专家学者还通过线上线下相结合的方式围绕“数字货币法律问题”“人工智能与大数据下的金融法治”“民法典实施与银行法治”“投资者保护与商业银行立法”“金融监管的多元视角”“金融监管的具体实践”六大单元专题内容分别进行了研讨。

2020年10月24日，“中国银行法40人论坛”2020年会议在上海举行。本次论坛的主题为“数字金融的法律问题”，由中国银行法学研究会主办，上海市法学会金融法研究会承办，上海市法学会金融法研究会互联网金融法律实务研究中心和科创金融法治研究中心、上海汉盛律师事务所、上海张江公证处协办。本次论坛分为三个单元进行，分别是“数字金融的法治环境”“金融数据的共享和保护”“金融科技的金融法路径”，来自理论界与实务界的专家学者就向数字金融转型发展的过程中，产生一系列新的法律问题，如数字技术与金融融合的促进、金融数据保护、监管与风险防范等进行了分析研究，并提出了相应的解决方案。

2020年12月6日，以“民法典时代的金融法制”为主题的第五届中国金融法论坛在上海隆重举行。论坛由中国商法学研究会主办，中国商法学研究会金融法专委会、中国金融期货交易所、上海协力律师事务所承办，上海金融法院、上海市法学会金融法研究会协办。会议以线上线下结合方式进行，上下午分别安排“资产管理法论坛”“金融庭长论坛”“期货与衍生品法论坛”等单元展开研讨。各位嘉宾分别就“资产管理的民商法基础”“民法典与商业银行法”“民法典借款合同的金融法完善”“民法典时代的保险法制”“民法典与期货立法”等主题进行研讨。

2020年12月4日至5日，由上海市法学会金融法研究会参与协办，华东政法大学经济法学院主办，复旦大学、上海交通大学、上海财经大学法学院联合举办的上海市经济法博士生论坛在上海市富悦大酒店成功举办，本次论坛以“国家治理体系与治理能力现代化的经济法治保障”为主题展开讨论。来自华东政法大学、上海交通大学、复旦大学、同济大学、上海财经大学、法律实务部门的100多位专家学者、实务工作者与硕博研究生参与论坛讨论。在导师发言环节各位导师分别就“经济法视域中的《民法典》”“数字经济对反垄断法的影响及其应对”“公司法修订中公司治理的问题点与改革”等主题发表了见解。在博士生发言阶段，20位博士研究生在国家经济治理体系与治理能力现代化研讨的视域下，就经济法基础理论、宏观调控法律、市场监管、市场秩序维护、突发事件治理等方面的法律问题发表了自己的观点。

2020年票据市场法制报告

伍　坚　等*

受新冠肺炎疫情影响，2020年全球经济出现深度衰退，经济活动明显放缓。得益于我国疫情防控工作的有力开展，我国经济迅速恢复，主要指标持续回稳，治理效能提升。但我国发展环境面临深刻复杂变化，存在诸多不确定性，经济恢复基础尚不牢固。在全力抗击新冠疫情、支持企业复工复产的过程中，票据市场贯彻落实逆周期调控政策要求，快速有效地扩大票据融资规模，降低融资成本；在货币政策结构调整的过程中，充分显示了机制灵活、反应迅速的市场化优势，服务实体企业的导向更加突出。

一、2020年票据市场的发展概览

（一）市场基本态势

票据业务量持续下降。2020年，全国共发生票据业务1.49亿笔，金额123.78万亿元，同比分别下降21.58%和7.49%。其中，支票业务1.26亿笔，金额103.28万亿元，同比分别下降24.96%和9.98%；实际结算商业汇票业务2285万笔，金额19.93万亿元，同比分别增长8.47%和9.19%；银行汇票业务18.26万笔，金额0.15万亿元，同比下降21.64%和14.10%；银行本票业务18.26万笔，金额0.42万亿元，同比下降46.71%和34.90%。

电子商业汇票系统业务量延续近年来的增长趋势。2020年，电子商业汇票系

* 伍坚，华东政法大学经济法学院教授；参与本文写作的还有华东政法大学2020级经济法学硕士研究生曹潇月、刘慈航、施弈言、孙舒宁、张安琪、周淳。

统出票 2229.75 万笔，金额 21.36 万亿元，同比分别增长 12.04% 和 9.54%；承兑 2270.94 万笔，金额 21.86 亿元，同比分别增长 11.85% 和 9.54%；贴现 724.44 万笔，金额 13.38 万亿元，同比分别增长 6.97% 和 8.08%；转贴现 1033.37 万笔，金额 44.10 万亿元，同比分别增长 23.30% 和 13.80%。质押式回购 212.61 万笔，金额 19.54 万亿元，同比分别增长 92.35% 和 62.69%。[1]

此外，银票承兑规模稳中有升，不同类型机构市场占比有所分化；贴现规模同比增长，线上融资较为活跃；转贴现交易增长较快，中小企业交易活跃；票据回购交易总体活跃，质押融资功能持续增强。

“十三五”时期票据市场业务总量年均增长 15.4%。从业务品种看，2020 年末票据承兑余额 14.09 万亿元，占同期社会融资规模存量的 5%；票据贴现余额 8.78 万亿元，占同期企业人民币贷款余额的 8.0%；全年票据市场交易量 64.09 万亿元，较 2017 年增长 22.8%。“十三五”期间，用票企业家数年均增长 36.7%，2020 年用票企业数量达 270.6 万家，其中 98% 以上是中小微企业，中西部地区用票金额占比上升 2.6 个百分点。

票据市场作为我国金融市场的重要组成部分，在提升金融市场流动性、支持民营和中小微企业融资、发挥货币政策工具作用等方面起到了重要作用。伴随票据业务的发展，票据市场呈现如下特点：电子化水平与线上化程度不断提高，转贴现、回购等票据交易业务已全部通过上海票据交易所系统办理，完全实现了线上化，市场透明度显著提高等。[2] 可预见的是，票据将在吸纳金融科技以及金融创新成果之后，充分服务我国实体经济，尤其是民营企业、小微企业的发展，助力实践“普惠金融”理念。

（二）票据市场全力抗击疫情、支持经济发展

票据市场体现“抗疫担当”，有力支持企业复产复工。2020 年年初新冠肺炎疫情发生后，根据中国人民银行统一部署，上海票据交易所迅速出台《关于进一步加强票据业务对新冠肺炎疫情防控工作支持服务的通知》，通过提供特殊服务、启动应急机制、减免相关费用等，全力支持抗疫工作，助推企业复产复工。在企业各类融资方式当中，票据融资较快恢复到正常水平。3 月承兑、贴现业务量分别达 2.47 万亿元和 1.81 万亿元，较 2 月疫情高峰期分别增长 91.26% 和 71.14%，快速恢复至往年同期水平。

票据业务持续向前端延伸。2020 年，上海票据交易所上线供应链票据平台、建设完成跨境人民币贸易融资转让服务平台、持续推广标准化票据、“贴现通”和“票付通”等创新产品，深入推进商业票据信息披露有关工作，并联合会员单位加强市场宣讲和业务拓展，进一步扩大票据市场服务半径，提升了票据市场对企业的覆盖面。全年企业用票金额合计 82.7

---

〔1〕 参见《2020 年支付体系总体运行情况》，载 http：//www.pbc.gov.cn/goutongjiaoliu/113456/113469/4213347/index.html，最后访问日期：2021 年 9 月 9 日。

〔2〕 郭言石、王羽涵：《票据市场建设与中介监管》，载《中国金融》2021 年第 9 期。

万亿元，同比增长 4. 27%；用票企业家数合计 270. 58 万家，同比增长 11. 22%。

重点地区支持有力。在 2020 年年初抗击疫情的关键时期，票据市场对湖北地区支持有力，有效推动该地区企业复工复产，实现区域经济企稳回升。3 月，湖北地区票据业务总量达 5039. 39 亿元，较 2 月增长 179. 61%，同比增长 7. 9%；武汉市票据业务总量 3247. 58 亿元，较 2 月增长 199. 49%，同比增长 5. 37%。

重点行业用票增势明显。2020 年，医药生物、交通运输、仓储和邮政业等抗疫主力行业用票金额分别增长 5. 13% 和 6. 7%，较全行业增速分别高出 0. 86 个和 2. 43 个百分点。基础科学研究行业、能源（资源）行业和机械设备行业用票金额同比分别增长 12. 38%、9. 75% 和 6. 42%，市场占比均实现稳中有升。行业用票的发展变化充分体现了票据市场各参与主体在全力抗击疫情、推动复产复工当中的担当和作为。

票据商业信用环境有所改善。2020 年，商票签发金额 3. 62 万亿元，同比增长 19. 77%；商票签发金额占比为 16. 39%，较上年提升 1. 55 个百分点。商业银行通过“核心企业签发商票、产业链上企业商票贴现”的形式扩大对小微企业的融资覆盖，推动了商票业务的快速发展。票据市场电子化、透明度不断提高，也为商票活跃度提升、票面金额小额化创造了良好的条件。

（三）票据利率总体下行，政策传导效率较高

转贴现利率和回购利率先降后升，与货币市场主要利率走势一致。全年转贴现加权平均利率为 2. 71%，同比下降 60 个基点。转贴现利率自 5 月降至 2. 29% 的历史低位后，跟随货币市场其他利率品种持续抬升至 10 月的 2. 91%，年末有所回落。全年质押式回购利率为 1. 87%，同比下降 64 个基点。

票据贴现利率紧跟货币政策取向。贴现利率对货币信贷、宏观审慎等政策调整反应灵敏，全年走势也契合货币政策取向变化。2020 年年初以来，为应对突发疫情，中国人民银行多措并举降低企业综合融资成本，票据利率也降至 2008 年金融危机以来的低位，下半年随着疫情得到有效管控，经济复苏态势明显，贴现利率在三季度有所回升，反映了经济稳中向好、政策回归中性的宏观态势。全年贴现利率较 LPR（1 年期）平均低 92 个基点，充分体现了票据服务实体经济、降低企业融资成本的市场优势。

（四）票据交易所运营情况

2020 年年初，新冠肺炎疫情对国内外经济的平稳运行均造成明显的影响和冲击。新冠肺炎疫情发生后根据中国人民银行统一部署，上海票据交易所迅速出台《关于进一步加强票据业务对新冠肺炎疫情防控工作支持服务的通知》，通过提供特殊服务、启动应急机制、减免相关费用等，全力支持抗疫工作，助推企业复产复工。在企业各类融资方式当中，票据融资较快恢复到正常水平。

2020 年，上海票据交易所上线供应链票据平台、建设完成跨境人民币贸易融资转让服务

平台、持续推广标准化票据、“贴现通”和“票付通”等创新产品。进一步丰富信息产品种类；推进会员“一站式”接入服务；加强市场培育。上海票据交易所联合会员单位加强市场宣讲和业务拓展，进一步扩大票据市场服务半径，提升了票据市场对企业的覆盖面。全年企业用票金额[1]合计 82.7 万亿元，同比增长 4.27%；用票企业家数[2]合计 270.58 万家，同比增长 11.22%。其中，小微企业用票金额 44.03 万亿元，占比为 53.24%；小微企业用票家数 250.31 万家，占比达 92.5%。

供应链票据平台上线运行。上海票据交易所于 2020 年 4 月 24 日开展供应链票据平台试运行，推进应收账款票据化。首批参与试运行的 4 家供应链金融平台分别为中企云链、欧冶金服、简单汇和互联网金融协会。当日，共有 17 家企业签发供应链票据 17 笔，合计 104.42 万元，2 家企业背书流转供应链票据 3 笔，合计 5.1 万元。9 月，中国人民银行等八部委联合发布《关于规范发展供应链金融、支持供应链产业链稳定循环和优化升级的意见》（银发〔2020〕226 号），对供应链票据平台建设提出了明确要求。为贯彻落实国家关于规范发展供应链金融的决策部署，加强供应链金融配套基础设施建设，经中国人民银行备案同意，上海票据交易所制定了《供应链票据平台接入规则（试行）》（以下简称《接入规则》），明确了供应链平台的接入标准和流程规则。10 月 6 日，上海票据交易所对供应链票据平台顺利完成系统升级，新增供应链票据存托、转贴现、到期处理和线上清算等功能。至此，可实现供应链票据的签发、流转、保证、贴现、转贴现和到期处理等全流程线上办理。

（五）票据市场问题与发展趋势

1. 票据市场在发展过程中仍然存在问题。

票据市场管理参差不齐。由于各地监管部门对票据的监管要求有所不同，各地商业银行对票据业务管理的积极性和业务开展难度也不一致。票据价格体系较乱。票据贴现特别是转贴现价格的市场化形成，客观反映了短期资金的供求变化，有利于优化资源配置结构；而同时再贴现利率和承兑手续费被人为确定在一个不合理的水平。目前票据市场结构失衡，再贴现传导货币政策功能不强，保持合理的市场价格水平，必须要有一个比较规范完善的市场规则。[3]

票据评级和票据经纪问题。目前票据信用评级主要依赖于商业银行内部的信贷评级体系，对票据流通、企业短期盈利能力与偿债能力和流动性研究不足，导致出现以下问题：一是评级资源的重复与浪费；二是票据市场无法形成真正全生命周期的标准化的市场；三是影响票据市场的量化定价。亟须组建专业评级机构，对票据承兑主体、贴现主体等参与方进行多层次、全方位、系统性、动态化的信用评级与跟踪，提升票据市场各参与主体的参评意

---

〔1〕 用票金额指承兑、背书和贴现发生额合计数。

〔2〕 用票企业家数指承兑、背书和贴现发生额对应的企业家数合计数。

〔3〕 蔡国钧：《票据市场存在的问题与规范发展》，载《国际商务财会》2019 年第 3 期。

识，为票据市场的投资者提供权威、科学的投资依据。

票据交易中频频出现重大风险。近几年大量票据业务违规，犯罪分子利用理财等办法，骗取票据违规交易，最终资产损失，商业银行的票据业务风险进一步显现。因此，在规划票据市场的发展蓝图与制定、实施票据业务政策时，应尽可能考虑其他经济政策的相关性和市场的实际情况，最大限度地发挥政策的良性互动效应。

2. 票据市场发展面临新变化。

票据在供应链金融创新发展中的重要性增强。2020 年 6 月 28 日，为规范标准化票据融资机制，更好地服务中小企业融资和供应链金融发展，中国人民银行公告《标准化票据管理办法》（公告〔2020〕6 号），正式推出标准化票据。将票据资产的期限和信用标准化后，有助于打通票据市场与债券市场的壁垒，提高中小金融机构的流动性管理水平。供应链金融模式下的电子商票业务模式，可以有效防止资金流向“脱实向虚”，有效缓解中小微企业小额银行承兑汇票贴现难、贴现贵、纠纷多的难题，真正让票据的发展起到服务实体经济的重要作用。[1]

金融科技推动商业承兑汇票发展。票据市场金融科技应用前景广阔，金融科技为电子商业汇票发展提供了机遇。金融科技能提高票据市场对于信息的捕捉能力，有效整合各方数据资源，打破企业与银行、企业与企业、各地区之间的信息壁垒，缓解票据市场尤其是商票市场信息不对称、不灵通问题。通过大数据分析，可以识别企业异常票据行为；通过大数据历史行为分析，构建企业画像，协助判断未来违约概率；通过大数据建模，搭建风险预测系统，提升业务预警与检测能力，跟踪异常交易情况，从而起到规范企业行为，引导商业信用提升的作用。

二、票据市场监管规范日益健全

（一）商业汇票信息披露制度落地

2020 年 2 月 27 日，为防范伪假票据风险和处置行为，上海票据交易所制定并发布了 22 号文《上海票据交易所处置伪假票据操作规程》。3 月 4 日，上海票据交易所对关于“保证待签收”电子商业汇票的风险进行提示。4 月 16 日，上海票据交易所发布 49 号文《电子商业汇票业务代理管理规程》，规范电子商业汇票业务代理行为。10 月 23 日，为保障票据当事人的合法权益，维护票据市场秩序，上海票据交易所发布《关于规范电子银行承兑汇票提示付款应答的通知》，自 2021 年 1 月 11 日起将进一步规范电子银行承兑汇票提示付款应答处理。

〔1〕 邹倩等：《大力发展票据供应链融资破解小微企业融资难题》，载《中国银行业》2018 年第 5 期。

2020 年 12 月 23 日，中国人民银行下发《中国人民银行公告〔2020〕第 19 号》，规范商业承兑汇票信息披露有关事宜，以改善市场信用环境，促进商票更好发挥其功能作用。12 月 30 日，上海票据交易所制定了《商业承兑汇票信息披露操作细则》，一系列规章制度的出台对于加强商业汇票信用体系建设，提高我国企业信用程度，建立完善市场化约束机制，更好地规范市场及参与主体行为，保障持票人合法权益，减少票据纠纷及相关风险具有积极意义。

（二）加强标准化票据管理

中国人民银行 2020 年 6 月 28 日发布《标准化票据管理办法》（公告〔2020〕6 号）。明确了标准化票据的定义、参与机构、基础资产、创设、信息披露、投资者保护、监督管理等，规范标准化票据业务发展。标准化票据以票据作为基础资产，联通票据市场和债券市场，有利于发挥债券市场的专业投资和定价能力，增强票据融资功能和交易规范性。

2020 年 7 月 28 日，上海票据交易所、全国银行间同业拆借中心、银行间市场清算所联合制定发布了《标准化票据信息披露规则》，并经中国人民银行同意备案。新发布的《标准化票据信息披露规则》是《标准化票据管理办法》实施细则之一。该规则进一步规范标准化票据信息披露行为，保护投资者合法权益，规范了信息披露行为，有助于保护投资者的合法权益。这为各大银行间机构投资者增加了投资品种，银行、理财、信托、公募基金、保险资管等均可参与投资。

2020 年 7 月 29 日，上海票据交易所发布《标准化票据基础资产托管结算规则》，进一步规范标准化票据基础资产登记托管、清算结算业务。为标准化票据业务平稳落地提供了有力支持。标准化票据的成功创设和拓展，有效推进了票据市场与债券市场的联动，为金融支持稳企业保就业增添新动力。

（三）其他业务规范

2020 年 4 月 9 日，中国人民银行杭州中心支行会同中国人民银行上海分行、南京分行、合肥中心支行联合发布《长三角地区电子商业承兑汇票推广应用工作方案》，将进一步推进电子商业承兑汇票在长三角地区的应用，便利民营企业、小微企业结算融资，促进长三角经济金融协同发展。

2020 年 4 月 16 日，上海票据交易所发布《电子商业汇票业务代理管理规程》（票交所发〔2020〕49 号），规程明确了代理机构、被代理机构各自权利义务，指出代理机构的禁止行为，新增电子商业汇票业务代理机构的条件以及申报、审批程序等，进一步加强了电子商业汇票业务代理管理，规范电子商业汇票业务代理行为。

2020 年 5 月 15 日，上海票据交易所《关于进一步明确贴现通业务办理有关事项的通知》（票交所发〔2020〕68 号），明确贴现通业务办理有关事项，促进贴现通业务健康发展，更好服务民营企业和中小企业贴现融资，进一步提升票据市场服务实体经济的质量和效率。

2020 年 8 月 18 日，经中国人民银行同意，上海票据交易所发布《上海票据交易所“票付通”业务规则（暂行）》和《上海票据交易所“票付通”业务申报接入规范（暂行）》。两项规则旨在规范“票付通”业务管理，更好地发挥“票付通”业务功效，满足线上票据支付需求，为供应链平台和 B2B 电商平台提供更好的票据支付服务。符合条件的金融机构和 B2B 平台可申请接入“票付通”业务，为民营、小微企业提供安全、便捷、高效的线上票据支付服务。

2020 年 9 月 18 日，中国人民银行等八部委联合发布《关于规范发展供应链金融、支持供应链产业链稳定循环和优化升级的意见》（银发〔2020〕226 号），明确提出要“加快实施商业汇票信息披露制度。提升应收账款标准化和透明度，支持供应链票据发展和标准化票据融资”。

2020 年 10 月 30 日，上海票据交易所发布《关于开通票据账户主动管理服务的通知》，为防范伪假票据风险，提升票据业务服务质量，上海票据交易所拟于 2020 年 11 月 2 日开通票据账户主动管理服务功能。并于 2020 年 10 月 30 日前为会员单位的一级机构和机构管理员赋予票据账户主动管理功能的权限。自 2020 年 11 月 2 日起，各会员单位可以通过中国票据交易系统客户端向客户提供票据账户主动管理服务。

三、票据纠纷司法裁判典型案例

（一）江苏悦和物资贸易有限公司与陕西省煤炭运销（集团）有限责任公司黄陵分公司等票据纠纷案[1]

1. 案情简介。

原告芬雷选煤工程技术（北京）有限公司黄陵分公司（以下简称芬雷选煤黄陵分公司）与被告重庆力帆财务有限公司（以下简称力帆财务公司）、重庆力帆汽车销售有限公司（以下简称力帆汽车销售公司）、重庆力帆丰顺汽车销售有限公司（以下简称力帆丰顺公司）、丽水满贯商贸有限公司（以下简称丽水满贯公司）、徐州恒辰物资贸易有限公司（以下简称徐州恒辰公司）、陕西省煤炭运销（集团）有限责任公司黄陵分公司（以下简称陕西煤运黄陵分公司）、江苏悦和物资贸易有限公司（以下简称江苏悦和公司）票据纠纷案，基本案情如下：

2018 年 7 月 11 日，力帆汽车销售公司作为出票人向力帆丰顺公司开具了一张可转让电

〔1〕参见判决文书（2020）渝民终 362 号，载中国裁判文书网，https：//wenshu. court. gov. cn/website/wenshu/181107ANFZ0BXSK4/index. html? docId =82a326d169404b76bf8aac3001147666，最后访问日期：2021 年 9 月 9 日。本案为力帆系 24 家企业破产重整的关联诉讼案件，具有较大社会影响。本案裁判规则对当前司法实践中电子商业汇票案件的正确裁判具有重大参考价值，促进了裁判规则的明确和统一，推动了涉力帆系企业近千件票据纠纷案件的顺利审理，为企业重整提供了重要保障，做到了法律效果与社会效果的有机统一。

子银行承兑汇票，票面金额500万元，承兑人系力帆财务公司，到期日为2019年1月11日。在该票据承兑信息栏处记载有如下信息：出票人承诺：本汇票请予以承兑，到期无条件付款；承兑人承兑：本汇票已经承兑，到期无条件付款；承兑日期：2018年7月11日。

随后，力帆丰顺公司于出票当日将该汇票转让背书给宜兴市杰多环保设备经营部，宜兴市杰多环保设备经营部持票后又于当日将该汇票转让背书给浙江满贯商贸有限公司（后变更名称为本案被告丽水满贯公司）。而浙江满贯商贸有限公司亦于同日将该汇票转让背书给徐州恒辰公司。徐州恒辰公司于2018年7月12日将该汇票转让背书给陕西煤运黄陵分公司。陕西煤运黄陵分公司则于2018年9月12日转让背书给徐州恒辰公司。徐州恒辰公司于同日又将该汇票转让背书给江苏悦和公司，江苏悦和公司则将该汇票于2018年9月12日转让背书给了芬雷选煤黄陵分公司。

2019年1月8日，芬雷选煤黄陵分公司提示付款后，在该汇票“付款或拒付”一栏中载明“同意签收”，在“付款或拒付日期”一栏中载明“2019年1月11日”。同时，汇票票据状态显示“结束已结清”。因案涉汇票未得到实际付款，芬雷选煤黄陵分公司于2019年5月5日向力帆财务公司、力帆汽车销售公司、江苏悦和公司等邮寄《关于要求兑付电子银行承兑汇票的法律事务函》，称从2019年1月起多次要求兑付案涉到期汇票，但均遭到拒绝，至今尚未实际兑付，要求各票据债务人承担票据付款义务及相应法律责任。

2. 法院裁判要旨。

一审重庆市第一中级人民法院认为：芬雷选煤黄陵分公司持有的涉案电子银行承兑汇票形式完备、必要记载事项齐全、背书连续，为合法有效票据。持票人芬雷选煤黄陵分公司在汇票到期日前向承兑人力帆财务公司提示付款，力帆财务公司于汇票到期日对提示付款申请予以签收。虽然票据状态显示为“结束已结清”，但结合力帆财务公司当庭陈述意见及芬雷选煤黄陵分公司在汇票提示付款未果后向各票据债务人发送法律事务函要求付款的客观事实，案涉汇票在电子商业汇票系统中有关信息记载不实，力帆财务公司至今未实际履行汇票付款义务，其行为构成拒绝付款，芬雷选煤黄陵分公司的付款请求权没有得到实现。

根据《票据法》第26条“出票人签发汇票后，即承担保证该汇票承兑和付款的责任。出票人在汇票得不到承兑或付款时，应当向持票人清偿本法第七十条、第七十一条规定的金额和费用”、第44条“付款人承兑汇票后，应当承担到期付款的责任”、第61条第1款“汇票到期被拒绝付款的，持票人可以对背书人、出票人以及汇票的其他债务人行使追索权”及第68条“汇票的出票人、背书人、承兑人和保证人对持票人承担连带责任”的规定，芬雷选煤黄陵分公司要求承兑人力帆财务公司、出票人力帆汽车销售公司及背书人力帆丰顺公司、丽水满贯公司、徐州恒辰公司、陕西煤运黄陵分公司、江苏悦和公司承担责任，于法有据，法院予以支持。

根据《票据法》第70条“持票人行使追索权，可以请求被追索人支付下列金额和费用：

（一）被拒绝付款的汇票金额；（二）汇票金额自到期日或者提示付款日起至清偿日止，按照中国人民银行规定的利率计算的利息；（三）取得有关拒绝证明和发出通知书的费用……”的规定，芬雷选煤黄陵分公司要求力帆财务公司、力帆汽车销售公司、力帆丰顺公司、丽水满贯公司、徐州恒辰公司、陕西煤运黄陵分公司、江苏悦和公司支付 500 万元以及以 500 万元为基数、自 2019 年 5 月 21 日（原告自述起算时间，该时间晚于票据到期日）起按中国人民银行同期贷款基准利率计算至实际清偿日止的利息的诉讼请求，于法有据，法院予以支持。

据此，重庆市第一中级人民法院依照《票据法》第 26 条、第 27 条、第 44 条、第 61 条、第 68 条、第 70 条，《民事诉讼法》第 64 条、第 142 条之规定，判决被告于判决生效之日起 10 日内向原告支付电子银行承兑汇票款 500 万元及以本金 500 万元为基数，自 2019 年 5 月 21 日起按中国人民银行同期贷款基准利率计算至实际清偿日止的利息并驳回原告其他诉讼请求。一审案件受理费 46,800 元、保全费 5000 元，由被告负担。

陕西煤运黄陵分公司不服重庆市第一中级人民法院（2019）渝 01 民初 545 号民事判决，向重庆市高级人民法院提起上诉。二审重庆市高级人民法院认为本案争议焦点有二：

其一，芬雷选煤黄陵分公司是否享有追索权问题。依据《票据法》第 54 条、第 60 条，持票人依照规定提示付款的，付款人必须在当日足额付款，付款人依法足额付款后，全体汇票债务人的责任解除。持票人芬雷选煤黄陵分公司在汇票到期日前向承兑人力帆财务公司提示付款后，力帆财务公司虽在电子商业汇票系统中签收票据，票据状态为“票据已结清”，但实际并未依法足额付款。涉案票据在电子商业汇票系统中载明的状态与客观事实不符，应当以客观事实来判断力帆财务公司是否存在拒付行为。“拒绝付款”，不仅包括付款人明确表示拒绝付款的情形，还包括付款人客观上无力履行付款义务而无法付款等情形。力帆财务公司在汇票到期后长期未依法足额支付票据金额，系以实际行为表明拒绝支付票据款项。依据《票据法》第 62 条，持票人提示付款被拒绝的，付款人必须出具拒绝证明或退票理由书。承兑人力帆财务公司拒绝付款，未向持票人芬雷选煤黄陵分公司出具拒绝证明或退票理由书，自身存在过错，而不应就此苛责持票人芬雷选煤黄陵分公司。而且，本案已经查明承兑人力帆财务公司拒绝付款的事实，故无须再要求持票人芬雷选煤黄陵分公司另行提供拒绝证明或退票理由书。依据《票据法》第 61 条、第 70 条的规定，汇票到期被拒绝付款的，持票人可以对背书人、出票人以及汇票的其他债务人行使追索权，可以请求被追索人支付汇票金额及相应利息。

其二，芬雷选煤黄陵分公司是否丧失对前手的追索权问题。依据《票据法》第 53 条规定：“持票人应当按照下列期限提示付款：……（二）定日付款、出票后定期付款或者见票后定期付款的汇票，自到期日起十日内向承兑人提示付款……”《电子商业汇票业务管理办法》第 58 条规定：“提示付款是指持票人通过电子商业汇票系统向承兑人请求付款的行为……”第59条规定：“持票人在票据到期日前提示付款的，承兑人可付款或拒绝付款，或于到期日付款。承兑人拒绝付款或未予应答的，持票人可待票据到期后再次提示付款。”第66条规定，持票人在票据到期日前被拒付的，不得拒付追索。持票人在提示付款期内被拒付的，可向所有前手拒付追索。持票人超过提示付款期提示付款被拒付的，若持票人在提示付款期内曾发出过提示付款，则可向所有前手拒付追索；若未在提示付款期内发出过提示付款，则只可向出票人、承兑人拒付追索。本案中，持票人芬雷选煤黄陵分公司在汇票到期日前提示付款，期间并未撤回付款请求，承兑人力帆财务公司也并未拒绝付款，并在汇票到期日签收，说明持票人芬雷选煤黄陵分公司提示付款的状态是一直持续到汇票到期日的，故本案应当认定持票人在汇票到期日进行了提示付款，显然无须再次提示付款。因此，本案中持票人芬雷选煤黄陵分公司并不丧失对前手陕西煤运黄陵分公司等的追索权。

据此，二审法院认为陕西煤运黄陵分公司的上诉请求不能成立，应予驳回。一审判决认定事实清楚，适用法律正确，应予维持。重庆市高级人民法院依据《民事诉讼法》第170条第1款第1项规定，判决驳回上诉，维持原判；案件受理费46,800元，由陕西省煤炭运销（集团）有限责任公司黄陵分公司负担。

3. 相关法律问题梳理。

《电子商业汇票业务管理办法》规定，电子商业汇票是指出票人依托电子商业汇票系统，以数据电文形式制作的，委托付款人在指定日期无条件支付确定金额给收款人或者持票人的票据。

数字经济时代，随着互联网金融的高速发展，业务结算方式的不断创新，电子商业汇票作为一种新型支付手段在企业的日常生产经营活动中逐渐普及。与纸质商业汇票相比，具有以数据电文形式签发、流转，并以电子签名取代实体签章两个突出的特点。企业在使用电子商业汇票过程中不受时间与空间限制，极大地提高了交易效率与安全，加速资金周转速度，提升企业融资效率。但是其发展过程中也存在准入门槛低、电子商业汇票系统功能不完善等缺陷，给票据交易、司法裁判带来挑战。

因此，法院在审理电子商业汇票案件过程中应结合电子商业汇票特点以裁判相关案件，对票据当事人的合法权益予以公平保护。本案基于电子商业汇票数据电文可以在承兑人的信息系统持续储存的特点，确认了持票人的提示付款行为可具有持续性，认定持票人在到期日前提示付款行为在承兑人不做拒绝付款操作的情况下，汇票到期后发生到期日提示付款效力。

《电子商业汇票业务管理办法》第11条规定，电子商业汇票信息以电子商业汇票系统的记录为准。该案表明电子商业汇票信息并非完全以系统记录为准，当承兑人未向已提示付款的持票人支付票据款项，而电子商业汇票系统中票据状态记录与实际不一致时，若经人民法院查明承兑人确实存在拒付事实，则电子商业汇票系统记录信息可以推翻。本案中，人民法院经查实承兑人存在拒付行为，若此时仍要求持票人依据《票据法》第 62 条的规定，要求持票人提供被拒绝承兑或者被拒绝付款的有关证明以行使追索权，则会加大持票人的维权成本。该案中人民法院结合电子商业汇票的特点，对持票人行使追索权予以支持，对规范和完善电子商业汇票的运行方式和操作模式具有重要意义，既符合票据法的立法目的，亦遵循诉讼经济原则，对指导当前我国司法实践具有重要的参考价值。

（二）辽阳辽东农村商业银行股份有限公司与玺进国际贸易（上海）有限公司、上海鸿歆实业集团有限公司等其他票据纠纷案〔1〕

1. 案情简介。

原告辽阳辽东农村商业银行股份有限公司（以下简称辽东农商行）诉被告玺进国际贸易（上海）有限公司（以下简称玺进公司）、中国农业银行股份有限公司秦皇岛北戴河支行（以下简称农行北戴河支行）、上海鸿歆实业集团有限公司（以下简称鸿歆公司）、第三人恒丰银行股份有限公司（以下简称恒丰银行）、东证融汇证券资产管理有限公司（以下简称东证融汇公司）、中科华易控股集团有限公司（以下简称中科华易公司）票据纠纷案，基本案情如下：

2016 年 7 月 15 日，鸿歆公司签发了每张金额为 5000 万元的六张商业承兑汇票。出票人、付款人及承兑人均为鸿歆公司，收款人为玺进公司，到期日为 2017 年 1 月 15 日。玺进公司将涉案汇票背书转让给农行北戴河支行，辽东农商行委托恒丰银行、东证融汇公司代辽东农商行进行投资，并于 2016 年 7 月 22 日将 5 亿元汇入辽东农商行在恒丰银行开立的账户。

2016 年 7 月 22 日，东证融汇公司与农行北戴河支行签订了编号为 DX 东证融汇 - 恒丰 - 合同 2016 第 211 号 - 02 的《票据资产转让合同》，约定由恒丰银行向农行北戴河支行购买商业承兑汇票。投资金额为 5 亿元，投资期限自 2016 年 7 月 22 日至 2017 年 1 月 16 日。

东证融汇公司于 2016 年 7 月 22 日向农行北戴河支行在辽宁清原农村商业银行股份有限公司（以下简称清原农商行）营业部开立的银行账户支付了 5 亿元的转让价款。原告主张农行北戴河支行在涉案汇票背书人处加盖了汇票专用章及负责人的名章。基于上述委托投资关系及票据转让关系，辽东农商行合法取得了涉案汇票，成为依法享有涉案汇票票据权利的持票人。但被告农行北戴河支行否认上述票据中有关农行北戴河支行的印章、法人章的真实性。

涉案汇票到期后，辽东农商行立即向鸿歆公司提示付款，并多次对鸿歆公司进行催收。鸿歆公司及其关联公司向辽东农商行支付了部分票据款项后未再支付任何款项。为保证辽东农商行所持涉案汇票得到兑付，农行北戴河支行向辽东农商行出具了《商业承兑汇票保兑保函》（商承保兑字 2016 第 012 号，以下简称《保兑保函》），保证在辽东农商行持有的涉案汇

〔1〕 参见判决文书（2020）沪民终 454 号。

票到期后，若出票人不能足额兑付票款时，农行北戴河支行将无条件代为支付涉案汇票记载的全部款项。因汇票承兑人拒绝付款，辽东农商行有权要求农行北戴河支行承担涉案汇票及《保兑保函》项下的责任，偿还尚未兑付的汇票金额及利息。但农行北戴河支行否认上述《保兑保函》中加盖的农行北戴河支行的印章、法人章的真实性。截至 2017 年 7 月 17 日，辽东农商行在涉案汇票项下未获偿付的汇票金额为 227, 487, 676. 83 元。

2. 法院裁判要旨。

一审上海市第一中级人民法院法院认为本案的争议焦点有二：

第一，辽东农商行是否有权行使票据追索权问题。法院认为，辽东农商行是否系涉案汇票的持票人并享有票据权利是审理本案的关键。根据《票据法》第 4 条的规定，持票人行使票据权利，应当按照法定程序在票据上签章，并出示票据。而据《票据法》第 31 条的规定，持票人以背书的连续，证明其汇票权利，非经背书转让，而以其他合法方式取得汇票的，依法举证，证明其汇票权利。因此，辽东农商行应当证明涉案汇票上有其签章或其以其他合法方式取得票据。

本案所涉六张商业承兑汇票上，均无辽东农商行的背书签章，辽东农商行并非票据背书人。其无权依据票据背书向出票人、背书人等汇票的债务人行使票据追索权。

辽东农商行是否系《票据法》规定的以其他合法方式取得汇票的持票人。享有票据权利须符合三个条件，一是取得票据给付了相应对价，二是取得票据的手段合法，三是取得票据时主观上必须是善意。其一，辽东农商行称其依据与恒丰银行之间的协议，以及恒丰银行与东证融汇公司之间的协议，并支付了包括涉案汇票在内的 5 亿元款项，从而取得涉案汇票。但是根据辽东农商行提交的《票据资产转让合同》《票据资产服务合同》，暂且不论上述合同是否能够代表农行北戴河支行的真实意思表示，涉案汇票亦应由该合同上所载明的“农行北戴河支行”进行保管。涉案各方在本案所涉的“第二期业务”中并未约定涉案汇票交由辽东农商行进行保管。辽东农商行并非依相应合同取得涉案汇票。其二，持票人必须依据有效的票据行为获得票据，才能享有票据权利。当事人之间基于通谋的虚伪意思表示而取得票据的，不享有票据权利。本案中，在暂不讨论涉案汇票上农行北戴河支行签章的真实性及农行北戴河支行是否自行在清原农商行开立账户的前提下，仅从涉案汇票上的记载事项来看，第一背书人为收款人玺进公司，农行北戴河支行为第二背书人。可见，玺进公司将涉案汇票背书给农行北戴河支行，应向农行北戴河支行进行票据贴现。在票据贴现的同时，农行北戴河支行理应向玺进公司支付票据款项。现并无证据显示，在辽东农商行取得涉案汇票以及向开立在清原农商行的农行北戴河支行的账户汇款前，农行北戴河支行已向玺进公司支付了票据贴现款。而据辽东农商行的陈述，其系票据的实际出资人，并将款项通过恒丰银行、东证融汇公司汇至农行北戴河支行。因此，在第二背书人未向其前手，即第一背书人支付票据贴现款时，辽东农商行已向涉案汇票上记载的第二背书人支付了款项。该款项支付的顺序与一般的票据贴现交易的款项流转顺序不同，并不符合正常的票据转贴现交易的流程。且涉案汇票记载事项中的第二背书人农行北戴河支行与辽东农商行之间也未进行票据背书转让。辽东农商行所述的交易行为不符合法律规定的票据贴现转让的实质条件，辽东农商行并非合法的票据持有人。其三，根据《票据资产转让合同》，东证融汇公司受让票据资产，取得的权利是一种资产权利而非票据权利。而东证融汇公司系经过恒丰银行并受辽东农商行委托而签订《票据资产转让合同》。因此，即使辽东农商行最终取得了涉案汇票，其所获得并享有的也仅为一种资产权利，而非票据权利。综上，辽东农商行对涉案汇票并不享有票据权利，其无权依据《票据法》的规定行使票据追索权。此外，辽东农商行在本案中主张的系票据追索权，因其并非合法持票人，其诉讼请求无法得到支持，则辽东农商行申请追加清原农商行为本案第三人并申请对本案中所有涉及农行北戴河支行的印章等进行鉴定的请求，法院不予准许。

第二，辽东农商行是否可在本案中根据《保兑保函》向农行北戴河支行主张保证责任问题。

经公安机关鉴定，涉案汇票及《保兑保函》中加盖的农行北戴河支行的相关印章，与农行北戴河支行提供的相应印章并不一致。又因本案中存在大量加盖了“中国农业银行股份有限公司秦皇岛北戴河支行”印章的文件，公安机关并未逐一予以鉴定。因此，本案中存在农行北戴河支行相应印章被伪造并加盖的可能。

辽东农商行在本案中系以持票人的身份主张票据追索权。因辽东农商行并不依法享有票据权利，其诉讼请求不能得到支持。《保兑保函》中所涉的担保关系亦非《票据法》规定的汇票保证。尽管该《保兑保函》系因涉案汇票交易而引发，但与本案票据纠纷系不同的法律关系。在对涉案汇票所涉基础法律关系未进行实质审查并对资金融通过程中各方是否具有真实意思表示进行认定的情况下，对于农行北戴河支行是否应当承担《保兑保函》项下的责任，不能单独作出认定，且此法律关系亦非本案票据纠纷的审查范围。法院对于辽东农商行在票据纠纷中主张农行北戴河支行承担《保兑保函》项下的责任，不予支持。

据此，上海市第一中级人民法院认为原告辽东农商行的诉讼请求缺乏事实和法律依据，依照《票据法》第 4 条、第 31 条、第 61 条、第 68 条，《民事诉讼法》第 144 条，判决驳回原告辽阳辽东农村商业银行股份有限公司的全部诉讼请求；案件受理费 1, 187, 778. 52 元，公告费 1270 元，由原告辽阳辽东农村商业银行股份有限公司负担。

辽东农商行不服上海市第一中级人民法院（2017）沪 01 民初 461 号民事判决，向上海市高级人民法院提起上诉。二审法院认为本案存在两个程序上的问题：

其一，是否应当受理辽东农商行提起的追索权纠纷问题。辽东农商行系以自己是合法持票人为由，向票据全体前手主张票据追索权。经法院认定，辽东农商行无法证明提起诉讼前其已依法提示付款，已行使了付款请求权，故其直接以票据全部前手提起的追索权纠纷法院不应受理；已经受理的，则应当裁定驳回起诉。至于辽东农商行是否系票据的合法持有人、其有无票据权利或票据法上其他权利等问题，法院不作评述。

其二，是否可以合并审理其他法律关系问题。在票据追索权纠纷中，同时审理基础法律关系、保证合同关系，可能导致基础法律关系以外的其他票据债务人的讼累。故一审法院仅审理票据追索权法律关系，未审票据其他法律关系的作法并无不当。

据此，上海市高级人民法院依照最高人民法院《关于适用〈中华人民共和国民事诉讼法〉的解释》第 330 条的规定，裁定撤销上海市第一中级人民法院（2017）沪 01 民初 461 号民事判决；并驳回辽阳辽东农村商业银行股份有限公司的起诉。

3. 相关法律问题梳理。

票据权利可分为付款请求权和追索权（包括首次追索权和再追索权）。票据权利作为二次性权利，持票人可对不同的票据债务人行使两次请求权，即付款请求权和追索权。依据最高人民法院《关于审理票据纠纷案件若干问题的规定》第 4 条规定，持票人不先行使付款请求权而先行使追索权遭拒绝提起诉讼的，人民法院不予受理。除有《票据法》第 61 条第 2 款和本规定第 3 条所列情形外，持票人只能在首先向付款人行使付款请求权而得不到付款时，才可以行使追索权。当案件中不存在承兑人拒绝承兑、破产、死亡和承兑人拒付后持票人再转让票据等法定例外情形，原告起诉时应证明自己曾依法向付款人行使付款请求权。

付款请求权是指持票人向票据主债务人请求按票据上记载的金额付款的权利。持票人行使付款请求权的，必须严格按照《票据法》规定的方式行使。依据《票据法》第 53 条的规定，持票人可以直接向付款人提示付款，或通过委托收款银行、通过票据交换系统向付款人提示付款。该法所指的提示付款与民法上的请求付款不同，它是指持票人或代理人向付款人或代理付款人现实地出具票据并请求付款的行为。提示付款还需在法定的期限内行使。见票即付的汇票，自出票日起 1 个月内向付款人提示付款；定日付款、出票后定期付款或者见票后定期付款的汇票，自到期日起 10 日内向承兑人提示付款。

票据追索权，是指票据当事人行使付款请求权遭到拒绝或有其他法定原因存在时，向其前手请求偿还票据金额及其他法定费用的权利，为付款请求权的补充或保障性权利，是票据上的第二次请求权。票据法为保障合法持票人票据债权的实现，赋予其票据的双重请求权，以保证交易安全，便利票据流通，进而维护票据制度的稳定与有效运行。

四、2020 年票据法制理论研究综述

（一）理论成果概况

年内较重要的票据学术论文有：《中国票据法理念与立法技术的反思》一文重申了票据法的两大基本理念，并就我国票据种类立法政策的选择偏颇与具体的《票据法》文本内容进

行了对于我国票据法立法技术的反思。[1]《为我国票据利益返还请求权制度辩护——基于〈票据法〉第 18 条的法教义学分析》一文对票据利益返还请求权立法理由正本清源，逐一分析票据利益返还请求权立法定性的各学说，并对票据利益返还请求权制度进行规范构造。[2]《电子汇票期前提示的积极效力延伸问题探究——兼评〈电子商业汇票业务管理办法〉第 59 条》一文对《电子商业汇票业务管理办法》出台后，实践中关于其第 59 条产生的争议进行了介绍，并就电子汇票持票人在期前提示情况下所产生的积极效力是否具有延伸性这个问题进行了研究，对付款请求权、追索权和期前提示行为所蕴含的意义进行了分析，提出了建设性的指引。[3]《清代东南地方小市场中的凭票与信用》一文介绍了清代中叶以后东南乡村地方小市场中通行的一种具有金融工具性质的"凭票"，并得出结论认为至少从清代中期开始，在东南地区的地方小市场中，商业票据就被广泛使用，凭票的流通导致了凭票市场的形成，凭票市场就是乡村的信用市场。[4]

（二）主要观点

1. 票据法理念。

法律理念即"法律制定及运用之最高原理"，法律理念是高于法律观念、法律表象和法律意识的理性认知形态，是对法律的本质及其发展规律的一种宏观、整体性把握和建构。董惠江提出促进票据流通和确保票据支付是票据法的两大基本理念。[5]票据法理念体现在票据法的各种制度与规则设计之中，如票据记载事项、票据为文义证券、无因证券、票据双重权利制度、票据背书转让制度以及短期时效制度等。

助长票据流通被认为是票据法"最大任务"，郑玉波先生曾突出强调"助长票据流通"，并认为票据法上所采之各种制度，无不直接或间接为"助长票据流通而设"。一般而言，一定量的货币只能完成一次交易的支付，而票据签发后，通过背书或交付流通，同样一定量的货币记载在票据上每流通一次，就完成了一次支付，从而使票据在支付功能上比货币具有了无可比拟的优势。此外，票据流通会累加票据信用，扩张票据的信用功能。汇票和本票原本就是解决现金支付在时间上的障碍的，也就是可以使将来的金钱为现在所用。汇票、本票通过背书流通，每流通一次，背书人都要对持票人担保承兑、担保付款，此即是一个信用不断累加的过程。即使通过单纯交付的方式流通，出票人的信用被重复利用，也是票据信用功能的一种扩张。

[1] 参见董惠江：《中国票据法理念与立法技术的反思》，载《环球法律评论》2020 年第 5 期。

[2] 参见曾大鹏：《为我国票据利益返还请求权制度辩护——基于〈票据法〉第 18 条的法教义学分析》，载《华东政法大学学报》2020 年第 5 期。

[3] 参见虞李辉：《电子汇票期前提示的积极效力延伸问题探究——兼评〈电子商业汇票业务管理办法〉第 59 条》，载《法律适用》2021 年第 1 期。

[4] 曹树基、杨启明：《清代东南地方小市场中的凭票与信用》，载《中国经济史研究》2020 年第 6 期。

[5] 参见董惠江：《中国票据法理念与立法技术的反思》，载《环球法律评论》2020 年第 5 期。

票据的支付毕竟没有货币即时支付的优势；如果不能确保支付，票据的支付功能、信用功能都无从谈起，包括针对票据的汇兑功能，确保支付比起促进流通的理念更有意义。而且，票据流通的信用累加会增加支付的保障，票据确保支付又会使受让人乐于接受票据而促进票据流通。因此，确保票据支付作为票据法的理念也是有意义的，只不过促进票据流通更具有核心意义。

2. 票据法促进流通的立法技术反思。

立法技术是“制定和变动规范性法律文件活动中的操作技巧和方法”，“其中规范性法律文件内部结构的组织亦即法律构造技术是制定好一个法律尤须注意的具体技术”。董惠江亦从我国票据种类立法政策的选择偏颇与具体的《票据法》文本内容两方面对我国票据法立法技术进行了反思。

票据种类立法政策的选择偏颇。《票据法》第2条第2款规定，本法所称票据，是指汇票、本票和支票。这一规定反映了票据种类法定原理。依此规定，我国票据法规定的票据种类和世界各票据法的通例一致。但是，分则具体规定汇票、本票的部分，却表现出与世界各票据法不同的限制，董惠江认为，这体现出一种立法政策的选择偏颇。围绕汇票，由于我国票据法中自然人被排除于汇票出票人之外，因此个人汇票事实上是被限制了。然而在市场经济中，自然人不但有直接参与交易活动的可能，而且生活中也有汇兑款项、完成结算的需要。围绕本票，《票据法》第73条第2款规定，本法所称本票，是指银行本票。也即直接将银行以外的其他企业、组织以及自然人排除在本票的出票人之外。我国票据法关于立法政策的选择主要是基于历史的考虑，并受到了当时经济背景的限 制。董惠江通过阐释票据法理以及分析我国已渐成熟的市场经济现状，认为应当放弃票据法旧有做法。

《票据法》文本立法技术上的失误与纠偏。针对我国《票据法》文本，董惠江提出多方面纠偏思路。首先，其认为我国票据法基本原则的规定似并无必要。此外，我国票据法存在如《票据法》第4条第4款等不严密的概念表达，且我国票据法模仿了台湾地区的错误做法，并存在缺乏根基创新，保守观念下制度异化等问题。

《票据法》文本的发展完善空间——权利外观原则。权利外观理论是我国《票据法》文本完善的方向。权利外观理论在票据法上的适用不仅仅是为了解决某一法律现象，而是使某一类法律问题得到解决，而且权利外观理论本身是开放式的，除欠缺交付外，伪造、变造，因意思表示瑕疵，交付契约而无效或被撤销等情况，空白不当补充，欠缺票据收回却已支付等可能出现的哪怕还没有类型化的情形，都可以权利外观理论使善意第三人得到保护。权利外观理论是私法上，特别是商法上广泛适用的理论，尤其与票据的抽象性、文义性等特征暗合。权利外观理论更符合私法上强调对外部事实要件的信赖或权利载体的公知、公信力的一般观念，更能实现对安全价值的追求，其自身的构成也具有清晰、明了的优点。

3. 票据利益返还请求权制度。

大陆法系国家及地区如德国、日本、瑞士以及我国台湾地区皆明确设置票据利益返还请求权制度。我国《票据法》第 18 条沿袭大陆法系的传统，亦规定了该制度，但与其他规定相比，其在法定事由、权利属性及利益范围等方面颇为特别。票据利益返还请求权制度创设未久，即被我国法学界评价为“在票据理论研究方面争议最大最含混不清的问题”。曾大鹏对票据利益返还请求权立法理由正本清源，逐一分析票据利益返还请求权立法定性的各学说，并对票据利益返还请求权制度进行规范构造。[1]

票据利益返还请求权的立法理由。在比较法上，《德国汇票本票法》第 89 条与《德国支票法》第 58 条、《日本汇票本票法》第 85 条与《日本支票法》第 72 条、我国台湾地区“票据法”第 22 条第 4 款均将丧失票据权利的原因确立为时效经过和保全手续欠缺，此观点即“传统的二元说”。在实证法上，我国《票据法》第 18 条舍弃保全措施或手续欠缺之事由，在票据权利时效之经过事由之外，另行承认了第二个事由即票据记载事项欠缺，此实属票据法上的特例，可称之为“新的二元说”。此外，亦有学者提出将“因保全手续欠缺而丧失票据权利”作为票据利益返还请求权第三个发生原因的“三元说”。曾大鹏通过对我国票据利益返还请求权立法理由的体系解释得出“保全手续欠缺”与“记载事项欠缺”不应作为我国票据利益返还请求权产生的事由，并提出仅以“时效经过”为事由的“一元说”。

4. 票据利益返还请求权的立法定性

关于票据利益返还请求权的性质，学说上长期以来聚讼纷纭，主要体现为“票据权利说”、“损害赔偿请求权说”、“不当得利请求权说”和“票据法上特别权利说”。而我国《票据法》第 18 条独树一帜，在立法上采“民事权利说”。曾大鹏认为，“票据法上特别权利说”的意义在于将优先适用票据法的实证主义逻辑一以贯之。若将《票据法》第 18 条之中“仍享有民事权利”的表述予以删除，也根本无碍于票据利益返还请求权的运行；就立法技术而言，该条文直接对票据利益返还请求权予以立法定性，堪称“画蛇添足”之举。同理，即便“票据法上特别权利说”获得了证成，也无须在《票据法》立法中予以明确指出，《票据法》第 18 条本身充分说明了票据利益返还请求权是票据法上的特别权利。

票据利益返还请求权制度的规范构造。围绕票据利益返还请求权的当事人的范围，曾大鹏认为，就票据利益返还请求权人来说：因票据丧失等原因没有现实持有票据之人，在票据权利消灭时，是票据利益返还请求权人；因单纯交付而取得票据之人不是票据利益返还请求权人。而就票据利益返还义务人来说：背书人、保证人、无权代理人不是票据利益返还义务人；出票人与承兑人之间不成立连带责任或按份责任。

围绕票据利益返还请求权的利益判断，“出票人或承兑人因为未实际受益，故其无利益

---

〔1〕 参见曾大鹏：《为我国票据利益返还请求权制度辩护——基于〈票据法〉第 18 条的法教义学分析》，载《华东政法大学学报》2020 年第 5 期。

返还之义务”的主流观点存在问题，否认此案型之中出票人或承兑人的利益返还义务，不仅将使票据利益返还请求权制度偏离规范意旨，由补救制度沦为惩罚制度，还将带来否认赠与合同与承兑协议所具有的合同法律效力之恶果。

围绕票据利益返还请求权的行使与转让，由于票据利益返还请求权是存在于“票据”之上的特别权利，应解释为与票据这一书面形式紧密结合的权利，故票据利益返还请求权的转让要件，除须经当事人合意并采指名方式转让外，亦须以交付票据为要件，但不能以背书转让或单纯交付的方式转让。

围绕票据利益返还请求权的时效适用，依据《票据法》第17条和第18条在整个票据制度中的体系关联性，票据利益返还请求权的时效应为消灭时效。而诉讼时效与消灭时效的本质明显不同，故对票据利益返还请求权不宜参照适用我国民法诉讼时效的规定；相反，参照适用《票据法》第17条更为妥当。

5. 电子汇票期前提示的积极效力问题。

期前提示积极效力延伸的争议来源。《电子商业汇票业务管理办法》第59条的表述存在歧义，该条文规定，如果持票人由于期前提示遭到拒付，“可”在汇票到期后的提示付款期间内再次向承兑人提示付款。基于本条对持票人遭到拒付后在付款期间内提示付款使用了“可”这一表述，学界和实务界有着两种截然不同的理解。第一种理解认为“可”与“应当”对应，即持票人应待票据到期后再次提示付款；第二种理解认为“可”是一种权利，即持票人可以选择行使这种权利，也可以选择不行使这种权利，当然如果持票人不行使这种权利将承担相应的不利后果，也就是遭到拒付时不可以享有完整的追索权。

期前提示积极效力的争议对司法审判造成了一定困难。法院在上述问题的立场中存在分歧，有法院否认期前提示积极效力的延伸性，并且出现部分二审法院改判的情况，如二审法院认为持票人在汇票到期日前发出提示付款，在付款人未付款亦未应答的情况下，应在票据到期后再次提示付款，但持票人未能在法定的提示付款期内发出提示付款，故撤销了一审判决，改判持票人丧失向其前手追索的权利。

也有法院支持期前提示积极效力的延伸性，认为不能过于机械地来理解《电子商业汇票业务管理办法》第59条对于到期日后再提示的规定。这类法院认为，应当灵活地理解和运用《电子商业汇票业务管理办法》第59条，被上诉人虽然在到期日前就于ECDS中申请提示付款，但由于未超过票据法规定的期限要求。即便被上诉人没有在到期日后再次提示付款，其在到期日前的提示付款行为，在票据到期日后也应当视为进行了提示付款，即肯定期前提示的积极效力具有延伸性。

对《电子商业汇票业务管理办法》第59条歧义的解决。主要可以通过两种思路解决该歧义，其一，明确持票人期前提示后，面对承兑人拒绝付款或未予应答的情形，可以选择在付款提示期日内继续提示，也可以选择不再提示，将此作为持票人的权利，若不履行不必承担提示不能的不利后果；其二，明确持票人在期前提示后，除存在承兑人期前付款的情形外，都应当在付款提示期内继续提示，将此作为持票人的义务，若不履行将承担提示不能的不利后果。通过修法或者由最高人民法院给出相应的审判指导意见，可以从根源上消除歧义，并解决期前提示积极效力的延伸性问题。[1]

持票人与前手之间的利益平衡。电子汇票期前提示积极效力的延伸性问题，可以理解成持票人与前手之间的利益平衡，在持票人期前提示，承兑人拒付或者未予应答时，持票人和前手之间的利益平衡有两种制度值得借鉴和比较。一是在私法体系中，沉默意味着消极的不作为，需要与一种可推断的意思表示相结合才能产生法律效力，持票人期前提示，承兑人未予应答，若想认定持票人已履行提示付款义务，即认可延伸性的存在，则相当于得事先承认在电子汇票领域，也意味着法律倾向性地保护持票人的付款请求权和追索权，否则承兑人的沉默行为不利于其自身这类判定难以得到法理支持。二是从权利人向义务人提出履行请求这个角度来类比，承兑人和债务人一样享有期限利益，若持票人期前提示行为能导致产生的积极效力具有延伸性，则承兑人的期限利益在一定程度上遭到侵害，只有提示付款期的到期日能保护承兑人的期限利益，票据到期日能起到的用来限缩持票人的付款请求权和追索权的作用也遭到了架空。

〔1〕 参见虞李辉：《电子汇票期前提示的积极效力延伸问题探究——兼评〈电子商业汇票业务管理办法〉第 59 条》，载《法律适用》2021 年第 1 期。

2020 年证券市场投资者保护报告

钱 尘 吴 弘*

2020 年是中国资本市场实施全面深化改革之年，以注册制改革为龙头，统筹推进了交易、退市、再融资和并购重组等关键制度创新，改进各领域各环节的监管，着力提升上市公司质量。《民法典》出台加快了市场基础制度体系的形成。监管部门坚持“稳中求进”总基调，在推进改革和制度创新的同时，积极促进市场发展。

一、资本市场深化改革扩大开放加快发展

（一）中国资本市场不断加大对外开放

2020 年，虽然新冠肺炎疫情对于经济冲击明显，但中国资本市场对外开放程度依旧不断扩大。多个重要的文件出台，保证我国资本市场对接国际高标准规则，在更高水平上推进金融开放：

2020 年 2 月 14 日，中国人民银行、银保监会、证监会、国家外汇管理局和上海市人民政府出台《关于进一步加快推进上海国际金融中心建设和金融支持长三角一体化发展的意见》（以下简称《意见》），从积极推进临港新片区金融先行先试、在更高水平加快上海金融业对外开放和金融支持长三角一体化发展等方面提出 30 条具体措施。

2020 年 3 月 31 日，为了吸引更多外资参与中国金融市场，推进上海更高水平

* 钱尘，华东政法大学经济法学硕士研究生；吴弘，华东政法大学教授、博士生导师。

金融开放，由中国证券投资基金业协会和上海市基金同业公会编写的《海外资管机构赴上海投资指南》中英文双版在沪正式发布。上海将进一步支持外资金融机构开展业务，支持外资金融机构参与上海国际金融中心建设、自贸区新片区金融改革创新等国家战略，推出更多金融创新产品和业务，助力上海开启新一轮高水平金融对外开放，助力国际金融中心、全球资管中心建设。

2020 年 5 月 7 日，中国人民银行、国家外汇管理局发布《境外机构投资者境内证券期货投资资金管理规定》，明确并简化境外机构投资者境内证券期货投资资金管理要求，进一步便利境外投资者参与我国金融市场。

2020 年 2 月 28 日起，中国国债正式纳入摩根大通全球新兴市场政府债券指数（GBI－EM），中国金融市场对外开放再结硕果。跟踪 GBI－EM 的资产规模约 2260 亿美元，中国国债完全纳入后，所占权重将达到 10% 的上限，也将成为该指数系列的第一大计价货币债券。

（二）探索形成符合国情的注册制框架

监管部门探索建立符合我国国情的注册制框架，形成了从科创板到创业板、再到全市场的“三步走”注册制改革布局。2020 年，证监会初步建立了“一个核心、两个环节、三项市场化安排”的注册制架构。“一个核心”就是以信息披露为核心，要求发行人充分披露投资者作出价值判断和投资决策所必需的信息，确保信息披露真实、准确、完整；“两个环节”就是将审核注册分为交易所审核和证监会注册两个环节，各有侧重，相互衔接；“三项市场化安排”为设立多元包容的发行上市条件、建立市场化的新股发行承销机制、构建公开透明可预期的审核注册机制。

2020 年，科创板注册制试点不断完善。持续监管体系与时俱进，市场运行总体平稳，改革效果符合预期，较好地发挥了资本市场改革试验田的作用。一是科创板减持规则落地，上海证券交易所发布的《科创板上市公司股东以向特定机构投资者询价转让和配售方式减持股份实施细则》于 2020 年 7 月 22 日起施行，科创板设计了多元化的退出渠道，股东单独或者合计拟减持首发前股份数量达到 5% 的，可以采取向公司现有其他股东配售的方式进行，同时细化配售方式减持制度。二是科创板持续监管体系不断完善，2020 年 9 月 11 日正式发布《上海证券交易所科创板上市公司自律监管规则适用指引第 1 号——上市公司规范运作》，以上海证券交易所现行部分持续监管业务规则为基础，进行整合、提炼、更新，结合科创公司特征及近期监管实践，规则条文压缩近半，形成了体系完整清晰、内容丰富且简明的制度安排，旨在为科创板公司提供综合性规则指引。三是红筹企业回归 A 股“最后一公里”打通，继证监会降低红筹企业回归 A 股的市值门槛之后，上海证券交易所于 6 月 5 日发布《关于红筹企业申报科创板发行上市有关事项的通知》，对红筹企业申报科创板发行上市中涉及的对赌协议处理、股本总额计算、营业收入快速增长认定、退市指标适用等事项，作出针对性安排，旨在持续增强科创板相关制度安排的包容性和适应性，进而将吸引优质科创类红筹企业登陆科创板、促进科创板市场做大做优等落到实处。

2020年，创业板注册制改革进入实操阶段。在中央全面深化改革委员会第十三次会议通过的《创业板改革并试点注册制总体实施方案》后，运行逾10年的创业板市场进行改革，重新明确定位，完善制度，借鉴科创板改革经验，证监会、深圳证券交易所、中国证券登记结算有限责任公司、中国证券业协会就创业板试点注册制，推出了发行、上市、信息披露、交易、退市等一系列配套制度，如明确日涨跌幅限制调整为20%。深圳证券交易所自2020年6月15日起开始受理创业板在审企业的首次公开发行、再融资、并购重组申请。仟源医药、温州宏丰等公司的小额快速再融资项目从提交申请到注册通过仅耗时8个工作日，从注册通过到资金到位分别耗时9个、5个工作日，融资便利性大幅提高。

（三）新三板全面推进改革深化

2020年，新三板出台一系列深化改革政策措施。一是新三板设立精选层。精选层于2020年7月27日正式设立交易，构筑起基础层、创新层、精选层三个层次不断递进的市场结构，新三板市场与沪深交易所市场互联贯通，多层次资本市场体系建设进入效率更高、质量更优、互补发展格局成色更足、服务创新创业及成长型中小企业能力更强的新时期。二是新三板转板制度正式出炉，证监会3月6日发布《关于全国中小企业股份转让系统挂牌公司转板上市的指导意见》，规定申请转板上市的企业必须是新三板精选层挂牌公司，且在精选层连续挂牌1年以上；企业还须符合转入板块的上市条件，转板上市条件与首次公开发行并上市的条件保持基本一致，交易所可根据监管需要提出差异化要求。105家新三板企业转板上市，转去科创板、创业板的企业均超40家。2020年11月27日，《精选层向创业板和科创板转板上市办法（试行）》公开征求意见稿出炉。三是表决权差异化安排正式落地。全国股转公司4月9日发布《全国中小企业股份转让系统挂牌公司治理指引第3号——表决权差异安排》，设置了严格的行业要求和财务门槛，其要求均高于精选层。新三板基础层、创新层的挂牌公司均可以按照指引规定的程序设置、运行表决权差异安排，而企业在公开发行及精选层挂牌以后不得再设置差异化表决权，这与科创板制度要求一致。新三板改革效果显著，合格投资者165.82万户同比增6倍，市场总成交额1295亿元同比增57%；10大指数普涨，市场交易效率、定价功能提升明显，整体市盈率达到21.10倍，高于2019年的19.74倍水平。

（四）基础设施领域公募REITs试点启动

2020年4月30日，中国证监会、国家发展和改革委员会联合发布《关于推进基础设施领域不动产投资信托基金（REITs）试点相关工作的通知》，宣布基础设施领域公募REITs试点正式启动。将充分依托资本市场，积极支持符合国家政策导向的重点区域、重点行业的优质基础设施项目开展REITs试点。基础设施REITs是国际通行的配置资产，具有流动性较高、收益相对稳定、安全性较强等特点，能有效盘活存量资产，填补当前金融产品空白，拓宽社会资本投资渠道，提升直接融资比重，增强资本市场服务实体经济质效。

2020 年 8 月 3 日，国家发展和改革委员会发布《关于做好基础设施领域不动产投资信托基金（REITs）试点项目申报工作的通知》明确，优先支持基础设施补短板项目，鼓励 5G、通信铁塔、物联网等新型基础设施项目开展试点。

2020 年 8 月 7 日，证监会发布《公开募集基础设施证券投资基金指引（试行）》（以下简称指引），对参与主体资质与职责、产品注册、基金份额发售、投资运作、项目管理、信息披露、监督管理等进行规范。

（五）大力提高上市公司质量

2020 年 10 月 10 日，国务院日前印发《关于进一步提高上市公司质量的意见》，从加快完善社会主义市场经济体制、建设现代化经济体系、实现经济高质量发展的高度，明确了提高上市公司质量的总体要求；从提高上市公司治理水平、推动上市公司做优做强、健全上市公司退出机制、解决上市公司突出问题、提高上市公司及相关主体违法违规成本、形成提高上市公司质量的工作合力等方面，对提高上市公司质量作出了系统性、有针对性的部署安排。

证监会采取多项措施提升上市公司质量，防范化解金融风险。在严肃处置资金占用、违规担保问题方面，证监会主要采取 4 方面举措，包括：持续严厉查处违法违规行为；建立台账，督促企业“清欠解保”；积极推动建立、完善司法制度保障；区分责任主体，落实精准监管。为提高上市公司治理水平，证监会决定自 2020 年 12 月 11 日起开展上市公司治理专项行动，以应对我国资本市场长期存在的部分上市公司因治理失效、管控失灵、运作失序等引发资金占用、违规担保、财务造假、操纵并购等严重问题，以及所反映出控股股东、实际控制人、董事、监事、高级管理人员等“关键少数”法定职责落实不到位、上市公司决策管理不科学、责任追究机制不完善等深层次问题。

2020 年并购重组、再融资等一系列助力上市公司高质量发展的资本工具都迎来了制度的改革，有效改善了市场的融资环境，集中释放上市公司融资需求，为高质量发展新征程提供更多助力。深市公司共披露再融资预案 665 家次，合计拟募集资金 8673.02 亿元，分别增长 1.5 倍和 1.4 倍。深市再融资项目审核及回复平均用时较 2019 年下降近 30%，再融资审核效率明显提高。

（六）资本市场综合施策应对疫情

2020 年，新冠肺炎疫情暴发，各部门积极行动，按照一切有利于疫情防控和促进资本市场平稳运行的原则，特殊时期作出特别政策安排，尊重市场规律，体现监管弹性，为受疫情严重影响的地区、企业、投资者尽快渡过难关全力提供金融支持。2020 年 2 月 1 日，中国人民银行、财政部、银保监会、证监会、国家外汇管理局五部门联合印发《关于进一步强化金融支持防控新型冠状病毒感染肺炎疫情的通知》（以下简称《通知》）。《通知》共 30 条，措施包括保持流动性合理充裕、加大货币信贷支持力度、合理调度金融资源、保障金融基础设施安全、建立“绿色通道”提高外汇及跨境人民币业务办理效率等“一篮子”措施。

证监会加大政策倾斜力度，充分发挥资本市场的机制功能，优先为疫情严重地区相关企业提供高效便捷的直接融资服务，适当减免湖北企业上市初费、年费；对湖北等疫情严重地区企业的股票质押融资、融资融券等业务作出特殊的政策安排；上市公司信息披露、融资和并购重组等方面的材料时限将适当放宽，同时允许证券基金机构年报工作延期，并适当放宽监管标准。上海证券交易所针对湖北等疫情较为严重地区的部分行业、企业生产和投资受到较大影响，坚持一切有利于疫情防控和促进资本市场平稳运行的原则，优先为受疫情严重影响的地区、企业提供高效便捷的直接融资服务。

二、资本市场法律制度进一步完善

（一）新《证券法》正式实施

2019年12月28日，第十三届全国人大常委会第十五次会议审议通过了修订后的《证券法》，自2020年3月1日起正式实施。国务院办公厅2020年2月29日印发《关于贯彻实施修订后的证券法有关工作的通知》，强调要充分认识证券法修订的重要意义、稳步推进证券公开发行注册制、依法惩处证券违法犯罪行为、加强投资者合法权益保护、加快清理完善相关规章制度等。明确在不同板块和市场分步实施股票公开发行注册制，在证券交易所有关板块和国务院批准的其他全国性证券交易场所实施股票公开发行实行注册制以前，核准制继续实行，此次证券法修订前股票发行核准制度的规定继续适用。公司债公开发行注册制也启动实施，公开发行公司债须依法经证监会或国家发展和改革委员会注册。

各监管部门也正加快制定、修改完善配套的部门规章及规范性文件，保障改革有序落地。

（二）刑法修正案大幅提高证券期货犯罪刑罚力度

2020年12月26日，第十三届全国人大常委会第二十四次会议审议通过了《刑法修正案（十一）》，并将于2021年3月1日起正式施行。此次刑法修改与以信息披露为核心的注册制改革相适应，与证券法修改相衔接，表明了国家打击证券期货犯罪“零容忍”的坚定决心。

一是大幅提高欺诈发行、信息披露造假等犯罪的刑罚力度。对于欺诈发行，修正案将刑期上限由5年有期徒刑提高至15年有期徒刑，并将对个人的罚金由非法募集资金的1%～5%修改为“并处罚金”，取消5%的上限限制，对单位的罚金由非法募集资金的1%～5%提高至20%～100%。对于信息披露造假，修正案将相关责任人员的刑期上限由3年提高至10年，罚金数额由2万～20万元修改为“并处罚金”，取消20万元的上限限制。

二是强化对控股股东、实际控制人等“关键少数”的刑事责任追究。修正案明确将控股股东、实际控制人组织、指使实施欺诈发行、信息披露造假，以及控股股东、实际控制人隐瞒相关事项导致公司披露虚假信息等行为纳入刑法规制。

三是压实保荐人等中介机构的“看门人”职责。修正案明确将保荐人作为提供虚假证明文件罪和出具证明文件重大失实罪的犯罪主体，适用该罪追究刑事责任。同时，对律师、会计师等中介机构人员在证券发行、重大资产交易活动中出具虚假证明文件、情节特别严重的情形，明确适用更高一档的刑期，最高可判处 10 年有期徒刑。

四是与证券法修订保持有效衔接。一方面，将存托凭证和国务院依法认定的其他证券纳入欺诈发行犯罪的规制范围，为打击欺诈发行存托凭证和其他证券提供充分的法律依据；另一方面，借鉴新证券法规定，针对市场中出现的新的操纵情形，进一步明确对“幌骗交易操纵”“蛊惑交易操纵”“抢帽子操纵”等新型操纵市场行为追究刑事责任。

（三）退市新规出台

健全退市机制是全面深化资本市场改革，构建更加完善的要素市场化配置体制机制的重要安排，也是提高上市公司质量，提升资本市场治理效能，优化市场生态，保护投资者合法权益的重要保障。

2020 年 11 月 2 日，中央全面深化改革委员会第十六次会议审议通过了《健全上市公司退市机制实施方案》，沪深交易所 2020 年 12 月 31 日正式发布了新修订的《上海证券交易所股票上市规则》、《深圳证券交易所股票上市规则》及《上海证券交易所科创板股票上市规则》、《深圳证券交易所创业板股票上市规则》等多项配套规则（以下简称退市新规）。退市新规着重调整和优化了三方面内容：一是完善“造假金额 + 造假比例”退市标准，退市新规为了回应市场对严惩财务造假行为的强烈期待，下调了造假金额和造假比例；二是调整优化组合类财务指标；三是完善重大违法类退市的限制减持情形。年内有近 20 家企业退市。

（四）再融资新规推出

为深化金融供给侧结构性改革，完善再融资市场化约束机制，增强资本市场服务实体经济的能力，上市公司再融资正式“松绑”。证监会 2020 年 2 月 14 日发布《关于修改〈上市公司证券发行管理办法〉的决定》《关于修改〈创业板上市公司证券发行管理暂行办法〉的决定》《关于修改〈上市公司非公开发行股票实施细则〉的决定》，自发布之日起施行。本次修订的最大亮点是，调整了非公开发行股票的定价和锁定机制，放宽了再融资发行价格的折扣率，并大幅缩短了持股锁定期，且不适用减持规则的相关限制。此次再融资制度部分条款调整的内容主要包括三大方面：一是精简发行条件，拓宽创业板再融资服务覆盖面。二是优化非公开制度安排，支持上市公司引入战略投资者。三是适当延长批文有效期，方便上市公司选择发行窗口。

2020 年 7 月 3 日，证监会发布实施《科创板上市公司证券发行注册管理办法（试行）》（《科创板再融资办法》），上海证券交易所同步发布系列配套规则。《科创板再融资办法》优化了发行条件，明确了发行上市审核和注册程序，强化信息披露要求，并对发行承销作出特别规定。与此前的征求意见稿相比，正式发布的办法作出两项重要变化：明确“小额快速”再融资适用简易程序，最多 6 个工作日即可完成审核注册；取消定增价格打“九五折”的安排。

三、防风险强监管、严打侵犯投资者行为

（一）金融科技与科技监管

2020 年 4 月，为深入做好金融科技创新监管试点工作，开启上海市、重庆市、深圳市、河北雄安新区、杭州市、苏州市等 6 市（区）扩大金融科技“监管沙盒”试点。引导持牌金融机构、科技公司申请创新测试，在依法合规、保护消费者权益的前提下探索运用现代信息技术手段赋能金融“惠民利企”，纾解小微民营企业融资难融资贵、普惠金融“最后一公里”等痛点难点，助力疫情防控和复工复产，着力提升金融服务实体经济水平。着眼于金融科技的特征，人民银行探索设计包容审慎、富有弹性的创新试错容错机制，划定刚性底线、设置柔性边界、预留充足发展空间，努力打造符合我国国情、与国际接轨的金融科技创新监管工具，并于 2019 年 12 月在北京启动试点。第一批 6 个创新应用已开始测试，这些项目聚焦人工智能、物联网、大数据、区块链等技术在金融领域应用，涵盖数字金融、供应链金融、普惠金融等应用场景。2020 年 5 月 17 日，人民银行上海总部宣布，上海金融科技创新监管试点工作启动。

科技赋能分类监管。近年来，深圳证券交易所充分利用人工智能、大数据等前沿技术，开发风险监测智能平台，推进监管经验与智能科技深度融合。在对 2020 年年报审查中，深圳证券交易所的监管“阿尔法狗”——企业画像系统为监管人员的审查工作提供辅助，已提示了逾万条异常关注点。年报审查模块 2020 年新增了年报概览信息的自动生成导出，监管人员一键便可获得年报的“体检报告”，公司年报的核心信息与风险情况一览无余。更新版本已完成了风险监测模块的开发，一方面实现上市公司风险指标的自动计算和分类等级的自动生成，另一方面实现对深市风险公司整体情况的实时监控，尤其是退市风险、高商誉、质押风险、债务风险、资金占用与违规担保、立案调查等九大类重点风险。

进一步健全公司监管规则体系，重点关注存贷双高、股票质押、异常交易、不合理大额资产减值、退市风险等突出问题和重点风险领域，以及大股东资金占用、违规担保、上市公司蹭热点、炒概念等行为，是向科技监管转变的重点工作。

（二）持续强化信息披露监管

2020 年 5 月 18 日发布的中共中央国务院《关于新时代加快完善社会主义市场经济体制的意见》强调，“加强资本市场基础制度改革，推动以信息披露为核心的股票发行注册制改

革……提高上市公司治理，强化投资者保护”。

2020 年 5 月 22 日，全国股转公司修订业务规则，调整内幕信息知情人范围。2020 年 5 月 29 日，深圳证券交易所发布《上市公司信息披露指引第 5 号——交易与关联交易》，进一步明晰监管标准，提升规则适用效能。2020 年 11 月 24 日，上海证券交易所发布《上市公司自律监管规则适用指引第 3 号——信息披露分类监管》，将 4 类公司 8 类事项纳入重点关注范围，上市公司利用信息披露炒作概念等可能严重影响投资者利益、证券价格或者市场秩序的事项成为监管重点。

针对 2020 年新冠肺炎疫情的冲击，监管部门、交易所在信息披露的要求上都推出了相关的政策。2020 年 2 月 2 日，上海证券交易所发布全力支持防控新型冠状病毒感染肺炎疫情相关监管业务安排的通知，就疫情防控特殊时期相关业务实施做出调整和衔接安排，优化自律监管与服务方式，提供专门服务通道和在线业务操作便利，降低重点地区市场机构运行成本，保障各项业务稳妥有序开展。上海证券交易所分别对特殊时期上市公司信息披露等各项业务稳妥有序开展进行了统筹安排。2020 年 2 月 1 日，深圳证券交易所发布通知，针对特殊时期市场主体实际需求，就信息披露、发行承销、固收、会员、基金、期权、协议转让、投资者服务等八大业务作出相应安排。2020 年 4 月 7 日，证监会发布了《关于做好当前上市公司等年度报告审计与披露工作有关事项的公告》，规定部分确受疫情影响严重的公司，可延迟披露年报并可先行披露主要经营业绩，在疫情影响因素消除后两个月内补充披露经审计的年报。

（三）加大金融违法行政处罚力度

2020 年 5 月，按照金融委会议精神，中国人民银行会同财政部、银保监会、证监会、国家外汇管理局研究制定了《关于加强金融违法行为行政处罚的意见》，在现行法律框架下，坚持过罚相当原则，进一步明确处罚标准，加大处罚力度。主要包括五大内容：明确可以按次处罚金融违法行为；明确违法所得计算标准；对屡禁不止的金融违法行为依法从重处罚；从严追究中介机构违法责任；落实“双罚制”。

2020 年中国证监会共办理案件 740 起，其中新启动调查 353 件（含立案调查 282 件），办理重大案件 84 件，同比增长 34%；全年向公安机关移送及通报案件线索 116 件，同比增长 1 倍。2020 年中国证监会总计作出行政处罚决定 342 件，同比增长约 16%。其中，派出机构作出的行政处罚决定数量明显增加，超过行政处罚委员会全年行政处罚决定数量的两倍。全年中国证监会作出信息披露违规类行政处罚决定 132 件，数量较去年有明显增加。全年作出内幕交易类行政处罚决定 125 件，同比增长 13%，其中近 70% 的案件在交易金额和获利金额上达到刑事追诉标准。

证监会和地方证监局 2020 年共开出 200 多张行政处罚决定书，罚没金额远超去年全年的罚没水平。2020 年被立案调查案件超八成涉嫌信息披露违法违规。“涉嫌信息披露违法违规”，已然成为上市公司及相关方被立案调查的主要原因。同时，证监会通报上半年案件办理情况也显示，内幕交易案件多发态势得到了一定遏制。

（四）对证券违法犯罪零容忍、立体式追责

2020 年下半年来资本市场监管的关键词是“建制度、不干预、零容忍”，其中“零容忍”是指严打资本市场违法犯罪行为。国务院金融稳定发展委员会要求确保真实、准确、完整、及时的信息披露，压实中介机构责任，对造假、欺诈等行为从重处理。2020 年 7 月 11 日，证监会会同相关部门建立“打击资本市场违法活动协调工作小组”，全面落实对资本市场违法犯罪行为“零容忍”的要求，持续加大对欺诈发行、财务造假、内幕交易、操纵市场等恶性违法犯罪案件的打击力度，推动建立协调机制，推动构建行政执法、民事追偿和刑事惩戒相互衔接、互相支持的立体式追责体系。

2020 年 7 月 31 日，证监会依法将 10 起上市公司财务造假等涉嫌证券犯罪案件移送公安机关。这些案件涉及多项违法违规行为，损害市场诚信基础和投资者合法权益。一是财务造假严重毁坏市场诚信基础，涉嫌造假的 6 起案件中，4 起将实际亏损虚构为账面盈利，严重误导投资者。二是多种信息披露违法行为交织，严重破坏信息披露制度的严肃性。有的公司未按规定披露关联交易、重大诉讼，有的公司违规提供对外担保。三是大股东、实际控制人和高管人员在组织策划财务造假的同时挪用、侵占公司资金，背信损害上市公司利益。证监会表示，依法追究财务造假等严重证券欺诈行为的刑事责任是提高违法成本、严肃市场纪律、净化市场生态的重要手段。

2020 年 9 月 18 日，证监会稽查部门与公安经侦部门在深圳联合召开上市公司相关主体涉嫌财务造假等证券犯罪案件部署会，对 13 起重大典型案件的查办工作进行部署。

2020 年 11 月 6 日，证监会联合最高人民检察院发布 12 宗证券违法犯罪典型案例，包括 6 宗证券刑事犯罪典型案例和 6 宗证券行政违法典型案例。此次发布的 6 宗证券行政违法典型案例包括信息披露违法违规，操纵市场和内幕交易等案件类型，主要针对危害资本市场健康稳定的三大“顽疾”。典型案例的发布，既能以案说法，向市场传递“零容忍”的信号，又能进一步强化行政刑事执法协作，有效提升监管执法效能。下一步，证监会将继续贯彻对各类违法违规行为“零容忍”的要求，加强与司法机关的协同合作，不断提升行政执法的专业化水平，提高行政执法一致性，依法打击各类证券违法犯罪活动。

四、健全投资者纠纷多元化解机制

（一）证券纠纷代表人诉讼制度落地

新证券法设立了投资者保护专章，对投资者合法权益保护进行了制度创新。特别是建立了具有中国特色的证券集体诉讼制度，赋予投保机构提起特别代表人诉讼的职能，投资者可

以“默示加入、明示退出”的方式参与诉讼。

2020 年 7 月 31 日，最高人民法院正式发布实施《关于证券纠纷代表人诉讼若干问题的规定》，细化新证券法的相关规定，将证券纠纷代表人诉讼整体分为传统加入制的普通代表人诉讼，及声明退出制的特别代表人诉讼，并系统规定了代表人诉讼中的立案登记、先行审查、代表人选定、调解协议确认、诉讼审理与判决、上诉制度、效力扩张、执行与分配等各项重要操作流程内容。对公众普遍关注的特别代表人诉讼的集中管辖、启动程序、权利登记、当事人声明退出、投保机构诉讼义务、诉讼费用、财产保全等，司法解释进行了专门规定，解决了特别代表人诉讼中诸多实践难题。证监会同步出台了《中国证监会关于做好投资者保护机构参加证券纠纷特别代表人诉讼相关工作的通知》。

2020 年 3 月 24 日，上海金融法院发布《关于证券纠纷代表人诉讼机制的规定（试行）》，推动证券群体纠纷案件的审理，提升审判集约化水平，保护投资者合法权益。依托信息技术创新代表人诉讼机制，通过设立代表人诉讼在线平台，实现权利登记、代表人推选、公告通知、电子送达等诉讼程序的便利化。上海金融法院受理了 34 名个人投资者组成原告向飞乐音响索赔的案件，成为全国首例当事人申请以普通代表人诉讼程序审理的案件。深圳市中级人民法院和南京市中级人民法院随后相继出台证券纠纷代表人诉讼制度的具体规定。杭州市中级人民法院也以代表人诉讼方式开展“15 五洋债”虚假陈述赔偿案。

（二）证券期货纠纷调解快速发展

2020 年 3 月 13 日，最高人民法院与证监会共同推动“人民法院调解平台”（以下简称法院调解平台）与“中国投资者网证券期货纠纷在线解决平台”（以下简称投资者网平台）实现数据交换、互联互通，建立协调联动、高效便民的证券期货纠纷在线诉调对接机制，以支持抗击疫情，便利投资者和市场主体低成本、高效率解决纠纷。法院调解平台目前有全国 2800 多家各级法院接入，投资者网平台入驻的证券期货调解组织（以下简称调解组织）覆盖资本市场各投资业务领域、全国各辖区。两个平台的联通，可以实现线上接收法院委派或委托调解、接收投资者调解申请、调解员选择、组织调解、调解协议线上申请司法确认等功能。

2020 年 5 月 15 日，中证资本市场法律服务中心在上海正式揭牌成立。这是中国证监会批准设立的我国唯一跨区域、跨市场的全国性证券期货纠纷专业调解组织。中心成立将推动形成专业、权威、高效的纠纷多元解决机制，有利于化解日益复杂的证券期货纠纷，提高调解工作整体规范化水平，有利于更好地保护投资者合法权益，进一步优化我国营商环境。最高人民法院和证监会拟联合开发证券纠纷解决信息化平台“一站式”实现线上立案、审理、执行，大幅度降低中小投资者维权的成本，从而高效便捷地保护投资者权益。

同日，中国证券投资者保护基金公司（以下简称投保基金公司）受北京市第一中级人民法院的委托，运用在线诉调对接机制对投资者诉某上市公司虚假陈述责任纠纷一案开展线上调解，双方当事人当场达成调解意愿并初步签署调解协议。近年来，投保基金公司与多家法院合作，积极实践“示范判决+委托调解+共管账户”模式。迄今为止，投保基金公司已经成功调解案件千余件，完成涉案调解金额1.25亿元；对损失计算系统优化升级，实现了全线上流程、自动化运算，累计为北京市第一中级人民法院提供600余起案件的损失金额计算；疫情发生以来，投保基金公司积极利用在线调解的优势和特点，开展线上调解，完成376户投资者的调解款项支付工作，涉及金额3000余万元。

五、提升投资者保护文化建设

（一）“5·15全国投资者保护宣传日”

2020年5月15日，中国证监会举办2020年“5·15全国投资者保护宣传日”活动。中国证券业协会、中国证券投资基金业协会、中国上市公司协会联合发布了《“落实新证券法加强投资者保护”倡议书》，呼吁各市场主体深入学习贯彻新证券法，牢树合规意识，坚守合规底线，坚持“不碰监管红线、不踩灰色地带、不打擦边球”的“三不原则”。秉持职业操守，坚决抵制财务造假、内幕交易、利益输送、恶意欺诈等违法违规行为，切实保护投资者合法权益。上海证监局联合上海市金融工作局、上海证券交易所、中证中小投资者服务中心、上海证券报、上海上市公司协会，以及上海市证券、基金、期货同业公会等单位，线上举办“心系投资者携手共行动——5·15全国投资者保护宣传日”上海辖区投资者保护网上宣传活动。根据《关于加强证券期货投资者教育基地建设的指导意见》和《第三批投资者教育基地申报工作指引》，经评审和公示，证监会命名安信证券投资者教育基地等24家基地为第三批全国证券期货投资者教育基地。

（二）年度金融知识普及月活动

2020年8月27日，中国人民银行、银保监会、证监会、国家网信办联合启动2020年“金融知识普及月、金融知识进万家、争做理性投资者、争做金融好网民”活动。以此活动进一步提升广大金融消费者金融素养和风险责任意识，更好地发挥金融消费权益保护工作在服务实体经济、防控金融风险、深化金融改革中的作用。活动面向金融消费者和投资者，宣传基础金融知识、金融支持“稳企业保就业”政策和金融风险防范技能，帮助其理性选择适合自己的金融产品和服务，远离非法金融活动，助力实现全面建成小康社会、决战决胜脱贫攻坚目标任务；引导金融消费者和投资者自觉抵制网上金融谣言和金融负能量，共建清朗网络空间，让人民群众更好地共享金融改革发展成果，满足美好生活需要。

活动内容涵盖六个方面：一是普及基础金融知识，提升国民金融素养；二是围绕脱贫攻坚目标任务，深化重点人群宣传教育；三是倡导理性金融消费理念，营造良好金融市场环境；四是诚实守信，做受尊敬的上市公司；五是弘扬金融正能量，争做金融好网民；六是防范非法金融活动，加强风险提示。

（三）第三届中小投资者服务论坛召开

2020 年 9 月 4 日，第三届中小投资者服务论坛以线上“云论坛”形式召开。本届论坛由中证中小投资者服务中心（以下简称投服中心）和中国期货业协会作为轮值主办单位，中国证券业协会、中国上市公司协会及中国证券投资基金业协会共同举办，上海市虹口区人民政府作为论坛特别支持单位。论坛通过上海证券报中国证券网等合作媒体的官方网络平台推出。主论坛以“落实证券法实施，促进投资者保护”为主题，重点聚焦新证券法下投资者保护工作的现状与发展。全国人大财经委、最高人民法院、上海市人民政府、中国证监会等有关领导发表重要讲话。

六、典型案例

（一）瑞幸咖啡财务造假案

2020 年 4 月 2 日，瑞幸咖啡（Luckin Coffee Inc.）自曝财务造假。瑞幸咖啡境内运营主体及相关管理人员、相关第三方公司大规模虚构交易，虚增收入、成本、费用，虚假宣传等行为，违反了我国会计法、反不正当竞争法的相关规定。根据国务院金融委关于对资本市场财务造假行为“零容忍”的精神要求，证监会会同财政部、市场监管总局等部门，依法对瑞幸咖啡境内运营主体、关联方及相关第三方公司涉嫌违法违规行为进行了立案调查，同时根据国际证监会组织（IOSCO）跨境监管合作机制安排，配合美国证券监管部门开展跨境协查。

瑞幸咖啡境内关联的新三板挂牌公司神州优车股份有限公司、北京氢动益维科技股份有限公司信息披露违法行为，违反了证券法相关规定。财政部、市场监管总局、证监会依法对瑞幸咖啡境内运营主体及相关责任人、协助造假及帮助虚假宣传的多家第三方公司、两家新三板关联公司及相关责任人予以行政处罚。证监会已向涉案当事人送达行政处罚事先告知书。相关责任主体如涉嫌犯罪的，将依法移送公安司法机关进一步追责。证监会表示，将继续加强与境内外监管执法部门的密切协作，依法稳妥推进瑞幸咖啡财务造假事件调查处置工作，严厉打击、绝不姑息，坚决维护公平公正市场秩序和法治健康市场生态。

2020 年 12 月 16 日，瑞幸咖啡公告称同意支付 1.8 亿美元民事罚款，与美国证监会达成和解。虽然瑞幸咖啡与美国证监会达成和解，但仍面临来自股东的集体诉讼和美国司法部的诉讼。

（二）全国首例证券纠纷代表人诉讼案

五洋债欺诈发行案是全国首例公司债券欺诈发行案，也是证券纠纷领域全国首例适用代表人诉讼制度审理的案件。

2020年9月4日，五洋债欺诈发行案在杭州市中级人民法院公开开庭审理。496名债券投资者起诉五洋建设集团股份有限公司（以下简称五洋公司）、陈志樟、德邦证券股份有限公司（以下简称德邦证券）、大信会计师事务所（特殊普通合伙）（以下简称大信会计）、上海市锦天城律师事务所（特殊普通合伙）（以下简称锦天城律所）、大公国际资信评估有限公司（以下简称大公国际）等6名被告。自2019年以来，债券投资者起诉至杭州市中级人民法院称，五洋公司在不符合债券发行条件的前提下，通过制作虚假财务报表欺诈发行“15五洋债”“15五洋02”两只公募债券，请求法院判决五洋公司偿付债券本息及逾期利息、合理费用；陈志樟作为实际控制人，德邦证券、大信会计、锦天城律所、大公国际等作为中介机构承担连带责任。杭州市中级人民法院探索证券纠纷代表人诉讼制度，于2020年3月13日发布《“15五洋债”“15五洋02”债券自然人投资者诉五洋建设集团股份有限公司等人证券虚假陈述责任纠纷系列案件公告》，通知适格投资者参加登记。通过依托浙江证券期货纠纷智能化解平台以线上方式为主推进的投资者登记、代表人推选程序，截至该案开庭审理前共有496名适格投资者申请参加代表人诉讼，涉及诉讼请求总金额8.1亿余元。投资者共同推选产生4名投资者作为诉讼代表人，代表全体适格投资者进行本案诉讼。

2020年12月31日，杭州市中级人民法院作出一审判决。法院认为，债券承销商德邦证券和出具审计报告的大信会计，都未勤勉尽职，存在重大过错，应对五洋建设应负债务承担连带赔偿责任。大公国际作为债券发行的资信评级机构、锦天城律所为债券发行出具法律意见书，未勤勉尽职，存在一定过错，法院酌定大公国际在10%范围内连带责任，锦天城律所在5%范围内连带责任。本案对中介机构的责任认定引起较大社会反响。

（三）獐子岛案移送公安机关追究刑事责任

2020年9月11日证监会宣布，獐子岛公司涉嫌构成违规披露、不披露重要信息罪，根据《行政执法机关移送涉嫌犯罪案件的规定》，决定将獐子岛公司及相关人员涉嫌证券犯罪案件依法移送公安机关追究刑事责任。獐子岛公司在2014年、2015年已连续两年亏损的情况下，利用海底库存及采捕情况难发现、难调查、难核实的特点，不以实际采捕海域为依据进行成本结转，导致财务报告严重失真。2016年通过少记录成本、营业外支出的方法，将利润由亏损披露为盈利。2017年将以前年度已采捕海域列入核销海域或减值海域，夸大亏损幅度。此外，獐子岛还涉及《年终盘点报告》和《核销公告》披露不真实、秋测披露不真实、不及时披露业绩变化情况等多项违法事实，违法情节特别严重，严重扰乱证券市场秩序、严重损害投资者利益，社会影响极其恶劣。6月15日，证监会依法对獐子岛及相关人员涉嫌违反证券法律法规案作出行政处罚和市场禁入决定。证监会对獐子岛公司给予警告，并处以60万元罚款，对15名责任人员处以3万元至30万元不等罚款，对4名主要责任人采取5年至终身市场禁入。

中证中小投资者保护中心认为，獐子岛相关违法行为情节特别恶劣，严重破坏了信息披露制度的严肃性及市场诚信基础，社会影响极其恶劣。为此，投服中心委派公益律师于 7 月 6 日代理 4 位投资者向大连市中级人民法院申请立案，坚持“追首恶”原则，此次依然将獐子岛时任董事长、总裁吴厚刚作为第一被告，实现“追责到人”，降低广大股东因上市公司赔偿责任而受到的潜在影响，通过司法救济途径彰显证券市场“三公”原则。2020 年 10 月 17 日，由投服中心支持诉讼的獐子岛案获大连市中级人民法院受理。

（四）美丽生态：“支持诉讼 + 示范案件”

2019 年 8 月 5 日，美丽生态收到中国证监会《行政处罚决定书》，因公司在收购江苏八达园林有限责任公司（以下简称八达园林）重大资产重组过程中触及误导性陈述、重大遗漏及虚假记载三大虚假陈述违法行为，被中国证监会处罚。诸多投资者起诉至法院请求赔偿。投服中心支持两位投资者向美丽生态、八达园林、贾明辉（时任美丽生态董事长）、王云杰（时任八达园林总经理）和王仁年（时任八达园林法定代表人）提起诉讼。本着群体性证券侵权民事纠纷案件着重调解、鼓励当事人和解的原则，深圳市中级人民法院启动诉前调解，因当事人不同意和解，2020 年 4 月 8 日，投服中心支持诉讼案件被正式受理。

深圳市中级人民法院将该支持诉讼案选为示范案件。美丽生态示范案件是深圳市中级人民法院发布《关于依法化解群体性证券侵权民事纠纷的程序指引（试行）》后启动的首单示范案件。根据该指引，示范判决生效后，已为示范判决所认定的共通的事实、法律适用标准、损失计算方法对平行案件具有既判力。平行案件的投资者可以通过调解的方式请求赔偿，或者法院以简化审理的方式快速审理案件，不再重复对共通的事实争点和法律争点重复审理，以提高审理效率。

2020 年 10 月，投服中心支持投资者对美丽生态公司提起的虚假陈述侵权诉讼案，作为示范案件在深圳市中级人民法院公开开庭审理并进行网上直播。这是证券法修订后，司法审判机关首次将投保机构支持诉讼案作为示范案件。深圳市中级人民法院在法庭设支持诉讼席位，投服中心委派两名工作人员列席庭审，以投资者保护机构身份表明对本案提起支持诉讼，投服中心公益律师和晓科担任诉讼代理人。该案标志着“支持诉讼 + 示范案件”模式破冰。

2020年基金市场法制报告

张 敏 苏 蔚 许 艺 何静怡*

一、基金市场在疫情中逆势飞扬

2020年是新基金超级大年，新成立百亿基金高达40只。凭借着权益型产品和固收+产品的全年热度，混合型基金的发行量占据新发基金市场的半壁江山。在资本市场结构性行情的影响下，主动股混基金业绩亮眼，在“炒股不如买基金”的背景下，公募基金市场规模增速达到64.02%，创近五年新高，主动股混增幅达到131.75%。在基金公司层面，近年来头部基金公司的市场占有率在不断上升，2020年年末市场前15家主动权益管理公司管理着主动权益基金规模的61.08%，头部基金公司强者恒强的马太效应越发明显。从产品角度看，全年共成立新基金1435只，总发行份额达到3.16万亿份，爆款基金频发，“日光基”、小比例配售等情况频现。2020年基金产品的创新也在不断推进：持有期型股混基金规模大幅扩张，首批5只MOM产品正式获批，公募REITs配套规则逐渐发布。此外，也有一些值得注意的变动：在出现历史性负油价的市场行情下，原油基金套利出现机会；FOF规模呈明显头部效应，养老FOF规模增长迅速。[1]

---

* 张敏，华东政法大学经济法学院教师；苏蔚、许艺、何静怡，华东政法大学经济法学硕士研究生。本文系2018年度国家社会科学基金项目“资管业穿透式监管的基本矛盾与制度生成研究”（18BFX141）的阶段性成果。

〔1〕 倪韵婷：《2020年公募基金市场回顾系列之（一）：年度总结篇》，载http：//stockfinance.sina.cn/stock/go.php/paper/reportid/666312370717/index.phtml? cid =76524&vt =4，最后访问日期：2021年4月8日。

截至2020年12月31日，2020年全年所有的主流指数都呈现上涨态势，表现最好的是创业板指，2020年涨幅达到64.96%，此外中小板指、深证成指的涨幅也分别达43.91%、38.73%。从行业表现来看，中信一级行业中，2020年电力设备及新能源表现最好，2020年涨幅达到88.34%，食品饮料和消费者服务涨幅也达到88.06%、81.06%，此外，国防军工、医药、汽车、基础化工等表现较好。在这一结构性行情之下，整体公募基金抓住了“黄金赛道”的机遇，整体表现要好于主流指数。分级基金仅算母份额，截至2020年12月31日，2020年以来权益基金整体获得44.82%的收益。相对来说，主动权益基金表现要好于指数产品，整体拥有47.60%的收益，而指数产品整体仅有32.41%的收益。普通股票型基金、偏股混合型基金的收益率分别为61.28%、58.79%，整体表现好于主流指数。从权益基金整体表现来看，在纳入统计的6294只基金中（各类型分开计算），大概有147只基金出现亏损，占比仅2.3%。[1]（见表1）

表1　指数

<table>
<tr><th>指数简称</th><th>2020年指数涨跌幅度</th><th>基金类型</th><th>2020年以来表现</th></tr>
<tr><td>上证指数</td><td>13.87%</td><td>普通股票型基金</td><td>61.28%</td></tr>
<tr><td>上证50</td><td>18.85%</td><td>偏股混合型基金</td><td>58.79%</td></tr>
<tr><td>沪深300</td><td>27.87%</td><td>指数型基金</td><td>32.41%</td></tr>
<tr><td>中证500</td><td>20.87%</td><td rowspan="2">主动权益基金</td><td rowspan="2">47.60%</td></tr>
<tr><td>深证成指</td><td>38.73%</td></tr>
<tr><td>中小板指</td><td>43.91%</td><td rowspan="2">权益类基金</td><td rowspan="2">44.82%</td></tr>
<tr><td>创业板指</td><td>64.96%</td></tr>
</table>

（一）基金首发规模创历史新高，权益型基金功不可没

受政策支持、市场向好和公募基金赚钱效应等因素的影响，新基金发行市场迎来超级大年。截至2020年12月31日，年内共成立1435只基金，合计募集资金约3.16万亿元，较2019发行大年的新成立基金数量和规模分别增长38%和122%，创下公募基金成立以来的历史新高。对比过去三年的数据来看，2020年新发规模已超越2017年至2019年的新发基金规模总和。与此同时，2020年新基金市场上爆款不断，新成立百亿基金高达40只，刷新公募基金市场上年度百亿新发基金的数量纪录。

在全面推动权益基金大发展的背景下，2020年新发基金市场格局不再由债券型基金主导。凭借着权益型产品和固收+产品的全年热度，混合型基金的发行量占据新发基金市场的半壁江山。同时，公募基金新发市场上，产品运作模式多样化发展、头部基金公司强者恒强

〔1〕 方丽、张燕北：《刚刚，2020基金业绩榜单来了！89只翻倍，最牛大赚166.56%》，载https://baijiahao.baidu.com/s?id=1687755944507455424&wfr=spider&for=pc，最后访问日期：2021年4月11日。

的现象也如火如荼地演绎着。2021年，基金发行市场延续2020年的热度，权益型产品和固收+产品也依然会是基金公司的布局重点。[1]

（二）混合型基金持续火爆，债券型基金热度退减

混合型基金是2020年新基金市场最亮眼的品类。2020年共成立683只混合型基金，合计募集资金1.66万亿元，是上年新发规模的6.3倍。混合型基金中积极配置型产品比例最高，352只基金合计募集1.11万亿元资金，占该类别规模总量的68%；其次是保守混合型产品，以20%的规模占比位居第二；标准混合、灵活配置和沪港深混合型基金规模合计占比约一成。混合型基金的这一细分格局与市场热点息息相关，以积极配置型基金为代表的权益型产品和以保守混合型为代表的固收+产品在全年持续受到投资者关注。

2020年四季度末债券型基金总规模4.99万亿元，环比增加4.86%。其中指数型基金规模环比涨幅最高，达12.76%；纯债及一级债型方面，中长期纯债型、短期纯债型2020年四季度末环比增加4.99%、增加5.25%，一级债型环比减少18.00%；含权债基方面，二级债型规模环比增加10.92%；指数型增加12.76%；可转债型基金环比减少1.91%；理财型基金根据监管指导全面实现转型退出历史舞台。据重仓债数据统计，四季度债券型基金重仓债券市值环比略微下降，高评级债券占比增加，重仓债总体久期小幅提升：重仓信用债高评级总体占比较高，受信用事件冲击影响，高评级信用债持仓环比仍有提升；重仓利率债中，短端利率债占比较大，小于一年的短端利率债四季度占比明显下降。[2]

债券型基金在2020年新成立477只产品，合计募集1.10万亿元资金，虽较2019年新发规模同比增长22%，其在所有类别基金新发规模中的占比由前一年的64%大幅下降至35%，终于从蝉联多年的江湖老大地位退下。[3]

（三）基金运作模式创新，持有期产品发行升温

从运作方式来看，归功于定开债基的发行量上升，封闭式基金的新发规模较上年同比增长了78%。开放式基金2020年吸金能力进一步提升，全年共成立基金1109只，募集资金2.21万亿元，同比增长149%，占总募集规模的比例高达70%。尽管开放式基金一统天下的格局未曾改变，在监管层引导长期投资的理念下，采用持有期运作模式的开放式基金的比例在2020年得到较大的提升。据统计，2020年新成立的持有期开放式基金共221只，募集规模达到5036.66亿元，占开放式基金总规模的比例达到23%。而在2019年，以持有期方式运作的新基金仅有60只，合计募集资金371.11亿元。持有期模式基金兴起并不难理解：对

---

〔1〕《2020年新发基金市场回顾，权益基金引爆天量发行市场》，载 https：//new.qq.com/rain/a/20210115A048XX00，最后访问日期：2021年4月10日。

〔2〕《2020年债券基金市场发展》，载 https：//www.sohu.com/a/449435385_826475，最后访问日期：2021年3月24日。

〔3〕《2020年新发基金市场回顾，权益基金引爆天量发行市场》，载 https：//new.qq.com/rain/a/20210115A048XX00，最后访问日期：2021年4月10日。

于基金公司来说，相对于传统可随时申赎的开放式基金，持有期基金规模更可控，基金经理可通过预判规模变化来降低流动性冲击对基金带来的负面影响；对于投资者而言，锁定持有期可培养长期投资的习惯，避免因频繁交易和错误择时导致亏损。

（四）头部效应加剧，爆款基金助力强者恒强

2020 年参与新基金发行的基金公司有 130 家，在持续火爆的市场下，头部基金公司的规模进一步扩张。具体来看，截至 2020 年 12 月 31 日，新发规模排名前十的公司均是市场上成立已久、整体规模排名靠前的大中型公司，合计募集 1.28 万亿元资金，占总募集规模比例高达 41%。头部公司新发规模的壮大离不开爆款基金的助力。在 2020 年，新发规模排名前十的公司旗下都有百亿级基金成立，其中汇添富和易方达基金更是包揽了 10 只和 6 只百亿级基金。在基金产品日趋同质化的背景下，投资者越来越注重基金公司的投研能力和品牌效应，头部公司自然也得到更多关注。叠加绩优基金经理大多集中在头部公司，投资者的追星效应也促成了爆款基金的产生。[1]

二、健全基金监管与自律规范

（一）上市公司创业投资基金股东减持股份有规可循

为进一步完善创业投资基金退出渠道，畅通“投资—退出—再投资”良性循环，促进创业资本形成，更好发挥创业投资对于支持中小企业、科技创新企业创业创新的作用，2020 年 3 月，证监会修订并发布《上市公司创业投资基金股东减持股份的特别规定》（以下简称《特别规定》），上海证券交易所，深圳证券交易所随即也修订并发布了《上市公司创业投资基金股东减持股份实施细则》（以下简称《实施细则》）。按照《特别规定》的规定，创业投资基金是指在中国证券投资基金业协会备案的创业投资基金。创业投资基金所投资的是以下三类企业：（1）早期企业，首次接受投资时，企业成立不满 60 个月。（2）中小企业，首次接受投资时，企业职工人数不超过 500 人，根据会计事务所审计的年度合并会计报表，年销售额不超过 2 亿元、资产总额不超过 2 亿元。（3）高新技术企业，截至发行申请材料受理日，企业依据《高新技术企业认定管理办法》（国科发火〔2016〕32 号）已取得高新技术企业证书。创业投资基金股东可以通过集中竞价交易方式、大宗交易方式、协议转让方式、司法强制执行、执行股权质押协议、赠与股份的方式减持股份。《实施细则》还对股东股份减持的信息披露作出相关要求。[2]

---

〔1〕《2020 年新发基金市场回顾，权益基金引爆天量发行市场》，载 https://new.qq.com/rain/a/20210115A048XX00，最后访问日期：2021 年 4 月 10 日。

〔2〕《上市公司创业投资基金股东减持适用及注意事项》，载 https://www.sohu.com/a/421637605_651848，最后访问日期：2021 年 3 月 28 日。

（二）私募投资基金监管规范紧扣行业需求

经过三个多月的广泛征求意见后，中国证监会于2020年12月30日正式发布《关于加强私募投资基金监管的若干规定》（以下简称《私募基金规定》），意味着暨2014年证监会发布《私募投资基金监督管理暂行办法》后，证监会首次以部门规范性文件形式发布与私募基金行业相关的监管文件。这也是证监会将私募基金部与打非处合并为市场二部后，首次制定的私募基金行业监管文件。私募基金行业经过多年发展，已成为我国多层次资本市场的重要组成部分，在提高直接融资比重、助力实体经济等方面发挥着不可或缺的作用。然而，私募基金行业在快速发展同时，也暴露出许多问题，如公开或者变相公开募集资金、规避合格投资者要求、不履行登记备案义务、错综复杂的集团化运作、资金池运作、利益输送、自融自担等，甚至出现侵占、挪用基金财产、非法集资等严重侵害投资者利益的违法违规行为，行业风险逐步显现。《私募基金规定》从多方面进行规范，促进私募行业真正回归"私募"和"投资"本源，推动优胜劣汰、规范可持续发展。

1. 规范私募基金管理人登记及经营。私募基金管理人应当在名称中标明"私募基金""私募基金管理""创业投资"字样，并在经营范围中标明"私募投资基金管理""私募证券投资基金管理""私募股权投资基金管理""创业投资基金管理"等体现受托管理私募基金特点的字样。私募基金管理人不得直接或者间接从事民间借贷、担保、保理、典当、融资租赁、网络借贷信息中介、众筹、场外配资等任何与私募基金管理相冲突或者无关的业务。另外，私募基金管理人、私募基金销售机构及其从业人员在私募基金募集过程中不得直接或者间接以从事资金募集活动为目的设立或者变相设立分支机构。

2. 对私募基金管理人出资人的规范要求。强调私募基金管理人的出资人不得有代持、循环出资、交叉出资、层级过多、结构复杂等情形，不得隐瞒关联关系或者将关联关系非关联化。

3. 对私募基金投向做出限制。明确规定"借款或者担保到期日不得晚于股权投资退出日，且借款或者担保余额不得超过该私募基金实缴金额的20%"，这样避免了虽然有的基金不是"明股实债"，但是做的是"小股大债"。禁止"投向保理资产、融资租赁资产、典当资产等类信贷资产、股权或其收（受）益权"。这与上年颁布的集合信托管理办法一脉相承，凸显监管层对管理资金流向的关注。

4. 明确私募基金募集的十项禁止行为。包括不得违反合格投资者要求募集资金，不得通过互联网等载体向不特定对象宣传推介，不得向投资者承诺保本保收益、夸大宣传、虚假宣传，不得设立以从事资金募集活动为目的的分支机构以及突破投资者人数限制等。此外，明确私募基金管理人的出资人、实际控制人、关联方如果不具有基金销售资格，未受私募基金管理人委托从事基金销售的，不得从事资金募集活动。[1]

---

〔1〕《钜派投资解读〈关于加强私募投资基金监管的若干规定〉规范行业发展》，载 https：//www.sohu.com/a/450306685_100122986，最后访问日期：2021年3月27日。

（三）规范与便利申请办理私募基金管理人登记

为促进私募基金行业服务实体经济、支持科技创新战略，提升行业形成资本能力和专业水平，进一步增强办理私募基金管理人登记申请工作的公开透明，便利申请机构事前准备申请材料，中国证券投资基金业协会2020年2月28日发布《关于便利申请办理私募基金管理人登记相关事宜的通知》（以下简称《管理人登记通知》），进一步提升了基金业协会登记备案的透明度，提高管理人登记的工作效率。

1. 明确申请材料标准，便利对照准备资料。基金业协会结合六年来基金管理人登记的工作实践，按照不同类别私募基金管理人登记申请要求，公布了证券类和非证券类两类私募基金管理人申请登记材料清单，更加明确申请机构提交材料的标准，便利申请机构备登记申请材料，具有很强的实操性。

2. 明晰基金业协会审核流程，有效提升管理人审核效能。新申请机构应对照登记材料清单准备登记所需材料，符合齐备性要求的，协会将依法依规办理登记手续，仅就登记材料清单所列事项进行核对或者进一步问询，不就清单以外事项额外增加问询，做到“单外无单”。若不符合要求，基金业协会将在5个工作日内通过AMBERS系统退回申请材料。申请机构第二次提交仍未按登记材料清单提交所需材料或信息的，基金业协会将参照《私募基金管理人登记须知》，对申请机构适用中止办理程序。

3. 信息透明度增加，促进行业有序发展。自2020年3月1日起，基金业协会官网增设“私募基金管理人登记办理流程公示”界面和“私募基金管理人公示平台”，一方面加强了对申请机构、已登记机构的监督；另一方面便利了新申请登记机构办理相关业务，同时对信用缺失的机构进行了必要公示，有力地促进私募行业的监督管理。同时，加强申请机构及律师事务所、会计师事务所等中介机构责任。[1]

（四）推进基金行业廉洁从业自律规范

为指导基金经营机构贯彻落实中国证监会发布的《证券期货经营机构及其工作人员廉洁从业规定》，推进行业廉洁、合规文化建设，规范基金经营机构及其工作人员廉洁从业，中国证券投资基金业协会2020年3月12日发布施行《基金经营机构及其工作人员廉洁从业实施细则》，围绕基金行业的募、投、管、退等主要业务，详细梳理各流程中关键的廉洁从业风险点，明确在开展基金业务及相关活动中，基金经营机构及其工作人员应严守廉洁从业底线，不得谋取不正当利益，不得向公职人员、客户、正在洽谈的潜在客户或其他利益关系人

---

〔1〕 刘璐：《私募基金新规解读之〈关于便利申请办理私募基金管理人登记相关事宜的通知〉》，载 https：//zhuanlan. zhihu. com/p/140413675，最后访问日期：2021年4月10日。

输送不正当利益，不得干扰或者唆使、协助他人干扰自律管理工作。[1]

（五）律师事务所从事基金业法律服务有指引

为了积极发挥律师事务所在行业自律管理中的专业作用，进一步推动律师事务所恪尽职守从事基金行业法律服务，进一步完善基金行业法律服务执业标准，充分发挥市场化的监督制衡作用，中国证券投资基金业协会根据《章程》《会员管理办法》等相关规定，2020 年 4 月 30 日颁行《中国证券投资基金业协会律师事务所入会指引》，明确律师事务所入会标准，建立健全入会程序，明确会员律师事务所的权利义务，积极有序引导优质律师事务所加入协会从事服务。[2]

三、及时遏制私募基金违法违规行为高发的案例

（一）刑事或行政处罚的典型案例

1. 阜兴系私募机构违法违规行为触目惊心。

2020 年 1 月 3 日，中国证监会 1 号市场禁入决定书发布，阜兴实业集团有限公司（以下简称阜兴集团）董事长朱一栋、总裁赵卓权被采取终身证券市场禁入措施。决定书显示，上海意隆财富投资管理有限公司（以下简称上海意隆）、上海郁泰投资管理有限公司（以下简称上海郁泰）、上海西尚投资管理有限公司（以下简称上海西尚）、易财行财富资产管理有限公司（以下简称易财行）由朱一栋、赵卓权实际控制，朱一栋、赵卓权通过阜兴集团实际控制阜兴系私募机构从事私募基金管理业务。

2 月 28 日，中国证券投资基金业协会发布 2020 年 12 日纪律处分决定书，经查，阜兴系私募机构存在以下违法违规事实：

一是侵占、挪用基金财产。阜兴集团注册并控制大量关联企业，产品约定投向绝大多数为阜兴系关联公司。阜兴集团还利用阜兴系关联公司或者关联自然人账户统一划转阜兴系私募机构募集资金，资金运作具有明显的资金池特征。阜兴系私募机构发行基金产品募集资金，绝大部分产品资金在募集后未按照产品设计投向约定用途使用。

二是向不特定投资者公开宣传推介私募产品。主要体现为：部分基金销售人员在赵卓权、余亮等人的授意下通过盲打电话、盲发短信等方式向不特定对象宣传推介私募产品；部分基金销售人员向客户要求将产品转介绍给其他亲友；上海意隆的公司网站上的“预约评

---

〔1〕 中国证券投资基金业协会：《规范基金行业廉洁从业 推进行业合规文化建设》，载 https：//www.amac.org.cn/aboutassociation/gyxh_xhdt/xhdt_xhyw/202003/t20200312_7333.html，最后访问日期：2021 年 4 月 13 日。

〔2〕《〈中国证券投资基金业协会律师事务所入会指引〉起草说明》，载 https：//www.amac.org.cn/governmentrules/czxgf/zlgz/zlgz_hygl/202004/t20200430_8553.html，最后访问日期：2021 年 4 月 10 日。

估”栏目、上海郁泰公司网站上的“在线咨询”栏目未设置必要的合格投资者调查问卷等前期确认程序，供不特定投资者留下联系方式，上海意隆的销售人员会联系这些不特定投资者推介私募产品；上海意隆、上海郁泰和上海西尚的公司网站或微信公众号上会推送宣传推介材料，例如社会公众都可以通过上海意隆公司网站的“产品动态”栏目、上海郁泰和上海西尚公司网站的“新闻中心”栏目查看产品信息，不需要注册登录或者合格投资者问卷调查等前期程序，上海郁泰运营的微信公众号“郁泰投资”在 2016 年 6 月之前也会推送预发售产品的信息。

三是向投资者承诺投资本金不受损失及最低收益。在产品设计环节，产品推介文件中包含大量保证函、流动性支持函、股份回购等变相承诺保本保收益的内容。在产品宣传环节，阜兴集团存在诱导性宣传行为。一方面，阜兴系私募机构在官方网站上公开发布关于基金产品如期足额兑付的诱导性宣传文字，在阜兴系私募机构实名注册的“意隆财富”“郁泰投资”“上海西尚投资管理有限公司”等官方微信公众号上频繁发布多种形式的“完美兑付公告”，这些公告内容无差别地向所有微信公众号关注者公开；另一方面，阜兴系私募机构销售人员通过微信及口头承诺等方式向投资者承诺投资本金不受损失以及承诺最低收益，或者以所有历史基金产品均“完美兑付”来暗示投资者阜兴系私募机构发行的产品都会“完美兑付”。产品兑付环节，朱一栋、赵卓权指示阜兴集团资金部及上海郁泰完全按照产品预期收益率兑付而未考虑产品的实际盈亏情况。

四是未按照合同约定向投资者披露可能存在的利益冲突情况以及可能影响投资者合法权益的重大信息。阜兴系私募机构发行的 160 只产品约定投向均为阜兴集团控制的关联企业，该关联交易事项，属于“可能存在的利益冲突”及“发生重大关联交易事项的”情形，应当予以披露。阜兴系 160 只基金产品合同中均约定了信息披露义务，部分产品合同还明确提示“可能影响资产委托人利益的重大事项”风险的条款。根据《暂行办法》第 24 条的规定，阜兴系私募机构投资于关联企业这一“可能存在的利益冲突情况以及可能影响投资者合法权益的其他重大信息”，应当如实向投资者披露。但是，阜兴系私募机构在全部 160 只产品的相关定期报告和临时报告等信息披露文件中，均未向投资者披露基金资产运作中存在的关联交易情况。

阜兴系私募机构上述行为违反了法律法规以及自律规则的规定，涉案金额特别巨大、涉及投资者众多、情节特别严重，严重损害了投资者合法权益并造成极为恶劣的社会影响。协会决定取消上海意隆、上海西尚会员资格，将朱一栋、赵卓权（阜兴系私募机构实际控制人）加入黑名单，期限为终身，将余亮（阜兴系私募机构高级管理人员）加入黑名单，期限为 10 年，将徐铭、张敏、李木松、王源（阜兴系私募机构高级管理人员）加入黑名单，期限为 3 年。

2. 中金国瑞基金管理有限公司（以下简称中国国瑞）涉嫌非法吸收存款罪。

2020 年 2 月 13 日，深圳市公安局福田分局发布《关于“中金国瑞”基金公司涉嫌非法吸收公众存款案的案件通报》，通报了该局对私募基金管理人深圳市中金国瑞涉嫌非法吸收公众存款罪案的侦查近况。通报载明，2020 年 2 月 7 日深圳市人民检察院对犯罪嫌疑人秦某以涉嫌集资诈骗罪批准逮捕，对郑某明等 9 人以涉嫌非法吸收公众存款罪批准逮捕；警方已依法采取查封涉案房产、扣押车辆和冻结涉案账户等措施，并将继续追查涉案资产及资金；警方还将全力收集其他涉案人员的犯罪证据，并依法开展持续打击。[1]

中金国瑞成立于 2011 年，在 2014 年完成备案登记后，成为私募证券投资管理人，是一家以全球金融资产投资管理为核心的综合金融服务企业，实际控制人秦鹏持股 99%。据证券时报报道，2019 年 5 月 14 日，秦鹏在内部会议上宣布产品清盘，不再募集资金以及正常兑付本金和收益。2019 年 5 月 22 日清算告知书出来后，许多投资者赶往中金国瑞办公所在地了解情况，获知公司财务负责人周彩虹和风控部负责人项杰明已于 4 月先后离开，公司处于停业状态，有超过 18 亿元的资金尚未兑付，使 1400 名投资者深陷其害。

根据中国证券监督管理委员会深圳监管局（以下简称深圳证监局）行政监管措施决定书和公安机关案件通报，中金国瑞存在以下违法违规事实：一是存在私募基金募集完成后未按规定向协会备案；二是单只产品募集人数超过法律法规规定的特定数量；三是在私募基金募集过程中向非合格投资者募集；四是向不特定投资者推介私募基金产品；五是向投资者承诺本金不受损失或最低收益；六是未及时向协会报告重大事项。

秦鹏是中金国瑞的法定代表人、董事长、总经理，作为公司在协会登记的高级管理人员，应当对中金国瑞的上述违法违规行为承担相应责任。

依据相关法律法规，中基协决定取消中金国瑞会员资格，撤销中金国瑞私募基金管理人登记，将秦鹏加入黑名单，期限为五年，将项杰明加入黑名单，期限为三年。

（二）基金业协会自律处分的案例

1. 基本情况。

2020 年，中国证券投资基金业协会（以下简称中基协）一共暂停了 11 家基金销售公司的私募基金募集业务，暂停时间有 6 个月、12 个月。中基协指出：这些基金销售公司在公司治理结构、内控制度、办公场所、人员资质、分支机构设立、高管离任审计、持续经营能力、人员管理、适当性管理、风险管理等方面存在风险，不符合开展私募基金募集业务要求，根据相关自律规则，决定暂停其私募基金募集业务，直至整改完毕并现场验收合格。这些基金销售公司自收到决定书之日起，应当立即停止私募基金募集活动，暂停业务期间不得

---

〔1〕 参见 http：//www. csrc. gov. cn/pub/shenzhen/gzdt/202002/t20200217_370796. htm，最后访问日期：2021 年 10 月 28 日。

从事下列活动：签订新的销售协议、宣传推介基金、发售基金份额（权益）、办理基金份额认/申购（认缴）。

2020 年，中基协共处分了 10 家基金管理机构，对这些机构采取取消机构的会员资格、暂停受理其私募基金备案、撤销机构私募基金管理人登记等纪律处分。2020 年，中基协共对行业内 28 人作出了纪律处分，加入黑名单（期限从三年至终身不等）、要求参加强制培训、取消其基金从业资格等。

2. 深圳康智源投资管理有限公司（以下简称康智源）投资公司涉多项违法违规被处分。

2020 年 7 月 24 日，中基协作出对康智源的《纪律处分事先告知书》。经查，康智源存在以下违法违规事实：

一是向非合格投资者募集资金。康智源与 18 名投资金额低于 100 万元的非合格投资者签订了《委托投资协议书》，协议约定康智源将投资者委托资金投入其管理的私募基金产品或产品对应的投资标的，涉及金额合计 608 万元。

二是向投资者承诺本金不受损失或者承诺最低收益。康智源在与投资者签订的委托投资协议或有关补充协议中，以约定预期收益率的方式承诺最低收益并向投资者承诺基金期满后支付本息。

三是未在基金合同和募集说明书中明确披露关联交易事项。康智源有关在管私募基金产品资金投向了其关联公司的建设项目，但未就该事项构成的关联交易以及可能产生的利益冲突向投资者进行明确、清晰地披露。

四是康智源的高级管理人员资质不符合自律规则的管理要求。根据私募基金管理人信息公示系统，康智源登记的高级管理人员均不具备基金从业资格。

五是未如实填报私募基金管理人登记信息。康智源未如实披露其子公司酒泉新丝路种业有限公司的情况，亦未按要求填报其涉及的多起诉讼且多次被法院列为失信被执行人等诚信信息。

六是未按规定向协会进行信息报送。根据私募基金管理人公示信息，康智源因“未按要求进行产品更新或重大事项更新累计两次及以上、未按要求按时提交经审计的年度财务报告”已被列入信息报送异常机构。

陈海龙作为康智源的法定代表人、董事长、总经理、合规风控负责人，提出其是受任职公司安排至康智源挂职担任高级管理人员，康智源在本人不知情的情况下将本人登记为康智源大股东。但本人未向康智源实际出资且未参与康智源运营工作，对康智源不具备控制力，未参与康智源有关违法行为。赵剑东登记为康智源高级管理人员，提出其受人之托，为帮助他人申请登记私募基金管理人出借其本人从业资格，未参与康智源的实际运营，未获取任何报酬。中基协对两人的申辩意见均不予采纳，有关申辩意见不仅不构成免责事由，反而正是协会作出纪律处分的原因。

根据相关法律法规，中基协拟取消康智源会员资格，撤销康智源私募基金管理人登记；将陈某龙加入黑名单，期限为5年；将赵某东加入黑名单，期限为4年。

四、司法审判及时化解基金纠纷的案例

（一）基金销售机构和托管机构的责任区分

在中信银行股份有限公司长沙分行（以下简称中信银行长沙分行）与程爱香、株洲华泰股权投资基金管理有限公司（以下简称华泰基金公司）、邱某彪、黄某华、唐某平、杨某、何某、黄某、姜某、中国建设银行股份有限公司株洲市分行（以下简称建设银行株洲分行）合同纠纷一案[1]中，原告通过被告A建设银行株洲分行的推介（承诺投资年化收益率，承诺由第三方担保，保本保息，无任何风险），购买被告B华泰基金公司发行的基金产品，并由被告C中信银行长沙分行进行托管。被告B在向原告支付了一次投资收益后，便再未向原告支付任何收益，也未退还投资本金。

一审法院在关于被告建设银行株洲分行及被告中信银行长沙分行的赔偿责任问题上认为原告系建设银行株洲分行的长期客户，建设银行株洲分行向原告推介投资产品时，应向原告解释相关投资工具的运作市场及方式，提示相关风险，并应利用自身的专业能力对投资产品的合法性及相关风险进行审查，提供合适的投资产品由原告自主选择。但是，华泰基金公司发行的私募基金未经相关部门的批准、备案，也未明确投资项目，建设银行株洲分行应对该情况进行审查，在未经审查的情况下仍然向原告推介该私募基金，并向原告介绍该基金产品保本保收益，误导原告作出投资决策，原告基于对建设银行株洲分行作为大型商业银行的充分信任购买了该私募基金产品，造成了投资损失，建设银行株洲分行的行为对原告构成侵权，该侵权行为与原告在本案中的损失具有因果关系，应对原告的损失承担一定的赔偿责任。被告中信银行长沙分行虽与原告不具有直接的合同关系，但其作为华泰基金公司的托管行，其职责在于保证基金的财产安全，并应监督基金管理人的投资运作行为。其对基金投资人实际上具有财产保管及代投资人对基金运作进行监督的义务。但是，被告中信银行长沙分行未提供充分证据证实其在与湖南华泰智源投资管理合伙企业签订财产保管协议时对华泰基金公司及湖南华泰智源投资管理合伙企业的运作是否合法合规进行了合理审查，签订财产保管协议后，对华泰基金公司的投资运作进行合理监督，故一审法院认为，其在对华泰基金公司资金托管过程中存在过失，该过失行为与原告在本案中的损失亦具有因果关系，其亦应对原告的损失承担一定的赔偿责任。被告建设银行株洲分行与被告中信银行长沙分行作为华泰基金公司的销售银行与托管银行，在本案中的责任主要体现在对华泰基金公司缺乏必要的审

[1] 参见判决文书（2020）湘02民终591号。

查和监督，其在本案中的责任承担也应为在被告华泰基金公司责任承担的基础上承担补充赔偿责任。综合考虑上述情由及对原告造成损失的原因力大小，酌情认定建设银行株洲分行承担 60% 的补充赔偿责任，被告中信银行长沙分行承担 40% 的补充赔偿责任。

二审法院株洲市中级人民法院认为本案系金融产品发行人、销售者以及金融服务者与金融消费者因销售高风险等级金融产品和为金融消费者参与高风险等级投资活动提供服务而引发的民商事案件，“卖者尽责、买者自负”是处理此类案件的基本原则。适当性义务给予责任主体中信银行长沙分行非常严格的法定责任，金融消费者的投资资金一旦进入了金融管道，金融产品的销售者和服务者的风险责任便已存在，在本案中一审法院严格适用责任原则，在查明事实的基础上作出的划分责任和承担比例并无不妥之处。因此，二审法院不予支持上诉人的上诉请求。

由此可见，当基金销售机构未经审查即向投资者推荐私募基金产品，并利用投资者的信任误导其作出决策时，可以认定基金销售机构的行为与投资者的损失之间存在因果关系，应对投资者的损失承担一定的赔偿责任。

当基金托管机构未能证明其在与涉案私募基金签订财产保管协议后，对基金的投资运作已进行合理监督，就可以认定其在托管中存在过失，应当对投资者损失承担部分赔偿责任。

（二）私募基金以欺诈为由申请法院撤销相关协议

在霍尔果斯盛世佰腾股权投资合伙企业、德阳中德阿维斯环保科技有限公司公司增资纠纷一案[1]中，上诉人与被上诉人签订《增资扩股协议》，约定由上诉人向被上诉人增资，后上诉人以银行转账向被上诉人支付了投资款。其后，上诉人发现，在其签订《增资扩股协议》之前，被上诉人的大量资本金被其实际控制人挪用，故上诉人主张《增资扩股协议》系在被上诉人以欺诈手段致使其违背其真实意思的情况下订立，请求法院予以撤销，并要求被上诉人返还其全部投资款。

二审法院经审理认定，根据《民法典》的相关规定，受欺诈撤销合同，除必须有欺诈的行为外，还要求欺诈方须有欺诈故意，同时受欺诈方因欺诈陷入错误认识，并因错误认识作出了错误的意思表示。依照最高人民法院《关于适用〈中华人民共和国民事诉讼法〉的解释》的相关规定，认定欺诈事实存在，应当达到能够排除合理怀疑的证明标准。从本案的情况来看，上诉人（原审原告）提交的证据，不能达到这一证明标准，不足以认定欺诈事实存在。首先，案涉协议并无关于被上诉人（原审被告）相关披露义务的约定，协议内容也不涉及被上诉人（原审被告）资金使用情况的不实描述，上诉人（原审原告）作为专业的基金投资人，亦未要求被上诉人（原审被告）披露资金使用情况。在此前提下，被上诉人（原审被告）未主动披露资金使用情况，难以就此判定系出于欺诈上诉人（原审原告）的故意。其

---

〔1〕 参见判决文书（2020）川民终 159 号。

次，本案无明确依据表明被上诉人（原审被告）未披露案涉挪用资金的行为，足以导致上诉人（原审原告）陷入错误认识，进而违背其真实意思签订案涉协议。换言之，本案无充足证据证明上诉人（原审原告）系基于对被上诉人（原审被告）资金使用情况产生合理信赖，且该信赖对其订立合同起到了决定性作用。

由此可见，如果要以欺诈为由撤销《增资扩股协议》必须具备三个要件：一是客观上有欺诈的行为；二是主观上欺诈方须有欺诈故意；三是受欺诈方因欺诈陷入错误认识，并因错误认识作出了错误的意思表示。

（三）基金管理人申请执行异议的主体资格

在嘉兴惠博投资管理有限公司、张某正执行审查类执行案[1]中，在法院依申请执行某商事仲裁案的过程中，执行异议人（被执行人）向法院提出执行异议称：法院查封的案涉13家有限合伙企业的财产份额系异议人作为基金管理人代基金持有，是基金财产，依法不得采取强制执行措施。遂请求解除对异议人名下案涉13家有限合伙企业财产份额的查封。

法院经审理认定，被执行人为案涉13家有限合伙企业的有限合伙人，持有相应的财产份额，故依法查封被执行人在有限合伙企业中的财产份额并无不当。根据《合伙企业法》第42条第1款规定，合伙人的自有财产不足清偿其与合伙企业无关的债务的，该合伙人可以以其从合伙企业中分取的收益用于清偿；债权人也可以依法请求人民法院强制执行该合伙人在合伙企业中的财产份额用于清偿。被执行人提出法院查封的有限合伙企业财产份额属于基金财产，系被执行人作为基金管理人代持有基金，并非其固有财产，但被执行人并非提出上述异议的适格主体。因此，被执行人的异议不符合执行异议的受理条件。因此，法院最终驳回了异议人（被执行人）的异议申请。

由此可见，由于被执行人并非提出该项异议的适格主体，因此，基金管理人不能以查封财产系基金财产而非其固有财产为由申请执行异议。

（四）私募基金回购权的恢复问题

在杭州虎跃悦夏投资管理合伙企业与黄某武、黄某强合同纠纷案[2]中，原告与被告作为大股东的目标公司签订《投资协议》，约定由原告向目标公司增资。原告还与被告和目标公司签订《补充协议》并约定，如目标公司未能在约定期限内在新三板挂牌，或其相应年度的净利润未达目标，则原告有权要求被告回购其持有的目标公司股权，此外，如目标公司在约定期限内实现新三板挂牌，则原告的回购权终止执行。其后，原告以银行转账向目标公司支付了投资款。此后，原告要求被告出具《承诺书》，承诺原告因目标公司挂牌所放弃的权利，在目标公司终止挂牌后要即时恢复。此后，目标公司于约定期限内在新三板挂牌后又因

---

〔1〕 参见判决文书（2020）浙04执异14号。

〔2〕 参见判决文书（2020）浙0108民初2575号。

业绩不达标而被终止挂牌，于是原告要求被告履行回购义务，但双方无法就回购事项达成一致。于是原告诉至法院要求被告回购其持有的全部目标公司股权。

法院经审理认定，本案的争议焦点为目标公司在新三板终止挂牌后，原告的回购权利是否恢复？首先，原告、被告约定的股权退出路径有两种：第一种是通过交易市场获得高额收益后退出；第二种是通过大股东回购后获得基础收益进行退出。现目标公司在新三板挂牌后又被摘牌，对于原告而言，其无法通过第一种路径退出，被告作为目标公司的大股东应当给予原告第二种保底的退出机会。其次，从签署文件的背景和意图分析，《补充协议》《承诺书》签订的背景均为配合目标公司新三板挂牌，符合监管要求所需。原告要求被告出具《承诺书》，其目的就是为了防范“如目标公司在约定期限内实现新三板挂牌，则原告的回购权终止执行”之情形。最后，从事后交涉情况分析，原告多次向被告提出股权回购要求，被告均未予拒绝。综上，现目标公司已终止挂牌，且其相关年度的净利润均未达到约定的考核指标。据此，本案所涉股权已符合回购条件，被告应当履行股权回购义务。

因此，关于私募基金为被投企业申请新三板挂牌而放弃的权利，在被投企业终止挂牌后是否应恢复的问题，应结合约定的退出路径、被投企业大股东承诺，以及各方于被投企业摘牌后的交涉情况综合考量。

（五）未届出资期限的私募公司股东为公司还债的条件

在陈某军、宁波演音股权投资基金管理有限公司、徐某雪等证券纠纷案〔1〕中，原告和被告1甲公司签订《投资基金认购协议》并约定：原告出资投资于甲公司管理的投资基金，系涉案投资基金的固定收益投资人。协议签订后，原告依约将投资款汇入基金账户，而甲公司未能按协议约定还本付利。原告遂诉至法院，要求甲公司按协议约定还本付利，并要求被告2（未完全实缴注册资本的甲公司股东）在未出资本息范围内对甲公司债务承担补充赔偿责任。

法院经审理认定，甲公司章程约定的股东缴纳出资的最后期限为2037年3月10日前。在注册资本认缴制下，股东依法享有期限利益，本案亦不存在甲公司作为被执行人的案件，人民法院穷尽执行措施无财产可供执行，已具备破产原因，但不申请破产以及在甲公司债务产生后，其股东会决议或以其他方式延长股东出资期限的情形，因此，原告以甲公司不能清偿到期债务为由诉请未届出资期限的股东在未出资本息范围内对公司不能清偿的债务承担补充赔偿责任或连带责任，缺乏事实依据与法律依据，法院不予支持。

（六）合伙型私募基金份额的内部转让规则可由《合伙协议》另行约定

在彭某与宁高股权转让纠纷案〔2〕中，上诉人（原审被告）与被上诉人（原审原告）均

---

〔1〕参见判决文书（2019）浙0205民初3882号。

〔2〕参见判决文书（2020）沪02民终125号。

系合伙企业A的有限合伙人，并且，合伙企业A的《合伙协议》约定的有限合伙人转让合伙权益的必要条件之一为：至少提前30天向普通合伙人发出转让通知，且普通合伙人书面同意该转让并且放弃了其在《合伙协议》下所享有的优先受让权。此后，被上诉人与上诉人之间达成转让合伙权益的合意，签署了相关《备忘录》，约定了转让的具体细节（转让标的、价格和时间等），并向合伙企业A的普通合伙人发出转让通知，但后者均以书面方式作出了不同意该内部转让的意见，且均未作出欲优先受让转让份额的意思表示。上诉人以该交易未获内部批准为由拒绝受让被上诉人持有的合伙权益。遂被上诉人诉至法院，要求上诉人支付合伙权益转让价款和逾期支付的利息损失。

一审法院经审理认为，《合伙企业法》第22条第1款对合伙人向合伙人以外的人转让其财产份额作出了须经其他合伙人一致同意的规定，同时规定了合伙协议另有约定的除外；而第2款对合伙人之间转让财产份额仅作了通知其他合伙人的规定。前后两款经比较可见，对于合伙人之间的财产份额转让，法律并未赋予合伙协议另行约定的权利。原告、被告均为合伙企业A的有限合伙人，即双方间的财产份额转让系发生在合伙人之间，该转让属内部关系，并不会导致新合伙人的加入，并未破坏合伙人之间的人合性，故无须征得其他合伙人的同意。故支持了原告的诉请，判令被告向原告支付合伙份额转让款和逾期利息，上诉人不服提起上诉。二审法院认为，对于有限合伙企业，《合伙企业法》第63条规定有限合伙企业的合伙协议应当载明有限合伙人入伙、退伙的条件、程序及有限合伙人和普通合伙人相互转变程序等内容。本案有限《合伙协议》亦已对有限合伙人与普通合伙人之间的财产份额转让进行了约定。因此，在合伙协议已对此进行了相应约定，且未违反《合伙企业法》等法律、法规强制性规定的情况下，本案当事人之间的合伙财产份额转让应当根据有限《合伙协议》相关约定进行处理。最终，二审法院支持了上诉人的上诉请求，撤销一审判决，驳回被上诉人的全部一审诉请。

（七）基金投资人对基金投资企业的收益行使代位求偿权的条件

在徐某青、沈某刚公司盈余分配纠纷案[1]中，被上诉人1系一家有限合伙企业，上诉人系其有限合伙人。被上诉人1投资于被上诉人2的股权，而被上诉人2又投资于A公司股权。现上诉人以被上诉人1未能自被上诉人2处获取A公司的项目利润为由，向法院提起代位权诉讼，要求被上诉人2向上诉人分配A公司的项目利润。

法院经审理认定，上诉人以其对被上诉人享有债权，且被上诉人1怠于行使对被上诉人2的到期债权为由提起代位权诉讼，在本案中主张分配A公司项目利润。依据《合同法》（已失效）第73条和最高人民法院《关于适用〈中华人民共和国合同法〉若干问题的解释（一）》（已失效）第11条之规定，债权人代位权成立的要件之一为债权人对债务人享有合

〔1〕 参见判决文书（2020）浙11民终250号。

法且权属清晰的到期债权。但上诉人与被上诉人 1 的关系，并非债权人与债务人的关系，而是有限合伙人与合伙企业的关系，不属于适用前述法律规定的情形。故上诉人在本案中要求行使债权人代位权，依据不足，不予支持。

五、基金法制理论研究综述

（一）学术会议

2020 年 11 月 12 日，由中国证券投资基金业协会主办的“2020 中国责任投资论坛——ESG 探索与发展”成功召开。致辞者认为，近年来随着“联合国 2030 可持续发展目标”和“《巴黎协定》2℃温升目标”的提出，贯彻环境、社会和治理（ESG）原则的责任投资理念不断深入人心。与此同时，中国绿色金融也持续深化发展，已经形成绿色金融标准体系建设、绿色金融数字基础设施、绿色金融产品服务创新体系和绿色金融激励约束机制四大支柱。中国作为负责任的发展中大国，将坚决贯彻绿色发展国家战略，积极履行《巴黎协定》承诺及“2030 年实现碳排放达峰、2060 年实现碳中和”的国家自主贡献目标，结合疫情后的绿色复苏进程，持续优化和完善 ESG 投资的政策环境。ESG 投资在传统财务指标基础上，融入环境、社会和公司治理因素，考察企业长期、可持续价值增长的能力，可以有效防控风险、获取长期回报，发现、挖掘、培育最具经济增长新动能的实体企业；长期来看，ESG 投资将改善资本运用逻辑，进而推动实体企业改善自身价值增长方式，十分契合我国实现高质量发展的精神，是落实“绿色”发展理念、提高金融服务实体经济效率的重要手段。[1]

2020 年 12 月 24 日，中国证券投资基金业协会公募基金专业委员会工作会议在北京召开。会议通报了 2020 年以来公募基金发展情况及协会相关工作，围绕“十四五”时期基金行业未来发展方向开展讨论，并就行业重点问题进行了深入交流，提出了相关意见、建议：在宏观环境方面，建议继续推动营造公平的市场竞争环境；在公司治理与发展战略方面，建议围绕基金主业与能力提升探索集团化发展，继续支持对外开放，并进一步完善激励约束机制，关注专业人士持股下公司治理能力优化等相关问题；在风险管理方面，建议关注债券违约等信用风险，丰富流动性管理工具，坚守不发生系统性风险的底线；在投资研究方面，建议倡导 ESG 投资推动绿色低碳发展，服务国家发展战略，并深化金融科技在投资研究体系中的作用；在服务长期资金与居民财富管理方面，建议发挥公募基金支持养老的作用，做好公募基金服务第三支柱养老金的准备工作，并大力发展投顾业务，探索产品创新与服务创新协调发展，开展多维度、下沉式的投资者教育。

---

〔1〕《2020 中国责任投资论坛——ESG 探索与发展成功举办》，载 https://www.amac.org.cn/industrydynamics/guoNeiJiaoLiuDongTai/esgtzlt/2020lt/2020lthynr/202101/t20210125_11285.html，最后访问日期：2021 年 4 月 6 日。

会议认为，在大资管行业中，公募基金自发展之初就以信义义务为基础，确立了专业管理、组合投资、逐日估值、资产托管、强制信披等系列制度，并通过产品设计、销售规范促使“卖者有责、买者自负”的原则深入人心，完善的制度体系、严格的监管执法、持之以恒的投资者教育令公募基金行业成为信托关系落实最充分、产品运作最透明、投资者权益保护最彻底的行业，契合资产管理行业发展的趋势与方向。随着融资端改革逐步深化，2020 年 IPO 速度较快，市场的资金需求量较大，公募基金作为专业机构投资者表现亮眼。公募基金权益类规模较 2019 年显著增长，投资 A 股 3.87 万亿元，占沪深两市流通总市值的 6.75%，创 7 年来新高，为改善市场结构、稳定市场运行、服务实体经济做出积极贡献。[1]

（二）著作成果

在学术专著方面，文学国所著的《私募股权基金监管制度研究》以 2008 年美国金融危机发生之后全球金融监管理念与监管制度改革为背景，阐述了私募股权基金监管的基本原理，研究了发达国家私募股权基金监管制度的具体内容，重点阐释了中国私募股权基金监管制度的内容与演变，探讨了中国私募股权基金监管制度设计与运作以及在实施过程中存在的问题，对完善中国私募股权基金监管制度提出了政策性建议。[2]

洪灿所写的《私募基金刑事法律风险与合规管理》认为当下在私募基金领域存在各种各样的法律风险，这些法律风险不仅仅表现为民事法律风险，还表现为行政法律风险，相关责任人和责任机构不仅要承担民事法律责任，还可能遭到监管部门的行政处罚，成为失信被执行人或者失信机构，会被采取行业禁入措施，更为严重的是，可能触发刑事法律风险。本书旨在通过做好私募基金法律风控与合规管理，尽力避免 P2P 行业的前车之鉴，促进行业的健康发展，保护投资者合法权益，同时也保护广大的基金从业人员和私募机构的自由和财产安全。

为了加快提升私募基金行业合规诚信管理能力和水平，基金业协会私募证券投资基金专业委员会委员单位重阳投资牵头，会同协会私募服务部、委员单位景林资产和星石投资、通力律师事务所组成工作小组，开展了《私募证券投资基金行业合规管理手册》[3]的编撰工作。该书梳理行业法律法规和自律规则条文内容，按照行业机构合规诚信管理工作流程、进行重新梳理编排，形成一本系统、全面、专业、简明的合规诚信管理手册，通过学习、查阅该手册，可以掌握私募证券投资基金合规管理的基本要求。

陈飞等人主编的《全球主要 REITs 市场法规汇编》，以 2020 年 4 月 30 日中国证监会、国

---

〔1〕《中国证券投资基金业协会公募基金专业委员会工作会议顺利召开》，载 https://www.amac.org.cn/aboutassociation/gyxh_xhdt/xhdt_xhyw/202012/t20201224_10437.html，最后访问日期：2021 年 4 月 6 日。

〔2〕文学国：《私募股权基金监管制度研究》，中国社会科学出版社 2020 年版。

〔3〕中国证券投资基金业协会：《私募证券投资基金行业合规管理手册（2020 年版）》，中国财政经济出版社 2020 年版。

家发展和改革委员会联合发布《关于推进基础设施领域不动产投资信托基金（REITs）试点相关工作的通知》为背景。关注国内基础设施 REITs 试点正式起步的事件，说明这标志着公募 REITs 正式登陆中国市场。他山之石，可以攻玉。研究全球主要成熟 REITs 市场的相关规则，学习先进经验，有益于我国在 RIETs 领域积极探索，为我国 REITs 发展整体方向与具体措施提供借鉴与参考。本书编译了全球最有代表性和借鉴意义的主要 REITs 市场的相关法规，其中包括 REITs 起源地、全球最大 REITs 市场——美国，亚洲最大的 REITs 市场——日本，国际化程度最高且与我国同为外部管理的新加坡，与我国同为发展中国家且首个单独推出基础设施投资信托基金的印度，以及澳大利亚、英国等的相关规定，以供后续政策持续完善与实务操作参考使用。[1]

孙名琦所著的《从管理人设立到投资退出　私募基金合规实务》主要聚焦私募基金整体运作各个环节的实务精要，从私募基金重点法律法规入手，主要包括基本规则解读、管理人登记、产品备案、系统操作、合规募集、基金合同制作、投资退出的体例编写，涵盖了私募基金募投管退的整个流程。第二版增设了基金管理人持续合规管理、地产基金实务、政府产业基金实务、对赌纠纷实务、基金税收实务、投资者维权等内容，在原有体系下进一步深入到细微的业务领域，满足实务化的需求。[2]

（三）学术论文

在中国知网以“基金”为关键词检索，2020 年全年关于基金的法学论文约有 30 篇，法学硕博士论文共有 18 篇。

关于公募基金的利益输送风险研究问题，相洪东分析了目前委托资产管理和公募基金管理的业务差异和两者的利益输送风险，基于公募基金利益输送发生的现状和动因，以及由此产生的问题，主张通过完善投资管理制度，构建完善交易制度，以公平公正为基本原则，保护客户切身利益，加强人事管理和完善法律法规的方式，有效控制委托资产管理和公募基金利益输送风险，为基金业的可持续发展奠定基础。[3]

关于有限合伙制私募股权基金之税收立法完善的问题，周沁菡认为有限合伙制私募股权基金的税收征收问题，我国中央与地方的法律文件存在冲突，具体表现在：认定自然人合伙人适用的应税项目不一致、对“税收透明体”原理的理解差异以及创业投资基金的税收优惠执行存在冲突等方面。作者基于对中央与地方的法律文件的分析比较，结合税法基本原则与合伙制税收制度原理，具体分析了我国当前有限合伙制私募股权基金的实践及理论冲突，以期解决我国合伙制私募股权基金的税收立法问题。然后作者对我国有限合伙制私募股权基金税收问题的成因进行了讨论，认为中央和地方出现偏差的原因是对实质课税原则的内涵争

---

〔1〕 陈飞、韩志峰、张峥主编：《全球主要 REITs 市场法规汇编》，机械工业出版社 2020 年版。

〔2〕 孙名琦：《从管理人设立到投资退出 私募基金合规实务》，法律出版社 2020 年版。

〔3〕 相洪东：《委托资产管理与公募基金利益输送风险研究》，载《财会学习》2020 年第 25 期。

议，对税收透明体的理解偏差和目前税收优惠政策存在适用困境。最后对有限合伙制私募股权基金税收制度进行完善提出了自己的建议，一是在厘清实质课税原则的内涵方面，作者认为法律的实质主义和经济的实质主义能够相互弥补和制约，通过经济的实质主义弥补有限合伙企业税制规定漏洞的同时，通过法律的实质主义，防止对有限合伙企业税制的创制超出税法的立法原意。二是作者认为我国在合伙企业层面确认应纳税所得额，但是从我国采取集合观的税收制度设计上看，对法人合伙人的税收应当进一步贯彻税收透明体原则。三是结合作者关于区分自然人合伙人的类别，适用不同税率的建议，取消对创业投资基金自然人合伙人的税收优惠政策，确保自然人投资者在通过合伙企业间接投资时，能够在税收方面获得公平的对待，从而促进和推动私募股权基金行业的发展。[1]

我国的私募股权投资基金退出机制原有的体系、机制经过多次改进，效率、能级的提升已基本走到尽头。针对这一现实问题，刘晶明研究了私募股权投资基金退出机制的法律完善研究，文章主要研究私募股权投资基金的金融风险与退出机制，我国的私募股权投资基金退出机制的法律规制现状，最后提出完善的建议。首先，对私募股权投资基金的由来和发展做了介绍，关于其聚集金融风险的主要原因，作者归因于金融科技的高速发展，行业竞争加剧以及私募特性下的监管缺失，对照发达国家的金融监管措施，作者提出私募股权投资基金退出机制的法律制度是影响其退出机制，市场调配功能能否实现的重要因素。其次，作者分析了私募股权投资基金退出机制法律规制的三个历史时期与目前法律规制存在的问题，具体表现为各层次退出市场法律定位区别不明显，联系松散，缺乏上下流动法律机制，以及非法金融活动法律规制与金融创新之间的冲突。最后，根据我国证券市场改革与私募股权投资基金退出机制的变化，提出了规范建议：一是制定“私募股权投资基金投资法”，规范退出机制；二是完善主板、中小板；创业板板块法律定位；三是完善转板责任追究法律机制；四是完善惩治集资诈骗等不法金融犯罪的法律规制。[2]

改革开放以来，我国证券投资基金行业发展飞速，公募基金行业相关的税收制度随着行业的发展进行变革，曹汉霖、刘杰从我国公募基金行业相关所得税制度的现状入手，对目前与公募基金相关的企业和个人所得税制度存在的问题进行分析，问题主要为：一是公募基金所得税制度缺乏对公司经营的监管职能；二是公募基金的组织形式相关法律缺失，相关税制要素缺乏明确法律规制；三是与公募证券投资基金个人投资者所得税相关税制要素规定不明晰。作者参考了美国公募基金的相关税制经验，包括：公募基金所得税制度适用主体经营标准，所得税应税收入特殊计算方式，应税收入中与分配比例相关的额外税收，以及美国公募基金所得税制度的宏观探讨这几个部分。最后，从发挥税收制度的监管功能，建立与新出现

---

〔1〕 周沁菡：《有限合伙制私募股权基金之税收立法完善》，载《金融经济》2020 年第 8 期。
〔2〕 刘晶明：《私募股权投资基金退出机制法律完善研究——以防范系统性金融风险为视角》，载《法学杂志》2020 年第 2 期。

的基金类型相适应税收制度等方面提出了健全我国公募基金所得税相关制度的建议。[1]

私募基金很可能是新金融犯罪的高发领域。私募基金的风险防控越来越成为基金市场的关注热点。李勇认为基金法律关系的本质是信托法律关系，它是以信义义务为核心，包括忠实义务和注意义务。从这两者的角度出发，分析我国《私募投资基金监督管理暂行办法》规定，作者提出了让基金管理人信义义务落到实处的两个路径：一是外部法律规制。需要建立严格的准入门槛，首先要完善行政法规，其次是建立行政和刑事衔接的规制体制，强化前端的行政处罚，刑事手段也要合理运用。二是内部合规计划。注意义务具有一定的弹性，对管理人能力和敬业程度的要求，某种程度上依赖于内部的控制。管理人信义义务的切实履行，需要有效的合规计划。防控金融风险的重要措施之一，就是合规计划的施行，根据美国的经验，结合我国的情况，作者建议对合规计划立法层面给予强制性和激励性，在实践的层面，应当推动企业结合行业特点积极探索合规计划体系。[2]

〔1〕 曹汉霖、刘杰：《公募基金行业所得税问题研究及政策建议》，载《税务研究》2020 年第 1 期。
〔2〕 李勇：《从基金管理人信义义务看私募基金风险防控》，载《检察日报》2020 年 3 月 30 日。

2020 年期货市场法制报告

唐　波　朱颖颖*

虽然2020年年初我国期货市场一定程度上受到疫情冲击，但总体而言2020年我国期货市场规模稳步扩大，活跃度大幅上升，品种数量、市场交易量、累计成交额等指标都在扩大。2020年，我国期货与衍生品市场品种体系进一步完善，新上市共计12个品种，包括商品期货品种4个、商品期权产品8个，至此，上市品种数量达90个。[1]2020年1月至12月，我国期货市场累计成交量约为61.53亿手，创历史新高，同比增长55.29%；累计成交额约为437.53万亿元，创历史第二高，同比增长50.56%。[2]与此同时，2020年我国四大期货交易所的累计成交量和累计成交额均有不同程度扩大（见表1），在全球市场中表现良好，大连商品交易所、上海期货交易所[3]、郑州商品交易所和中国金融期货交易所在全球交易所期货和期权成交量排名中分别位居第7位、第9位、第12位和第27位，其中，大连商品交易所、上海期货交易所、中国金融期货交易所较2019年分别提升了4位、1位和1位，郑州商品交易所排名没有变化。[4]

---

* 唐波，华东政法大学教授、博士生导师；朱颖颖，华东政法大学经济法学院博士研究生。

〔1〕《我国期市发展步入“快车道”》，载期货日报网，http：//www.qhrb.com.cn/articles/285710，最后访问日期：2021年5月10日。

〔2〕《2020年全国期货市场累计成交约61.53亿手》，载期货日报网，http：//www.qhrb.com.cn/articles/283844，最后访问日期：2021年5月10日。

〔3〕本文所指的上海期货交易所均包含其下属子公司上海国际能源交易中心。

〔4〕《2020年度中国期货市场发展综述》，载 http：//www.cfachina.org//aboutassociation/associationannouncement/202102/t20210210_15426.html，最后访问日期：2021年5月15日。

表 1　2020 年我国四大期货交易所交易数据一览

期货交易所名称	累计成交量/手	成交量同比增长/%	成交量市场占比/%	累计成交额/亿元	成交额同比增长/%	成交额市场占比/%
上海期货交易所	21.29 亿	47.04	34.60	152.80 万	35.80	34.92
郑州商品交易所	17.01 亿	55.74	27.65	60.09 万	51.97	13.73
大连商品交易所	22.07 亿	62.83	35.88	109.20 万	58.43	24.96
中国金融期货交易所	1.15 亿	73.59	1.87	115.44 万	65.80	26.38

资料来源：《2020 年度中国期货市场发展综述》，载 http://www.cfachina.org//aboutassociation/associationannouncement/202102/t20210210_15426.html，最后访问日期：2021 年 5 月 15 日。

一、健全期货市场立法与监管规则

虽然随着我国期货市场规模稳步扩大，活跃度大幅上升，但是我国尚无专门规范期货市场的更高效力层级的法律，这导致期货市场发展至今法治基础略显薄弱。2020 年期货市场法律法规发展重点仍是加快推进《期货法》立法工作。

（一）加快推进《期货法》立法工作

2020 年社会各界对加快推出我国期货法的呼声极高。2020 年两会期间，全国政协委员、中国证监会原副主席姜洋延续前两年的建议内容，继续建议加快制定期货法，从保障期货市场安全的需要、保障期货投资者合法权益的需要和加快期货市场的对外开放的需要三大方面阐述了加快推进期货法立法工作的意义。[1]全国人大代表、辽宁证监局局长柳磊提出了三项与期货业相关的建议：推出外汇期货、加快制定期货法、建立证券期货行业专业仲裁机构。[2]2020 年 3 月 1 日起正式实施的新《证券法》，已删除证券类衍生品的规定，为了与新证券法协调衔接，弥补该立法空白，柳磊建议加快期货法立法进程，巩固我国期货市场发展成果，为期货市场持续稳定健康发展提供法律保障。

2020 年 6 月 20 日，全国人大常委会发布的 2020 年度立法工作计划明确将《期货法》列入初次审议的法律案，[3]标志着 2020 年我国进一步加快推进《期货法》立法工作。2020 年 9 月 4 日，中国期货业协会会长洪磊在第三届中小投资者服务论坛上表示，在《期货法》立法工作推进过程中，新《证券法》的思想内核和制度创新，对期货及衍生品市场的顶层设计

〔1〕 参见《姜洋委员建议加快制定期货法》，载 http://www.qhrb.com.cn/articles/273803，最后访问日期：2021 年 5 月 10 日。

〔2〕 参见《全国人大代表柳磊：建议推出外汇期货 加快制定期货法》，载 http://www.qhrb.com.cn/articles/273695，最后访问日期：2020 年 5 月 26 日。

〔3〕 参见《全国人大常委会 2020 年度立法工作计划》，载 http://www.npc.gov.cn/npc/c30834/202006/b46fd4cbdbbb4b8faa9487da9e76e5f6.shtml，最后访问日期：2021 年 5 月 10 日。

有积极借鉴作用。[1]2020年12月19日，中国证监会副主席方星海在国际期货大会上指出，期货法是期货市场的基本大法，在制定过程中需要明确各参与主体的法律地位，期货市场基础法律关系、民事权利义务和法律责任，对场外市场的监管程序和权限等，为期货市场对外开放以及跨境监管提供法制保障。[2]

（二）发布期货市场监管规则及配套规则

2020年2月26日，中国证监会发布《证券期货业投资者权益相关数据的内容和格式第2部分：期货》、《期货合约要素》和《证券期货业投资者识别码》等6项金融行业标准。第一，《证券期货业投资者权益相关数据的内容和格式第2部分：期货》的实施，规范了期货市场投资者权益相关数据的内容和格式，能够指导行业机构开展投资者权益数据治理相关工作，提高市场运行效率，是期货业开展投资者权益保护工作的基础。第二，我国现行《期货交易管理条例》和《期货交易所管理办法》虽然确立了期货交易所设计、组织上市期货合约的程序及其制度安排，但是尚未就期货合约要素做出明确规定。《期货合约要素》标准在兼顾业务实践和创新需求下，总结现有期货合约中具有共性的特征和要素，列举了17项期货合约常用要素，对要素的涵义及表述予以规范，统一规则命名，为期货合约制定提供参考依据。第三，《证券期货业投资者识别码》标准的实施，有利于强化国内资本市场的透明度和约束力，支持跨市场监管要求，实现投资者信息跨期现市场的互联互通，有利于为投资者提供更加具有针对性的投资服务，促进市场参与方之间信息共享，进一步支持建设高效的全市场监管机制。[3]

2020年3月20日，中国证监会发布《证券期货市场诚信监督管理办法》（2020年修订），该修订完善了资本市场诚信建设制度机制。在其规制下，2020年中国证监会稳步推进资本市场诚信数据库升级建设，收录主体信息100.95万余条，行政许可信息3.28万余条，监管执法信息3.46万余条，部际共享信息2371万余条，加强严重违法失信主体专项公示工作，持续组织完善“限乘限飞”市场化惩戒工作。[4]

2020年7月17日，中国证监会就《证券期货违法行为行政处罚办法》公开征求意见。该处罚办法细化了中国证监会及其派出机构执法权限和措施，旨在规范证券期货违法行为行

---

〔1〕载 http://www.cfachina.org/industrydynamics/tabloid/202012/t20201202_2104.html，最后访问日期：2021年5月15日。

〔2〕《方星海副主席在第16届中国（深圳）国际期货大会的讲话》，载 http://www.cfachina.org//aboutassociation/associationannouncement/202012/t20201219_14123.html，最后访问日期：2021年5月15日。

〔3〕《证监会发布〈证券期货业投资者权益相关数据的内容和格式〉等六项金融行业标准》，载 http://www.csrc.gov.cn/pub/newsite/zjhxwfb/xwdd/202002/t20200228_371238.html，最后访问日期：2021年5月15日。

〔4〕参见《中国证监会2020年法治政府建设情况》，载 http://www.csrc.gov.cn/pub/newsite/zjhxwfb/xwdd/202104/t20210416_396142.html，最后访问日期：2021年5月15日。

政处罚相关执法行为。[1]2020 年 8 月 7 日，中国证监会在总结实践经验的基础上，就《证券期货行政和解实施办法（征求意见稿）》公开征求意见，设定调整行政和解申请的期间、适用范围与条件；适用和解程序的积极条件和消极条件以及行政和解的启动程序、行政和解金的确定因素、行政和解金的管理和使用等内容。[2]

（三）金融监管部门联合发布期货市场监管规则

2020 年 2 月 14 日，中国证监会、财政部、中国人民银行、中国银保监会发布《关于商业银行、保险机构参与中国金融期货交易所国债期货交易的公告》（中国证监会公告〔2020〕12 号），允许符合条件的商业银行、保险机构试点参与中国金融期货交易所国债期货交易。[3]2020 年 2 月 21 日，中国证监会公布第一批试点机构：工商银行、农业银行、中国银行、建设银行、交通银行。证监会表示，商业银行和保险机构参与国债期货交易后，一方面可以丰富其投资产品类型，另一方面有助于丰富市场投资者结构，促进债券市场整体稳定运行。[4]

2020 年 9 月 25 日，中国证监会联合中国人民银行和国家外汇管理局发布《合格境外机构投资者和人民币合格境外机构投资者境内证券期货投资管理办法》及其配套规则《关于实施〈合格境外机构投资者和人民币合格境外机构投资者境内证券期货投资管理办法〉有关问题的规定》，对合格境外机构投资者（QFII）和人民币合格境外机构投资者（RQFII）制度作出重大改革，统一 QFII 和 RQFII 规则、扩大投资品种和范围、大幅简化申请和审批流程、为境外机构投资者投资中国资本市场提供更多便利。该管理办法主要涉及以下方面：一是降低准入门槛，便利投资运作。将 QFII、RQFII 资格和制度规则合二为一，放宽准入条件，简化申请文件，缩短审批时限，实施行政许可简易程序；取消委托中介机构数量限制，优化备案事项管理，减少数据报送要求。二是稳步有序扩大投资范围。新增允许 QFII、RQFII 投资全国中小企业股份转让系统挂牌证券、私募投资基金、金融期货、商品期货、期权等，允许参与债券回购、证券交易所融资融券、转融通证券出借交易。QFII、RQFII 可参与金融衍生品等的具体交易品种和交易方式，将本着稳妥有序的原则逐步开放，由中国证监会商中国人民银行、国家外汇管理局同意后公布。三是加强持续监管。加强跨市场监管、跨境监管和穿

---

〔1〕参见《关于就〈证券期货违法行为行政处罚办法〉公开征求意见的通知》，载 http：//www.csrc.gov.cn/pub/zjhpublic/zjh/202007/t20200717_380254.htm，最后访问日期：2021 年 5 月 26 日。

〔2〕参见《关于就〈证券期货行政和解实施办法（征求意见稿）〉公开征求意见的通知》，载 http：//www.csrc.gov.cn/pub/zjhpublic/zjh/202008/t20200807_381313.htm，最后访问日期：2021 年 5 月 26 日。

〔3〕参见《关于商业银行、保险机构参与中国金融期货交易所国债期货交易的公告》（中国证券监督管理委员会第 12 号公告），载 http：//www.csrc.gov.cn/pub/zjhpublic/zjh/202002/t20200221_371034.htm，最后访问日期：2021 年 5 月 26 日。

〔4〕参见《丰富国债期货投资者 促进市场健康有序发展》，载 http：//www.csrc.gov.cn/pub/newsite/zjhxwfb/xwdd/202002/t20200221_371032.html，最后访问日期：2021 年 5 月 26 日。

透式监管，强化违规惩处，细化具体违规情形适用的监管措施等。[1]四是期货自律组织发布自律规则引导市场发展。

2020 年 3 月 1 日，中国金融期货交易所发布《关于商业银行参与国债期货业务试点有关事项的通知》，修订并发布《中国金融期货交易所会员管理办法》等 12 个实施细则[2]和《中国金融期货交易所期货公司会员资格管理业务指引》。该次规则制定和修订主要包括优化国债期货合约持仓限额制度，在现有会员体系中增加“非期货公司会员”主体，完善会员管理制度，规范期货公司会员资格管理业务，为维护投资者的合法权益，有效防范市场风险，保障金融期货市场平稳、有序运行提供法制基础。[3]

随着各类资管机构加大权益性资产的配置，场外衍生品的风险管理和财富管理作用进一步显现。为进一步拉平有关自律监管安排，推动不同行业实行公平竞争，进一步明确权益类场外衍生品标的范围的重要性凸显。基于此，2020 年 10 月 29 日，中国期货业协会《关于进一步明确权益类场外衍生品标的范围的通知》明确了风险管理公司开展权益类场外衍生品业务的标的范围，拓展场外期权业务个股标的范围至两融标的，助力风险管理公司为市场投资机构提供更为全方位的服务，引导公司规范发展、合规经营。[4]

2020 年 12 月 1 日，中国期货业协会就《期货公司居间人管理办法（试行）》公开征求意见，意见稿按照“尊重现状，摸清底数，问题导向，数据依托，规范管理”的原则，以“统一管、规范管”为导向，旨在加强对期货公司与除证券公司以外的机构及自然人开展居间合作的自律管理，规范居间人行为，保护投资者合法权益，促进期货行业健康发展。[5]为防范期货市场结算风险互相传导引发系统性风险，稳步推进期货市场交易结算分离相关工作，2020 年 12 月 7 日，上海期货交易所、大连商品交易所和郑州商品交易所分别公布了

---

〔1〕 参见《中国证监会、中国人民银行、国家外汇管理局发布〈合格境外机构投资者和人民币合格境外机构投资者境内证券期货投资管理办法〉》，载 http://www.csrc.gov.cn/pub/newsite/zjhxwfb/xwdd/202009/t20200925_383649.html，最后访问日期：2021 年 5 月 15 日。

〔2〕《中国金融期货交易所会员管理办法》（修订版）、《中国金融期货交易所交易细则》（修订版）、《中国金融期货交易所结算细则》（修订版）、《中国金融期货交易所风险控制管理办法》（修订版）、《中国金融期货交易所指定存管银行管理办法》（修订版）、《中国金融期货交易所异常交易管理办法》（修订版）、《中国金融期货交易所违规违约处理办法》（修订版）、《中国金融期货交易所 2 年期国债期货合约交易细则》（修订版）、《中国金融期货交易所 5 年期国债期货合约交易细则》（修订版）、《中国金融期货交易所 10 年期国债期货合约交易细则》（修订版）、《中国金融期货交易所国债期货合约期转现交易细则》（修订版）、《中国金融期货交易所国债期货合约交割细则》（修订版）。

〔3〕 参见中国金融期货交易所：《中国金融期货交易所发布商业银行参与国债期货业务试点相关通知修订会员管理办法等实施细则和期货公司会员资格管理业务指引》，载 http://www.cffex.com.cn/jysdt/20200301/24336.html，最后访问日期：2021 年 5 月 15 日。

〔4〕 参见《风险管理公司场外期权个股标的范围拓至两融》，载 http://www.qhrb.com.cn/articles/281205，最后访问日期：2021 年 5 月 15 日。

〔5〕 中国金融期货交易所：《中国金融期货交易所发布商业银行参与国债期货业务试点相关通知修订会员管理办法等实施细则和期货公司会员资格管理业务指引》，载 http://www.cffex.com.cn/jysdt/20200301/24336.html，最后访问日期：2021 年 5 月 15 日。

《风险控制管理办法》修订案，2020 年 12 月 24 日，中国金融期货交易所发布关于修订《中国金融期货交易所风险控制管理办法》的通知，这些修订全面梳理了因突发事件导致结算、交割、行权与履约等无法正常进行时交易所可采取的应急处置措施，细化和完善了交易所采取紧急措施化解风险的相关条款，为实现期货市场结算风险隔离提供更为完备的规则支持。[1]

二、多元化解期货业纠纷、落实投资者保护

（一）后疫情时代在线诉调对接机制落地

新冠肺炎疫情一定程度上加速了期货纠纷多元化解机制的完善。2020 年，最高人民法院与中国证监会在《关于全面推进证券期货纠纷多元化解机制建设的意见》以及《关于新冠肺炎疫情防控期间加强和规范在线诉讼工作的通知》的指引下，推进人民法院调解平台（以下简称法院调解平台）与中国投资者网证券期货纠纷在线解决平台（以下简称纠纷在线解决平台）实现数据交换、互联互通，促进期货纠纷在线诉调对接，便利投资者和市场主体低成本、高效率解决纠纷。[2]在线诉调对接机制下，经当事人同意，当事人向人民法院申请期货纠纷立案后，法院调解平台委派（立案前）或委托（立案后）其特邀调解组织通过纠纷在线解决平台调解纠纷。调解后如需司法确认，法院通过法院调解平台对调解协议进行在线司法确认，使得调解协议具备强制执行效力；未达成调解协议的，案件信息由纠纷在线解决平台传回法院调解平台，法院继续依法开展案件审理。另外，调解组织自行调解完毕的纠纷案件，也可基于当事人申请在线移交给有管辖权的人民法院，由法院依照法律规定对调解协议进行司法确认。[3]在线诉调对接机制通过在法院审判前引导当事人先行接受非诉纠纷解决机制，在减轻法院压力的同时，有利于发挥各种专业性调解的特殊作用，以协商性（非对抗性）、专业性、便利灵活性、保密性和效益等优势避免诉讼的固有局限。[4]总的来说，在线诉调对接机制有效整合了解决期货纠纷的资源、提高了期货纠纷解纷效益，尤其是在 2020 年抗击疫情的特殊外部环境下，期货纠纷在线诉调对接机制的落地极大地便利了当事人，降低了纠纷解决的成本，为期货市场和投资活动的正常运行提供了法治保障。[5]

---

[1] 参见《三家商品期交所修订风险控制管理办法》，载 http：//www. qhrb. com. cn/articles/282816，最后访问日期：2021 年 5 月 15 日；《中金所修订风险控制管理办法》，载 http：//www. cffex. com. cn/jysdt/20201224/24882. html，最后访问日期：2021 年 5 月 15 日。

[2] 参见《证券期货纠纷在线诉调对接机制落地实施》，载 http：//www. court. gov. cn/zixun－xiangqing－222821. html，最后访问日期：2021 年 5 月 16 日。

[3] 参见孙航：《证券期货纠纷在线诉调对接机制落地实施》，载《人民法院报》2020 年 3 月 14 日。

[4] 参见范愉：《证券期货类纠纷的诉调对接与在线调解》，载《中国证券报》2020 年 3 月 18 日。

[5] 参见范愉：《证券期货类纠纷的诉调对接与在线调解》，载《人民法院报》2020 年 3 月 18 日。

（二）创新期货纠纷中投资者保护机制

2020 年 9 月 7 日，中国期货业协会会长洪磊在第五届“一带一路”综合服务能力建设论坛（2020）暨“一带一路”国际商事调解中心全球调解员大会上指出，我国期货市场的投资者以“散户”为主，自然人有效账户数占比超过 95%，投机性强和风险管理能力弱，带来市场各方矛盾纠纷数量多、金额大、调解复杂、专业程度高等特点。[1] 为更好地保护“散户”投资者的权益，中国期货业协会结合历年处理期货市场违规案件的实践经验，对纪律惩戒案件处理的具体程序、自律监察委员会及申诉委员会会议召开及形成决议条件进行了系统梳理并做了适当修订，于 2020 年 8 月 10 日发布《中国期货业协会纪律惩戒程序》（2020 年修订）。[2] 第一，该修订通过引入电子送达方式简化纪律惩戒案件处理的具体程序，从以往的仅限于邮寄送达方式调整为经当事人同意可以采用的传真、电子邮件、短信、微信等能够确认其收悉的电子送达方式。第二，增加调查组完成调查报告的时限要求。第三，为加强纪律惩戒工作，该修订进一步明确了申诉委员会的人员组成，增加了“申诉委员会由七至九名委员组成，主任委员由协会非会员理事担任，副主任委员及其他委员由普通会员理事担任”的规定。这三大修订都有助于促使期货市场投资者的权益得到及时、全面的保障。

此外，2020 年年初，郑州商品交易所与地方政法机关联合印发了《关于建立维护期货市场秩序及加强安保工作联防联动机制的实施意见（试行）》《关于建立期货纠纷诉调对接工作机制的实施意见（试行）》。郑州市有关公安机关将协作配合郑州商品交易所预防和打击期货市场经济犯罪，集中管辖仓单商品盗卖和掺杂使假等涉嫌违法犯罪行为，处理重大敏感治安案件和相关突发事件，确保郑州商品交易所的自律监管工作顺利进行，完善期货纠纷化解机制，实现对投资者的高效、全面保护。[3]

（三）完善期货业执法中行政和解机制

中国证监会对 2015 年《行政和解试点实施办法》作重要修订，于 2020 年 8 月 7 日就《证券期货行政和解实施办法（征求意见稿）》公开征求意见，目的是发挥行政和解较好地兼顾监管目标和投资者损失赔偿两方面的需求，在化解行政资源与行政效率的矛盾、及时补偿投资者损失、尽快恢复市场秩序等方面具有重要的制度价值。[4]

该意见稿调整了行政和解的适用范围与条件：删除原限定的“涉嫌实施虚假陈述、内幕

---

〔1〕参见《中国期货业协会会长洪磊出席第五届“一带一路”综合服务能力建设论坛（2020）暨 BNRMC 全球调解员大会并讲话》，载 http：//www. cfachina. org//aboutassociation/associationannouncement/202009/t20200907_13069. html，最后访问日期：2021 年 5 月 16 日。

〔2〕《关于发布实施〈中国期货业协会纪律惩戒程序（修订）〉的通知》，载 http：//www. cfachina. org//aboutassociation/associationannouncement/202008/t20200810_13058. html，最后访问日期：2021 年 5 月 16 日。

〔3〕参见《郑商所创新投资者保护工作体系》，载 http：//www. czce. com. cn/cn/gyjys/jysdt/jysxw/webinfo/2020/03/1584383199873874. htm，最后访问日期：2021 年 5 月 16 日。

〔4〕《关于就〈证券期货行政和解实施办法（征求意见稿）〉公开征求意见的通知》，载 http：//www. csrc. gov. cn/pub/zjhpublic/zjh/202008/t20200807_381313. htm，最后访问日期：2021 年 5 月 26 日。

交易、操纵市场或者欺诈客户等违反证券期货法律、行政法规和相关监管规定的行为”才可适用和解的要求，将积极条件调整为案件已经过必要的调查程序，并且符合下列条件之一：案件事实难以完全明确；法律适用难以完全明确；当事人已经或者承诺采取有效措施，纠正涉嫌违法行为，赔偿有关投资者损失，消除损害或者不良影响；采取行政和解有利于保护投资者合法权益，提高执法效率，恢复市场秩序的其他情形。消极条件调整为以下几个方面：被调查当事人的行为涉嫌证券期货犯罪，依法应当移送司法机关处理的不得和解；对于惯犯、累犯等不得和解；当事人就同一案件重复申请和解的，不适用和解程序。即涉嫌违反证券期货法律、行政法规和有关监管规定的行为原则上均可适用行政和解制度。此外，就实施行政和解的主体而言，随着行政和解工作的深入开展，中国证监会各派出机构也有通过行政和解程序化解矛盾的现实需求，加之新《证券法》并未限制中国证监会派出机构实施行政和解，故放开实施主体的限制。

三、年度衍生品典型案例回顾

2020 年，“原油宝”这一衍生品相关案例备受社会各界瞩目，就该类金融产品的法律定性和投资损失的责任追究在理论界和实务界引发热议。此外，最高人民法院和上海金融法院发布期货业及其他衍生品相关典型案例，以统一类似衍生品相关纠纷案件的裁判规则。

（一）最高人民法院发布期货业典型案例

1. 伊世顿新型操纵期货市场典型案例。

2020 年 9 月 24 日，最高人民法院发布 7 件人民法院依法惩处证券、期货犯罪典型案例，其中包括 1 件操纵期货市场案：张家港保税区伊世顿国际贸易有限公司、金某献等操纵期货市场案——非法利用技术优势操纵期货市场，情节特别严重（以下简称伊世顿案）。[1]

伊世顿公司为逃避证券期货监管，以租借或收购方式，实际控制多个自然人和法人期货账户，与伊世顿公司自有账户组成账户组，从事高频程序化交易以进行股指期货合约交易，规避中国金融期货交易所的监管，获取不正当交易优势；此外，伊世顿公司还伙同期货公司技术总监等人，将自行研发的报单交易系统非法接入中国金融期货交易所交易系统，直接进行交易，取得不正当额外交易速度优势。该案由上海市第一中级人民法院一审，上海市高级人民法院二审。法院认为，被告单位伊世顿公司及其他主要涉案人员的行为均构成操纵期货市场罪，情节特别严重。伊世顿案是新型操纵期货市场的典型案例，现行法律和司法解释对本案中的新型操纵方法没有明确规制，但是伊世顿案为科技创新下的新型期货市场案件的审

---

〔1〕 参见《最高法发布七件人民法院依法惩处证券、期货犯罪典型案例》，载 http：//www. court. gov. cn/zixun－xiangqing－259071. html，最后访问日期：2021 年 5 月 16 日。

理提供了具有借鉴意义的裁判路径。该案的正确处理，既符合刑法规定，也符合宽严相济的刑事政策，实现了法律效果和社会效果的统一。[1]

2. 滥用“二元期权”的场外交易平台性质认定。

2020年12月29日，最高人民法院审判委员会讨论通过并发布指导案例146号：陈某豪、陈某娟、赵某海开设赌场案。该案中，龙汇网站以经营“二元期权”交易为业，通过招揽会员以“买涨”或“买跌”的方式参与赌博。会员在该网站选择某一外汇交易品种，并选择1分钟到60分钟不等的到期时间，下单交易金额，并点击“买涨”或“买跌”按钮完成交易。买定离手之后，不可更改交易内容，不能止损止盈，若买对涨跌方向即可盈利交易金额的76%~78%，若买错涨跌方向则本金全亏，盈亏情况不与外汇实际涨跌幅度挂钩。该案法院生效判决认为，以“二元期权”交易的名义，在法定期货交易场所之外利用互联网招揽“投资者”，以未来某段时间外汇品种的价格走势为交易对象，按照“买涨”“买跌”确定盈亏，买对涨跌方向的“投资者”得利，买错的本金归网站（庄家）所有，盈亏结果不与价格实际涨跌幅度挂钩，其本质是“押大小、赌输赢”，是披着期权交易外衣的赌博行为，对案涉网站应当认定为赌博网站。[2]

（二）上海金融法院发布衍生品典型案例[3]

1. ISDA协议中终止净额结算条款的性质认定。[4]

2011年9月15日，渣打银行（中国）有限公司（以下简称渣打银行）与张家口联合石油化工有限公司（以下简称张家口石化公司）签订ISDA协议：双方依约进行场外衍生品交易，如一方提前终止，须向另一方支付提前终止款项，该款项是对亏损之合理预先估计而非违约金，支付该数额之目的系为补偿交易之未能实现及保障未来损失之风险。2014年11月11日，张家口石化公司要求提前终止并解除互换交易，否认2014年11月10日后互换交易的效力，而渣打银行指定2014年12月2日为主协议项下所有未完成交易的提前终止日。嗣后，渣打银行发函要求张家口石化公司支付提前终止款项加上到期应付的利息。因索赔未果，渣打银行诉至法院。该案由上海市浦东新区人民法院一审，上海金融法院二审。法院判决张家口石化公司支付渣打银行互换交易项下欠付的提前终止款项。上海期货交易所党组副书记、监事长陆文山指出该案明确了司法对提前终止ISDA协议中净额计算条款的性质和效力，对今后的类案裁判具有借鉴意义。

---

〔1〕参见《最高人民法院发布7件人民法院依法惩处证券、期货犯罪典型案例》，载http://www.court.gov.cn/zixun-xiangqing-258751.html，最后访问日期：2021年5月16日。

〔2〕参见《指导案例146号：陈庆豪、陈淑娟、赵延海开设赌场案》，载http://www.court.gov.cn/fabu-xiangqing-283901.html，最后访问日期：2021年5月27日。

〔3〕参见《上海金融法院发布2020年度十大典型案例》，载中国法院网，https://www.chinacourt.org/article/detail/2021/03/id/5872883.shtml，最后访问日期：2021年5月16日。

〔4〕上诉人张家口联合石油化工有限公司与被上诉人渣打银行（中国）有限公司金融衍生品种交易纠纷案。

2. 期货公司强行平仓权的行使及损失的承担。[1]

2018 年 6 月 21 日，鲍某明与光大期货有限公司（以下简称光大期货）签订《自然人期货经纪合同》，合同约定收市后经结算风险率[2]大于 100% 时，光大期货有义务通知鲍某明追加保证金，鲍某明应在通知指定的期限内完成足额保证金追加，否则光大期货有权在不通知鲍某明的情况下，对鲍某明期货账户的部分或全部未平仓合约强行平仓。2019 年 8 月 29 日，日终结算时鲍某明期货账户公司风险率 104.69%，交易所风险率 83.75%。此后至 2019 年 8 月 30 日日终结算时鲍某明期货账户公司风险率与交易所风险率均始终大于 100%。其间至 8 月 30 日夜盘前，光大期货多次通知鲍某明追加保证金否则将强行平仓，鲍某明要求观察夜盘行情再做操作。8 月 30 日 21 时 20 秒，光大期货对鲍某明期货账户采取强行平仓措施，但该合约直至 9 月 2 日日盘一直处于涨停状态，未能成交。9 月 2 日晚，光大期货经鲍某明同意，将其期货账户强行平仓。光大期货起诉鲍某明，请求归还垫付的穿仓损失。上海金融法院一审生效判决鲍某明偿还光大期货垫付资金及相应利息。

期货市场运行的复杂性决定了司法实践中强行平仓纠纷存在裁判难点。上海金融法院在审理过程中，从实质入手，综合分析强行平仓的性质、期货保证金制度的功能以及产生穿仓损失的原因，确认强行平仓制度是维持期货市场安全运行的基础性制度，光大期货为防止鲍某明的损失扩大而采取了强行平仓措施，也是出于维护交易、结算正常运行的目的，属于履行会员管理职责与清算结算安全的常规措施。从程序上而言，光大期货在采取强行平仓措施前，已履行追加保证金通知义务并给予鲍某明合理履行期限，鲍某明在该期限内经屡次提醒均未追加保证金，光大期货遂采取强行平仓措施并无不当。由于市场行情变化导致平仓不能或无法实现的，相关的穿仓损失由客户承担，合理合规。

（三）“原油宝”事件的事后监管及司法裁判

纽约时间 2020 年 4 月 20 日，芝加哥商品交易所（CME）的 WTI 原油 5 月期货合约结算价跌至历史最低价——负值 -37.63 美元/桶（盘中最低 -40 美元/桶），而由于 4 月 20 日 22 时中国银行“原油宝”账户就已停止交易，这导致中国银行为境内个人投资者提供挂原油期货合约的“原油宝”产品也随之产生巨额亏损，这些投资者需要按照结算负值 -37.63 美元/桶承担本金亏损和额外的穿仓损失。据报道，中国银行“原油宝”6 万余户客户的保证金 42 亿元全部损失，还倒欠中国银行保证金逾 58 亿元。[3]2020 年 12 月 5 日，银保监会对中国银行“原油宝”作出了行政处罚，指出“原油宝”产品管理不规范、风险管理不审慎、内

[1] 光大期货有限公司诉鲍某明期货强行平仓纠纷案。

[2] 风险率的计算方式为：风险率 = 客户持仓保证金 ÷ 客户权益 ×100%，双方确认该风险率指公司风险率。

[3] 参见《大事点评》，载《中国经济评论》2020 年第 1 期。

控管理不健全以及销售管理不合规。[1]“原油宝”等类似设计复杂的金融产品对未来监管提出了精细化和差异化监管的更高要求，如如何明晰各类金融产品的法律定性和责任追究。

2020 年 12 月 24 日，江苏省南京市鼓楼区人民法院公开审理 3 件涉“原油宝”事件民事诉讼，投资者起诉请求中国银行承担 2020 年 4 月 20 日“原油宝”事件中的全部损失。其中 1 件经法院主持调解，投资者与中国银行于庭审当天达成调解协议，并于次日全部履行完毕。2020 年 12 月 31 日，对于另两件民事诉讼，鼓楼区人民法院判决由中国银行承担投资者全部穿仓损失和 20% 的本金损失，返还扣划的原告账户中保证金余额，并支付相应资金占用费。法院经审理认为，中国银行“原油宝”产品于 2017 年报中国银行保险监督管理委员会备案设立，采取 100% 保证金交易模式，不具有期货杠杆交易的典型特征，因此双方当事人就投资“原油宝”产品事项签订的产品协议系双方真实意思表示，内容不违反法律、行政法规的强制性规定，合法有效。中国银行按照银行业适当性标准，而非期货业适当性标准销售“原油宝”产品并无不当。中国银行在交易过程中虽然通过官方网站以及通过向投资者发送手机短信等方式提示油价波幅大、市场风险提升，以及 2005 年合约临近到期流动性变差等内容，但在产品设计上未考虑原油期货产品会出现负价极端情况，在交易过程中未能向投资者提示负油价带来的风险，且未执行协议中关于保证金充足率降至 20%（含）以下时强制平仓的约定，因此给投资者造成的损失，中国银行应予赔偿。

四、期货法理论研究综述

2020 年，期货法制学术研究主要源自数字经济时代背景下司法裁判和国际化背景下期货市场监管中将面临的新问题，包括平台经济背景下现货交易与期货交易平台的界定及其规制，大数据时代背景下运用算法技术的操纵期货市场行为的定性及其规制，以及国际化背景下期货市场跨境管辖相关司法问题研究。

（一）现货与期货交易界分及其法律规制

吴越（2020 年）[2]指出现货交易平台与期货交易平台相关裁判中，法院就现货交易与期货交易的区分缺乏统一界分标准，对于裁判过程中变相期货交易的认定是否需要监管部门的前置性认定存在分歧。针对前者，吴越通过论述明确，界定商品交易平台本质上需要从两者不同的功能定位出发：期货交易的独特功能在于其价格发现机制及其风险管理与风险转嫁功能，而现货远期交易的独特功能在于促进商品真实交换与商品真实流通。在明确期货与现货交易的基础上，吴越就如何规制此二类交易平台提出建议：监管部门宜根据整体判断标准

---

〔1〕 参见《中国银保监会依法查处中国银行“原油宝”产品风险事件》，载 http：//www. cbirc. gov. cn/cn/view/pages/ItemDetail. html? docId =947272&itemId =915&generaltype =0，最后访问日期：2021 年 5 月 17 日。

〔2〕 参见吴越：《现货与期货交易的界分标准与法律规制》，载《中国法学》2020 年第 2 期。

认定平台是否合规，考察平台挂牌产品的实际交割率和服务实体经济的整体实际效果，而不宜拘泥于平台的个别交易规则是否合规。

（二）期货市场操纵犯罪司法解释的检视

操纵期货市场罪相关的司法解释《关于办理操纵证券、期货市场刑事案件适用法律若干问题的解释》第 1 条在明确了 1997 年《刑法》第 182 条规定的“以其他方法操纵证券、期货市场”这一兜底条款的 6 种具体适用情形后，再次规定了兜底条款，形成了“兜底的兜底”这一欠妥当的设置。以此为基础，刘宪权（2020 年）[1]进一步指出，在对操纵期货市场行为进行刑事认定过程中，需谨慎对待前置性法律、法规没有纳入规范的行为，运用交易技术的操纵行为理应纳入法律规制范围。对此，商浩文（2020 年）[2]结合当今大数据时代背景，就利用高频交易的算法优势开展虚假申报操纵期货市场行为的司法认定开展详细论述。通过伊士顿案等典型案例引出高频交易下的虚假申报操纵行为在刑事司法实践中面临的挑战，这些挑战包括刑法定性差异化、操纵行为入罪标准复杂化、主观认定客观化等。为应对这些新型挑战，商浩文在该文中提出进一步优化刑事司法认定的思路，即将“滥用优势”界定为操纵期货市场犯罪的本质特征；对“不以成交为目的”这一主观要件的认定，要科学适用刑事推定规则。

谢杰[3]针对实际控制账户认定、特定市场操纵模式的判断、市场操纵定罪量刑的数量标准、违法所得计算等重大疑难问题，就司法解释相关条款进行批判性审视，并提出规则优化、细化建议。此外，刘宪权、商浩文和谢杰均提出在司法解释中细化操纵期货市场违法所得的计算方式的必要性和重要性，可以被滥用优势的价值转化衡量为基本原则，允许以反证的方式来实现违法所得的计算公正。这些针对性的立法建议和参考对我国正在加快推进的《期货法》条款设计具有重要借鉴意义。

（三）国际化背景下跨境期货监管和执法

在期货交易所对外开放的大环境下，中国应用法学研究所与上海期货交易所合作研究课题“期货交易所国际化背景下的跨境管辖相关司法问题研究”，该课题旨在研究实践中期货行业面临的期货交易所跨境管辖问题并提出立法建议。[4]

杜涛[5]从美国期货法领域最新的 Loginovskaya v. Batratchenko 案入手，分析美国在《商品交易法》域外适用上采纳了莫里森案的裁判结果，对涉外私人诉讼的域外管辖权进行限

---

〔1〕 参见刘宪权：《操纵证券、期货市场罪司法解释的法理解读》，载《法商研究》2020 年第 1 期。

〔2〕 参见商浩文：《大数据时代证券市场虚假申报操纵犯罪的司法认定》，载《中国刑事法杂志》2020 年第 6 期。

〔3〕 参见谢杰：《市场操纵犯罪司法解释的反思与解构》，载《法学》2020 年第 1 期。

〔4〕 参见《期货交易所国际化背景下的跨境管辖相关司法问题研究开题》，载 http://rmfyb.chinacourt.org/paper/html/2020-10/12/content_172742.htm?div=-1，最后访问日期：2021 年 5 月 18 日。

〔5〕 参见杜涛：《期货法的域外适用：中美最新案例比较与启示》，载《中国应用法学》2020 年第 5 期。

制，但同时加大了行政机关和检察机关域外管辖的力度，在全球推动金融执法风暴。我国法院近年来也多次审理涉外期货纠纷案件：在民事案件中我国法院按照《涉外民事关系法律适用法》确定准据法，通过该法第 4 条扩大我国强制性规范的域外适用效力，但是我国行政机关和检察机关进行跨境期货监管和执法尚没有法律保障。因此，杜涛主张我国建设高水平的对外开放的期货市场离不开具有域外效力的《期货法》这一制度保障，建议加快推进我国《期货法》制定进程，同时修改我国现行法律法规对域外适用范围的过度限制，适当扩张我国法律域外适用范围。

2020 年保险市场法制报告

孙宏涛　刘星雨　陈　泽　王云杉*

2020 年，中国保险业全面深化改革，严守风险底线，服务实体经济，继续向实现高质量发展的目标迈进。这一年，保险业在支持抗击疫情、助力打赢脱贫攻坚战、加快发展养老第三支柱等方面贡献行业力量的同时，也迎来车险综合改革、重疾险新定义等对自身发展影响深远的大事。[1]2020 年保险业保持稳健增长，实现原保费收入 4.53 万亿元，同比增长 6.12%；赔付支出 1.39 万亿元，同比增长 7.86%；保单件数 495.38 亿件，同比增长 6.25%；净资产同比增长 10.95%。具体来看，财产险原保费收入 1.19 万亿元，同比增长 2.40%；人身险原保费收入 3.33 万亿元，同比增长 7.53%。2020 年车险原保费收入 8245 亿元，同比增长 0.70%，仍占财产险公司总保费收入的六成份额。在非车领域，健康险、责任险、农险原保费收入位列前三，分别为 1114 亿元、901 亿元、815 亿元，同比增长 32.62%、19.65%、21.28%。2020 年健康险仍旧是增速最快的险种，商业健康险实现保费收入达 7059 亿元，同比增长 13.38%。意外险则成为人身险公司业务中 2020 年唯一出现负增长的险种，原保费收入 633 亿元，同比下降 2.47%。在寿险方面，虽然 2020 年原保费收入 2.39 万亿元，同比增长 5.4%，但因为疫情，保单件数同比降低 15.61%。[2]

---

* 孙宏涛，华东政法大学经济法学院教授；刘星雨，华东政法大学硕士研究生；陈泽、王云杉，华东政法大学经济法学院学生。

〔1〕《2020 年中国保险十大新闻》，载《金融时报》2021 年 1 月 6 日，第 10 版。

〔2〕房文彬：《2020 年保险业成绩单出炉》，载 http://xw.sinoins.com/2021-02/01/content_381078.htm，最后访问日期：2021 年 3 月 7 日。

一、2020 年中国保险市场发展热点

（一）抗击疫情、保险业务低速增长

2020 年，保险业累计提供风险保障金额 8709.9 万亿元。原保费收入（以下简称保费收入）45,257 亿元，其中，寿险原保费收入占比达 52.99%，健康险原保费收入占比达 18.06%，财产险原保费收入占比达 26.36%。与 2019 年年末相比，健康险原保费收入占比提高了 1.49 个百分点，对保险业的业务贡献日益突出。2020 年，保险业保费收入同比增长了 6.13%，增速同比下降了 6.04 个百分点。在业务结构层面，寿险保费收入同比增长了 5.40%，增速有所放缓。健康险保费收入同比增长了 15.66%，保持快速发展态势。财产险保费收入同比增长了 2.40%，增速明显放缓。[1]

（二）保险业多举措支持抗疫助力企业复工复产

2020 年，面对突如其来的新冠肺炎疫情，按照党中央、国务院决策部署，保险业全力支持疫情防控、复工复产，通过开通绿色通道、拓宽保障责任、捐赠专属保险、升级理赔服务、支持重大项目、服务小微企业、开展捐款捐物等方式，在支持疫情防控和复工复产中发挥了积极作用。在疫情防控期间，保险业向一线疾控和医务人员、公务人员、社区工作者、后勤保障人员等赠送专属保险，疫情相关理赔累计赔付案件 21.63 万件，累计赔付金额 5.16 亿元；累计捐款捐物 3.8 亿元，主要投向湖北。

同时，保险资金火速驰援湖北经济建设，2 月 17 日，首批两只抗疫保险资金债权投资计划在中国保险资产管理业协会成功注册，均投向湖北地区，其中，“平安养老——湖北交投紫云铁路基础设施债权投资计划”拟投规模 14.62 亿元，资金主要用于湖北宜昌紫云地方铁路项目建设；“光大永明——汉江国投襄阳基础设施债权投资计划”拟投规模 20 亿元，资金主要用于湖北襄阳汉江新集水电站项目建设。

在疫情期间，保险业利用强大的资金融通功能，服务小微企业并有力地支持了国家和地方的重大项目建设。截至 2020 年 11 月末，保险公司的资金运用余额达到 21.2 万亿元，保险业为实体经济发展提供了长期稳定的资金来源。在我国疫情得到基本控制以后，保险业在“六稳”和“六保”中继续发力，大病保险深入推进，为各行各业提供风险管理服务的职能进一步加强，“惠民保”、个人年金等更加物美价廉的健康和养老保险产品推出，政保业务全面推进。保险业努力为政府、企业及个人和家庭解决意外、医疗、养老中的经济难题，为抗病防疫和经济发展贡献力量。

---

〔1〕 闫建军、陈楠：《NIFD 季报 | 2020 年保险业回顾与展望（2020 年度报告）》，载 https：//cj. sina. com. cn/articles/view/5367424460/13fec65cc01900stka，最后访问日期：2021 年 3 月 7 日。

（三）高度重视养老保险发展

2020 年 10 月 21 日，中国人民银行党委书记、银保监会主席郭树清在出席“2020 年金融街论坛”时表示，要发挥金融优势，大力发展第三支柱养老保障，以有效缓解我国养老保险支出压力。12 月 9 日，国务院常务会议在部署促进人身保险扩面提质稳健发展措施时，提出按照统一规范要求，将商业养老保险纳入养老保障第三支柱加快建设。作为关系社会民生、服务社会经济发展的重要方向，推动第三支柱养老保险发展，着力促进缓解我国养老保险支出压力，满足人民群众多样化养老需求，已经成为顶层擘画发展蓝图的重点。[1]

2020 年 12 月 16 日至 18 日，中央经济工作会议在北京举行。会议提出，要规范发展第三支柱养老保险。12 月 16 日，在国务院政策例行吹风会上，银保监会副主席黄洪介绍，下一步，银保监会主要从以下几个方面来加快推进商业养老保险的发展：一是加快发展专业化经营市场主体；二是扩大商业养老保险领域对外开放；三是加大养老保险产品创新；四是强化养老保险基础建设；五是加强人才队伍建设，提升专业能力。[2]

（四）保险业助力打赢脱贫攻坚战

2020 年，保险业在全力抗击新冠肺炎疫情的同时，切实推进各项扶贫工作，积极发挥保险精准扶贫的功能作用，在助力贫困地区产业发展、保障和改善民生、创新社会治理方式等领域开展了积极实践探索，帮助贫困人口更好地分享经济社会发展成果。[3]3 月，银保监会印发《关于进一步加大“三区三州”深度贫困地区银行业保险业扶贫工作力度的通知》，要求保险业聚焦稳定脱贫长效机制，充分发挥保险的风险保障作用，努力防止因病、因灾致贫返贫。前三季度，全国备案扶贫专属农业保险产品 993 个，农业保险为贫困户提供风险保障金额 846.6 亿元，覆盖贫困户 1647 万户次。保险业正通过农业保险发挥兜底保障作用，同时创新开展“保险 + 期货”“保险 + 贷款”等方式，为贫困地区产业发展注入活力。[4]

（五）“惠民保”火爆全国

2020 年 3 月 5 日，中共中央、国务院发布的《关于深化医疗保障制度改革的意见》提出，到 2030 年，全面建成以基本医疗保险为主体，医疗救助为托底，补充医疗保险、商业健康保险、慈善捐赠、医疗互助共同发展的医疗保障制度体系。在政策的鼓励下，一款被称为“惠民保”的城市定制型商业医疗保险在全国 70 余个城市快速上线，凭借投保门槛低、保险理赔高、保费设置低这三大特点，吸引了大量投保者，成为 2020 年保险业当之无愧的现象级产品。

---

〔1〕《2020 年中国保险十大新闻》，载《金融时报》2021 年 1 月 6 日，第 10 版。

〔2〕范辉、李自曼：《2020 年保险业十大变革性事件》，载 https：//baijiahao. baidu. com/s? id =1687397229763816676&wfr =spider&for =pc，最后访问日期：2021 年 3 月 7 日。

〔3〕《2020 年中国保险十大新闻》，载《金融时报》2021 年 1 月 6 日。

〔4〕王虎云、闫鹏：《让脱贫更“保险”》，载《金融世界》2020 年第 12 期。

2020年11月20日，银保监会发布《关于规范保险公司城市定制型商业医疗保险业务的通知（征求意见稿）》，规范此类保险业务，提出要遵从商业保险经营规律，市场化运作，并应因地制宜，保障方案体现地域特征，契合参保群众实际医疗保障需求。[1]

（六）车险综合改革正式实施

2020年7月，银保监会发布《关于实施车险综合改革的指导意见（征求意见稿）》，车险综合改革拉开序幕。随后，银保监会发布《关于调整交强险责任限额和费率浮动系数的公告》与《示范型商车险精算规定》两项文件，分别针对交强险与商车险进行了细化规定。为了确保综改效果，银保监会接连召开多场车险座谈会，研究部署车险市场监管和改革相关工作，传递强监管信号。[2]

此次车险综合改革方案明确提出以“保护消费者权益”为主要目标，短期内将“降价、增保、提质”作为阶段性目标。2020年9月实施至今，成效已经开始显现，市场乱象得到明显规范。长期以来，车险保费收入占财险保费比重超过60%，单一业务险种占比过大，结构风险较大，不利于行业健康发展和为多种风险提供保险保障。从长远看，车险综合改革不仅给消费者带来价格和服务实惠，也将加快产险业务的结构调整。车险综合改革扩大了保险公司在产品方面的自主定价权，并鼓励保险公司探索在新能源汽车和具备条件的传统汽车中开发机动车里程保险（UBI）等创新产品，也对保险公司的产品设计和创新能力、承保理赔服务能力和风险管理能力提出更高要求。[3]

（七）加速拥抱金融科技

2020年，保险业线下产业受到新冠肺炎疫情的冲击，保险公司纷纷加快数字化转型，加大互联网保险等渠道的销售。2020年3月，联想和滴滴联手拿下现代财险64%股权；9月，水滴通过全资收购通宇科技，尝试曲线入股安心财险；11月，腾讯斥资2.8亿元入股三星财险。前有阿里的车险分、定损宝、相互宝，后有腾讯、京东、滴滴、美团的虎视眈眈，互联网巨头早已将保险视作“兵家必争之地”。5月，《关于推进财产保险业务线上化发展的指导意见》发布，要求到2022年，车险、农险、意外险、短期健康险、家财险等业务领域线上化率达到80%以上；12月，《互联网保险业务监管办法》闪亮登场，明确了互联网保险业务的持牌原则，规定投保界面须属于保险机构自营网络平台，划清业务边界[4]。

（八）农业保险高质量发展

2020年，农业保险高质量发展步伐明显加快。中国精算师协会于11月首次发布了《稻

---

〔1〕《2020年中国保险十大新闻》，载《金融时报》2021年1月6日。

〔2〕《车险综改正式启动，市场乱象整治效果明显》，载http://www.sinoins.com/zt/2021-01/08/content_376411.htm，最后访问日期：2021年3月7日。

〔3〕《车险综改正式启动，市场乱象整治效果明显》，载http://www.sinoins.com/zt/2021-01/08/content_376411.htm，最后访问日期：2021年3月7日。

〔4〕宋占军、丁林娟：《2020保险业变革升级》，载《金融博览》（财富）2021年第1期。

谷、小麦、玉米成本保险行业基准纯风险损失率表（2020 版）》，完善了农业保险定价机制；中国保险行业协会于 12 月首次发布了三大粮食作物成本保险行业示范条款，内容更加通俗化、标准化。

2020 年 12 月 30 日，获银保监会批复同意，中国农业再保险股份有限公司开业。

（九）首家外资独资保险控股公司成立

保险业扩大开放举措加快落地，2020 年 1 月 16 日，安联（中国）保险控股有限公司在上海宣布正式开业，成为首家外资独资保险控股公司。2020 年 6 月 19 日，银保监会批复同意友邦保险上海分公司改建为独资人身保险公司，改名为“友邦人寿保险有限公司”，成为首家外资独资人身保险公司。

二、继续加强保险市场监管

（一）《健全银行业保险业公司治理三年行动方案（2020—2022 年）》出台[1]

为深入贯彻中央关于防范化解金融风险和深化金融改革的决策部署，中国银保监会在监管系统内印发《健全银行业保险业公司治理三年行动方案（2020—2022 年）》。要求加强领导，完善现代金融企业制度，借鉴国际良好实践和立足我国国情及行业实际相结合，着力规范治理主体行为，着力弥补监管制度短板，着力健全体制机制，优化外部环境，持续提升我国银行业保险业公司治理的科学性、稳健性和有效性。力争通过三年时间的努力，推动我国金融机构率先落实《二十国集团/经合组织公司治理原则》，初步构建起中国特色银行业保险业公司治理机制。

（二）规范保险经营行为

2020 年的监管重点落脚于提升保险公司自我管控风险的能力和水平，由“被动防范风险”向“主动经营风险”转变。

银保监会发布《关于开展银行业保险业市场乱象整治“回头看”工作的通知》（银保监发〔2020〕27 号），提出“看整改措施是否严实有效”，重点要求各机构健全整改工具箱，整改措施要对症恰当，避免简单“一刀切”，着力解决“违规在基层、根子在总部”的问题。注重从制度、流程和系统等方面推进根源性整改，将“排查—整改—提升”贯穿于经营管理全过程，坚决杜绝整改之后同质同类问题仍然屡查屡犯现象。

发布多个市场行为的政策法规，如《信用保险和保证保险业务监管办法》（银保监办发

〔1〕《中国银保监会关于印发〈健全银行业保险业公司治理三年行动方案（2020—2022 年）〉的通知》，载 http：//www.cbirc.gov.cn/cn/view/pages/ItemDetail.html?docId=925393&itemId=926，最后访问日期：2021 年 3 月 3 日。

〔2020〕39号)，从业务系统、评估审议及决策机制、承保标准和操作规范做出明确要求。《责任保险业务监管办法》界定责任保险承保边界，规范竞争行为，规范保险服务。《关于加快推进意外险改革的意见》则强调保险机构探索建立与内控水平、销售渠道、销售方式、赔付情况等因素挂钩的费率调整机制，更加体现了业务发展与内控水平的关联性、一致性和协调性。《关于优化保险机构投资管理能力监管有关事项的通知》(银保监发〔2020〕45号)取消投资管理能力备案管理，将方式调整为公司自评估、信息披露和持续监管相结合，保险机构确保人员资质、制度建设、系统建设等满足能力标准；规定了违规责任，并辅以行业自律及社会监督，推进保险公司主动强化投资管理能力建设。

强调落实主体责任，推进保险公司全面提升在人员队伍、资金运用、销售运营等方面的主动管理、自我管理能力。《关于落实保险公司主体责任加强保险销售人员管理的通知》(银保监办发〔2020〕41号)强调保险公司对从业人员管理的主体责任，对人员队伍全面提高认识，全过程、全环节管理，切实落实法律责任、管理责任。《关于防范金融直播营销有关风险的提示》，强调各金融机构应当落实金融营销宣传行为的主体责任，切实规范本机构及合作方的金融营销宣传行为。《银行保险机构涉刑案件管理办法(试行)》规定对于内控体系失效或内控整改不到位等导致案件发生的，要求从重问责。

(三)保险代理人新规发布

为深化保险中介市场改革，2020年11月，银保监会正式发布《保险代理人监管规定》，强化事中事后监管，理顺了“先照后证”流程，完善了准入退出管理，提高了保险代理机构的准入门槛。12月末，银保监会发布《关于发展独立个人保险代理人有关事项的通知》，规定了独立个人保险代理人应具备的条件，要求保险公司严格甄选独立个人保险代理人，落实相关管理责任，独立个人保险代理人制度正式登场。

(四)4家保险机构被接管

2020年7月17日，天安财险、华夏人寿、天安人寿、易安财险四家保险机构存在违反《保险法》规定的经营行为，触发了接管条件，为保护保险活动当事人合法权益，维护社会公共利益，银保监会决定依法接管天安财险等四家保险机构。接管期自2020年7月17日起至2021年7月16日止，可依法适当延长。[1]采用接管模式，较好地化解风险，保护消费者利益。[2]

(五)互联网保险监管办法出台

2020年12月，银保监会发布《互联网保险业务监管办法》，对互联网保险行业的基本业

---

〔1〕《2020年中国保险十大新闻》，载《金融时报》2021年1月6日。

〔2〕《4家保险机构被接管，切实维护消费者权益》，载http://www.sinoins.com/zt/2021-01/08/content_376413.htm，最后访问日期：2021年3月7日。

务及监督管理作出规范，旨在规范互联网保险业务，有效防范风险，保护消费者合法权益，提升保险业服务实体经济和社会民生的水平。

该监管办法厘清了互联网保险业务本质，明确制度适用和衔接政策；规定互联网保险业务经营要求，强化了持牌经营原则，定义持牌机构自营网络平台，规定持牌机构经营条件，明确非持牌机构禁止行为；规范了互联网保险营销宣传，规定管理要求和业务行为标准；全流程规范了互联网保险售后服务，改善消费体验；按经营主体分类监管，在规定“基本业务规则”的基础上，针对互联网保险公司、保险公司、保险中介机构、互联网企业代理保险业务，分别规定了“特别业务规则”；创新完善了监管政策和制度措施，做好政策实施过渡安排。[1]

三、保险典型案例

（一）保险监管机构行政处罚案例

1. 中国人民人寿保险股份有限公司（银保监罚决字〔2020〕1 号）。[2]

经查，人保寿险存在以下违法违规行为：电销业务欺骗投保人行为；网销业务欺骗投保人行为；未按规定使用经备案保险费率行为；提供、编制虚假报告、文件、资料。

综上，银保监会决定作出如下处罚：

一是上述电销欺骗投保人行为，违反《保险法》第 116 条的规定，根据《保险法》第 161 条，对人保寿险总公司予以罚款 30 万元，对河北电销中心予以罚款 20 万元，对成都电销中心予以罚款 15 万元，对郑州电销中心予以罚款 15 万元，对重庆电销中心予以罚款 10 万元，对深圳电销中心予以罚款 10 万元，对广东电销中心予以罚款 10 万元。根据《保险法》第 171 条，对郑某林予以警告并罚款 7 万元，对邓某川、刘某良分别予以警告并罚款 5 万元，对肖某、姜某川、黄某军分别予以警告并罚款 2 万元。

二是上述网销欺骗投保人行为，违反《保险法》第 116 条的规定，根据《保险法》第 161 条，对人保寿险总公司予以罚款 30 万元。

三是上述电销、网销欺骗投保人行为，违反《保险法》第 116 条的规定，根据《保险法》第 171 条，对张某廷、王某分别予以警告并罚款 10 万元。

四是上述未按规定使用经备案保险费率行为，违反《保险法》第 135 条的规定，根据《保险法》第 170 条，对人保寿险总公司予以罚款 25 万元，根据《保险法》第 171 条，对王聪予以警告并罚款 5 万元。

---

〔1〕《互联网保险监管办法明确，有效防范化解风险》，载 http：//www. sinoins. com/zt/2021 - 01/08/content_376408. htm，最后访问日期：2021 年 3 月 7 日。

〔2〕 中国银行保险监督管理委员会行政处罚决定书（银保监罚决字〔2020〕1 号）。

五是上述提供、编制虚假报告、文件、资料行为，违反《保险法》第 86 条的规定，根据《保险法》第 170 条，对人保寿险总公司予以罚款 50 万元，根据《保险法》第 171 条，对王某、廖某进、张某廷、李某彬、赵某良、司某、原某分别予以警告并罚款 10 万元，对陈某予以警告并罚款 5 万元。

2. 华海财产保险股份有限公司（银保监罚〔2020〕65 号）。[1]

经查，华海财险存在下列违法行为：向监管部门提供虚假资料；公司治理不规范；监事会运行不规范，未按照时间要求召开监事会；公司信息披露管理薄弱，披露信息不真实、不完整；公司治理档案管理混乱，存在材料造假风险。

综上，银保监会决定作出如下处罚：

一是向监管部门提供虚假资料行为，违反了《保险法》第 86 条的规定。根据该法第 170 条，对华海财险予以罚款 50 万元；根据该法第 171 条，对赵某鸣予以警告并罚款 10 万元。

二是公司治理不规范的问题，违反了《保险公司管理规定》第 55 条的规定。根据该规定第 69 条，对华海财险予以罚款 1 万元。

3. 中国平安财产保险股份有限公司（银保监罚决字〔2020〕58 号）。[2]

经查，平安财险存在以下违法行为：未按车辆实际使用性质承保商业车险；手续费支出未分摊至各分支机构。

综上，银保监会决定作出如下处罚：

平安财险总公司未按车辆实际使用性质承保商业车险行为违反了《保险法》第 135 条的规定，根据该法第 170 条，对平安财险罚款 50 万元；根据该法第 171 条，对朱某警告并罚款 10 万元。手续费支出未分摊至各分支机构行为违反了《保险法》第 86 条的规定，根据该法第 170 条，对平安财险罚款 25 万元；根据该法第 171 条，对杜某国警告并罚款 5 万元。

（二）法院处理的案件

1.（2020）沪 74 民终 674 号——永安财产保险股份有限公司上海分公司与林某洋财产保险合同纠纷案。[3]

本案系一起较为常见的由机动车剐蹭引起的保险责任纠纷。保险公司认为，驾驶员林某在发生车辆剐蹭后，并未及时采取措施，造成保险人无法确定事故经过，进而无法定损，因此根据合同相关条款约定，不应当承担保险责任。二审的金融法院认为，保险公司对保险事故应及时定损以查明事故导致的实际损失。本案事故为双车事故，林某洋报案后请求对被保险车辆定损符合常理，且永安财险上海分公司分别短信通知林某洋，其已派遣了夏某荣、倪

---

〔1〕 中国银行保险监督管理委员会行政处罚决定书（银保监罚决字〔2020〕65 号）。

〔2〕 中国银行保险监督管理委员会行政处罚决定书（银保监罚决字〔2020〕58 号）。

〔3〕 参见 https：//wenshu. court. gov. cn/website/wenshu/181107ANFZ0BXSK4/index. html? docId = e370edca06b343daa49bac4f00f971，最后访问日期：2021 年 3 月 1 日。

某明两名定损员进行定损。现永安财险上海分公司在未举证林某洋拒绝定损或不配合定损的情况下，对案外人徐某某的车辆予以定损，却未对被保险车辆进行定损，应认定其未尽定损义务。由此导致实际损失无法查明的不利后果应由永安财险上海分公司自行承担。根据查明事实，林某洋对被保险车辆的维修在本案事故发生，永安财险上海分公司对案外人车辆定损后相对合理的期间内，且维修清单中记载的项目亦非碰擦事故显然无法导致的损伤，故相关维修费用与本案存在关联性。现林某洋已提供初步证据证明其实际损失，永安财险上海分公司对此虽然质疑，但未予以反证，法院不予采纳。

本案中，投保人已经完成了初步证明义务，如果保险公司对事故的性质、原因、损失程度有异议，依照“谁主张，谁证明”原则，理应提供相应的反证，比如定损员现场对被保险车辆进行定损并留存证据材料，然而定损员当时并未尽此义务，使得保险公司只能提出质疑而无法证明，故而导致败诉。通过此案可以看出，仅凭经验推断而无证据支持的理由很难获得法院的支持，如果保险公司能够重视事故发生时的证据保全，此案的结果可能就完全不同了。

2. （2020）沪 74 民终 541 号——中国人民财产保险股份有限公司上海市分公司与中国平安财产保险股份有限公司上海分公司责任保险合同纠纷案。[1]

本案属于在共同保险情况下引起的责任承担纠纷。案件中的保险人，并非只有一家公司，而是三家保险公司的集合。虽然这三家保险公司的共保比例不尽相同，但对于投保人、被保险人来说，其面对的责任主体是一家而不是三家，换言之，三家保险公司是一个整体。在《共保协议书》约定由出单公司牵头理赔等事务时，类似于三家保险公司推选出了一位对外的“合伙事务执行人”。那么，该“执行人”对外进行的理赔等相关活动，应由三家共保公司共同承担民事责任，而如果“执行人”在执行相关事务时存有重大过错，那么另外的两家“非执行人”可以依据内部的协议约定，向“执行人”进行追偿。正是基于“对外是整体，对内可追偿”的法理，在平安上海分公司对外理赔未按《保险法》规定进行赔偿时，人保上海分公司有权向其进行追偿。

3. （2020）鲁 02 民终 4925 号——郭某、中国平安人寿保险股份有限公司青岛分公司保险代理合同纠纷。[2]

平安人寿保险代理人郭某在被保险人和平安人寿的诉讼中，郭某为被保险人作证表示：在投保过程中其未履行询问义务，导致平安人寿败诉赔偿 25 万元。平安人寿败诉后，依法起诉郭某。本案中，郭某在授权范围内代理人身保险业务，平安人寿向郭某支付代理费，双

[1] 参见 https://wenshu.court.gov.cn/website/wenshu/181107ANFZ0BXSK4/index.html?docId=b680a17793304f2c9898ac100104001a，最后访问日期：2021 年 3 月 4 日。

[2] 参见 https://m.pkulaw.com/pfnl/a6bdb3332ec0adc4b4f92cad33f8541e9a652db5dd81f3bfbdfb，最后访问日期：2021 年 3 月 5 日。

方系有偿的委托合同关系。且郭某的行为属重大过失行为并已造成委托人平安人寿的损失，且与损失之间具有因果关系，因此郭某需承担相应的损失赔偿责任。故法院一审判决郭萍赔付保险公司 25 万余元并返还因本案所涉保险业务所收取的保费，二审法院维持原判。

保险活动中诚信原则至关重要。保险代理人是保险公司开展保险业务的重要渠道，相当数量的保险合同的签订是通过保险代理人完成的，保险代理人与投保人协商投保的过程相对私密，保险公司不参与也难以了解真实过程，故保险代理人的诚信执业，是保险人与投保人之间沟通顺畅的重要保障。保险代理人的不规范、不诚信执业，亦将影响被保险人的切身利益，阻碍整个保险行业的健康发展，如其无须承担与其过错程度相当的法律责任，也极易诱发道德风险。故保险代理人行为导致保险人承保“带病”保险标的发生损失的，保险人亦有权追究保险代理人的相应责任，从而遏制保险代理人不法执业的乱象。同时，只有让保险代理人对其行为承担相应的责任，由责任中受到警示吸取教训，才能让其自主约束自己的行为，在法律规定及合同约定的范围内开展保险代理工作。

4. （2020）苏 03 民终 3368 号——中国人寿保险股份有限公司苏州市分公司与颜某田人身保险合同纠纷案[1]。

本案中经公安机关立案侦查，颜某田之子颜某磊为其投保时隐瞒其旧伤，而后颜某田于保险期间自称意外受伤住院治疗，提供虚假法医鉴定报告书，要求保险公司给付医疗费与伤残保险金。然而人民检察院认为颜某田及其子颜某磊诈骗犯罪事实不清、证据不足，不批准逮捕。颜某田屡次向人寿保险苏州分公司理赔，未获赔付，遂向法院起诉。对于颜某田要求人寿保险苏州分公司依涉诉保险合同的约定，向其支付 200, 000 元意外伤害保险金的诉讼请求，一审法院予以支持。二审法院依法不予支持，撤销一审判决，并驳回颜某田的诉讼请求。

综观过往理赔案例，对于保险诈骗引发的拒赔，一旦受益人起诉保险公司索要保险金，往往需要有刑事案件的判定才能让保险公司在民事案件中胜诉，如果刑事部分未认定为保险金诈骗，则保险合同纠纷的审判人员也会否定保险公司拒赔理由的正当性。本案二审严格依照《保险法》中关于欺诈的构成要件来衡量刑事案件中已查明的事实，认为虽然涉案人员被检察机关认定为诈骗犯罪事实不清、证据不足，不批准逮捕，但侦查过程中查明的事实已足够支持保险公司拒赔，因此判决撤销一审判决，驳回颜某田的诉讼请求。二审判决结果显然更符合法理。一方面颜某田已自认其手指系被机器挤断，另一方面涉案的伤情鉴定书亦被认定为伪造，因此，即便颜某田父子未被追究刑责，其行为在《保险法》维度也可被认定为欺诈，保险公司自然可依法对手指伤残不予给付保险金。

---

〔1〕 参见 https：//m. pkulaw. com/pfnl/a6bdb3332ec0adc4c5c28c6d5317941543710e4781dd3eb6bdfb，最后访问日期：2021 年 3 月 5 日。

四、2020 年保险法理论研究综述

（一）重要学术活动

1. 中国法学会保险法学研究会 2020 年年会成功召开。[1]

中国法学会保险法学研究会 2020 年年会于 2020 年 11 月 14 日至 15 日在渝成功举办，来自全国保险法学理论界和实务界的 100 余名专家学者参加了本次会议。本次年会以“保险市场供给侧改革与保险法完善”为研讨主题，就责任保险的价值，保险监管机构的职责，法院受理案件的较多的保险法类型，保险法与民法典的关系、保险消费者的界定，保险科技对保险业态的影响，我国农村相互保险的困境、人格权独立成编与责任保险等问题进行发言讨论。小组讨论分别围绕“保险法修改之理念更新”“保险法修改之规则完善”“保险法热点对话”展开，与会专家和学者进行了热烈的交流讨论。

2. 中国保险创新发展大会在武汉胜利召开。[2]

2020 年 12 月 6 日，由中国保险行业协会和武汉市人民政府共同举办的中国保险创新发展大会在武汉召开，本次会议聚焦“汇聚保险行业力量、助推武汉疫后重振”，研究保险业贯彻落实“十四五”规划和 2035 年远景目标发展战略。

会议发布了《农业保险助推脱贫攻坚蓝皮书》，全面总结了农业保险助推脱贫攻坚的优势和成效，系统梳理了农业保险助推脱贫攻坚的产品和模式，提出了农业保险巩固脱贫成果的思考和对策。

3. 2020 年中国财产再保险市场研讨会召开。[3]

2020 年 9 月 17 日，中国财产再保险市场研讨会在西安召开。根据对 2020 年上半年中国财产险市场的分析，虽然受新冠肺炎疫情影响，中国财产险市场保费增速放缓，但险种结构持续调整，行业有望进入高质量发展新时代。财产险公司再保分出需求增加，分出保费增速远超市场同期水平，再保市场呈现走硬趋势。分析认为，以国内大循环为主体、国内国际双循环相互促进的新发展格局，将有助于推动经济高质量发展。聚焦到财产险行业，监管机构频频发声，强调保险业回归保障本源、要求保险切实服务实体经济，同时持续推动行业高水平对外开放，未来财产险直保市场将进入高质量发展新时代。再保市场中，受国际市场疫情及灾害损失影响、离岸再保人评级下降、信保业务基本面恶化等不确定性因素影响，全球再

---

〔1〕 参见《中国法学会保险法学研究会 2020 年年会成功召开》，载中国法学会网，https://www.chinalaw.org.cn/portal/article/index/id/29086.html，最后访问日期：2021 年 3 月 2 日。

〔2〕 参见《汇聚保险行业力量 助推武汉疫后重振——中国保险创新发展大会在武汉胜利召开》，载中国保险行业协会网，http://www.iachina.cn/art/2020/12/6/art_22_104801.html，最后访问日期：2021 年 3 月 2 日。

〔3〕 参见钱林浩：《2020 年中国财产再保险市场研讨会召开 中再财险称全球再保市场呈走硬趋势》，载 https://www.financialnews.com.cn/bx/jg/202009/t20200917_201185.html，最后访问日期：2021 年 3 月 3 日。

保市场呈现走硬趋势。

4. 中国保险行业协会召开中国寿险业峰会2020暨人身险专委会年会。[1]

2020年11月20日，中国保险行业协会在广州召开“中国寿险业峰会2020暨人身险专委会年会”，会议主题为“聚焦‘十四五’助推高质量”。100余家人身险公司、再保险公司和资产管理公司的主要负责人与总精算师共200余人应邀参会。

会上，中国保险行业协会发布了《中国养老金第三支柱研究报告》。来自美国、英国、法国、卢森堡、新加坡的国际金融机构和组织的专家受邀参加会议，聚焦养老金第三支柱体系建设和养老投资交流国际经验；国内主要寿险公司董事长和总经理围绕“十四五”发展战略开展研讨，为行业高质量发展建言献策。

（二）重要著述

1. 保险法基础理论研究。

关于保险法因果关系。有教授主张我国保险司法实践中应采用“原因概念”统一、事实原因发现、合同解释与“实质作用”标准相结合来发现法律原因的逐级递进的因果关系判断理论，可在司法解释以及指导性案例中对“实质作用原因”的概念进行诠释，确立合同解释以及复合原因选择的基本原则，鼓励在保险条款中约定更为详尽的比例因果关系规则[2]。

关于投保人如实告知义务。有人主张结构主义法学视角下，我国《保险法》第16条具有双重结构，对双重结构进行“法律后果”等多层次设问及解析，可以获取投保人如实告知义务条款的立法以及法律适用层面的完善路径。投保人故意违反告知义务的，未告知的事项应当与保险事故的发生存在因果关系，保险人才有权解除保险合同。[3]

关于保险利益。有学者主张在我国现行保险法体系下，“经济性保险利益说”可谓较好的选择。由于保险实践未必一定与理论上的保险利益划分完全相符，在个案中具体保险利益的量之判断也相当复杂，未来还需不断完善保险利益这一保险法上的特有制度。[4]

2. 财产保险研究。

关于UBI车险。有文章主张UBI车险作为一种新型的车险定价模式，可以解决网约车业态保险理赔难题。目前在我国车险改革的背景下，UBI车险产品已有一定的技术积累，但其最终落地还需要技术标准的统一和监管制度的完善。当下监管部门应当鼓励创新，推进车险产品的科学化设计，同时规范对用户驾驶信息的收集和数据使用行为，保障消费者的合

---

〔1〕 参见《中国保险行业协会召开中国寿险业峰会2020暨人身险专委会年会》，载http://www.iachina.cn/art/2020/11/20/art_22_104723.html，最后访问日期：2021年3月4日。

〔2〕 初北平：《我国保险法因果关系判断路径与规则》，载《中国法学》2020年第5期。

〔3〕 潘艳红：《〈保险法〉中投保人如实告知义务条文的结构性解读及完善》，载《法学杂志》2020年第2期。

〔4〕 张力毅：《困境与出路：财产保险合同中的保险利益判断——兼评〈保险法司法解释四〉及其征求意见稿相关规定》，载《上海财经大学学报》2020年第3期。

法权益。[1]

关于货物运输险。有论文主张解决承运人投保货运险纠纷困境的策略就是从保险法的最大诚信原则入手，在认定承运人不具有保险利益的同时，令保险人承担缔约过失损害赔偿责任，以平衡投保人和保险人之间讯息不对称、专业水平不对等的现状，从而完善保险法实务中的纠纷解决方式。[2]

3. 人身保险研究。

关于人身保险投保人合同任意解除权。有人主张人身保险投保人享有合同任意解除权，源于法律对合同当事人地位定位的失当并与保险合同的特质和目的不合。以投保人为合同当事人而讨论其应否享有合同任意解除权是个伪命题，以被保险人为合同当事人名实相符，才能修复因合同当事人地位错置而紊乱的保险契约法律体系。[3]

关于人身保险合同财产性权益强制执行。有人主张厘清人身保险合同财产性权益的种类、权利归属以及与一般债权的区别，回答其是否为专属性的债权以及是否可以作为强制执行的标的，确定强制执行适格被执行人，以及强制执行程序、适用措施与法律效力等，为人身保险合同财产性权益强制执行提供理论基础具有现实意义和价值。[4]

4. 保险法律制度研究。

关于犹豫期制度。有人主张犹豫期制度的构建应从交往理性、外部性应对以及倾斜保护中寻求制度架构的理想形态。我国保险法的未来修订以及犹豫期制度的相关立法，应该明确规定犹豫期内投保人的审阅义务及保险人的说明义务，并在犹豫期适用的主体与险种范围上进行适当的限制，以便更好地发挥犹豫期制度权利确认与法益规范的功能。[5]

关于保险人撤销权。有专家主张允许保险人行使撤销权将空置化或废弃不可抗辩制度，进而否定不可抗辩制度的规范意义、目的及其背后的价值判断，故保险人解除权制度在整体上具有更大的合理性、正当性、历史性和法秩序价值，应为我国保险法所选择。[6]

关于保险诈骗罪。有学者认为关于保险诈骗涉及的数罪问题、保险诈骗罪的着手，以及关于保险诈骗罪的共犯认定三大争议问题，在保险诈骗罪的认定中值得进一步深入探讨。[7]

---

[1] 孙宏涛、刘秉昊：《我国 UBI 车险制度构建研究》，载《法律适用》2020 年第 3 期。

[2] 李伟群、陶佳钰：《承运人投保货运险纠纷解决的困境及破局之策——以最大诚信原则为视角》，载《上海商学院学报》2020 年第 1 期。

[3] 尹中安：《人身保险投保人合同任意解除权质疑——兼论人身保险被保险人的法律地位》，载《法商研究》2020 年第 1 期。

[4] 李利、许崇苗：《人身保险合同财产性权益强制执行问题研究》，载《保险研究》2020 年第 7 期。

[5] 尹迪：《从约定到法定：人身保险犹豫期制度的构建》，载《法商研究》2020 年第 3 期。

[6] 于海纯：《保险人撤销权：保险法中的一个制度选择及其合理性追问》，载《中国法学》2020 年第 4 期。

[7] 谢望原：《保险诈骗罪的三个争议问题》，载《中外法学》2020 年第 4 期。

2020 年信托市场法制报告

贾希凌　等*

一、年度信托市场运行概览

2020 年，中国信托市场在防控疫情和推动经济恢复的背景下，在监管强化和业务转型中迎来高质量发展的“新拐点”，有序压降融资类和通道类业务规模，深化回归本业。

（一）信托资产持续回落、业务转型取得进展

根据中国信托业协会数据，在严监管和业务转型驱动下，信托资产规模从 2017 年年末 26.25 万亿元的高点渐次回落。截至 2020 年末，信托资产为 20.49 万亿元，同比下降 5.17%，比 2019 年末减少 1.12 万亿元，比 2017 年年末历史峰值减少 5.76 万亿元。[1]尤其是银保监会 2020 年 6 月下发《关于信托公司风险处置相关工作的通知》，要求信托公司压降违法违规严重、投向不合规的融资类信托业务后，融资类信托业务规模开始大幅回落，下半年合计压降 15,882.74 亿元。

据中国信托市场相关业务数据，在 2020 年信托资产投向上呈现出“一降一升”的显著特征：一是房地产业占比持续下降，二是证券市场的信托资产占比

---

* 贾希凌，华东政法大学经济法学院副教授；课题组成员包括华东政法大学经济法学研究生张云云、张琳、熊海涛、高子捷、霍梅妮。

〔1〕 参见殷醒民：《2020 年度中国信托业发展评析》，载 http：//www.xtxh.net/xtxh/statistics/46670.htm，最后访问日期：2021 年 8 月 17 日。

呈现增长态势。[1]行业转型发展的新动力结构逐渐形成：一是证券投资信托已成为信托公司的重要发展方向，2020 年实现了 15.44% 的增长，规模达到了 2.26 万亿元；二是资产证券化业务规模持续扩大，根据 Wind 数据，2020 年年末我国资产证券化业务累计发行规模达到 6.50 万亿元，其中 2020 年新发行规模达到 1.40 万亿元左右；2020 年共有 38 家信托公司参与资产证券化业务。

此外，家族信托发展迅猛。中国信登数据显示，截至 2020 年年末，信托业存量规模为 2051.55 亿元；2020 年年末家族信托规模较年初的 1137.87 亿元增长了 80.29%，存续规模连续四个季度持续上升，环比增幅分别为 11.2%、8.34%、35.94% 和 10.09%，家族信托在市场需求的推动和监管部门的引导下正在快速增长。[2]

（二）信托业务收入微增、利润增速连续下降

据中国信托业协会数据，截至 2020 年年末，信托业实现营业收入 1228.05 亿元，同比 2019 年年末 1200.12 亿元增长 2.33%。2020 年年末信托业利润为 583.18 亿元，同比 2019 年年末 727.05 亿元下降 19.79%，减少 143.87 亿元。

（三）服务实体经济、信托资金投向结构改善

据中国信托业协会数据，2020 年年末，资金信托为 16.31 万亿元，同比 2019 年年末 17.94 万亿元下降 9.09%，净减少 1.63 万亿元。2020 年年末资金信托在五大领域占比排序是：工商企业（30.41%）、基础产业（15.13%）、房地产业（13.97%）、证券市场（13.87%）、金融机构（12.17%）。从近两年的数据观察，工商企业作为资金信托流向的第一大领域，基础产业信托规模超越金融机构和证券市场为资金信托投向的第二大领域；应监管部门压降房地产信托业务的政策导向，房地产类产品在整体信托产品中的占比继续下降；基于国内外新冠肺炎疫情暴发对金融市场的冲击，我国对金融市场采取宽松流动的积极财政政策，且金融监管部门鼓励发展标准化的金融产品，使得以证券投资类为主的金融类信托数量出现上升，金融机构在资金信托中的占比已下降为第五位。

二、信托市场新出台法规政策梳理

（一）《信托公司股权管理暂行办法》

2020 年 1 月 20 日，中国银保监会发布了《信托公司股权管理暂行办法》（中国银监会令 2020 年第 4 号），对信托公司股权管理进行了全面系统的规定。第一，对信托公司股东资质

---

〔1〕 参见殷醒民：《2020 年度中国信托业发展评析》，载 http：//www.xtxh.net/xtxh/statistics/46670.htm，最后访问日期：2021 年 8 月 17 日。

〔2〕 董天刚：《国内家族信托规模超过 1100 亿元　需求人群超过 24 万》，载 http：//m.zhongguoxintuo.com/news/cf/jiazu-00000051565/，最后访问日期：2021 年 8 月 6 日。

明确要求，入股目的端正，出资真实自愿，具备持续性资本补充能力，投资人使用自有资金入股信托公司，按穿透原则对资金来源进行追溯认定；不得委托他人代持股，不得直接或间接交叉持股，股东不得与信托公司进行不当关联交易。第二，信托公司负如实告知义务，向拟入股股东说明公司经营管理情况和真实风险底数。第三，信托监管部门与国有资产管理、金融管理等部门协同监管，信用信息共享。

（二）《中国银保监会信托公司行政许可事项实施办法》

中国银保监会于2020年11月16日出台《中国银保监会信托公司行政许可事项实施办法》（中国银监会令2020年第12号），对信托公司股东资格、机构变更、业务资格、董事和高管任职资格等方面进行了修订：第一，强化股东监管，强化非金融企业入股信托公司资质要求，在权益性投资余额比例、盈利能力、净资产比例等方面提出更严格的准入标准；强化股东入股资金来源审查要求，严格要求自有资金出资；严格规范信托公司股权质押，要求股东承诺不以所持有信托公司股权的受（收）益权等形式设立信托等金融产品；股东管理、股东的权利义务等内容应纳入信托公司章程。第二，深化“放管服”改革，简化机构变更流程，鼓励开展本源业务，适当放宽业务准入资格。第三，启动新业务资格申报，推动业务转型，服务信托、标品信托等业务是信托公司重要的转型方向，部分新业务的开展需以获得业务资格为前提。

（三）《信托公司资金信托管理暂行办法（征求意见稿）》

中国银保监会于2020年5月9日发布《信托公司资金信托管理暂行办法（征求意见稿）》，明确了资金信托的内涵，提出了服务信托的新概念，内容涵盖了资金信托从设立到清算的全过程，对规范行业秩序，推动并保障信托业的转型发展起到了有效的指引作用。资金信托由信托公司发起且以信托财产保值增值为主要信托服务内容，对于以非现金财产设立财产权信托，若其通过受益权转让等方式向投资者募集资金，也属于资金信托；投资者自担投资风险并获得收益或承担损失。资金信托坚持私募定位，强调了投资者适当性管理，打破刚性兑付，严守风险底线，强化穿透监管，促进公平竞争。

对于以受托服务为主要服务内容的信托业务，无论其信托财产是否为资金形式，均不再纳入资金信托。还提出并界定了服务信托的概念，将家族信托、资产证券化信托、企业年金信托、慈善信托及其他监管部门认可的受托服务业务纳入服务信托。服务信托是信托公司运用其在账户管理、财产独立、风险隔离等方面的制度优势和服务能力，为委托人提供除资产管理服务以外的资产流转、资金结算、财产监督、保障、传承、分配等受托服务的信托业务。

（四）《关于推进基础设施领域不动产投资信托基金（REITs）试点相关工作的通知》和《公开募集基础设施证券投资基金指引（试行）》

中国证监会、国家发展和改革委员会联合发布《关于推进基础设施领域不动产投资信托基金（REITs）试点相关工作的通知》（证监发〔2020〕40 号），在全国主要基础设施项目上开展 REITs 试点工作，我国 REITs 发展进入新阶段。该通知阐明了基础设施 REITs 在有效盘活存量资产、填补当前金融产品空白、拓宽社会资本投资渠道、提升直接融资比重、增强资本市场服务实体经济质效方面发挥着重要作用；明确推进基础设施 REITs 应当遵循的原则：符合国家政策，聚焦优质资产；遵循市场原则，坚持权益导向；创新规范并举，提升运营能力；规则先行，稳妥开展试点；强化机构主体责任，推动归位尽责；完善相关政策，有效防控风险。试点项目选择方面，应聚焦重点区域、重点行业、优质项目、加强融资用途管理。

证监会于 2020 年 8 月 6 日发布《公开募集基础设施证券投资基金指引（试行）》（证监会〔2020〕54 号），为公募基础设施 REITs 的规范化运营提供制度约束，主要规则：一是明确产品定义与运作模式，80% 以上基金资产投资于基础设施资产支持证券，通过资产支持证券和项目公司等特殊目的载体取得基础设施项目完全所有权或经营权利；基金管理人主动运营管理基础设施项目以获取稳定现金流，并将 90% 以上合并后基金年度可供分配金额按要求分配给投资者。二是压实机构主体责任，严控项目质量。三是明确基金份额发售方式，采取网下询价的方式确定基金份额认购价格，公众投资者以询价确定的认购价格参与基金份额认购。四是规范基金投资运作，加强风险管控，夯实投资者保护机制。五是明确监管和自律管理职责，强化违规行为约束。

三、信托业监管实践

（一）保持严监管趋势、处罚数量下降

2020 年 11 月，中国银保监会发布《信托公司行政许可事项实施办法》，进一步强化信托行业监管，鼓励信托公司开展本源业务。同月，中国银保监会下发《关于开展新一轮房地产信托业务专项排查的通知》，要求继续严控房地产信托规模，按照“实质重于形式”的原则，严禁通过各类形式变相突破监管要求，严禁为资金违规流入房地产市场提供通道，切实加强房地产信托风险防控工作。

2020 年度，监管部门共计公布 18 项针对信托公司及其负责人员的罚单，罚款金额合计约为 2000 万元，这是监管部门对信托业的罚单数量自 2017 年以来首次下降至 20 项下。但这并不代表监管严格程度下降，其警示作用并不减少。从被处罚信托公司来看，吉林信托收到 5 张罚单，华能贵诚、安信信托、中铁信托及山东信托各收到 2 张罚单，江苏信托、中建投、五矿信托、中江信托（现雪松信托）、中航信托各收到 1 张罚单；从被处罚主体来看，吉林信托、华能贵诚、安信信托、中铁信托 4 家公司被采取“双罚制”，除机构受到处罚外，其员工个人亦受到处罚。从具体处罚情况来看，集中在信托公司在业务开展所涉的各环节中是否均严格履行监管所要求的义务，如信息报送披露、合规审查、过程管理等为监管处罚的重

点关注问题。但 2020 年监管部门也开出近年来信托业最大一张罚单，单笔罚单罚款金额达到 1400 万元。

（二）信托公司从业人员行为管理受到重视

2020 年首次出现了信托公司因“员工行为管理不到位”受到处罚的现象，另有 4 家信托公司对机构违规负有“直接责任”“直接管理责任”“直接经办责任”“合规管理责任”“领导责任和管理责任”的 5 名员工受到了处罚。结合此前中国银保监会接连下发的《银行业金融机构从业人员行为管理指引》《关于预防银行业保险业从业人员金融违法犯罪的指导意见》等文件，可见监管机关近年来对信托公司对其从业人员行为管理的监管力度持续加大。

四、信托纠纷司法案例及裁判实践

最高人民法院的“中国裁判文书网”2020 年度涉及信托裁判文书共 650 件，其中一审 379 件，二审 133 件，再审审查与审判监督程序文书 16 件，其他文书 122 件。一些地方高级人民法院也发布了信托审判文书 119 件。

（一）（2020）鄂 01 执保 230 号“国内家族信托被强制执行第一案”[1]

该案是关于信托财产因法院冻结信托财产而引起的执行异议案件。张某某与胡某某为婚外情人关系，于 2014 年 2 月 16 日生子张某。2016 年 1 月 28 日，张某某作为委托人与某信托公司签订信托合同，以现金 3080 万元设立《WM 信托 · 福字 221 号财富传承财产信托》（以下简称福字信托），受益人为张某等 5 人，2020 年 5 月 30 日，上述信托受益人由 5 人变更为其子张某一人。

胡某某的妻子杨某某以不当得利纠纷向武汉市中级人民法院对胡某某、张某某提起诉讼，并向武汉中院申请财产保全，冻结、查封张某某名下多处房产及福字信托下的信托资金和收益。法院于 2019 年 11 月 6 日作出民事裁定书，裁定满足申请人全部请求。在诉讼财产保全过程中，法院于 2020 年 7 月 24 日作出协助冻结存款通知书，要求协助冻结张某某在某信托公司签订的福字信托中出资的信托资金 2800 万元。信托公司于 2020 年 8 月 10 日向法院出具《关于协助冻结存款的说明》，表达异议。2020 年 8 月 14 日，法院再次作出协助执行通知书，要求信托公司停止向张某某及其受益人或其他第三人支付合同项下的所有款项及其收益，信托公司签收了文书。被申请人张某某及案外人张某（信托受益人）提出执行异议，武汉中院于 2020 年 11 月 27 日作出（2020）鄂 01 执异 661 号驳回张某某请求解除对福字信托

---

〔1〕缪因知：《“家族信托强制执行第一案”初战观察》，载《经济观察报》2021 年 4 月 26 日；钟向春：《关于信托财产独立性制度设计的一点思考——从“国内家族信托被强制执行第一案”引发》，载 http://www.junzejun.com/Publications/15420865fd53c1-5.html，最后访问日期：2021 年 5 月 31 日；也有沙龙、研讨会对本案发表意见或建议，如“涉外家事与财富传承”发布的“聚焦国内家族信托被武汉中院强制执行第一案”。

项下信托资金的冻结的异议申请；同日作出（2020）鄂 01 执异 784 号支持案外人张某（信托受益人）的异议申请，认定张某对福字信托合同项下的信托基金收益享有排除执行的权益，裁定中止对张某某在 WM 信托公司设立的福字信托项下信托收益的执行。

张某某异议称，（1）法院查封、冻结异议人财产价值总计 3957 万元，包括受益人为张某的福字信托项下的信托资金 1180 万元，该金额远远高于杨某某起诉张某某不当得利的 3383 万元。至于杨某某另外主张的资金占有费 759.9186 万元，没有事实和法律依据。涉案的 3383 万元中绝大部分是胡某某出于法定抚养义务为他与张某某的非婚生子张某设立的家庭信托基金，基金所获收益用于张某的生活、教育等开销，由于张某尚未成年，异议人是作为法定监护人起到代管职责，因此本案中异议人没有不当得利，杨某某无权主张所谓的资金占用费。（2）从保全合法性的角度分析，福字信托项下的信托资金受法律保护，法院不应对其实施财产保全，已保全的应立解除。（3）法院冻结福字信托项下的信托资金和收益，造成案外人张某生活困难，违背人道主义。综上，请求解除对福字信托项下信托资金的冻结。

法院认为：（1）关于异议人张某某提出本院超标的保全的问题，本案中，申请人杨某某向本院申请财产保全的限额为 4200 万元，故本案保全财产的价值应以 4200 万元为限。张某某主张以 3383 万元作为保全限额，于法无据，本院不予支持。（2）关于案涉信托合同项下资金及收益权能否冻结的问题。本院在财产保全程序中，为避免委托人转移信托受益权或信托理财回赎资金行为，本院对案涉福字信托合同项下的所有款项进行了冻结，该冻结措施不涉及实体财产权益的处分，不影响信托期间内中国对外经济贸易信托有限公司对张某某的信托财产进行管理、运用或处分等信托业务活动，只是不得擅自将张某某的本金作返还处理，不属于对信托财产的强制执行。因此合法有效。至于本院对福字信托项下信托基金收益的冻结，根据已查明事实，上述信托利益受益对象即信托基金受益人为案外人张某，如认为本院执行行为损害信托基金受益人的权益，可由案外人张某向本院提出排除执行异议。张某某提出此项异议，主体不适格，且本院已对案外人张某所提异议在另案中予以审查，故对张某某此项异议请求，本院不予支持。

基于上述案情，我们认为尚有几点是需要讨论的。第一，信托财产能否基于委托人的债务而被强制执行？根据《信托法》及《全国法院民商事审判工作会议纪要》的规定，信托财产独立于委托人、受托人及受益人各自的固有财产，明确当事人因其与委托人、受托人或者受益人之间的纠纷申请对信托财产采取保全措施的，除符合《信托法》第 17 条规定的情形外，法院不应当准许。对该点判断的逻辑是首先根据信托法与信托文件，考察该信托是否无效，即是否产生信托法上的法律效果；如果有效，再考察委托人是否是受益人或受益人之一，包括该信托可否通过变更或撤销的方式，在设立之后再赋予委托人以受益人的地位，或使委托人最终成为信托财产归属人。这决定了是否存在信托及信托财产是否独立于委托人的固有债务，即债权人对信托财产有否追及权的问题。根据本案案情，委托人在设立时并非受益人，但并不排除委托人通过变更受益人方式或其他方式取得信托利益的可能。我们认为，从这个意义上来说，本案中信托委托人并非绝对不会成为信托受益人或取得信托利益，委托人的债务也并非完全与信托财产相隔离，适时的司法干预是正当、合法的。正如法院裁定意见的文字“现请你单位停止向张某某及其受益人或其他第三人支付合同项下的所有款项及其收益”，司法冻结的目的是通过资金止付防止信托资金回流到委托人。

第二，本案司法保全的合法性。司法冻结是否属于强制执行？在《信托法》规定的对信托财产进行强制执行的条件尚不成就时，可否对信托财产进行司法冻结？在本案中，法官的观点如裁定书所言，“不涉及实体权益处分、不影响信托公司对涉案信托财产的管理、运用、处分等业务活动”；但是，司法冻结是否属于强制执行，还是值得商榷的。

第三，本案冻结的是信托受益权还是信托财产？本案是否会影响或者应否会影响民众对信托财产独立性的认识？在我国，家族信托还属于一个较新的法律领域，纠纷交付司法裁判的案例偏少，信托财产的独立性在实践司法中得到了一定的尊重，但还有些理论问题需要澄清。尤其是何为信托财产的独立性？是否只要设立了信托，信托财产就当然具有独立性？在我国《信托法》的规定尚不全面的情况下，对该问题的学理讨论和司法校验都是非常有意义的。对此（当然不限于此），英美信托法上基于是否可以撤销或变更，规定了不可撤销信托（irrevocable trust）与可撤销信托（revocable trust）并加以区分，还是值得借鉴的。再进一步讲，本案冻结保全的是信托财产还是信托受益权？抑或在可撤销信托的框架下限制了委托人的权利？与此相应的程序法问题则是谁有权提出执行异议申请？国内家族信托被强制执行第一案也仅是个案，未必会代表一般的司法实践，但该案的发生对推动我们认识信托的本质与信托财产独立性，是非常有意义的。

（二）首例通道业务责任的承担案——华澳国际信托有限公司、吴某财产损害赔偿纠纷[1]

2013年6月，上海寅浔投资管理中心（有限合伙）（以下简称上海寅浔）与华澳信托签订《单一资金信托合同》，约定委托人上海寅浔指定将信托资金2.8亿元由受托人华澳信托管理，用于向浙江联众建设有限公司（以下简称浙江联众公司）发放贷款。嗣后，上海寅浔以“浙江联众杭州保障房投资基金项目”为名向社会公众募集资金。募集文件中载明产品类型为“华澳信托联众单一资金信托贷款有限合伙基金”，原告吴某认购100万元。基金到期后，上海寅浔未向吴某返还本金。后经查，浙江联众公司系由陈某某实际控制，其通过伪造浙江联众公司承建杭州保障房项目的合同等材料，与王某使用上海寅浔的名义以高额利息向社会公众销售“浙江联众杭州保障房投资基金项目”。吴某的投资款最终被用于归还案外人辽阳红美置业有限公司股东的对外债务。2018年陈某某、林某某、王某被法院判决犯集资诈骗、非法吸收公众存款罪。随后吴某将华澳信托诉至法院，认为华澳信托没有对信托项目进

〔1〕 参见上海金融法院民事判决书，(2020) 沪74民终29号。

行有效监管，导致损失，应当全额承担赔偿责任，要求赔偿 100 万元。

法院认为，尽管犯罪分子的集资诈骗行为是投资者损失的主要原因，但信托公司未对犯罪分子借用其金融机构背景进行资金募集的行为采取必要防控措施，也未对社会投资者作相应警示；信托存续期间内，信托公司曾出具内容明显虚假、足以误导案外人的《项目风险排查报告》，上述行为客观上促成了犯罪分子的集资诈骗行为，对投资者被骗受损负有一定责任，故信托公司应当根据其过错程度，承担相应的侵权损害赔偿责任。法院判决华澳信托对吴某根据刑事判决通过追赃程序追索不成的损失在 20 万元的范围内承担补充赔偿责任。

基于上述案情，本课题组认为，该案为全国首例判决信托公司在通道类业务中承担民事侵权责任的案件，入选 2020 年全国法院十大商事案例。该案积极回应了业界极为关注的信托公司在通道类业务中是否应当免责的问题。通道类业务，与刚性兑付相似，都属于资管行业蓬勃发展的“衍生品”，作为资管产品的发行管理者，利用其金融牌照及监管政策的特殊优势，为部分有相关需求的主体提供的资产管理服务。该案将通道类业务归入事务管理类信托的类型，认定了其合法性，并指出当事人之间的权利义务关系应当根据信托文件进行确认。现实中该类业务的信托文件通常约定，委托人自行承担信托资产的风险管理责任和相应风险损失，受托人仅提供必要的事务协助或者服务，不承担主动管理职责。该案对于这种约定的司法承认充分体现了尊重当事人合意和市场自治的裁判理念。另外，鉴于通道类信托业务的金融属性和公共特征，在信托文件之外，法院还充分考虑了金融监管的内在原则，认定虽然没有明确的条文规定，但信托公司负有从审慎管理的角度出发审查信托资金来源的义务，更不能因为没有主动调查义务就可以根据客户要求随意出具虚假的证明文件。对于通道业务是否担责，应全面考虑私法自治和公共监管的要求，合理界定通道类业务的合法性和权利义务关系，在投资者保护和金融市场发展之间实现平衡和统一。

（三）《关于规范金融机构购资产管理业务的指导意见》和《全国法院民商事审判工作会议纪要》发布后首例刚性兑付效力认定案——安信信托股份有限公司、湖南高速集团财务有限公司营业信托纠纷〔1〕

2016 年湖南高速与安信信托签订了四份信托合同，约定由湖南高速认购安信信托设立的董家渡信托计划，以合计 4 亿元信托资金认购 4 亿份信托单位。（2017 年 5 月 5 日，湖南高速通过银行转账将 4 亿元信托资金转入安信信托指定账户。）

其后，湖南高速（作为转让方）与安信信托（作为受让方）签订了一份《信托受益权转让协议》（以下简称《转让协议》），约定由湖南高速将其持有的董家渡信托计划项下 4 亿份信托单位的信托受益权转让给安信信托。根据该协议，安信信托应于协议签署当日一次性将价款付清；自信托受益权转让日起，转让方作为受益人依据信托合同所享有的全部标的信托

〔1〕 参见湖南省高级人民法院民事判决书，（2020）湘民终 1598 号。

受益权及相应的权利和义务均由受让方承继。2019 年 7 月 9 日，湖南高速与安信信托签订《信托受益权转让补充协议》（以下简称《补充协议》）。通过该补充协议，双方对《转让协议》所约定的信托受益权转让相关事宜进行了变更：安信信托应于补充协议签署后的四个季度内分 4 次将受益权转让价款付清，付款日为每季度最后一个月的前 4 日内，每次支付 1 亿元及截至付款日的投资收益；受益权转让日变更为 2020 年 5 月 4 日；自 2019 年 5 月 5 日起，信托资金收益率按 7.5%/年（365 天）计算；受让方逾期支付转让价款达 20 日，经转让方催告后 3 日内仍未依约付款的，转让方有权解除协议，受让方应一次性付清全部转让款并按未付总金额的 30% 向转让方支付违约金。因转让方主张权利产生的费用（包括诉讼费、律师费等）由受让方承担。2019 年 8 月，安信信托未能依照《补充协议》的约定支付第一期信托受益权转让价款。经湖南高速发函催告后，安信信托亦未依约履行。后湖南高速向长沙中级人民法院提起诉讼。

终审法院认为，(1) 双方之间的法律关系是“名为信托受益权转让，实为保本保收益的承诺安排。违反了《信托法》第 34 条‘受托人以信托财产为限向受益人承担支付信托利益的义务’的规定，应属无效。”(2) 上海银保监局认为安信信托与湖南高速签订的《信托受益权转让协议》等一系列操作是保证本金收益不受损失的行为，属于违规刚性兑付行为。其对此作出的书面回复，是行政机关对于该行为定性的权威结论。故亦应认定双方签订涉案转让协议系违规刚性兑付行为。(3) 根据《全国法院民商事审判工作会议纪要》第 92 条的规定，信托公司、商业银行等金融机构作为资产管理产品的受托人与受益人订立的含有保证本息固定回报、保证本金不受损失等保底或者刚兑条款的合同，人民法院应当认定该条款无效。受益人请求受托人对其损失承担与其过错相适应的赔偿责任的，人民法院依法予以支持。实践中，保底或者刚兑条款通常不在资产管理产品合同中明确约定，而是以“抽屉协议”或者其他方式约定，不管形式如何，均应认定无效。本案中，虽然没有在《信托合同》中直接约定保本保收益，但也属于刚性兑付的行为，故《信托受益权转让协议》及补充协议应认定无效。总之，涉案信托计划已成立，故双方约定的资金信托期限（合同载明为 60 个月）未到期，双方应继续履行《信托合同》项下的权利和义务。在合同履行期限内，湖南高速主张依据《补充协议》，要求安信信托向其支付信托受益权转让价款本金及收益、违约金，法院不予支持。

基于上述案情，本课题组认为，《转让协议》及《补充协议》到底是否构成应当被法院认定无效的刚兑安排，是本案裁判的关键点。若《转让协议》与涉案《信托合同》同时签署，那么可以认定《转让协议》实际为安信信托和湖南高速关于保本保收益安排的“抽屉协议”。在这种模式下，应当认为《转让协议》所约定的由受托人以本金和固定收益兑付投资人的安排为双方真实意思表示，而非信托合同中所约定的投资人自担风险。但若《转让协议》为信托产品到期后签署，则需要分情况讨论。若信托产品到期时，涉案信托产品运行正常，受托人基于自有资金投资需要与湖南高速达成一致、以公允价格受让信托受益权（这种情况在现实中并不多见，但逻辑上成立），则可认定为不属于《关于规范金融机构购资产管理业务的指导意见》第 19 条所禁止的实施刚兑的行为。若信托产品到期时，因融资方无法按时还款等原因导致信托财产不足以兑付投资人，受托人以自有资金或者另行募集资金向投资人兑付本金收益，则为《关于规范金融机构购资产管理业务的指导意见》第 19 条所禁止的刚兑行为。学理上看“刚性兑付”，其分为“承诺刚兑”和“实施刚兑”两类。所谓“承诺刚兑”，即在订立资管合同时，受托人承诺到期兑付本金或本金加收益。所谓“实施刚兑”，即无论签署资管合同时受托人有无刚兑承诺，当产品到期后资管产品项下财产不足以向投资人分配本金或本金加收益的，受托人以自有资金或者另行募集资金向投资人兑付本金或本金加收益的行为。《关于规范金融机构购资产管理业务的指导意见》对刚兑的禁止是全方位的，既禁止受托人通过资管协议或抽屉文件承诺刚兑，也禁止在行为上实施刚兑。《全国法院民商事审判工作会议纪要》作为司法机关的文件，其处理刚兑问题是以合同文本为主要关注对象的，其否定的是通过法律文件提供刚兑承诺的行为，明确表达了重实质不重形式的态度，即无论在资管合同中约定保本保收益的条款还是以“‘抽屉协议’或者其他形式”提供刚兑承诺，均应认定无效。

五、信托法制理论研究综述

经检索，2020 年的信托法文献共有 219 篇文献，其中期刊论文 95 篇，学位论文 95 篇，其他文献 29 篇。在学术会议方面，中国信托业协会、华东政法大学、上海财经大学法学院等单位在 2020 年相继举办了以信托法及其规范研究为主题、多层次且多面向的学术研讨会议。

（一）年度主要著作类成果

2020 年面世的信托法译著主要有：何锦璇、李颖芝主编，查松译：《亚洲大陆法系国家和地区中的信托法》，法律出版社 2020 年版；［英］吉尔伯特 · 科迪林耶等著，朱宝明译：《加勒比国家的离岸信托》，法律出版社 2020 年版；［英］莎拉 · 威尔逊著，孙林等译：《托德与威尔逊信托法》，法律出版社 2020 年版；［英］保罗 · S. 戴维斯著，葛伟军等译：《衡平法、信托与商业》，法律出版社 2020 年版；［英］斯蒂芬 · 加拉赫著，冷霞译：《衡平法与信托法：数世纪的结晶》，法律出版社 2020 年版；［英］阿拉斯泰尔 · 哈德逊著，沈朝晖译：《衡平法与信托的重大争论》，法律出版社 2020 年版；［英］菲利普 · H. 佩蒂特著，石俊志译：《佩蒂特衡平法与信托法（上下）》，法律出版社 2020 年版。

2020 年面世的信托法理论专著主要有：赵廉慧：《中国慈善信托法基本原理》，中国社会科学出版社 2020 年版；金锦萍：《公益信托与慈善信托专论》，社会科学文献出版社 2020

年版；文杰：《基层慈善视域下慈善信托法律制度研究》，中国社会科学出版社2020年版。

2020年面世的信托法实务专著主要有：张同庆：《房地产信托业务投融资实务》，中国法制出版社2020年版；龙天炜：《房地产投资信托基金（REITs）理论研究与实践》，中国建筑工业出版社2020年版；邢成、和晋予编著：《慈善信托理论与实务》，经济管理出版社2020年版；邢成、袁吉伟编著：《资金信托理论与实务》，经济管理出版社2020年版；邢成、管百海编著：《家族信托理论与实务》，经济管理出版社2020年版。

（二）信托法理论研究主要观点梳理

1. 信托法基础理论研究。

有学者认为，现行规定违背了信托的本质属性；我国的信托财产公示制度在法律规则层面上依旧薄弱；对信托财产管理过程中的税收征管问题，至今尚无与信托业配套的税收政策、法律法规。制度的缺陷使得信托回归本源之路漫漫。基于此，该学者从财产法视角出发，对信托回归本源面临的制度问题展开探讨，并且提出了相应的法律治理之策。首先，明确信托财产所有权归属，一方面，赋予受托人对信托财产的所有权，以信托财产是否移转于受托人作为信托是否成立的要件；另一方面，赋予受益人对受托人或其他相关第三人的救济权。唯有此，才能充分保障信托财产的独立特性。其次，完备信托财产公示制度，赋予中信登信托财产公示职能、明确信托公示的财产范围、完善公示效力模式。最后，构建信托财产税收制度，奉行信托导管理论，坚持实质课税原则；秉承公益信托税收优惠原则。[1]

实践中，意定监护与财产信托的协同应用，逐渐被推广开来。有学者对于意定监护和信托中受托人的管理权限、义务及其后果，进行了全面的分析和比较。认为信托与意定监护相比，在财产管理方面具有较明显的优势，主要体现在：其一，信托受托人管理他人财产，取得该财产的权利归属，并享有较大的裁量权和处分权；其二，受托人就受托管理财产与他人从事法律行为，以自己的名义即可，无须代理或处分授权；其三，信托受托人承担较重的忠诚义务，因违反忠诚义务所获利益，受益人可主张归入信托财产中；其四，营业信托受托人有义务进行投资经营，以确保信托财产增值。总之，信托财产管理具有灵活、安全、高效的优点。鉴于信托的优势和功能替代，法律实践部门通过交易设计安排，将信托引入监护之中，将二者组合运用。通过这样的交易结构安排，委托人实现了多重的人身和财产事务安排目的，二者各司其职，协同合作，形成一种制衡机制，妥当地解决了意定监护人的道德风险问题。[2]

有学者认为，如果以潘德克顿民法思维塑造信托法的大陆法个性，以大陆法系民法的概念、规范、原则及立法技术建立一套与英美信托法具有同等功能的信托法律制度为研究目

---

〔1〕 参见赵磊、于晗：《回归本源：财产法视角下的信托制度》，载《上海政法学院学报》2020年第3期。

〔2〕 参见朱晓喆：《意定监护与信托协同应用的法理基础——以受托人的管理权限和义务为重点》，载《环球法律评论》2020年第5期。

标，那么信托定义的民法再造就是无法回避的一个环节。信托的规范定义应遵循定义的基本法则，理当对信托的本质特征及其临近属概念进行双重描述。信托既可以被理解为信托行为，也可以被理解为信托法律关系。从意思表示角度分析，信托行为由三项意思表示构成，且结构上呈现阶层性特征。如果以意思表示的阶层性为分析框架，那么委托人将特定财产转化为"信托财产"的法效意思应当是信托行为的本质特征，信托法律关系则以"信托财产"为其本质特征。在立法论上，信托定义的规范表述应当做相应的调整，以实现概念移植的本土化。在"信托法律关系的本质特征 + 法律关系"的定义框架下，信托定义可以采取类似于下面的立法表达：信托（法律关系）是指，委托人、受托人及受益人以信托财产为客体所形成的民事权利义务关系。〔1〕

在区分信托合同与信托的视角下，两者的成立与生效"并非皆在一瞬间完成，二者在关系上系可分离而加以区别，且在理论上，两者未必同时完成，不妨先后发生"。有学者从被称为"信托纠纷第一案"的"安信信托诉昆山纯高案"出发，论证了运用信托合同与信托区分的理论分析此案判决的合理性和正当性；并结合信托合同的诺成性与实践性的理论争议、合同标的须"确定并可能"的理论和信托合同的强制执行力理论，讨论信托财产在合同成立时的不确定性是否影响《信托合同》的效力。具体而言，在信托合同层面，合同标的须"可能和确定"，否则可能影响信托合同效力。在信托层面，信托财产须具备确定性，否则信托不生效。"安信信托诉昆山纯高案"中的争议属于信托合同关系范畴，而非信托（财产）关系范畴。相关文献多在信托生效层面探讨信托财产是否具备确定性，未对信托合同与信托进行区隔，不能不说是一种遗憾。〔2〕

信托的设立是信托关系的开始，信托关系的设立条件、生效时间等问题对信托当事人的利益影响显著。传统的信托设立遵循了一条构成要素的理论进路，当具备充分法定的生效要件时，信托得以有效设立。大陆法系在移植信托制度时已建立起成熟的法律行为理论，因而普遍将其应用于信托设立过程，创立并发展出较为系统的信托行为理论，用以解释和指导信托设立实践。有学者认为，法律行为设立信托的实践与典型的法律行为制度实践相比既有共同之处又存在显著差异。一方面信托设立过程遵循法律行为创设法律关系的一般原理，信托行为的成立生效直接引起信托法律关系生效的法律效果。《信托法》区分信托成立与生效的规定显然不符合这一规律。信托关系的生效是设立信托的债权行为和转移信托财产权的处分行为共同作用的结果。应在修订《信托法》时明确将信托财产权转移确定为各类型财产信托的共同生效要件。另一方面，信托关系的效力来源具有二元化属性，其与设立信托的法律行为的效力并非完全一致。这决定了法律行为仅在信托有效设立之前的阶段发挥主要作用，一旦生效，信托关系的效力调整即由信托法规范所接管，法律行为仅在信托法规范允许的空间

〔1〕 参见朱垭梁：《信托的意思表示结构及其定义的民法再造》，载《河北法学》2020 年第 9 期。

〔2〕 参见楼建波：《区分信托合同与信托：昆山纯高案的另一种说理路径》，载《社会科学》2020 年第 11 期。

内发挥辅助作用。[1]

关于信托指示人的法律地位，有学者通过对日、美的比较研究，指出指示人因行使部分或全部受托人权限，应负有信义义务。否则，有裁量权之信托指示人的义务会低于受托人的义务，有失平衡。不同的是，信托指示人是基于委托人与指示人的委托合同而获得的指示受托人管理运用信托财产的权限，信托指示人并非受托人的代理人，也非共同受托人，而是基于委托人的委托合同产生。因此，其信义义务的理论基础不能基于信托法或特别法，应于委托关系中构建。指示信托中受托人的主要义务是服从指示人的指令，原则上只要服从指令履行作为受托人的义务。但是，受托人作为信义义务人，对信托财产负有善管义务，指示人的不当指令造成信托财产损失，受托人存在故意或重大过失的，也应该承担责任[2]。

2. 信托财产税收制度。

有学者认为信托所得权与所有权的“分散”性致使所得课税归属规则——“私法所有权归属”适用受阻。英美国家创设的“所有权认定”理论，即信托实体理论与信托导管理论，在脱离英美法系背景之后运用于我国信托所得课税仍有不适与困境。面对上述规则困境与现实难题，有学者提出，与信托导管理论颇有渊源的实质课税原则可以一解燃眉之急，其内涵的经济实质可在立法中作为信托所得课税归属规则，且依据此归属规则确认信托所得受益人为纳税主体，在所得税的扣缴义务人制度下，受托人可为信托所得的代缴义务人。[3]

当前，有关信托税负问题的研究更多从经济学、会计学层面展开，考虑到信托作为源自普通法系的内涵艰深的法学概念，学者高皓、罗钧从法学角度对信托税制进行研究，他们认为，我国信托税制存在税收基础法律底子薄弱、税收细则的调整依赖行政部门、税务机关在实践中对于信托财产的移转征税采取“视同交易”的“一刀切”导致双重征税的三大问题。并认为可通过结合信托产品设计实际效果和判定最终受益人的方式，对信托进行征税，且无须单独设立信托税种。对于某一具体信托产品的课税判定标准类似于“资产划分原则”，即聚焦于信托的受托财产本身的移转以及收益的实际分配情况，据此结合各类税种规则确定信托的课税，而非直接从信托当事人入手去进行分析。[4]

随着金融市场多元化与金融产品客体复杂化，信托法与税法对同一调整对象的交叠规制产生罅隙。有学者认为，《关于明确金融房地产开发教育辅助服务等增值税政策的通知》和《关于资管产品增值税有关问题的通知》两份文件锐化了信托法上关于信托收益权利界定与税收客体归属界定的冲突，信托法与税法对资管产品相关问题的界定错位妨碍了信托税制的

---

〔1〕 参见王庆翔：《论我国信托法信托设立制度之完善——基于法律行为的视角》，载《法律适用》2020 年第 18 期。

〔2〕 参见姜雪莲：《信托指示人的法律地位探析》，载《中国政法大学学报》2021 年第 1 期。

〔3〕 参见李俊英、吕莎莎：《信托所得课税归属认定的税法困境与应对之策》，载《财经理论研究》2020 年第 1 期。

〔4〕 高皓、罗钧：《我国民事信托税负问题：法学视角的分析与应对》，载《税务研究》2020 年第 5 期。

合理征纳秩序的建构。并主张应谦抑税收征管的“扩张性”，最大限度实现税收法定原则与私法秩序的联动交融，明确信托税收征纳秩序中各方的权益归属与义务承担。[1]

3. 农村土地信托。

在我国农村土地“三权分置”改革的背景下，农村土地信托机制的创新是推进我国农村土地金融规范化发展和推进农村土地市场化转型的重要着力点。学者李航、秦涛、潘焕学基于合作博弈框架，采用柯布－道格拉斯生产函数建立了信托参与主体的博弈关系，并使用夏普利值求解各方在博弈过程中的边际贡献，通过博弈关系仿真分析农村土地信托规模、农村土地信托流转价格、信托计划平均收益率、政府作用及信托产品经营水平对农村土地信托流转关系的影响。研究发现农村土地信托规模对农户和农业经营公司的影响程度比较大，农村土地信托规模的增加会带来农户的收益率的提高，而农业经营公司的收益率则会因规模的增加而逐步减少。与此同时，农村土地报酬的增加会提高农户的分配比例，相反信托公司和农业公司的收益分配会降低，并且得出结论，“通过‘资管 ＋ 信托’的双 SPV 农村土地信托机制及相应的保障措施实施，在理论上可以提升参与主体的积极性，从而推动农村土地信托快速发展。”[2]

有学者认为，宅基地使用权制度改革虽然取得了一定成效，但现行宅基地使用权放活流转依然困难重重。为深化农村宅基地使用权制度改革，引入宅基地使用权信托制度是一条可行之路。宅基地使用权信托制度可以突破宅基地流转主体的限制，向农村集体经济组织以外的主力流转，提高宅基地使用权的利用价值并推进宅基地集约化经营。可以明确委托人的主体界定，细化和完善受托人的治理结构，坚持受益人的“自益性”以及在宅基地信托财产的物权变更上，以形式转移代理实质转移，并依法进行宅基地信托登记，以此构建宅基地使用权信托制度框架。[3]

4. 慈善信托。

有学者就我国慈善信托的变迁进行了阐述，并且提出了完善路径。该学者提出，一方面，我国慈善信托借鉴英国慈善信托对日本公益信托的比较优势，降低信托设立环节的“显性”和“隐性”成本，以解决公益信托“激励不足”的问题；另一方面，对英国慈善信托制度加以“扬弃”，通过激励委托人参与信托内部监督和治理、监管机构回归外部监管本位，以克服其“监管不力”的问题。[4]

面对我国慈善信托实践中的困境，有学者指出，我国应对宣言信托持审慎态度，以允许法人采取信托宣言方式设立慈善信托为宜；将信托备案作为慈善信托享受税收优惠的条件，

---

〔1〕 参见王家俊：《信托税制中税负主体的确定性研究》，载《江汉论坛》2020 年第 7 期。

〔2〕 参见李航、秦涛、潘焕学：《农村土地信托利益主体的影响机理与实现机制研究》，载《北京联合大学学报（人文社会科学版）》2020 年第 18 卷第 4 期。

〔3〕 参见吴迪、陈耀东：《宅基地使用权信托制度构建》，载《河北法学》2021 年第 39 卷第 3 期。

〔4〕 参见柳长浩：《论我国慈善信托法律制度的变迁逻辑与完善路径》，载《齐鲁学刊》2020 年第 6 期。

而不作为慈善信托的生效要件；应允许符合一定条件的自然人担任慈善信托的受托人，并应健全慈善信托受托人的分别管理义务、明确慈善信托受托人的谨慎投资义务和引入慈善信托受托人的公平义务；应完善慈善信托监察人制度、增设慈善信托委托人会议制度，以有效保护慈善信托受益人的权益。[1]

有学者通过对比研究英国、美国和日本慈善信托税收优惠情况，提出了我国应建立健全慈善信托税收优惠法律体系；完善准入条件，将符合条件的慈善信托捐赠纳入可享受税前扣除的范围；借鉴“信托导管原则”，避免重复纳税；建立非货币性捐赠的评估机制和税收优惠细则；建立适当的反避税监管体系等。[2]

5. 家族信托。

家族财产信托，是我国信托业新发展的重要领域。规范家族信托财产制度，是信托业市场化、规范化、法治化、国际化发展的重要契机。有学者认为，认知家族信托财产的法律属性，把握家族财产信托的信契性、家族性、用益性和传承性，是规范家族信托财产制度的核心。构建家族财产信托法律制度，必须明晰家族信托财产范畴，规范家族信托财产经营管理制度，规制家族信托财产责任，制定家族信托财产名录。[3]

股权家族信托因其避债节税、无痕继承、防止股权稀释等功能越发受到高净值群体的重视。然而，目前我国股权家族信托的法律环境并不完善，信托在设立过程中面临登记、证券监管、税收等诸多障碍，目前境内股权家族信托多采用诸如“资金信托 + SPV”等方式。有人认为，这些方式虽具有开创性，但难以从根本上解决问题，并存在法律风险。并且主张只有从制度设计入手，不断完善信托登记，适度放开监管限制，切实贯彻实质课税原则，才是解决问题的关键所在。[4]

21 世纪以来，随着国际经济和财富的快速发展，国际家族信托充分发挥信托制度固有优势，市场规模不断扩大，在国际财富市场扮演了重要角色。有人分析了国际家族信托市场发展新特征，得出国际家族信托发展对我国家族信托的主要启示为：加强与国际家族信托机构全面合作，强化我国家族信托生态系统建设，完善家族信托业务风险管理体系建设，大力推进我国家族信托发展法律税务保护等制度环境建设。[5]

由于家族信托具有破产隔离功能，存在委托人滥用家族信托以恶意逃避个人债务的风险。学者们建议在个人破产免责制度的立法模式上，采用当然免责主义与许可免责主义相结

---

〔1〕 参见文杰：《我国慈善信托法律规则之反思》，载《理论月刊》2020 年第 6 期。

〔2〕 参见徐琨：《我国慈善信托税收优惠制度的反思及优化》，载《财会月刊》2020 年第 22 期。

〔3〕 参见刘云亮：《家族信托财产的法律价值及规制》，载《山东师范大学学报（社会科学版）》2020 年第 1 期。

〔4〕 参见曾艳、刘丽颖：《我国股权家族信托设立的法律环境及其完善问题研究——以“资金信托 + SPV”模式法律风险分析为视角》，载《金融理论与实践》2020 年第 10 期。

〔5〕 参见王延伟：《国际家族信托发展动态与启示》，载《征信》2020 年第 8 期。

合的方式，在法律上明确不能破产免责的情形；同时吸收国外立法经验，明确规定委托人实施欺诈性信托时的债权人撤销权，并制定具体、具有可操作性的主观目的认定标准细则。[1]

6. 保险金信托。

由于融合了保险与信托各自的优势，且具有税务筹划、专业资产管理、灵活分配、财富传承等众多功能，保险金信托被保险业和信托业寄予厚望，但由于理论研究和实践基础的薄弱，我国保险金信托目前仍未形成可持续的商业发展模式。学者们借鉴国外和其他地区理论和实践经验，认为中国在发展保险金信托业务的过程中，应从以下方面进行积极的建构：第一，必须明确保险金信托的财产；第二，明确保险金信托的设立主体；第三，允许信托受托人以信托名义直接投保；第四，规范保险金信托受托人的职责；第五，出台配套的法律及税务措施。[2]

7. 数据信托。

有学者认为，传统赋权路径并未考虑数据主体事实上所处的劣势地位，既未能解决实践中的举证难问题，亦不能有效提高控制人滥用、违法使用数据主体个人数据成本。鉴于传统数据主体权利保护模式存在困境，应构建数据控制人义务规范为核心的权利保护进路。相比于传统赋权模式，信托机制以信义义务实现了数据控制人与数据主体之间权利义务的不均衡配置，通过凸显隐私保护、降低举证难度、提高数据泄露时公民获得救济的机率，保护了数字时代数据主体的脆弱性，进而发挥私法救济的功效，间接促成信托机制在数据保护与责任规则相互作用下的完美嬗变。[3]

关于个人数据治理模式的选择，有学者认为，面对用户与公司之间所形成的不平等地位，个人式的数据治理模式只关注赋权，忽视数据治理的复杂性，从而面临既无法在现行法学理论下明确数据权利的范畴，又无法避免用户权利难以实现的两难处境。国家式数据治理模式中的数字服务税和国有化方式在解决不平等的问题上具有片面性和间接性，而且还有使用户权益进一步受限的潜在风险。相比之下，集体式数据治理模式是较优的选择，其中，数据信托比数据工会更可取。数据信托通过自下而上的团体自治实现算法反制，能够有效应对数据经济中的不平等问题。[4]

8. 养老基金信托。

养老基金的责任投资是我国建设绿色金融体系的一部分，受托人在面对不断变化的经济

---

[1] 参见张叶东、王智伟：《家族信托破产隔离功能滥用的法律规制——兼议信托法和个人破产制度的协调》，载《南方金融》2020 年第 8 期。

[2] 参见陈希沧、杨祥：《中国保险金信托的构建思路》，载《江西财经大学学报》2020 年第 5 期。

[3] 参见冯果、薛亦飒：《从“权力规范模式”走向“行为控制模式”的数据信托——数据主体权利保护机制构建的另一种思路》，载《法学评论》2020 年第 3 期。

[4] 参见丁凤玲：《个人数据治理模式的选择：个人、国家还是集体》，载《华中科技大学学报（社会科学版）》2021 年第 1 期。

和社会条件下实施责任投资需要重新寻求对养老基金受托人信托责任的解释。有学者指出，现有养老基金信托责任的理论内涵的外延却不足以融贯养老基金责任投资的全过程，进而会导致出现市场性与政策性要素重叠下的决策评价问题和多重法律关系复合下的委托代理问题。并认为这些问题的根源就在于受托人的信托责任在构建时并未考虑其最初产生时的道德规范结构，从而造成我国养老基金投资立法中受托人信托责任的部分缺失以及规范上的不足。依照信托责任起源时的道德解释框架与规范结构，以受托人主观层面的实践理性要素为视角，可将养老基金信托责任重申为信念、审议、行动、后果四个面向的职责，各职责层面对应于养老基金受托人所担负的信义义务，在制度表达上可具体落实为决策信息披露制度、审慎的过程控制标准、任意性规范的引入以及保障机制，并可以此作为养老基金责任投资的监管与指引规范确立的架构。[1]

9. 通道类信托。

通道类信托并不是一个法律概念，一般是指资金端和项目端两头由商业银行或指定的第三方主导，信托公司出借其金融牌照，在信托项目中只起到通道作用的融资活动。近年来由信托公司通道业务引发的司法争议常令各方难得其要。有学者深入探讨了该业务背后的信托法理论，分析信托通道业务的法律构造及其特色，并进一步探讨了司法权和金融监管权的关系。该学者认为，人民法院在处理金融纠纷时，应当基于尊重专长的原则，认真对待金融监管部门的监管规范和意旨。

有专家认为，从业务模式上讲，该业务似乎偏离了信托业“受人之托，代人理财”的主业，其权利义务设置也与传统信托法的原理有悖，故监管部门对其合法合规性一直抱以谨慎态度。面对该业务衍生的纠纷，司法裁量宜顺应宏观监管政策之大势所趋，本着客观务实的态度，正视当事人之合意。信托公司在通道类信托业务中虽仅负责事务性管理，但仍应秉持审慎原则开展经营，并履行必要的注意义务。信托公司存在明知委托人借用其金融机构背景进行资金募集未采取必要警示防控措施、对信托项目情况出具内容虚假的调查文件等行为造成外部投资者损失的，应当根据其过错程度，承担相应的侵权损害赔偿责任。[2]

10. 房地产投资信托。

随着中国经济发展进入“新常态”，中国经济面临产业结构升级的挑战加剧。形成可持续、高流动性的资金投入机制可以有效盘活存量资产，激发投资活力，促进资本市场高质量发展。自20世纪60年代，美国推出公募REITs以来，全球超过40个国家发行了该类产品，REITs已在世界范围内成为成熟的专门投资不动产的金融产品。

在REITs原始形态的基础上，基于同样操作理论产生的新形态为“类REITs”。类REITs主要是以不动产为基础资产，以资产证券化为发行载体的资产支持专项计划。截至2018年

〔1〕 参见尹迪：《责任投资趋势下的养老基金信托责任》，载《环球法律评论》2020年第4期。
〔2〕 参见朱颖琦：《通道类信托业务中受托人外部责任的司法认定》，载《法律适用》2020年第20期。

年末，国内市场上已发行的类 REITs 有 43 只，发行总额达 903.21 亿元，已经初具规模，但与中国庞大的不动产市场相比，仍有广阔的发展空间。中国的类 REITs 交易主体更多地依赖于资产支持证券（ABS）产品，所以在很多方面与成熟市场的 REITs 仍存在差异。

有学者指出我国 REITs 领域的研究主要集中在对法规政策的探讨以及对运营模式的探索等方面。整体来说，国内的现行研究以国外的先期研究为基础，进行理论实践化的进一步探讨。例如，国外的有关 REITs 税收政策以及代理问题等领域的研究，依旧是目前国内 REITs 研究的热点领域。此外，由于目前我国 REITs 市场正处于政策试点阶段，缺乏实证研究的数据基础。因此，我国目前的主流研究呈现理论先行的特点，实证研究领域的研究较为缺乏。同时，REITs 市场与其他市场的相关性研究较少，研究生态较为单一。未来，随着我国 REITs 试点的推进，国内 REITs 研究将在理论研究的基础上深入进行实证研究与相关市场的联动研究。同时，研究需要打破原有的研究体系，结合中国特色，呈现更加多元化的发展。[1]

从比较法角度，学者孟明毅参照美国 REITs 发展，从发展历程、产品模式、税收制度三个方面，对国内外 REITs 市场进行了横向比较，更加全面地认识我国 REITs 的不足之处及其成因。在此基础上，从五方面提出发展建议：第一，发行模式的公募化，将公募 REITs 直接嫁接于现有制度，资产支持专项计划直接公募；第二，产品形式的权益化，对于投资者，权益型 REITs 不仅长期收益率高而稳定，并且由于可以灵活选择进入及退出，也实现了风险的可控；第三，经营方式的自主化；第四，基础资产范畴的多样化；第五，法律及税收制度的配套化，明确 SPV 的法律主体地位，解决基础资产的双重征税问题。[2]

（三）年度主要学术会议

1. 中国信托业协会 2020 年信托业专题研究课题报告评审会议。

中国信托业协会于 11 月 12 日以线上会议形式召开 2020 年信托业专题研究课题报告评审会议。经过近一年时间，12 家专题研究课题的牵头单位主要针对信托公司信托文化建设、服务实体经济情况、年度创新、金融科技时代背景下的信托业转型与发展、信托公司的投研体系建设等信托前沿问题开展了研究。会上，各课题牵头单位对课题研究成果进行汇报，行业发展研究专业委员会委员分别作为课题指导专家和评审专家对课题报告进行评审并提出修改完善意见，在此基础上进行了打分。会后，协会根据得分情况评选出前 10 个课题入册《2020 年信托业专题研究报告》。

2. 2020 年中国信托业年会。

2020 年 12 月 8 日至 9 日，中国信托业年会在北京召开，由中国信托业协会主办，中国

---

〔1〕 参见叶剑平、鲁筱：《REITs 研究演化路径与前沿热点》，载《中国房地产》2020 年第 36 期。
〔2〕 参见孟明毅：《不动产信托投资基金的美国经验借鉴》，载《经济与管理评论》2020 年第 1 期。

人民银行、银保监会有关部门、各有关银保监局、信托保障基金、信托登记公司、68家信托公司、协会专家理事及行业智库单位等，共140余名代表参会。会议认为，信托业发展历史一再表明，坚守受托人的根本定位，坚决回归信托本源，坚持信托法律关系，做精做细信托主业，是信托业的根本出路，也是实现信托业高质量发展的关键。主旨发言中指出，自“一法两规”颁布以来，我国信托业的制度定位逐渐明确，但当前全行业仍然存在受托人文化不成熟、受托人职责不清晰、受托人定位有偏离等问题，制约行业高质量发展目标的实现。信托文化是一个总括性概念，信托法律关系所包含的各利益主体以及各环节流程，都具有各自的子文化，其中最基础、最核心、最重要的是委托人文化、受托人文化和合规文化。受托人文化不是舶来品，良好的受托人文化具有守正、忠实、专业三大特征。当前信托公司处于转型发展的关键时期，要实现高质量发展，关键是要围绕受托人的中心地位建设良好受托人文化。在国内大循环为主体、国际国内双循环相互促进的新格局下，信托业对提升全球分工地位，加速构建新发展格局，促进我国经济的高质量发展，大有可为。

3. 第五届两岸信托法制学术研讨会。

由上海财经大学法学院、北京市炜衡律师事务所、北京炜衡（上海）律师事务所主办，上海财经大学法学院信托法研究中心承办的第五届“两岸信托法制学术研讨会”于2020年12月12日在上海财经大学顺利召开。此次研讨会分为开幕式、三个单元的主题发言及评议、闭幕式五个部分。参会嘉宾围绕“信托法修改的重大问题”、“商事信托的法律构造”及“信托法的未来发展展望”三组议题展开了深入的研讨。

2020年上海国际金融中心法治环境报告

吴 弘 何雯忻 程 盈*

2020年是全面建成小康社会和“十三五”规划的收官之年，也是上海国际金融中心基本建成之年。全国金融市场在严峻复杂的国际经济形势和新冠肺炎疫情的严重冲击下仍保持稳中有进，金融改革与创新不断推进，市场活力和潜力继续释放；作为金融基础性制度的《民法典》颁布，推动金融法制不断完善，金融监管持续加强。上海作为金融市场排头兵，改革创新先行先试、硕果累累，在英国智库Z/Yen集团2020年9月编制的第28期全球金融中心指数（GFCI 28）中，上海排名首次进入全球三甲行列，上海证券交易所股票市场总市值2020年首次成为全球第三大证券交易所。

一、完善金融法律法规、优化金融发展环境

（一）新证券法实施推进注册制完善

新修订的《证券法》自2020年3月1日起施行，2月29日国务院办公厅发布《关于贯彻实施修订后的证券法有关工作的通知》（国办发〔2020〕5号），强调贯彻实施《证券法》需要进一步完善科创板、创业板相关制度规则，及时总结经验制定其他版块股票发行注册制的方案，并加快相关规章制度的清理，加强投资者保护。2020年3月20日，证监会发布了《关于修改部分证券期货规章的决定》（证监会令第166号）和《关于修改部分证券期货规范性文件的决定》（证监会令

* 吴弘，华东政法大学经济法学院教授；何雯忻、程盈，华东政法大学经济法学硕士研究生。

第 20 号)，对 13 件规章与 29 部规范性文件进行了“打包”修改，涉及信息披露、并购重组、行政许可事项取消、机构监管、监管执法、诚信监管等。6 月 12 日，证监会公布《证券发行上市保荐业务管理办法（2020)》(170 号令)。7 月 30 日最高人民法院发布《关于证券纠纷代表人诉讼若干问题的规定》(法释〔2020〕5 号)，进一步明确证券集体诉讼制度，便利投资者提起和参加诉讼。

注册制改革配套规则进一步完善。2020 年 7 月 3 日证监会发布《科创板上市公司证券发行注册管理办法（试行)》(第 171 号令)，明确科创板再融资的发行条件、发行程序、信息披露、监督管理和法律责任等内容。7 月 10 日证监会发布《关于修改〈科创板首次公开发行股票注册管理办法（试行)〉的决定》(第 174 号令)，解决现行财务报表有效期规定带来的审核过程中财务报表集中过期，影响发行审核工作连续性的问题。证监会还发布了《公开发行证券的公司信息披露编报规则第 24 号——科创板创新试点红筹企业财务报告信息特别规定》、《公开发行证券的公司信息披露内容与格式准则第 43 号——科创板上市公司向不特定对象发行证券募集说明书》、《公开发行证券的公司信息披露内容与格式准则第 44 号——科创板上市公司向特定对象发行证券募集说明书和发行情况报告书》与《公开发行证券的公司信息披露内容与格式准则第 45 号——科创板上市公司发行证券申请文件》等文件对科创板运行过程中的具体要求予以进一步明确。根据创业板注册制试点改革方案，2020 年 6 月 12 日证监会发布了《创业板首次公开发行股票注册管理办法（试行)》(第 167 号令）与《创业板首次公开发行证券发行与承销特别规定》(第 36 号令)，在结合科创板实践效果评估基础上对创业板发行条件、注册程序、信息披露、发行承销、监督管理和法律责任等作出规定。同日，还发布了《创业板上市公司证券发行注册管理办法（试行)》和《创业板上市公司持续监管办法》。此外，证监会还于 6 月 3 日发布《关于全国中小企业股份转让系统挂牌公司转板上市的指导意见》(第 29 号令)，对转板上市作出制度安排，将新三板与科创板、创业板改革相衔接，打通中小企业成长的上升通道，为实现多层次资本市场的互联互通奠定了基础。

债券市场方面。2020 年 5 月 26 日，证监会发布《证券公司次级债管理规定》(第 28 号令)，首次允许公开发行次级债并支持证券公司发行创新类债券品种。7 月，上海证券交易所先后发布《关于开展特定债券竞买转让有关事项的通知》与《关于开展公司债券置换业务有关事项的通知》，规定了债券竞买转让与债券置换等有关事项。12 月 9 日，财政部发布《地方政府债券发行管理办法》，规范了地方政府债券的发行管理。12 月 23 日，中国人民银行发布《关于完善银行间债券市场现券做市商管理有关事宜的通知》(中国人民银行公告〔2020〕第 21 号)，落实了取消银行间债券市场双边报价商行政许可审批后的制度衔接。12 月 28 日，中国人民银行、国家发展和改革委员会、中国证监会联合发布《公司信用类债券信息披露管理办法》，统一了公司信用类债券信息披露的基本原则，明确了其发行及存续期的信息披露要求。12 月 31 日，证监会发布了《可转换公司债券管理办法》（第 178 号令），针对存在的问题，完善交易转让、投资者适当性、监测监控等制度安排，防范风险的同时加强投资者保护。为及时化解债券纠纷，2020 年 7 月 5 日，最高人民法院发布《关于印发〈全国法院审理债券纠纷案件座谈会纪要〉的通知》（最高法 185 号），明确了债券纠纷案件审理的基本原则、诉讼主体资格的确定、案件的受理、管辖与诉讼方式、债券持有人权利保护以及发行人的民事责任，为审理因公司债券、企业债券、非金融企业债务融资工具的发行和交易所引发的民商事案件统一了法律适用。

（二）银行法修订进入议事日程

2020 年 10 月中旬，中国人民银行先后发布通知，就《商业银行法（修改建议稿）》和《中国人民银行法（修订草案征求意见稿）》公开征求意见，两大修订稿将银行业近年来的发展和监管实践上升为法律规范。《商业银行法》修改意见稿主要内容包括八个方面：（1）完善商业银行类别，扩大立法调整范围；（2）建立分类准入和差异化监管机制；（3）完善商业银行公司治理；（4）强化资本与风险管理；（5）完善业务经营规则，突出金融服务实体经济；（6）规范客户权益保护；（7）健全风险处置与市场退出机制；（8）加大违法处罚力度。《中国人民银行法》征求意见稿则重点修改完善了中国人民银行在银行业监管中的职能。修改意见填补了中国人民银行宏观审慎政策的制度空白，明确并强化了中国人民银行对系统重要性金融机构、金融控股公司和重要金融基础设施的统筹监督，强调发挥人民银行防范、处置系统性金融风险的作用。此外修改稿还健全了中国人民银行的履职手段，增加了数字人民币发行管理相关规定。金融界与社会各界反响热烈，积极献计献策。

9 月 13 日，国务院发布《关于实施金融控股公司准入管理的决定》（国发〔2020〕12 号），授权中国人民银行对金融控股公司开展市场准入管理，并明确了设立金融控股公司的条件和程序。同日中国人民银行正式发布《金融控股公司监督管理试行办法》（中国人民银行令〔2020〕第 4 号），金控办法遵循宏观审慎管理理念，对金融控股公司依照金融机构依法准入，并以并表为基础对资本、行为及风险进行全面、持续、穿透监管。7 月 12 日银保监会发布《商业银行互联网贷款管理暂行办法》（银保监会令 2020 年第 9 号），针对互联网贷款业务在近年来快速发展中暴露出的风险管理不审慎、金融消费者保护不充分、资金用途监测不到位等问题采取了一系列针对性措施，包括加强统一授信管理，加强贷款支付和资金用途管理和压实商业银行的风险管理主体责任。9 月 18 日，中国人民银行发布《金融消费者权益保护实施办法》（中国人民银行令〔2020〕第 5 号），首次将金融消费者保护专门规定提升到部门规章的位阶，坚持问题导向，从金融机构行为规范与金融消费者权利保护两个方面，对实践中反映强烈的金融消费者的适当性管控不严、金融营销宣传行为不当，以及对金融消费者知情权、自主选择权、信息安全权受侵害严重等问题进行了针对性规范。

12 月 2 日，中国人民银行、中国银保监会发布了《关于印发〈系统重要性银行评估办法〉》的通知（银发〔2020〕289号），完善了我国系统重要性金融机构监管框架，建立起系统重要性银行评估与识别机制。此外，为进一步提高银行业、保险业监管法治化水平，6月15日银保监会发布《中国银保监会行政处罚办法》（中国银行保险监督管理委员会令2020年第8号），构建了银行业、保险业统一协调的处罚工作机制，优化了处罚管辖权限规定，加强监管联动，保持了银保监会对违法违规行为处罚问责的高压态势。

（三）保险市场改革与规范并行

2020年9月2日中国银保监会公布《关于印发〈实施车险综合改革指导意见〉的通知》，改革核心是降低保费，增加保障和提高服务；改革措施包括提升交强险的赔偿额度、扩大车损险的保障范围、支持开发附加险产品和下调附加费率四个方面。11月5日中国银保监会发布实施《关于使用〈中国人身保险业重大疾病经验发生率表（2020）〉有关事项的通知》（银保监发〔2020〕51号），建立了重大疾病分级体系，扩展了对消费者的保障范围，对重疾范围予以扩展且首次引入了轻疾定义。保险代理人、互联网保险领域也有重要政策出台落地，政策的制定不断推动保险行业回归“分散风险”的本质，也推动行业实现可持续的高质量发展。

6月23日，银保监会发布《关于开展银行业保险业市场乱象整治“回头看”工作的通知》（银保监发〔2020〕27号）巩固拓展乱象整治成果，依法严查严处违法违规行为，防止乱象反弹回潮。8月17日，中国银保监会发布《关于印发〈健全银行业保险业公司治理三年行动方案（2020—2022年）〉的通知》（银保监发〔2020〕40号），从规范股东行为、提升治理主体的履职质效、健全激励约束机制、强化外部市场约束和提升监管效能等方面切实提升银行业保险业公司治理质效。11月12日，银保监会发布《保险代理人监管规定》（银保监会令2020年第11号），把保险专业代理机构、保险兼业代理机构和个人保险代理人纳入同一部门规章中规范调整，对各类保险代理人建立起相对统一的监管规则，强化事中事后监管，完善了保险中介监管制度体系。12月7日，银保监会发布《互联网保险业务监管办法》（银保监会令2020年第13号），将防范化解风险放在首位，要求互联网保险业务遵循“机构持牌、人员持证”的原则；明确自营网络平台定义，要求投保页面必须属于保险机构的自营网络平台；强化信息披露要求、网络安全和客户信息保护等方面的要求；建立起监管信息系统，提高监管的及时性、有效性和针对性。

5月8日，中国银保监会办公厅发布《关于印发〈信用保险和保证保险业务监管办法〉的通知》（银保监发〔2020〕号），对融资性信保与非融资性信保业务实施差异化监管，提高了融资性信保业务的经营要求，强化了保险消费者权益保护并通过制度引导保险公司服务实体经济。5月12日，中国银保监会办公厅发布《关于切实加强保险专业中介机构从业人员管理的通知》（银保监办发〔2020〕42号），推动保险专业中介机构落实主体责任，从强管理、提素质、促转变、树形象等方面全面加强从业人员队伍管理。7月17日，中国银保监会办公厅发布《关于优化保险公司权益类资产配置监管有关事项的通知（银保监办发〔2020〕63 号）》，根据保险公司偿付能力设置差异化的权益类资产投资监管比例，增加集中度风险监管指标，引导保险公司开展审慎投资和稳健投资。11 月 12 日，中国银保监会发布《关于保险资金财务性股权投资有关事项的通知（银保监发〔2020〕54 号）》，取消了保险资金开展财务性股权投资行业限制，为保险资金释放了更大的空间与自主权。12 月 22 日，银保监会办公厅发布《关于印发〈责任保险业务监管办法〉的通知》（银保监办发〔2020〕117 号），明确了责任保险承保边界，进一步规范责任保险经营行为，强化内控管理，促进责任保险业务持续健康发展。12 月 31 日，银保监会公布关于《中国银保监会关于修改〈中华人民共和国外资保险公司管理条例实施细则〉的决定（征求意见稿）》公开征求意见的通知，细则遵循内外资一致原则，在扩大开放的同时坚持加强风险管控，保证规则相洽，防止监管套利。其修改内容主要包括明确外国保险集团公司和境外金融机构准入条件、完善股东变更及准入要求和为保持制度一致性取消外资股比的限制性规定。

（四）资产管理业务监管进一步细化

考虑到疫情对经济金融带来的冲击与压力，国务院决定将《关于规范金融机构购资产管理业务的指导意见》（以下简称资管新规）过渡期延长至 2021 年年底，保障了存量业务向创新业务平稳过渡。2020 年 8 月 3 日，中国人民银行、银保监会、证监会、国家外汇管理局联合发布了《标准化债权类资产认定规则》，列举了标准化债券与非标准化债券的种类，将信贷资产支持证券、资产支持票据、证券交易所挂牌交易的资产支持证券纳入标准化债券类资产范围。

继 2019 年银行、证券、期货、基金行业资管新规细则出台之后，2020 年保险资管、金融资产投资领域相继出台实施性规则。3 月 18 日，银保监会发布《保险资产管理产品管理暂行办法》（银保监会令 2020 年第 5 号）；同年 9 月，银保监会办公厅发布《关于印发组合类保险资产管理产品实施细则等三个文件的通知》，出台了关于组合类保险资产管理产品、债券投资计划和股权投资计划的配套规则，规范保险资产管理产品业务发展，强化风险管控，维护投资者合法权益。4 月 16 日，银保监会发布《关于金融资产投资公司开展资产管理业务有关事项的通知》（保监发〔2020〕12 号），从总体要求、资金募集、投资运作、登记托管、信息披露与报送等方面明确金融资产投资公司开展资产管理业的有关事项。5 月 8 日银保监会公布了《就〈信托公司资金信托管理暂行办法（征求意见稿）〉公开征求意见的通知》，对照资管新规要求，坚持从紧从严的监管导向，控制具有影子银行特征的信托融资规模，严格限制通道类业务，推动资金信托业务回归本源，发展有直接融资特点的资金信托。

公募资管产品方面。7 月 10 日，证监会发布《公开募集证券投资基金侧袋机制指引（试行）》（公告〔2020〕41 号），借鉴境外市场成熟经验新增侧袋机制作为公募基金流动性风险管理工具，保护投资者合法权益。7 月 31 日，证监会发布《关于就〈公开募集证券投资基金管理人监督管理办法（征求意见稿）〉及其相关配套规则公开征求意见的通知》，首次对公募资管提出了统一的监管框架。4月17日，证监会发布《关于就〈证券基金投资咨询业务管理办法（征求意见稿）〉公开征求意见的通知》，从股东资格、内部控制、业务规范等方面对基金投资顾问业务实施全面监管。7月1日，证监会正式发布《证券投资基金托管业务管理办法》，统一了银行与非银行金融机构的申请标准且明确了外国银行分行可以申请基金托管资格。12月，银保监会发布《商业银行理财子公司理财产品销售管理暂行办法（征求意见稿）》，规范商业银行理财子公司理财产品销售业务活动。

资管产品创新方面。4月24日，证监会、国家发展和改革委员会发布《关于推进基础设施领域不动产投资信托基金（REITs）试点相关工作的通知》（证监发〔2020〕40号），明确了基础设施REITs试点的基本原则、项目条件与试点工作安排。8月6日，证监会发布《公开募集基础设施证券投资基金指引（试行）》（公告〔2020〕54号），REITs监管规则形成落地。9月4日，上海证券交易所发布《关于就基础设施领域不动产投资信托基金（REITs）相关配套业务规则公开征求意见的通知》（上证公告〔2020〕34号），包括《上海证券交易所公开募集基础设施证券投资基金（REITs）业务办法（试行）》《上海证券交易所公开募集基础设施证券投资基金（REITs）发售业务指引（试行）》等。信贷资产证券化方面，9月30日银保监会发布《关于银行业金融机构信贷资产证券化信息登记有关事项的通知》（银保监办发〔2020〕99号），取消了信贷资产证券化产品备案登记，实施信贷资产证券化信息登记。10月15日，银行业信贷资产登记流转中心发布《信贷资产证券化信息登记业务规则（试行）》的通知，从登记主体、登记流程、信息管理和违规处理等方面对信贷资产证券化信息登记进行详细规定。在不良资产处置领域，允许美国金融服务提供者从省辖范围牌照开始申请资产管理公司牌照，使其可直接从中资银行收购不良贷款。8月，首家港资控股地方不良资产管理公司，海南新创建资产管理股份有限公司获批设立，全国及地方积极引入不良资产市场新鲜血液。

（五）外汇管理制度改革完善

为促进跨境贸易投资便利化水平不断提升，2020年1月13日国家外汇管理局发布《关于完善银行间债券市场境外机构投资者外汇风险管理有关问题的通知》（汇发〔2020〕2号），采取多种举措降低境外投资者办理债券投资项下外汇套期保值的成本。2月13日国家外汇管理局发布《个人本外币兑换特许业务试点管理办法》，简化了个人本外币兑换业务的行政审批和办事流程，完善市场准入和退出机制，加强了事中事后监管。3月11日，中国人民银行、国家外汇管理局发布《关于调整全口径跨境融资宏观审慎调节参数的通知》（银发〔2020〕64号），首次调整了全口径跨境融资公式中的宏观审慎系数，境内企业和金融机构可借入外债额度提高了25%。5月7日，中国人民银行、国家外汇管理局发布《境外机构投资者境内证券期货投资资金管理规定》（中国人民银行、国家外汇管理局公告〔2020〕第2

号)，采取一系列放宽措施为境外机构投资者投资境内证券期货提供便利。8 月 28 日国家外汇管理局发布《关于印发〈经常项目外汇业务指引（2020 年版）〉的通知》（汇发〔2020〕14 号)，全面整合经常项目外汇业务现有法规，优化了经常项目外汇业务管理方式，进一步精简了部分业务办理流程和单证材料要求。9 月 25 日，证监会、中国人民银行、国家外汇管理局发布《合格境外机构投资者和人民币合格境外机构投资者境内证券期货投资管理办法》，允许 QFII/RQFII 投资境内私募投资基金，并在降低准入门槛、稳步扩大投资范围和加强持续监管，推进资本市场高水平双向开放。

二、全面推进改革创新、金融中心建设冲刺

（一）中央与地方共推金融中心冲刺

2 月 14 日，中国人民银行、银保监会、证监会、国家外汇管理局和上海市人民政府联合发布的《关于进一步加快推进上海国际金融中心建设和金融支持长三角一体化发展的意见》（又称“30 条意见”)，为上海国际金融中心建设冲刺阶段提供了动力与保障。“30 条意见”确立了金融服务实体经济高质量发展、深化金融体制机制改革以及防范系统性金融风险的总体要求，一是积极推进临港新片区金融先行先试，促进投资贸易自由化便利化，支持临港新片区发展具有国际竞争力的重点产业；二是加快上海金融业高水平对外开放，扩大金融业高水平开放，促进人民币金融资产配置和风险管理中心建设，以及建设与国际接轨的优质金融营商环境；三是推进金融支持长三角一体化发展。推动金融机构跨区域协作，提升金融配套服务水平，建立健全长三角金融政策协调和信息共享机制。

为贯彻落实“30 条意见”，一年间上海将各项举措细化分解为 104 项预期目标，截至年末已实现 87 项目标，国际金融中心建设取得重大进展。上海黄浦区出台《外滩金融集聚带关于发挥核心功能区作用服务上海国际金融中心建设的若干意见》，围绕“资产管理”和“金融科技”两大增长极，进一步强化外滩金融的世界级地标影响力，打造外滩金融集聚带作为上海国际金融中心的核心功能区。

（二）自贸区加速金融开放创新

5 月 8 日，中国人民银行上海总部会同临港新片区管委会、上海银保监局、上海证监局、市金融工作局共同发布《全面推进中国（上海）自由贸易试验区临港新片区金融开放与创新发展的若干措施》，从五方面提出创新举措：一是全面落实全方位、深层次、高水平的金融业对外开放；二是进一步强化开放型经济制度创新和风险压力测试；三是加快培育具有较强国际国内金融资源配置能力的金融及相关机构体系；四是建立和完善金融支持重点产业发展的生态体系；五是强化个性化的综合服务保障。

5 月 26 日，中国（上海）自由贸易试验区临港新片区管理委员会、中国人民银行上海

总部、中华人民共和国上海海事局上海出入境边防检查总站发布《关于印发〈关于促进洋山特殊综合保税区对外开放与创新发展的若干意见〉的通知》（沪自贸临管委〔2020〕377号），对洋山综合保税区实施高标准的贸易自由化便利化、推进跨境金融创新与发展、拓展国际供应链管理服务、培育国际高端制造及相关服务业、促进跨境综合服务业发展、提高综合服务水平提出了88条政策支持。3月31日，上海市金融工作局、中国（上海）自由贸易试验区临港新片区管理委员会、中国人民银行上海分行发布《中国（上海）自由贸易试验区临港新片区重点企业贷款贴息的实施意见》，对符合新片区功能定位和产业发展的方向的重点企业贷款予以贴息支持。4月3日，国家外汇管理局上海市分局发布《关于中国（上海）自由贸易试验区高新技术企业外债便利化额度试点业务的通知》（上海汇发〔2020〕16号），允许符合条件的中小微高新技术企业在一定额度内自主借用外债，便利了高新技术企业充分利用境内外市场资源。8月17日，中国上海市市场监督管理局、中国（上海）自由贸易试验区临港新片区管理委员会发布《关于在中国（上海）自由贸易试验区临港新片区开展强化竞争政策实施试点的通知》（沪市监垄价〔2020〕344号），强化竞争政策的基础地位，优化自贸区新片区公平竞争的市场环境。12月22日，中国人民银行上海分行发布《关于在上海自贸区临港新片区试点取消外商直接投资人民币资本金专用存款账户的通知》（上海银发〔2020〕247号），自此注册在临港新片区的外商投资企业以人民币出资时，可不再开立人民币资本金专户。

8月，上海市委常委会会议、市政府常务会议审议通过《关于以“五个重要”为统领加快临港新片区建设的行动方案（2020—2022年）》，提出临港新片区到2022年的总体目标是：初步形成“五个重要”基本框架，初步建立高标准的投资贸易自由化便利化制度体系，初步体现上海“四大功能”核心承载区的综合优势，为2035年全面建成“五个重要”奠定扎实基础。

（三）金融科技中心建设快速启动

2020年1月8日，上海市人民政府办公厅发布《关于印发〈加快推进上海金融科技中心建设实施方案〉的通知》，提出了力争用5年时间将上海建设成为具有全球竞争力的金融科技中心的总体目标，将上海打造成为金融科技的技术研发高地、创新应用高地、产业集聚高地、人才汇集高地、标准形成高地和监管创新试验区。实施方案还明确了上海金融科技中心建设的重点任务，具体包括全速推进金融科技关键技术研发、全面提升金融科技应用水平、全要素促进金融科技产业集聚、全力推进金融科技监管创新试点和全方位营造一流金融科技发展环境。

4月中旬，中国人民银行批复支持在上海扩大金融科技创新监管试点，为上海金融科技中心建设注入了新的动力。中国人民银行科技司司长李伟6月19日在第十二届陆家嘴论坛上指出，上海的金融要素完备，体系健全，科研创新基础雄厚，具备成为全球金融科技中心的基本条件。人民银行落实国家的决策部署，从规范引领、应用试点、创新监管、研究交流等方面支持上海建设金融科技中心。7 月 21 日，中国人民银行上海总部金融科技创新监管试点工作正式启动，对外公示了 8 个创新应用项目，首批创新应用申报主体涵盖持牌金融机构、科技公司和国有银行，申报技术涉及人工智能、区块链、多方安全计算等多种前沿科技，凸显了金融科技多元主体融合、多类要素融合和多种技术融合的特点。年底，共计两批 13 个项目已经上线服务；《关于开展金融科技应用试点工作的通知》（银发〔2018〕325 号）推进的上海金融科技应用试点也取得了显著成效，23 个试点项目全部上线试运行。

2020 年，上海金融科技企业加快聚集，重要行业组织相继成立。中银金科、交银金科、建信金科、兴业数金、汇丰金科等金融科技公司纷纷在沪成立，9 月 28 日，中国人民银行数字货币研究所与上海市长宁区人民政府签署战略合作协议，双方将成立上海金融科技公司，逐步实现贸易金融区块链平台和技术研发中心落地。5 月 17 日，由上海国际集团有限公司倡议发起的“上海金融科技产业联盟”正式揭牌，联盟意在推动金融科技领域的行业整合，搭建业务合作平台，建立产业生态的对接机制。9 月 8 日，由 72 家从事智能投研技术应用、开发、研究、服务和支持的相关机构及组织共同发起、自愿组成的公益服务专业平台“智能投研技术联盟”在临港新片区正式成立，为促进金融科技中心和全球资管中心的融合发展，促进提升资管科技水平，开展成员间的学习研究交流与协同创新提供了平台。

（四）金融助力长三角区域一体化发展

长三角生态绿色一体化发展示范区金融服务“同城化”全面启动。3 月 27 日，示范区执委会会同中国人民银行上海总部及沪苏浙两省一市 12 个部门出台《关于在长三角生态绿色一体化发展示范区深化落实金融支持政策推进先行先试的若干举措》提出了八个方面 16 条具体措施，包括同城化结算服务、跨区域联合授信、移动支付互联互通、支持设立一体化金融机构、建设一体化绿色金融服务平台、推进金融信息共享共用等若干措施，率先构建跨省域金融服务同城化体制机制。为支持长三角生态绿色一体化发展示范区大胆试、大胆闯、自主改，6 月 10 日，上海市人民政府、江苏省人民政府、浙江省人民政府联合印发《〈关于支持长三角生态绿色一体化发展示范区高质量发展的若干政策措施〉的通知》，在改革集成、资金投入、项目安排、资源配置等方面加快形成政策合力，提出 22 条具体政策支持位于上海青浦、江苏吴江、浙江嘉善的一体化示范区加快发展。

9 月 25 日，上海市人民代表大会常务委员会公布《关于促进和保障长三角生态绿色一体化发展示范区建设若干问题的决定》，授权示范区执委会行使省级项目管理权限，统一管理跨区域项目，负责跨区域投资项目的审批、核准和备案管理，联合区县政府行使控制性详细规划的审批权，为示范区改革创新增添了动力。9 月 27 日，上海市发展和改革委员会发布《上海市贯彻落实习近平总书记座谈会精神扎实推进长三角一体化发展重点工作行动方案》，明确要在率先形成新发展格局上做好示范引领、在科技和产业创新上勇当开路先锋、在深化改革、扩大开放上加快攻坚突破的总体要求；布置了推动经济高质量发展、扩大高水平科技供给、提升城市发展质量、推动更高水平改革开放、夯实绿色发展基础、促进基本公共服务便利共享的重点工作。

10月19日，上海市生态环境局、江苏省生态环境厅、浙江省生态环境厅、长三角生态绿色一体化发展示范区执行委员会发布《关于印发〈长三角生态绿色一体化发展示范区生态环境管理"三统一"制度建设行动方案〉的函》，主要涉及生态环境标准统一、环境监测统一和环境监管执法统一的工作目标、主要任务和制度保障，到2022年基本形成"三统一"制度体系，进一步夯实示范区生态环境联保共治的制度基础。

（五）金融市场高水平开放

上海市人民代表大会常务委员会于9月25日通过《上海市外商投资条例》，作为外商投资法实施后全国首部外商投资地方性法规，条例坚持高水平开放与高质量引资，注重对外商投资的促进、保护和服务，强调外资全生命周期的服务与保障，在全国范围内具有一定的引领与示范作用。上海市人民政府也于4月8日印发《本市贯彻〈国务院关于进一步做好利用外资工作的意见〉若干措施》的通知（沪府规〔2020〕5号），提出要进一步落实国家扩大开放政策，加强外商投资促进工作，提升投资便利化水平和强化外商投资保护。

证券机构对外开放在2020年达到高潮。3月证监会宣布4月1日起证券公司外资股比限制正式取消，6月证监会核准摩根大通期货成为首家外资全资控股期货公司，6月18日首家外资独资公募基金管理公司贝莱德管理有限公司落户上海，9月全国首家外资控股合资理财公司汇华理财获批在沪开业；境内首只专门投资法国股票市场的跨境ETF产品——华安法国CAC40 ETF，6月12日在上海证券交易所挂牌上市，深化了上海证券交易所与泛欧交易所双向合作，促进了中法资本市场双向投资；就跨境交易而言，12月15日，全国首单境外投资者通过合格境外机构投资者/人民币合格境外机构投资者（QFII/RQFII）认购外商独资私募证券投资基金管理人（WFOE PFM）基金产品在上海顺利落地。

银行业方面，中国人民银行上海总部日前公布的数据显示，截至2020年年末，共有905家境外机构主体进入银行间债券市场，境外发行人累计发行255只"熊猫债"。为支持上海发展离岸经贸业务，实现便利化与防风险的有机统一，9月中国人民银行上海分行、上海市商务委员会发布《关于明确自由贸易账户支持上海发展离岸经贸业务有关事项的通知》，支持金融机构通过自由贸易账户为离岸经贸业务提供国际通行规则下的国际结算、贸易融资等跨境金融服务，为上海稳定全球价值链和离岸、在岸枢纽创造金融条件。9月8日上海银保监局发布《关于印发〈关于推动上海银行业和保险业差异化转型高质量发展的实施意见〉的通知》，进一步推进金融业扩大对外开放，提升上海金融开放枢纽门户功能；促进双向开放，更加高效连结境内境外两个市场两种资源。

保险市场扩大开放亦稳健推进。6月，友邦上海分公司改建为独资人身保险公司，成为自寿险牌照外资比例放开后的首家外商独资寿险公司。7 月，全国首家外资再保险法人公司信利再保险在沪开业；6 月 18 日，中国太平洋保险全球存托凭证在伦敦交易所挂牌上市，这是国内第二单沪伦通全球存托凭证，也是中国保险业首单沪伦通全球存托凭证。此外，10 月 28 日，中国人民银行上海总部组织开展了自贸试验区分账核算业务风险审慎合格评估会议，辅导全国首批两家保险机构接入自由贸易账户体系，自此，自由贸易账户体系实现银行、证券、保险三类金融机构的全覆盖。

1 月 20 日，中国银行与上海黄金交易所联合举办的“沪澳黄金之路”在上海启动，项目开通后，境外投资者可用在我国澳门特别行政区当地开立的结算账户参与上海黄金交易所国际板交易，降低了境外客户参与国内黄金市场的运营成本，为资本项目跨境资金结算提供了新模式。上海清算所 12 月 8 日与欧清银行合作推出“玉兰债”业务，两地金融基础设施通过相互连接，共同为中资发行人和海外投资人提供登记、托管和结算服务，有利于国际国内双循环相互促进。3 月 24 日，上海清算所发布《关于向境外机构投资者提供循环结算服务和灵活结算周期安排的通知》，延长现券买卖时段，向境外机构投资者提供特殊结算周期服务和现券循环结算服务。9 月 15 日，中央国债登记结算有限责任公司与国际掉期与衍生工具协会合作撰写的联合白皮书《使用人民币债券充抵场外衍生品交易保证金》在 2020 年中债担保品国际论坛上正式发布。

（六）地方金融监管基本规范出台

4 月 10 日，上海市人民代表大会常务委员会表决通过《上海市地方金融监督管理条例》，这是上海地方金融监管领域的首部专门立法。条例全文共 6 章 43 条，系统规定了地方金融组织行为规范、监督管理措施、风险防范与处置和法律责任等内容，建立了与地方金融“7 + 4”相匹配的监督体系，形成金融风险防范与处置合力，为创新发展与国家战略任务提供法治保障。条例的颁布对于促进上海金融市场改革发展，保障地方金融安全稳定，维护金融消费者和投资者合法权益，基本建成国际金融中心都具有积极意义。

5 月 12 日，上海市国资国企改革工作推进领导发布《关于印发〈市国资委监管企业私募股权投资基金监督管理暂行办法〉的通知》（沪国企改革办〔2020〕3 号），重点对投资基金管理、基金运作管理、退出基金管理、基金管理的制度建设和监督检查与责任追究方面进行规范，推动了市国资委监管企业基金业务管理规范化，引导监管企业优化资源布局和结构，有效防范投资基金引发的风险，促进基金业务健康有序发展。11 月 3 日，上海市地方金融监督管理局发布《关于印发〈上海市商业保理公司监督管理暂行办法〉的通知》，对保理公司的设立、变更、注销，业务经营与风险管理，金融监管措施等予以明确，规范了商业保理公司经营行为，促进保障商业保理行业健康发展。

三、金融司法多措并举、健全纠纷解决机制

（一）金融法院各项工作成绩斐然

2020 年，尽管受疫情冲击，但资本市场案件数量仍快速上升，上海金融法院专门制定了关于疫情防控期间开展网络庭审的规范性意见。并将以此为契机，进一步推动在线诉讼在法院的深度应用，以更精细化的举措、更系统化的管理，切实维护当事人的合法权益，为依法防控疫情提供有力司法服务和保障。全年共受理各类金融案件 7230 件，审结 7235 件，同比 2019 年上升 4.97% 和 4.23%。全年涉案标的总额 1822.22 亿元，同比 2019 年增长 14.51%，其中争议标的额最高的一起金融借款案件达 47 亿元。先后审理了多起全国首例案件，案件受关注度高，社会影响大。

3 月 24 日，上海金融法院召开新闻发布会，发布《上海金融法院关于证券纠纷代表人诉讼机制的规定（试行）》（以下简称《代表人诉讼规定》）。明确了立案、权利登记、代表人确定及代表人权限等具体内容。这是全国法院首个关于证券纠纷代表人诉讼制度实施的具体规定，致力于有效保护投资者合法权益，维护公开、公平、公正的证券市场秩序，为优化法治化营商环境和上海国际金融中心建设提供有力的司法服务保障。

4 月 20 日，上海金融法院举行"译研社"成立仪式。进一步加强涉外金融法治人才建设，更好地服务保障上海国际金融中心建设，提升中国金融司法的国际影响力，打造复合型金融法律人才培养的新机制。

7 月 30 日，上海金融法院举行新闻发布会，对外发布《上海金融法院服务保障中国（上海）自由贸易试验区临港新片区金融开放与创新发展的若干举措》，提出要准确把握金融审判原则，依法服务保障临港新片区金融开放与制度创新。完善金融审判机制，助力打造国际金融纠纷解决优选地。

为加大金融审判智力支持力度，充分发挥专家学者在金融审判实践与理论研究等方面的"外脑"作用，深化与金融法律学术界、实务界的深入沟通交流，提升金融审判的专业化和国际化水平，10 月 30 日，上海金融法院举行专家委员会成立仪式暨首批受聘专家咨询研讨会，6 家单位和 14 位专家学者受聘成为上海金融法院专家委员会首批成员。

（二）推进金融司法公开实现阳光司法

2020 年 5 月 15 日，上海市高级人民法院发布中英文版 2019 年度金融商事审判白皮书，通报 2019 年度上海法院金融商事审判情况、2015 ~ 2019 年上海法院证券虚假陈述责任纠纷案件审判情况，并发布 2019 年度上海法院金融商事审判十大案例。白皮书显示，2019 年，上海法院共受理一审金融商事案件 192，559 件，审结 191，365 件，同比分别上升 12.72%、13.56%；共受理二审金融商事案件 1995 件，同比大幅上升 91.46%。一审金融商事案件标

的总额达 2218.41 亿元，在 2018 年首次突破千亿的基础上，又突破两千亿关口，同比上升 57.26%。此外，新闻发布会通报 2020 年以来，新冠肺炎疫情对我国社会经济发展造成较大影响，金融市场也产生一定冲击。上海法院受理涉新冠肺炎疫情金融商事案件总体平稳，共受理相关案件约 10 件，主要涉及疫情定点防治医院以及涉及生活物资供应的企业银行账户被冻结，要求法院解除财产保全措施等情况。2020 年 2 月，上海高级人民法院发布了《关于充分发挥审判职能作用为依法防控疫情提供司法服务和保障的指导意见》，明确对企业受疫情影响较大引发的金融借款纠纷，要依法审慎审查金融机构提出的借款提前到期、单方解除合同等主张，促进金融机构以展期续贷、分期还款协议等方式协商解决纠纷，努力降低企业融资成本和解纷成本。同时还出台了系列法律适用问答，确保涉疫情金融案件的适法统一。

11 月 2 日，上海市浦东新区人民法院（以下简称上海浦东法院）召开新闻发布会，发布涉自由贸易试验区临港新片区审判工作白皮书及 5 件典型案例。自 2019 年 8 月中国（上海）自由贸易试验区临港新片区挂牌成立，2019 年 8 月至 2020 年 9 月，上海浦东法院共受理涉临港新片区案件 1859 件，其中涉及金融商事案件 42 件。上海浦东法院准确把握临港新片区司法服务和保障的工作方向，主动寻求区域协同化工作合力，与临港新片区管委会签署合作协议，并发布《关于落实临港新片区管委会与浦东法院合作协议的十项举措》。

11 月 23 日，上海市高级人民法院发布中英文版《上海法院服务保障进一步扩大金融业对外开放若干意见》，主要内容涉及四个部分，分别为进一步扩大金融业对外开放提供司法服务保障的总体要求、建立健全与进一步扩大金融业对外开放相适应的司法体制机制、加强相关纠纷案件审判执行工作以及充分发挥司法在金融业进一步扩大对外开放中的协同治理作用。

2020 年 11 月 27 日，上海市静安区人民法院召开优化融资租赁行业营商环境座谈会暨 2019 年度金融案件审判白皮书发布会。

（三）精准打击金融犯罪合力防范金融风险

5 月 9 日，上海市检察机关银行保险金融犯罪研究中心启动运行，上海市检察机关银行保险金融犯罪研究中心立足上海金融发展现状与金融检察工作实际，紧紧围绕服务上海国际金融中心建设发展要求，着力研究银行保险金融犯罪理论和实践问题，积极探索、建立、完善检察机关服务保障金融中心建设的有效路径、制度和机制，为打击、防范银行保险金融犯罪提供可复制、可借鉴的经验样板。9 月 1 日，上海检察机关服务金融创新研究中心正式揭牌，将金融检察工作融入资本市场改革大局，加强信息披露犯罪案件办理和金融创新前沿理论研究，全力提升服务保障金融创新的质量和水平。

7 月，为进一步夯实上海市资本市场法制基础，加大证券期货违法犯罪打击力度，防范化解金融风险，为深入推进上海国际金融中心建设提供有力法治保障支持，市检察院与上海证监局签订《合作备忘录》。8 月 13 日，上海市检察院正式出台《上海市检察机关关于深化服务保障科创板注册制改革的实施意见》，推动资本市场稳健运行，为上海基本建成国际金融中心和加快建设具有全球影响力的科创中心助力；依法严惩涉科创板职务犯罪，穿透审查并依法惩治发行人及其董事、监事、高级管理人员、控股股东、实际控制人在股票发行、上市、信息披露过程中的犯罪行为。

5 月 13 日，上海市人民检察院召开新闻发布会，发布《2020 年度上海金融检察白皮书》，对 2020 年上海检察机关审理的金融犯罪案件进行分析研究，分析金融违法犯罪活动的原因、特点和发展趋势，立足检察职能提出防范化解金融风险的对策建议，为上海国际金融中心建设提供更好的法治环境保障。11 月 13 日上午，上海市人民检察院、上海证监局联合召开打击上市公司信息披露违法犯罪新闻发布会，向社会通报近年来上海检察机关和证券监管机构打击惩治上市公司信息披露违法犯罪有关情况，并发布典型案例。

（四）智慧法院建设取得丰硕成果

为配合推动中国政法工作服务化、智能化、现代化和创新化发展，上海市各政法系统打造“互联网 + 政法服务”平台。4 月 1 日，上海金融法院启动庭审记录改革试点。上海金融法院作为试点法院，积极运用现代科技智能，全面开展试点工作，着力破解司法改革难题，优化审判资源配置，提升司法公信力，推动审判体系和审判能力现代化。

6 月 10 日，上海金融法院诉讼服务中心升级改造完成，正式启用。全面建设集约高效、多元解纷、便民利民、智慧精准、开放互动、交融共享的现代化诉讼服务体系，不断满足人民群众多元司法需求，为优化法治化营商环境提供司法保障。7 月 14 日，上海金融法院正式启用自主研发的最新司法科技应用成果——“中小投资者保护舱”，为中小投资者在群体性证券纠纷的立案登记、咨询查询、多元调解、集体诉讼、申请执行等全流程的诉讼程序中，提供“无纸化、一站式、交互型”的诉讼服务，有效满足了中小投资者的多元化司法需求。

（五）构建多元化纠纷解决机制满足多元司法需求

2020 年 5 月 15 日，中证资本市场法律服务中心在上海正式揭牌成立。上海金融法院率先与中证资本市场法律服务中心共同签署了《证券期货纠纷诉调对接合作协议》，充分发挥专业调解组织作用，不断提升委托调解工作的专业化水平。截至目前，上海金融法院 128 名特邀调解员，共调处了 756 件金融纠纷，涉案标的达 72.7 亿元。

同月，上海市虹口区人民法院联合虹口区司法局共同举办了虹口区律师参与非诉讼争议调解委员会揭牌仪式，法院积极推动律师参与非诉讼争议调解工作，重点打造线上对接平台，为群众提供便捷高效的矛盾纠纷化解服务。

四、学术研讨集思广益、完善金融法治理论

（一）论坛聚焦金融法律新格局

为进一步加强金融司法国际交流，提升金融审判的现代化和国际化水平，优化上海国际金融中心法治化营商环境，2020 年 6 月 19 日下午，陆家嘴论坛的金融司法环境专题国际研讨会在沪举行，显示上海扩大金融开放与创新发展需要更稳定公平透明可预期的金融司法环境。

8 月 1 日，“2020 上海国际金融中心论坛——后 2020 时代的全球格局和上海国际金融中心建设”在上海举行，回顾建设历程之余，面向未来，对 2020 时代的全球格局变化进行展望和预判，并基于此全方位深入思考今后上海国际金融中心建设的发展举措以及中长期发展规划。

9 月 23 日，2020 上海知识产权金融论坛在沪隆重举行，以“促进知识产权金融服务、创新构建知识产权运营生态环境”为主题，围绕知识产权价值的认同与发现，深挖创新主体知识产权质押融资、证券化等服务需求，促进知识产权与金融资源的深度融合，加速知识产权与创新资源、金融资本、产业发展的多维融通，为科技型企业融资提供知识产权金融解决方案，发挥知识产权对科创中心建设和经济发展的支撑作用。

10 月 16 日，“第二届中国资产管理人论坛”成功在沪举行。本次论坛以“后 2020 中国资管行业的转型与发展”为主题，在全球大变局的背景下，共同探讨各类资管产品、机构和市场的发展趋势与改革方向，交流资管经验和心得，引导塑造资管行业的未来。

2020 年 10 月 24 日，“中国银行法 40 人论坛”2020 年会议在上海隆重举行，本次论坛的主题为“数字金融的法律问题”，论坛聚焦向数字金融转型发展的过程中产生一系列新的法律问题，如促进数字技术与金融融合、金融数据保护、数字金融监管与风险防范等，展开研究分析，提出应对方案。

11 月 12 日，以“当前宏观经济形势下的金融及法律新格局”为主题的第十届外滩金融法律论坛在上海举行，多位著名经济学家以及来自金融界、法律界的知名学者、专业人士及机构代表，深入探讨当前宏观经济背景下的金融与法律新业态、新情况、新问题，旨在进一步提升金融对外开放的法治保障水平，推动金融业高质量发展。

由上海交通大学上海高级金融学院、国家金融与发展实验室共同主办的 2020 上海金融论坛暨《上海国际金融中心建设目标与发展建议》报告发布会于 12 月 13 日在上海举行，围绕“上海国际金融中心建设十四五规划建议”进行了深度对话和交流。

12 月 6 日，第五届中国金融法论坛在上海浦东隆重举行。本届论坛主题为“民法典时代的金融法制”，由中国商法学研究会主办，中国金融期货交易所、上海市协力律师事务所和

中国商法学研究会金融法专委会联合承办，上海市法学会金融法研究会协办。论坛分别包含了以“《民法典》与资管业务”为主题的资管法制论坛、以“民法典对金融交易担保的影响”的长三角金融庭长论坛，以及以“民法典与期货法立法”为主题的期货与衍生品法律论坛。根据抗疫工作的要求，本次会议采用“线上+线下”的形式进行，来自各地的知名专家学者、金融法学法律工作者160多人次参与了现场研讨，上、下午分别有3700人和3200多人次在线上参会观看直播。

全国地方金融法研究会会长论坛暨上海市法学会金融法研究会、陕西省法学会金融法学研究会联合主办2020年的“《民法典》与现代金融法治学术论坛”从2020年9月至12月开始共举办七场，以《民法典》各编为主题，从金融法学的角度对《民法典》加以阐释。

（二）学术理论积极献策献智

针对金融立法的完善，学者朱小川认为，法治是最好的营商环境，健全的法律法规体系也是发达经济体资本市场更具吸引力的重要原因。中央强调，要用法治来规范政府和市场的边界，把工作重点放在完善制度环境上，健全法规制度、标准体系等。在金融市场基础设施领域，目前亟需做好立法工作，解决以下立法难题，以更好适应我国金融市场高层次发展和宏观审慎管理的要求，更好服务于我国改革开放的新格局[1]。

学者张圣泽认为，在建设上海国际金融中心的过程中，不仅应比较分析普通法系与大陆法系在案件处理规则、行政监管等方面的独特制度优势，更应该研究在不同法系下中立的司法机构在审理、裁决金融类案件时是如何灵活适用相关法律，为投资者提供充足的法律保障，营造健康安全的金融市场环境。[2]方桂荣教授认为，现有监管制度的短板所在是纵容环保和金融领域“洗绿”现象泛滥的根本原因。若要我国绿色金融取得实质性发展，离不开健全的监管制度保驾护航。因此，需要借鉴国外监管的制度经验，结合我国绿色金融发展的实际情况，从而有针对性地建构起必备而重要的监管制度。

针对金融监管，陈彦达、王玉凤、张强提出，针对当前我国金融科技监管面临的挑战，金融科技监管未来应着力做好以下六个方面的工作：（1）稳步推进《发展规划》；（2）进一步提升金融科技监管原则和监管时机的科学性；（3）加快构建常态化、制度化的金融科技监管运作机制；（4）优化中央与地方双层金融科技监管模式；（5）加强金融业综合统计体系建设；（6）加强金融消费者保护。[3]宋晓燕教授提出，我国金融监管制度的供给已形成较为成熟的监管架构，同时包括了对很多重点改革内容的持续探索，这些基本都反映了对金融安全和效率的兼顾。在金融进一步改革的过程中，应尤为关注有效金融监管制度的完善。在综

---

〔1〕 朱小川：《我国金融市场基础设施管理：现状、难点和立法路径》，载《西南金融》2020年第4期。

〔2〕 张圣泽：《地方金融立法背景下的法系衔接问题：以上海国际金融中心为例》，载《金融法苑》2020年第1期。

〔3〕 陈彦达、王玉凤、张强：《我国金融科技监管挑战及应对》，载《金融理论与实践》2020年第1期。

合经营和国际化发展的大背景下，一国构建有效的金融监管制度需着力解决好以下四对矛盾：一是金融系统复杂性与金融监管体制整体性之间的矛盾，即从整体性视角构建适应一国金融市场发展的监管体制，以应对金融系统复杂性；二是金融系统复杂性与监管制度一致性的矛盾，金融系统复杂性同时要求监管制度的制定应以“监管目标一致性”为标准，保持逻辑内在一致，以减少套利空间；三是金融系统的动态性与监管前瞻性和谦抑性的矛盾，即金融系统的动态性要求前瞻性的金融监管，但与此同时保持适当的谦抑；四是金融系统的开放性与监管的国际化和国别性的矛盾，金融系统的开放性既对监管国际化和标准化提出了要求，同时也应重视各国金融市场发展程度不同条件下的国别化监管需求。[1]

针对金融创新与开放，学者王振营、李江平表明，我国经济经历持续稳定的中高速发展后，已经成为世界第二大经济体，而与之匹配的金融体系存在融资成本高、资源配置扭曲、市场激励不足等问题。通过内外联动，扩大金融改革，进一步开放我国资本市场，进一步丰富资本市场层次体系，放松资本账户管制，提升直接融资比例，为中小微企业提供便利的融资环境。以对外开放提升国内金融监管水平，增强防范风险的能力，促进实体经济与金融更好地融合发展，推动中国经济更好更快地发展。[2]学者任再萍、黄成、施楠研究发现，上海自贸区金融政策直接拉动了上海金融业增加值，金融业增加值对经济增长具有明显拉动作用，上海自贸区的金融创新与开放政策对 GDP 的贡献显著，呈逐年递增趋势。[3]

关于上海国际金融中心建设的深化，学者李刚、高洪民认为当前阶段在自贸临港新片区大力发展离岸金融业务处于重要时间窗口期。要充分利用自贸区（包括新片区）平台，推动金融改革开放、人民币国际化和上海国际金融中心建设融合发展。要强化上海国际金融中心的金融体系极化效应，大幅提升全球金融资源配置能力。要重点提升上海人民币全球资产管理中心在全球的战略地位。[4]学者武佳薇、刘兴华指出，根据《上海国际金融中心建设行动计划（2018—2020 年）》，要重点推动发展资本市场，强化融资功能。资本市场是实体经济参与全球经济贸易的有力保障和坚实后盾，也是助推上海国际金融中心建设的重要力量。应在习近平新时代中国特色社会主义思想的指导下，遵循资本市场发展规律，紧密围绕服务实体经济、防控金融风险、深化金融供给侧结构性改革三项任务，坚持市场化法治化国际化方向，大力发展多层次资本市场，显著提升资本市场服务我国经济社会高质量发展的能力，不断增强上海国际金融中心辐射力和全球影响力。[5]

---

〔1〕 宋晓燕：《论有效金融监管制度之构建》，载《东方法学》2020 年第 2 期。

〔2〕 王振营、李江平：《实施内外联动策略，加快推进金融业全面开放》，载《金融市场研究》2020 年第 12 期。

〔3〕 任再萍、黄成、施楠：《上海自贸区金融创新与开放对经济增长贡献研究——基于金融业政策效应视角》，载《中国软科学》2020 年第 9 期。

〔4〕 李刚、高洪民：《当代国际金融中心发展的决定因素与上海的对策》，载《世界经济研究》2020 年第 9 期。

〔5〕 武佳薇、刘兴华：《加快发展多层次资本市场服务上海国际金融中心建设》，载《管理现代化》2020 年第 2 期。

编后记

《金融法律评论》自2021年起每年出版两卷，上半年卷（总第12卷）先行与读者见面。本卷继续秉持应用理论研究的特色，紧密联系金融法治前沿热点，反映2020年以来金融市场及其法制建设新面貌，回应金融法治实践新需求，探讨金融法学理论新问题。

我国期货立法正如火如荼地进行，《期货法（草案）》已向社会公开征求意见。此前，华东政法大学有关师生会同上海部分研究者和实务工作者，与上海期货交易所合作组成课题组，对期货立法作了较全面的针对性研究，给立法部门提供了许多可利用的方案建议，本卷收录了根据该课题部分成果改写的论文。

2020年是国家战略——上海国际金融中心基本建成之年，经过多年的努力奋斗，这一战略取得了重大成果，上海已在伦敦城金融中心指数中连续排名第三。目前，上海国际金融中心建设的十四五规划已出台，金融中心要迈向更高层次，其中，建设具有全球竞争力的资产管理中心和具有全球影响的金融科技中心是十四五期间的重要目标。同时，金融中心建设还要同自贸区新片区、长三角一体化等联动发展。为此，本卷选刊了上海国际金融中心法制保障新任务新对策方面的文章。

到今年年中，科创板与注册制已运行了两年整，注册制试点的成功经验也已推广复制到深圳证券交易所的创业板和北京证券交易所，但实践中也有一些问题可进一步探讨，并在制度上完善，以便为注册制的全面适用和形成制度体系夯实基础。本卷亦包含了一组相关课题的成果。

本卷继续编发了 2020 年度我国金融细分市场的法制建设报告。《金融法律评论》已被纳入华东政法大学高水平学科建设项目，亦希望为金融市场与金融法制实践提供更好的服务。

编　者

2021 年 10 月 31 日